思想与**文化** 第三十二辑

Thought & Culture No.32

杨国荣　主编

经验与现象

JINGYAN YU XIANXIANG

华东师范大学中国现代思想文化研究所　主办

华东师范大学出版社

·上海·

图书在版编目(CIP)数据

思想与文化.第三十二辑,经验与现象/杨国荣主编.—上海:华东师范大学出版社,2023
ISBN 978 - 7 - 5760 - 4226 - 9

Ⅰ.①思…　Ⅱ.①杨…　Ⅲ.①社会科学-文集　Ⅳ.①C53

中国国家版本馆 CIP 数据核字(2023)第 197554 号

经验与现象
思想与文化(第三十二辑)

主　　编　杨国荣
执行主编　贡华南
责任编辑　吕振宇
特约审读　王莲华
责任校对　王丽平　时东明
装帧设计　刘怡霖

出版发行　华东师范大学出版社
社　　址　上海市中山北路 3663 号　邮编 200062
网　　址　www.ecnupress.com.cn
电　　话　021 - 60821666　行政传真 021 - 62572105
客服电话　021 - 62865537　门市(邮购)电话 021 - 62869887
地　　址　上海市中山北路 3663 号华东师范大学校内先锋路口
网　　店　http://hdsdcbs.tmall.com

印 刷 者　上海昌鑫龙印务有限公司
开　　本　787 毫米×1092 毫米　1/16
印　　张　25.75
字　　数　372 千字
版　　次　2023 年 6 月第 1 版
印　　次　2023 年 6 月第 1 次
书　　号　ISBN 978 - 7 - 5760 - 4226 - 9
定　　价　88.00 元

出 版 人　王　焰

目录

Contents

1

目录

2

经验与现象

3

目
录

美与审美

"古色"的含义
——中国文人关于颜色与物的时间意识

李 溪 *

[摘　要]　在中国文化中,"古色"是诗人和艺术家对世界的一种很特别的表述。本文尝试追本溯源,从先秦儒家、道家以及唐代的佛教对中国文化中"古色"意识的启蒙,探索这一观念在文人心中生根的思想因缘。"古色"暗含着人们对本真的生命存在意义的探寻,它不只存在于思维中,更显现于物的世界中。自中唐以后,顽石、古铜器以及山水,这些在后世被称为"艺术"的对象,实际上皆是循着古人对"古色"世界的理解而展开了它们的意义。

[关键词]　古色;顽石;古铜器;山水画;文人艺术

一、"古始之色"与"本始之色"

今天,古代的颜色带着一种传统的幻魅,又重新在人们的视野中活跃起来。

---

* 李溪(1985—　),女,江苏句容人,哲学博士,北京大学美学与美育研究中心研究员,主要研究领域为中国美学与文人艺术观念。

在现代的媒体中,这些颜色被标识着"色号"依次排列,无论从其命名还是单纯的色感而言,它们都向人们传递着一种"古雅"的意识。这种对古色的偏好是同对一种物质化的古风联系在一起的,只是,这与其说是复古,不如说是现代人对作为一种可以轻巧地拿来的"古色"的一种重新拼贴而已。"古色"实际上已经失去了它原有的世界,而成为一种"古代"的标签,它同各大时装周上的季节流行色在性质上其实并没有什么分别。

颜色所归属的原有世界被遗忘在历史上也并非稀罕事。在先秦,就有一些颜色已经成为一种"古色",而它们的语境也不断在变换着。如玄,本义为黑色的丝织物。《说文·玄部》:"黑而赤色者为玄。"段注:"凡染,一入谓之𬩽,再入谓之赪,三入谓之𬙂,五入谓之𬙊、七入谓之缁。"郑注《周礼》曰:"玄色者,在𬙊、缁之间。"①这即学者们指出的,早期颜色的语词常常是"某物"的引申,也即"借物呈色"。② 但是,当作为颜色的"玄"被捕捉到以后,它作为"丝织物"的特性并没有进入到其他的语境中。到了后来,"天"的颜色被称为"玄"。《易·坤卦·上六》云:"龙战于野,其血玄黄"。《周易·文言》曰:"夫'玄黄'者,天地之杂也。天玄而地黄。"③在这里,颜色是同物的情态统一在一起的。天色为玄,这又是龙血的颜色,这时候,"玄"的意义便同"天"与"龙"有了某种相似的性质——无极而神秘。

而在老子《道德经·第一章》,作为哲学概念的"玄"出现了:"道可道,非常道。名可名,非常名。无名天地之始;有名万物之母。……此两者,同出而异名,同谓之玄。玄之又玄,众妙之门。"这个具有本始意义的"玄"同代表黑色丝织物的"玄",其意义已经相差甚远了,但是,这一"玄",却同作为天的颜色的"玄"显然有着相关性。这个变化的过程,本身也说明了道家思想中的一种倾向:"道"不是超越的,它就在"事物"的存在之中。《道德经》中还有许多类似的关于颜色的说法。《道德经·第二十一章》:"道之为物,唯恍唯惚。惚兮恍兮,其中有象;恍兮惚兮,其中有物。窈兮冥兮,其中有精;其精甚真,其中有信。"这里,出现了一种状态"恍惚",以及颜色的语词"窈""冥"。许慎《说文解字》:"冥,幽也。从日从六,一声。日数十。十六日而月始亏,幽也。"段玉裁《说文解字

① 段玉裁:《说文解字注》卷四,清嘉庆二十年经韵楼刻本。

② 杨运庚:《今文〈周书〉颜色词研究——甲骨文、金文、〈诗经〉比较》,《人文杂志》,2013 年第 2 期。

③ 黄寿祺、张善文撰:《周易译注》,上海:上海古籍出版社,2004 年,第 34 页。

注》："窈也。窈各本作幽……正,昼也。冥,夜也。引申为凡暗昧之称。"[1]"冥"是夜色,是晦暗之色,同时,也便是一种不可捉摸、不可认知的"物色"的存在。在老子看来,这种晦暗正是道显现的状态。此外,作为"冥"的释义的"幽"字在汉语中也代表着神秘和不可知之意,在早期,"玄"和"幽"字本来是同一字。[2]

这样,就不难理解老子对于"五色"的态度。《道德经·第十二章》云:"五色令人目盲,五音令人耳聋,五味令人口爽。""五色令人目盲"不是说作为物质属性的"五色"使人的视觉感官消失,而是说,感知中分化出的五色使得感知的统一性消失了,从而使一个存有的同一世界客体化为了被分割的感觉和概念。在《庄子·天地》篇中,又对这样的观念给出了更明确的解释:"视乎冥冥,听乎无声。冥冥之中,独见晓焉;无声之中,独闻和焉。故深之又深而能物焉,神之又神而能精焉,故其与万物接也。"冥冥虽不是清晰的物像,但依然"可视",无声虽似乎是没有音响的,但依然"可听",在冥冥之中,可以见到光明,在无声之中,可以听到和音。这一"明"与"和"自然并非是感官的体会,而是心灵对于世界身处之"存在"的洞察,对此一洞察,老子称之为"道之为物",而庄子更明确以动词"物"称之。而"冥冥"与"无声"便是此存在之显现,它们是不可见之颜色,不可闻之音,但也唯有如此,存在才在此处显露。[3]

儒家对最早的历史时期王朝——夏的记忆,也是使用黑色的。《礼记·檀弓上》:"夏后氏尚黑;大事敛用昏,戎事乘骊,牲用玄。"黑虽然也属于"五色"之一,但在许多儒家的文献中,可以看到,黑色、素色、玄色,实际上代表着一种"原初"的意义。《礼记·郊特牲》说:

> 祭之日,王皮弁以听祭报,示民严上也。……乘素车,贵其质也。旂十有二旒,龙章而设日月,以象天也。天垂象,圣人则之。郊所以明天道也。……万物本乎天,人本乎祖,此所以配上帝也。郊之祭也,大报本反始也。[4]

---

① 段玉裁:《说文解字注》卷七。

② 郭静云:《幽玄之谜:商周时期表达青色的字汇及其意义》,《历史研究》,2010 年第 2 期。

③ 尽管这一倾向在后世时常被遗忘,尤其是在魏晋的清谈家以及宋明的道学家那里,但是在历史上,它又屡次证明它对中国思想的影响。从名教自然之玄谈到澄怀观道的山水,便是其中一个例子。

④ 孙希旦撰:《礼记集解》,北京:中华书局,1989 年,第 694 页。

又有：

> 大羹不和，贵其质也。大圭不琢，美其质也。丹漆雕几之美，素车之乘，尊其朴也，贵其质而已矣。[1]

在儒家这里，"五色""五味"意味着"和"与"美"，《礼记·乐记》："五色成文而不乱，八风从律而不奸"。而"素色""大羹"的"质"与"朴"实际上意味着"不和"。但是，为什么要"贵"这种不和、不美的"质朴"之色、之味呢？这便是儒家"报本反始"的思想。在儒家的认识中，这种"人本乎祖"的认识，和"万物本乎天"是一致的，而其目的在于"所以配上帝也"。因此，《礼记·月令》中"仲冬之月"的活动是："天子居玄堂大庙，乘玄路，驾铁骊，载玄旗，衣黑衣，服玄玉。"这是冬季祭祀用黑色来追忆上帝的"反（返）始"活动。这一"始"并非世界之原初，或意义之原初，而是"本乎祖"。所谓"祖"，是指文明的原初，"历史"之开端，亦可称之为"古始"。《论语·八佾》中子夏问孔子："'巧笑倩兮，美目盼兮，素以为绚兮。'何谓也？"子曰："绘事后素。"素作为绘事的"集大成者"，其所表达的正类似于在一系列表达共时的社会地位的礼仪之后，一种历时的"返始"活动。

因此，当汉儒将"五色"作为"五行说"的一部分，开始发挥各自对方位、德行的象征作用时，"素"色依然作为"古"的象征发挥着作用。在《三国志·毛玠传》中，曹操平定柳城后，将缴获的素屏风、素凭几赠予毛玠，说："君有古人之风，故赐古人之器。"[2]这里曹操所缴获的"素屏风"和"素凭几"固然从称名上是古代文献中存在的物，但也未必就是古代的"原物"。而能够判断其"古"的主要依据便是它们身上的"素色"。

汉代儒家的颜色观，实际上是一种抽象的"颜色-象征"系统。也即，某色自身作为一种性质，可以赋予"某物"一种意义，而不是相反，色是从"物"之中脱胎出来的。即便是古代礼制的所谓"古始之色"或祖先之色，也代表着古人淳美的德行，尽管看上去比"五色"更"本质"，但它们实际上也已经从古物中分离出来，成为了一种"上古的象征"。当其颜色被用于当代的物品身上时，其物便被赋予

---

① 孙希旦撰：《礼记集解》，第700—701页。

② 陈寿著，卢弼集解：《三国志集解》卷十二，上海：上海古籍出版社，2012年，第1166页。

了一种"古风"。相比之下，道家中的"古"则意味着对世界原初存有的返回，在这个意义上，道家的"玄""冥"必然是此在的，它们不是对某一性质的象征，因而是不能被借用到"它物"身上的。

二、"空-色"观与顽石的发现

道家的"古色"有着"回溯太初"的意味，这种回溯实际上找寻的是一种本体意义的来源。而到了佛教那里，"色-空"的观念却明确指向了对意义的解构。翻译为汉语的梵语的"色"(ru^pa)，狭义所指为眼根所取之境，也即事物有分别的颜色、状貌等，对佛家而言，修行的过程就是一个不沾滞于"色"的过程。大乘佛典《摩诃般若波罗蜜经》即所谓《大般若经》云：

> 世尊菩萨摩诃萨，行般若波罗蜜，如是观诸法：是时，菩萨摩诃萨不受色，不视色，不住色，不着色，不言是色，受想行识，亦不受、不视、不住、不着、亦不言。[①]

世间万物皆有其"色"，而菩萨之法乃不受到色的牵引，无论是眼睛、身体和语言，都可以离"色"。后来，《心经》作为《摩诃般若波罗蜜经》的解释，又进一步提出了"色即空"的观念：

> 观自在菩萨，行深般若波罗蜜多时，照见五蕴皆空，度一切苦厄。舍利子，色不异空，空不异色，色即是空，空即是色，受想行识，亦复如是。舍利子，是诸法空相，不生不灭，不垢不净，不增不减。是故空中无色，无受想行识，无眼耳鼻舌身意，无色声香味触法。

佛经中的"色"虽然不是专指颜色，却因翻译深刻地影响了在中国文学艺术中的颜色观。深受佛教影响的诗人王维的诗句里，处处蕴含着在物之中所见的"空-色"：

---

① 龙树撰：《大智度论》卷五十二，大正新修大藏经本。

山中

荆溪白石出，天寒红叶稀。山路元无雨，空翠湿人衣。

书事

轻阴阁小雨，深院昼慵开。坐看苍苔色，欲上人衣来。

辋川集·辛夷坞

木末芙蓉花，山中发红萼。涧户寂无人，纷纷开且落。

辋川集·鹿柴

空山不见人，但闻人语响。返景入深林，复照青苔上。

王维的诗歌中，以"色"来显现的世界是明媚斑斓的。但是，这并不同于此前文学中"物色"的传统。《文心雕龙·物色》云："流连万象之际，沉吟视听之区；写气图貌，既随物以宛转；属采附声，亦与心而徘徊。……至如《雅》咏棠华，'或黄或白'；《骚》述秋兰，'绿叶''紫茎'。凡摛表五色，贵在时见，若青黄屡出，则繁而不珍。"①"物色"中之色，乃是事物被感官直接感知的"情貌"。它由物在时序之中显现，也同人事的情境相徘徊。而王维的诗中之"色"固然也是诗人目之所即，且并不离事物自身，但却既非对视听的实描，亦非情景的交融。梅洛-庞蒂（Maurice Merleau-Ponty）在《知觉现象学》中描述了通过对视觉的整体结构化的打破，让视觉与世界、自我与自我的视觉相分离的态度。"当我打破我的视觉的这种整体结构化时，当我不再粘着我自己的目光时，当我想解开我的视觉和世界、我自己与我的视觉之间的联系以便不着它和描述它时，性质这种分离的感受性就展示出来了。通过这一态度，在世界化为各种感性性质的同时，知觉主体的自然统一性也破碎了。""我最终没有认识到自己是一个视觉场的主体，然而，如同有必要在每一种感官的内部重新发现自然的统一性一样，我们将使先于诸感官之分化的感觉活动的一个'原初层'显现出来。"②王维诗歌中的

① 刘勰著，黄叔琳校注：《增订文心雕龙校注》，北京：中华书局，2012年，第563—564页。

② 梅洛-庞蒂：《知觉现象学》，《梅洛-庞蒂文集（第2册）》，杨大春、张尧均、关群德译，北京：商务印书馆，2021年，第314页。

"色"很近似于这种色与世界相分离之后所显现出的自然的统一性。他的目光只关注某些特定的物之色，"白石""红叶""空翠""苍苔色"，还有那无人之涧中静静地开放又凋落的辛夷花，在空山中日光之影流转于此的青苔，这些"色"同它们周遭世界中的其他事物的颜色并无关系，因为王维已经将它们带入到了空山、幽涧、无人的深林这样的空间中，这一空间意味着离开了世界的色相，而恰在这种转身之中，王维看到了进入世界深处的日光的"复照"。"色"于是在世界的这种深静之中显现出来，同先秦道家从原初之道的追溯而寻守的静笃不同，王维诗中的深静来自此刻的"空无"。在王维的笔下，世界的"空无"不在于回忆过去，而在于此刻的离开。他眼中之"色"的显现在于他远离了迷障双眼的万物的"色尘"。而反过来，"色"在世界中的点亮也源于此处的"无人"。没有群集的游众，没有无端闯入的他者，而只有一个此刻苔色沾衣的"我"。

因此，王维的离开并不是逃离，而是意识在此在世界的"幻"，这同他心底深处的佛教观念是分不开的。在《荐福寺光师房花药诗序》中，王维说：

> 心舍于有无，眼界于色空，皆幻也，离亦幻也。至人者，不舍幻，而过于色空有无之际。故目可尘也，而心未始同；心不世也，而身未尝物。物方酌我于无垠之域，亦已殆矣。上人顺阴阳之动，与劳侣而作，在双树之道场，以众花为佛事。[①]

王维这段话受到《心经》影响颇深。《心经》云"色不异空，空不异色"，王维则进一步说"有无""色空"皆幻，而由观幻而产生的对世界的离尘之心亦是一种"幻"。如此，至人并非是要去破除一个"幻"的世界，相反，他在一种"不舍幻"的存有之中方才能够真正澄明色空有无的世界；同样，他在一种"可尘"的观看之中方才能够不落尘俗而得以解脱。对王维而言，在诗藻之中对众花之"色"的"现出"，便是以可尘之心而做佛事的法门。

无论是清溪中的白石、寒天里的红叶，还是空山中静静绽放的红萼，深林里染着日影的青苔，王维笔下的"色"都是一种"古色"。这些颜色离了感官的世界进入到了存在的"无垠之域"之中。在此无垠之域之中，每一个存在都是独立

---

① 王维著，赵殿成笺注：《王右丞集笺注》，上海：上海古籍出版社，1984 年，第 358 页。

的,它们不再依赖着感官而进入人的世界。这种孤独令物和人得以"进入"到彼此的世界之中。"山路元无雨,空翠湿人衣","坐看苍苔色,欲上人衣来",颜色沾染了人的衣衫,进入到了人的领域之中,人也因此进入到这个深静的世界里。对诗人而言,"此物"在这个片刻显现在世界之中。

在王维的影响下,携着"古色"而来的一种特别的"物"——顽石向着人们走来。大历诗人刘长卿《题曲阿三昧王佛殿前孤石》云:

> 孤石自何处,对之疑旧游。氛氲岘首夕,苍翠剡中秋。迥出群峰当殿前,雪山灵鹫惭贞坚。一片孤云长不去,莓苔古色空苍然。[①]

这首诗用佛理来写佛殿前所立的一片孤石。这块孤独的石头的"来处"是不可知的,但是诗人却仿佛曾经同它共游。这"旧游"并不是一种真实的经历,而是诗人在石的孤独之中发现了自我的生命。历经了多少岁月,石出现在了佛殿之前,这"出现"令一切神圣化想象幻灭了,而让存在的面目得以显现。如"云"样的外形又令人们感到,石的孤独是永恒的("长不去"),是不可以被人为的塑造打破的;而那石上莓苔之色,在这永恒的孤独面前所涌现出的意象是"空"的。诗人用"苍然"一词来形容这种古色。"苍",本意是青黑的草色,又引申为"物老"之状。《诗经·秦风》中有云:"蒹葭苍苍,白露为霜。"《庄子·逍遥游》:"野马也,尘埃也,生物之以息相吹也。天之苍苍,其正色邪?其远而无所至极邪?其视下也亦若是,则已矣。"物之苍色为老,天之苍色为远。在中唐,这悠远的石色,将人从此刻带入到了时间的远方和永恒的寂寞之中。

三、"入手"的古色

如果说刘长卿对佛殿前孤石的描绘,暗示着人们在石之中看到的空寂;而白居易在《双石》中的书写,则令石重新回归到人的生命的真实之中:

> 苍然两片石,厥状怪且丑。俗用无所堪,时人嫌不取。结从胚浑

---

① 储仲君笺注:《刘长卿诗编年笺注》,北京:中华书局,2017年,第100页。

始,得自洞庭口。万古遗水滨,一朝入吾手。担舁来郡内,洗刷去泥垢。孔黑烟痕深,罅青苔色厚。老蛟蟠作足,古剑插为首。忽疑天上落,不似人间有。一可支吾琴,一可贮吾酒。峭绝高数尺,坳泓容一斗。五弦倚其左,一杯置其右。洼樽酌未空,玉山颓已久。人皆有所好,物各求其偶。渐恐少年场,不容垂白叟。回头问双石,能伴老夫否。石虽不能言,许我为三友。[1]

白居易同样用"苍然"来形容这两爿水滨拾来的顽石,不过,他对双石的形容却加入了一些此前未曾有人言说的形容。它们的状貌的怪和丑的,是"不似人间有"的。但也正因如此,它们不能承担任何"俗用",因此也不会被"时人"所占取。因为这苍然的颜色、丑怪的形状和在世的不合时宜,双石在千百年来被遗落在水滨,成为了一种"万古之物",也恰因如此,它们得以一朝进入到"吾手"之中,因为老夫也同样是一位不合于纷扰的少年场的"白叟"。古物因此不再是一种"空"的意象,它遇见了一个相似者。

同佛殿前的孤石一样,这两片石头的样貌同样是"苍然"的,它们在世间的存在也同样是孤独的。不同的是,孤石之"孤"因为其环境的与世隔绝;而双石的孤独则由于其在价值上不被世人所取。如云一般的孤石尚有其审美的价值,而双石则因自身"怪且丑"的状貌,不能承担任何"俗用",因此也不会被"时人"所占取。由于这苍然的颜色、丑怪的形状和在世的不合时宜,双石在千百年来被遗落在水滨,成为了一种"万古之物",也恰因如此,它们得以一朝进入到"吾手"之中——这位老夫也同样是一位不合于纷扰的少年场的"白叟"。如果说刘长卿心中同孤石的"旧游"源于其孤独,白居易对"怪石"的"入手",是在于他对无用的自身的认知。所谓入手,绝非是一种在偶然邂逅之后的任意把玩,"入手"意味着对彼此在价值上面之共通性的认同。因此,顽石不再是一种"空寂"的意象,它是那在同样被世间遗落的诗人的一个伴侣,一种认定。诗人也试着以一种"入手"而非"静观"的方式来对待双石:他将其中一块作为支琴枕,另一块作为贮酒器。这两种"用"显然不是"时人之用",它们并不是由于要来当作琴架、酒樽而被"制作",文人也没有必然要用它们"做某事"的意图,天成的石只是

---

[1] 白居易著,朱金城笺校:《白居易集笺校》,上海:上海古籍出版社,1988 年,第 1423 页。

刚好适合用作这样的器具罢了。在这个意义上,石始终秉持着自身的独立。并且,这"用"是作为诗人的生命中最可言说自我的物——"琴"和"酒"的依托,因此,石、琴、酒之间,和它们同人之间,是同样的陪伴关系,这种关系的诞生,源于一个无用的意义世界的诞生。在此一世界之中,人不再孤独,不必去做那空山之中的悄无声息的隐士,生命的意义就呈现于当下一种不世而世、不物而物的生活之中——从对石的态度变化之中,我们看到了文人士大夫生命世界的开启。

　　白居易将石从佛门带入了文人的世界中,在北宋中期,以苏轼为中心的元祐文人,则将古铜器从权力的世界引入到了文人的世界中。"古铜色"的欣赏似乎与"石色"是不同的。在历史中,人工制作的、有模范的铜器代表着功名与史迹,因此也是最有"价值"的物件;而天然的、无规则的石则是无名的、无历史的、无用的物件。当铜器以及它身上的铭文最初进入到北宋人的视野中时,也的确曾因为它身上所承载的"三代之学"而受到重视。但宋人对古铜器的欣赏,还显现出一种独特的偏好。宋徽宗时期的《宣和博古图》中说"商父丁尊"乃"色几渥赭,而绿花萍缀,其古意最为观美","周史张父敦盖"则"青紫相间,灿然莹目","周三兽饕餮尊"亦"苍翠如瑟瑟,纹缕华好"。南宋赵希鹄《洞天清录》中,甚至有专列的"古铜色辨"一条,其云:"铜器入土千年,纯青如铺翠,其色午前稍淡,午后乘阴气,翠润欲滴。间有土蚀处,或穿或剥,并如蜗篆自然。或有斧凿痕,则伪也。铜器坠水千年,则纯绿色而莹如玉,未及千年,绿而不莹。"[①]观察古铜色成为了一种"考古之法"。就今天的考古学而言,这显然是一种不科学的论断,但这并不意味着古铜色的发现毫无意义。这些描述如今依然可以令我们陶醉,仿佛让我们回到千年之前,在同那时的文人一道观赏这些美丽的色彩。眼前莹目、斑斓、绚烂的或苍翠之色,在文人心底是一种最可观美的"古意",这不能不说是一种对"颜色"的特别体验。在古铜色身上伴随着文人对上千年时间中物的细微演化的感知,因此知觉不只是向着眼前的这一物开放,亦不只是向着这一物所存在的空间开放,而是向着久长的历史时间开放。不过,文人眼中铜色之"古意",并不是一般意义上由事实所组成的"历史",而是无数个曾在的瞬间不断地在我之中累积,而当这累积深厚到"我"必须让渡出主体性时,便同

---

① 赵希鹄:《洞天清录》,杭州:浙江人民美术出版社,2016年,第23页。

眼前的颜色一起投入到时间的洪流之中。唯有当这种"投入"特别的彻底时,随着主体中沉淀的历史感的诞生,在人心里方呈现出一种悠长而醇厚之美。

如果说王维诗中的"色"主要用"无人"的空山意象来呈现,而白居易那里的古色则意味着不入时俗、无古无今的旷然,那么"古铜色"之中则有一种清晰的对人事的历史和功名的反思。赵希鹄《洞天清录》形容一种理想的人生境况:

> 明窗净几,焚香其中,佳客玉立相映,取古人妙迹图画,以观鸟篆蜗书、奇峰远水,摩挲钟鼎,亲见商周。端砚涌岩泉,焦桐鸣佩玉,不知身居尘世。所谓受用清福,孰有逾此者乎![1]

在这个文人书斋之中,上古的金石文字,前代的山水笔墨,与铜器共在于一个空间之中。这一空间是一个令人得以"亲见商周"的空间,但此一亲见并非是追忆历史,更不是去寻找那曾经的功名,而说的是正由于铜器与山水、古书一样洗尽了铅华,它才能向人们展现出无一丝尘烟时俗的上古世界。因此,在这个世界亦可以玩砚,可以听琴,琴和砚岂是商周之物? 只是它们可以说明这个铜器存在于那令人"不知身居尘世"的世界罢了。

同早些时候的欧阳修、刘敞等人一样,元祐文人也喜爱古物收藏,但是他们的态度和酷爱"集古"以及追慕三代的此二人皆不一样。在给王诜写的《宝绘堂记》中还有"君子寓意于物,不留意于物"的箴言,反省自己早年过于醉心于书画玩好,更令他有了一种不执着于物的心态。在他的诗文中,始终对古铜器之"用"有着一种萧散而玩世的态度。他一次收到一秀才赠古铜器,答诗云:

> 只耳兽啮环,长唇鹅擘喙。三趾下锐春蒲短,两柱高张秋菌细。君看翻覆俯仰间,覆成三角翻两髻。古书虽满腹,苟有用我亦随世。嗟君一见呼作鼎,才注升合已漂逝。不如学鸱夷,尽日盛酒真良计。[2]

对着古器观察良久,苏轼觉得这并非秀才所认为的"鼎",他猜度应该是一种酒

---

① 赵希鹄:《洞天清录》序,杭州:浙江人民美术出版社,2016 年,第 3 页。

② 苏轼:《胡穆秀才遗古铜器,似鼎而小,上有两柱,可以覆而不蹾,以为鼎则不足,疑其饮器也,胡有诗,答之》,《苏轼诗集》,北京:中华书局,1982 年,第 514 页。

器,但终未深究,只是说倒不如将其作为"鸱夷"终日畅饮来得快意。诗里说的这个"鸱夷"是先秦时牛皮做的酒囊,此物可尽日盛酒亦可折起藏身,春秋时范蠡在归隐时就用此作化名,以寓随宜可用意。苏轼取此意,乃是说古器可以同我一起在世间沉浮,而不必一定要从古书中究其本来之"用",这一态度,同吕大临等儒者颇为不同。

元祐重臣文潞公家有丰厚的收藏,他有诗云:

> 古鼎良金齐法精,未知何代勒功名。更须梓匠为凫杓,堪与仙翁作酒枪。涤濯尚应劳豮鼻,腥膻不复染羊羹。水边林下风清处,长伴熏然醉玉倾。①

面对铸造精美的古鼎以及上面镌刻的文字,文潞公似乎没有兴趣去探究这是何代的器物,其上的文字又说明了其主人家族的何种功名,这一切已经不可知了。它在当下存在的意义,是将其用与仙翁作为酒枪,令其不再沾染世俗的腥膻。

文人在古器身上所看到的,与其说是对于历史的回忆,不如说是一种超越历史的世界的"亲在"。这让"古色"的面貌同"自然"亲近了起来。林逋有首《菱塘》诗写道:

> 含机绿锦翻新叶,满匣青铜莹古花。最爱晚来鸥与鹭,宿烟翘雨便为家。②

这首诗中,古铜色已经融入了一个生机盎然的世界中。万物以一种它们自身的本真的面目显现于世界,无论是新生的荷叶,还是那水塘边的鸥鹭,都在此一世界中相互优游。"古铜色"也成为了同样具有超世意味的自然之物的赞辞。南宋陈著有诗云:"江云薄薄弄秋晴,小小篮舆款款行。才近晨光山自别,稍迁石险路方清。峭崖全是古铜色,好鸟略无京样声。林下住家图稳静,近来此处亦

---

① 文彦博:《外计苏度支示古铜器形制甚雅辄书五十六字还之》,《文彦博集校注》,北京:中华书局,2016 年,第 222—223 页。

② 林逋:《林和靖集》,杭州:浙江古籍出版社,第 137 页。

多争。"①峭崖的灰褐色崖壁上生长着斑驳的新绿，令诗人想到了古铜的颜色，这并非是一般的"相似"，当以一种"真赏"去将一切世俗和文明洗涤后，古铜身上那超逸绝尘的"古色"便同样可以与山水相仿佛。

四、山水，无历史的"古色"

因此，诗的语言中的自然态度，其实并不是源于真实的"自然"，而是源于一种对人事的反省。这一反省的对象不止包含了世界的工具化、社会的等级化，更触及到了对人类历史的存有本身。中晚唐到北宋以后，伴随着这一反省的过程，一种新的艺术形式——水墨艺术出现在人们的视野中。水墨山水的出现，在形式上很自然地曾经被认为是此前青绿山水的一种延伸。但是，如果观照到这一时期发生了物之"色"的领域的思想的演进，就不难理解，水墨山水并不是在一种对"黑白"的执着中发明出的，而是对无古今、远人我中对世界之"色"的洗炼。这一观念与其说是追随着山水的逻辑，不如说是受到了中唐以来顽石身上"古色"的发现的影响。

荆浩《笔记法》中有一个对话恰能说明这一点：

> 曰："画者，华也。但贵似得真，岂此挠矣。"
>
> 叟曰："不然。画者，画也。度物象而取其真。物之华，取其华；物之实，取其实。不可执华为实。若不知术，苟似，可也；图真，不可及也。"
>
> 曰："何以为似？何以为真？"
>
> 叟曰："似者，得其形，遗其气。真者，气质俱盛，凡气传于华，遗于象，象之死也。……笔者，虽依法则，运转变通，不质不形，如飞如动。墨者，高低晕淡，品物浅深，文采自然，似非因笔。"②

绘画所画，并非是物之"华"，这个"华"，也即事物的表象，这同佛家所说的"色"

① 北京大学古文献研究所编：《全宋诗》第64册，北京：北京大学出版社，1998年，第40189页。

② 俞建华编：《中国古代画论类编》，北京：人民美术出版社，1957年，第605页。

是相似的。绘画要呈现的是事物的真实性,而这一"真",绝不是形象上的相似,信奉道教的荆浩称之为"气质具盛"。这个说法让人联想起梅洛-庞蒂关于氛围颜色(Raumfarbe)的说法:

> 根据我凝视一个客体,还是我让自己的目光发散开去,或者最后我把自己整个地投入到事件中去,同一种颜色也就相应地向我显现为表面颜色(oberflächenfarbe),它处在一个确定的空间场所,它延展在一个客体上面,——或者它变成了氛围颜色(Raumfarbe)并整个地围绕客体而扩散;或者我在自己的眼里感觉到它是我的目光的一种振动;或者最后它向我的整个身体传递了一种相同的存在方式,它充满我,不再称得上是颜色。[1]

梅洛-庞蒂所谈的对对象的观察以及对颜色的感知,实际上可认为是来自一位高明的画家。颜色在他眼中,并非是"某色",而是在某空间之中的客体的延展,以致成为一种弥散于客体周遭的氛围。在一位水墨画家眼中,墨色的存在的意义恰恰通过氛围颜色展现事物客体的扩散,从而将客体同我之间形成了一个整体的场域。因此用墨不是"因笔"的,而在绘画中具有了更为根本的位置。但是,墨的扩散如果过于肆意,也会脱失了事物本身,于是就需要笔对物象的表达。用笔并不拘泥于物的形式和质料,而随物的体势有飞动之态,这同六朝时期谢赫所提出的"随类赋彩"是完全不同的。在后者那里,颜色被围于客体形式(物类)的轮廓之内,于是物只能呈现为对某一客体的模仿("似")。而在水墨绘画之中,笔墨的协作最终令事物(山水)的真实性("真")显现于纸面之上。

在这个意义上,墨色画的出现,并不会是山水独特的形式,这伴随着唐代以来对人和世界关系的反省。在晚唐张彦远的《历代名画记》中,"树石"是同"山水"并列的一种母题,如王默、项容、张璪等画家皆擅树石。而石的画法,便是以"墨"为主,《历代名画记·论山水树石》中说,"树石之状,妙于韦鷃,穷于张通(张璪也)。通能用紫毫秃锋,以掌摸色,中遗巧饰,外若混成"[2]。而张璪则是

---

[1] 梅洛-庞蒂:《知觉现象学》,第315页。

[2] 张彦远:《历代名画记》,杭州:浙江人民美术出版社,2011年,第18页。

"唯用秃毫或以手摸绢素",对此画法,张璪的回答便是著名的"外师造化,中得心源"①。"心源"一词便是因佛教的传入而产生,并于唐代在佛教领域普遍使用,从而启发了张璪对绘画的认识和实践。柯伟业认为,张璪这种画法中,"要求放下身体以及一切有'形'的物质限制,从而达到'无不通'的状态,与《续画品》序中说的'锤断其指'寓意相通,故'杖策坐忘'与'锤断其指'皆可视为中国本土思想对舍弃外在障碍(即肉身)之精髓的参悟及诠释"②。但是,比起这种颇似现代艺术的闪现一时的"技法",更应该重视张璪对画史影响更为深远的对山水树石图由着色到墨色的探索。《历代名画记》卷十中记载张璪的一位师从者刘商在他被贬后曾赋诗说:"苔石苍苍临涧水,溪风袅袅动松枝。世间惟有张通会,流向衡阳那得知。"③张璪的水墨画法,是将苔石的古色,同流动的涧水、松风相会,在画面中传达了一种生动氤氲之感。这看似描述的是一种风景,实际上却是在"心源"之中澄明出来的对世界最单纯的感知。苔石之意不在形态,而在其苍古拙朴,松风之妙不在状貌,而在其空灵天真。诗的最后一句"流向衡阳",也并非说一个具体的地方。南朝梁刘孝绰《赋得始归雁诗》有"洞庭春水绿,衡阳旅雁归",杜甫《归雁二首》中有"万里衡阳雁,今年又北归","衡阳"就是指生命的归处,在张璪笔下,这个澄明的世界正是他的生命的安栖之所。这样的意境的出现,显然也是张璪受到了中晚唐以来诗人对湖石和园林书写的启迪。

对墨色的重视,使得在五代以后的山水画中,传达出一种雾霭、缥缈、平远的意象,这便是被文人称为"潇湘图"的母题。五代的董源以用墨而著名,在其存世的《潇湘图》中,墨色重叠、明晦交替,造出了一片幽远苍古的世界。苏轼有《宋复古画〈潇湘晚景图〉三首》,其一云:

> 西征忆南国,堂上画潇湘。照眼云山出,浮空野水长。旧游心自省,信手笔都忘。会有衡阳客,来看意渺茫。④

---

① 张彦远:《历代名画记》,第161页。

② 柯伟业:《张璪画论与绘事中的佛教因素》,《新美术》,2021年第2期。

③ 张彦远:《历代名画记》,第162页。

④ 苏轼:《苏轼诗集》,第900页。

苏轼在诗的开始用了"忆"一词,又说在此地如同他的"旧游"之地,这个说法让人想起了刘长卿写佛殿前孤石的"孤石自何处,对之疑旧游。"苏轼虽称此一空间为"南国",但这并非是指某个具体的地方,对于宋苏轼来说,这就是一个令人忘记尘俗风烟的氤氲着古色的所在,是一个没有名利捆缚的无何有之乡,也正因如此,他仿佛《庄子·逍遥游》中的那棵无用之木,似曾在此处与世界相徘徊。苏轼在尾句中称自己为"衡阳客",他从未到过衡阳,这同那首形容张璪之画的诗"流向衡阳那得知"是同样的意思,在这缥缈之乡就是苏轼心灵的安栖之所,他说自己在此处所看到的是一种"意渺茫",这便是潇湘山水要传达的超越时空古今的意象。苏轼之弟子由在一首《画枕屏》中有句:"绳床竹簟曲屏风,野水遥山雾雨蒙。长有滩头钓鱼叟,伴人闲卧寂寥中。"①这墨色晕出的野水遥山,是一个远离人世的寂寞旷古的世界,而这个世界在此刻又如此亲近地展现在绳床边的曲屏风上,伴着诗人进入这广漠的故乡之中。

结语

在中国的艺术中,色彩的重要性看起来远不如西方。道家的"大白若辱",儒家的"绘事后素",佛教的"色即是空",似乎也都在说明,在中国的文化中,色彩是被反思的问题。但事实上,中国文人已用他们的文字和画面铺开了一片"古色"的世界。唐代以来,在诗和艺术之中,"色"的问题并非是被单独提及,而是被放置并显现于一个文人所打开的领域之中。在这个领域中,世界的物何以存在是首要的问题。王维诗歌之中的明媚鲜妍的"物色",是在无人的空山之中被点亮的。刘长卿眼底的莓苔的苍色,亦是在石的孤在之中展开的。"古色"的显现追随着一个存在者的世界的开启,在这个世界之中,物不被理解为一种实现功能的途径,而是当社会功利的群体价值消逝之后,也即在"时"之外存在着的同诗人相偎依的伴侣。

在对如此这般的物的寻求之中,包括顽石、古器在内的文人之物,以及文人画的世界都逐渐在这片精神的土壤中萌发了。这些存在者身上那些功名或现世之用被荡去或被遗忘,一切来自社会和历史的规定性被解除,所留下来的是

---

① 苏辙:《栾城集》,上海:上海古籍出版社,1987 年,第 302 页。

一片太古的境域。甚至,自然也前所未有地用一种无功利性和非历史性的视角来认知,文人艺术所呈现的正是这样的一种"自然"。石上的苍苍之色,山水画中的水墨之法,并非是面对黑白/彩色的选择,而是来自文人对世界之真实性的思考。在湖石的流动,古器的斑驳,以及氤氲的水墨之中,物的边界被模糊了,而真实性正在此显现,显现于那些不受世俗捆缚的自在之物身上;从另一面说,这些物也只存在于那空濛的"野水遥山"之中。在这些存在者的身畔,那隐几坐忘的人,也由此进入到了一种不知何有的古色之境中。

On the Meaning of "Antique Color" in Chinese Culture: The Consciousness of Chinese Literati on Time in Color and Things

Li Xi

Abstract: In Chinese ancient thoughts, there are a common inclination to pursue the primordial genesis of the world, and the description about antique color is shown as the primary factor of the status of the world and things. Typically, "玄 xuan" which means both black color and a mysterious statement of the world, became the key word and even the name of Daoism. In the Tang dynasty, affected by the notion of "color(the form of existence)is emptiness 色即空"in Buddhism, the bright colors in things in the empty mountain are widely shown in Wang Wei's poems, while the immemorial color / antique color 太古色 is used to describe the stones, which became an icon of Chinese literati. For Literati, despite of sense of history, the antique color of stones reveals the existence of ahistorical, non-functional and thus irregular being. Hence, when the literati in the Northern Song began to appreciate the ancient bronze vessels and landscape painting, the antique color was identified as the feather that helped people to release the restriction of history and fame and lead them to the realm of freedom.

Keywords: Antique Color, Stones, Landscape Painting, Literati art

中国书法的生命精神与时空观念[*]

崔树强^{**}

[摘　要]　受中国文化哲学的影响,中国书法中蕴含着一种生命的精神,而"气"的思想是促成书法生命精神形成的核心因素。具体表现在几个方面:元气学说为书法的宇宙感和形上学奠定了基础,一气思想培植了书法创作中一气呵成和生命整体的观念,阴阳二气的相摩相荡孕育了书法形式创造的基本法则,血气骨肉的观念成为书法生命精神的直观呈现,浩然之气则有助于书法的人格化转变以及向道德境界的提升,进而促成了书法品评中美善观念的合一。基于"气"哲学的中国书法的生命精神,使其在时空存在方式上呈现出独特之处,即以时统空和时空合一,而汉字书写的笔序在其中起到了关键性作用。

[关键词]　书法;气;生命;时空;笔序

* 基金项目:国家社科基金重大项目"中国汉字书法美学理论体系建构研究"(22&ZD049)、国家社科基金艺术学重点项目"中国书法美学通史(四卷本)"(21AF008)。

** 崔树强(1973—　),男,江苏镇江人,哲学博士,华东师范大学美术学院教授,北京大学美学与美育研究中心兼职研究员,主要研究领域为书法美学、书法史论、中国美学和艺术理论。

朱良志在谈到中西方文明思想差异与美学精神的关系时说："中国哲学重在生命,西方传统哲学重在理性、知识。中国哲学是一种生命哲学,……在这样哲学背景下产生的美学,它不是西方感性学或感觉学意义上的美学,而是生命超越之学,中国美学主要是生命体验和超越的学说。"①概言之,中国哲学传统重视生命、体验和妙悟,西方哲学传统重视数理、理性和知识。西方圣哲极力向外探求知识,强调外在的逻辑推衍,故长于思辨;中国圣哲提倡反求诸己,强调内在的生命超越,故重视证会。在中国哲学传统背景下产生的中国美学,自然也是一种关于生命超越的美学,是一种关于生命安顿之学。中国艺术的精神是以自然生命为基础,以宇宙生命为旨归的生命统一精神,它以生命之眼打量世界,反映了中国人的生命愉悦情怀和生命创造活力。中国书法正是表现了这种生命精神的艺术,中国书法中最重要的精神就是一种生命的精神。

只有中国人从所使用的文字符号中发展出一种纯粹的艺术形式——书法。这在世界文明史上是罕见的。书法是世界艺术领域中一种独特的形式,也是中国艺术的典范形式,它在一定程度上反映了中国艺术的基本特点。林语堂说:"书法提供给了中国人民以基本的美学","如果不懂得中国书法及其艺术灵感,就无法谈论中国的艺术。"②汉字符号之所以能发展成为一种艺术,并不仅仅因为它的形式法则和造型特征,如果没有独特的文化和哲学思想,中国书法就不可能发展成为这样具有很好审美品味的艺术形式。而中国文化哲学中"气"的思想,就是促使书法成为一门独特艺术的少数几个关键性因素之一,也是彰显中国书法生命精神的核心思想。

一、中国书法中"气"的思想

在中国传统哲学中,"气"是一个涵义极广、内蕴极丰的范畴。它既包含生理的呼吸之气、血气,又包含道德伦理的义气、志气、浩然之气;既指组成事物的"其小无内"的最精微物质的"精气",又指涵摄无穷宇宙的"其大无外"的最广博的"一气"。它能自己运动,自我变化,从而成为宇宙一切变化运动的原动力。

① 朱良志:《生命超越的美学》,《中国美学十五讲》"引言",北京:北京大学出版社,2006 年,第 2 页。
② 林语堂:《中国人》,上海:学林出版社,1994 年,第 285 页。

它能与四时万物共推移、同变化,并且和合凝聚而生成万物。在古代中国人的观念世界里,气既属于物质,又属于精神;既属于生理,又属于心理;既可以用来解释外在世界,也可以用来诠释人的精神。可以说,在气的世界里,形成了一个庞大的观念系统。在中国气论哲学看来,气是宇宙之本,万物之原。气是宇宙的生命功能、创化功能。人因得天地之气而生,这种生命之气就必然要表现到艺术作品之中去,成为艺术作品的生命。气作为人的生命力和创造力的根源,在艺术作品中就展露无遗。所以,在中国古代的艺术和美学思想中,总是有一种倾向,就是从生命和精神的生生不息的运动中去寻找美的理想。美与艺术的形式,在中国人看来,在本质上就是一种生命的合乎规律的、同时又是自由自在的运动形式,而这种运动用"气"来描述,最令中国人心惬。

　　气的思想对书法审美观念的影响,是极其深刻的,它集中表现在以下几个方面。一、"元气"学说认为天地万物的本原是气,它构成了人与万物的生命,自然也构成了书法艺术的生命。这就涉及书法艺术的本原论问题,也就是书法的形上学问题。书法家要以一管之笔,拟太虚之体,用毛笔直接追摹那作为宇宙万物本体和生命的"气",这才是中国书法最深的目的。二、"一气"理论认为,万物以气为中介联结成为一个整体,这就影响到书法中生命整体性的观念。书法的优劣并不仅仅在于一点一画的精微,而在于是否能通过一点一画、一撇一捺以及线条的顾盼流转、回环映带来创造出一个和谐的整体。书法家再三致意的"一笔书""一气呵成",就是在笔断气连中营构出一种生命的整体性和联系性,成就一个艺术的境界。三、"阴阳二气"相互摩荡的思想,对于书法形式感的创造有着深刻的启迪。书法中一切形式感的创造,从根源上来说,无非阴阳而已。书法家要斟酌疾涩、顺逆、推挽之妙,疾为阳,涩为阴,顺为阳,逆为阴,推为阳,挽为阴,其中都蕴含了阴阳之精神。书法妙在阴阳,也就是妙在阴阳的变化,阴阳之气彼此激荡,故能产生内在的张力和无穷的变化。四、气论哲学中的"血气""精气""神气"等理论,对于书法中的生命感的追求有直接的影响。人的生命依赖血气以生,书法的生命也要使得血气通畅、筋脉不断;人的生命要有精气神,书法的生命也在于表现出书家主体的精神、意志和神采。在历代书法理论中广泛流布的以人的生命来比况书法的论述,皆是由此而发。点画线条原本不过是墨涂的痕迹,但却被我们看成是有生命、有性格的东西。我们反复练字,就是练习一种将自我生命融入点画的能力。五、"养气"的思想,对书法中独特的生命颐养理论、书法家培植心胸和完善人格的理论都有着深刻的影响。养气是书法家主体修养论中的核心，是"书如其人"思想在书气论中的落实。"书"为什么如"人"？因为"书"中被贯注了"人"的生命，体现了"人"的境界。"书"如何才能如"人"？就需要书法家不断地完善自己、培植自己，即颐养和涵养。

二、元气淋漓：书法的宇宙感

杜甫有一句题画诗云："元气淋漓障犹湿。"他指出了中国绘画境界中对气化氤氲境界的呈现。其实，"元气淋漓"也是书法家追求的至高境界。书法中以表现宇宙节奏和生命精神为根本目的的艺术观念，是在元气论哲学的基础上产生的。元气既是天地未分之前的混沌状态，又是构成天地万物最基本的元素。生命是由"气"决定的，世界万物皆由一团元气构成，这种思想，对书法的发展影响至深。书法家以湿笔濡染，去摹仿天地混沌的根源之气，并不着意要刻画某一个固定的形象，而是着重表现出虚空流荡的节奏和氤氲气化的境界。魏晋时期，刚刚获得审美自觉的书法，接受了气化的自然观和宇宙观。人在这时发现了自我，发现了自然，书法中所引起的人对自然物象的审美，也超过了以往任何一个时代。于是，以自然物象来形容书法的美感，就普遍存在于当时的书法理论之中。书法从根源上说，是要写出宇宙根源之气。

王羲之《记白云先生书诀》中说："书之气，必达乎道，同混元之理。"[1]书法创造所要遵循的规律，是天地自然和宇宙大化的规律。"混元"就是天地形成之初的原始状态，是宇宙之初元气未分的状态。中国书法虽是一艺之成，却要和宇宙万物的本原相通。元气未分，所以是一个整体；原始混沌，所以还没有秩序。世界是从元气混沌向理性和秩序不断演变的。中国书法要追根溯源，秩序的美、理性的美、分割的美、排列的美，都不是书法家追求的最高境界。这就是清代傅山所批评的"俗字全用人力摆列，而天机自然之妙竟以安顿失之"[2]。书法创作要回归到那种美丽的无秩序之中去，那里有浑整的生命存在。因为秩序的美是人为的美，元气淋漓的混沌之美才是天然的美，是大美。

① 王羲之：《记白云先生书诀》，《历代书法论文选》，上海书画出版社、华东师范大学古籍整理研究室选编、校点，上海：上海书画出版社，1979年，第 37 页。

② 傅山：《霜红龛集》卷二十五《家训》，清宣统三年丁氏刻本。

23

中国书法的生命精神与时空观念

宗白华说："中国哲学是就'生命本身'体悟'道'的节奏。'道'具象于生活、礼乐制度。'道'尤具象于'艺'。灿烂的'艺'赋予'道'以形象和生命，'道'给予'艺'以深度和灵魂。"①古代很多书法理论家都称书法为"书道"(比如卫夫人、虞世南、张怀瓘、郑构、董其昌等)。书道就是要以书达道，以书体道。"道"，是混沌未分之元气，就是"同混元之理"。这一思想，被后来很多书法理论家所继承。他们或言"自然"，或言"道"，或言"天机"，或言"造化"，但都与"元气"异名而同质，都触及世界的本体和书法艺术的根源，是气的宇宙论思想在书法领域里的落实，或者说，是书法的"形上学"。

张怀瓘进一步申发了书法的形上学意义，认为书法是通乎自然之理、宇宙大道的，它可以"宰制群有"、"范围宇宙，分别阴阳"，翰墨之道就是大道，所谓"字之与书，理亦归一"。②书法能显微烛幽，把那种"可以默识，不可言宣"神妙变化和深心律动都传达出来，就开启了入"道"法门。所以，他说书法是"不朽之盛事"，"与大道不殊"。张怀瓘对于书法本质和地位的认识，源自他受到《周易》哲学的深刻影响，用他自己的话说，自己草创《书断》时，"其触类生变，万物为象，庶乎《周易》之体也。"③他对于书法与《周易》的关系、书法与自然的关系，有很多精彩的论述。总之，他是从"道"入手，从自然造化和世界变化入手，从书法与自然的关系以及书法与气化宇宙的同构入手，来看待书法中所体现的天地变化和造化之理。书法里要具有"生气"，唯有这样，书法才是活生生的，才充满了生命的精神和情趣。

三、一气运化：书法的整体性

如果说元气淋漓是从书法、书家和宇宙本原之间的关系而言，说明书法在根源上是表达自然生命的勃发和主体生命的精神的话，那么，一气运化则是从书法和世界整体的联系而言，说明书法在表达上是筑基于生命的完整和畅适。换句话说，有了元气，就有了生命的强度；有了一气，就有了生命的完整性。

中国气化哲学普遍认为，天地混沌，一气流行，万物化生。天地万物由一气

---

① 宗白华：《中国艺术意境之诞生》，《宗白华全集》第二卷，合肥：安徽教育出版社，1994年，第367页。

② 张怀瓘：《文字论》，《历代书法论文选》，第208页。

③ 张怀瓘：《书断》，《历代书法论文选》，第208页。

所派生,万物浮沉于一气之中,世界就是一个大气场,无不有气贯乎其间。生命源自气,所以生命也是一个整体,生命之间彼此互相联系,彼此相通。《庄子·知北游》说:"通天下一气耳。""一气"就是阴阳未分的混沌之气,它由道化生,同时又化生万物,人的生死,物的成毁,不过是气的聚散变化的结果。两汉以来,"一气"的思想被不同学派广为接受。天地唯"一气而已"已经成为中国气论哲学体系中最为重要的基石。"一气"的思想,体现出中国气论哲学中的生命整体观念。万物均来自于一气,一气相连,故氤氲流荡,周遍万物,使得生命处于一种庞大的气场之中。这样,物物相连,生生相通,互相联系,互相贯通。用"一气"的眼光看世界,就是在联系中将世界看成是一个活的生命体。

这种思想使得中国书法获得了独特的滋养。书法中讲究一气,就是强调书法作品中的整体性;书法讲究气脉,就是强调书法作品中的联系性。因为一气思想的沾溉,书法的世界就不再是一个由实用文字符号所构成的概念世界,而是变成一个能涵摄一切生命的浩荡流行和生机勃发的生命世界。书法家要以造化为师,以自然为师,要汲取宇宙之"一气"。不仅要汲取其混元之气,还要汲取其团结之气,也就是把各自分散的部分,看成是内在生命相连的整体。书法家写字,无非就是写出一气团结而已。这时,一点一画,无不有生气贯乎其间,从而构成一个生命的整体。

宋代书画理论家董逌说:"且观天地生物,特一气运化尔。"①清代朱履贞在《书学捷要》中评论孙过庭草书《书谱》时说:"一气贯注,笔致俱存,实为草书至宝。"清末蒋衡《拙存堂题跋》评祝允明书法云:"夫书必先意足,一气旋转,无论真草自然灵动;若逐笔安顿,虽工必呆。"②清代张式《画谭》也说:"从一笔贯到千笔万笔,无非相生相让,活现出一个特地境界来。"对于书法家而言,千笔万笔,统于一笔,就是因为统于一气的缘故。

作为一种纯线条的艺术,在表现生命的活趣、动态和"一气"的特性时,书法有着无可比拟的优越性。气在书法中的作用,是借助点画线条的塑造,把生命的节律注入到线条中去,使点画线条也带有活的、升华了的生命节律。换句话说,就是借助着气的乘载力量,把书法家主观的性情和客观的笔墨结合在一起。

---

① 董逌:《书徐熙画牡丹图》,《广川画跋》卷三,清十万卷楼丛书本。

② 蒋衡:《拙存堂题跋·祝京兆真书过秦论报燕王书》,《历代书法论文选续编》,崔尔平选编、点校,上海:上海书画出版社,1993年,第695页。

气,一方面把性情乘载向点线,同时把点线乘载向性情,这样一来,性情因为气而能向外表达,点线因为气而得到了活的生命,于是,气在书法中的作用就被发挥出来了。

中国人从半坡符号、甲骨文、金文中锤炼出来的线条意识,注入象形汉字的书写中,使书法成为活的时间性艺术,成为一气运化和气韵生动的艺术。在中国书法中,简单的线条竟然具有如此的表现力,秩序和自由、理智和想象、节制和力量,这些相反相成的原则,通过相反相成的点线的形象,通过直线和曲线的反复和对比,通过那种柔韧的、流动的、自然的线条表现出来,这才是中国书法真正的魅力所在。书法在最实用性的文字书写中,升华进入了艺术的领域,它以生命的美的形式,作为形而上的宇宙秩序和生命的象征。

四、阴阳摩荡:书法的形式感

蔡邕在《笔赋》云:"染玄墨以定色,书乾坤之阴阳。"在《九势》里又说:"夫书肇于自然,自然既立,阴阳生焉;阴阳既生,形势出矣。"[①]可见,阴阳的思想很早就开始渗透到书法创作观念之中了。在气论思想大盛的汉代,阴阳所代表的是两种相互对立的气的状态,进而代表两种最基本的矛盾势力或者属性,而阴阳的相互作用是世界万物产生和发展的动力。论述阴阳思想最集中的,莫过于《周易》。《庄子·天下篇》里说:《易》以道阴阳。"《易传·系辞上》说:"一阴一阳之谓道。"《周易》的特色在于揭示了阴阳之理。

书法源自自然,要师法阴阳二气的相摩相荡和往复流行,在两种对立的因素中获得完美的统一,比如虚实、刚柔、动静等,以造成书法的"势"和形式动感的生成。阴阳二气的摩荡直接启迪了书法创作的形式法则。书法要体现宇宙造化之变,就要模拟阴阳变化之动。书法家在笔下的开阖、推挽、往来、卷舒和吞吐中,构成一个生意跃动、生命优游的世界。

虞世南《笔髓论·契妙》中说书法"禀阴阳而动静,体万物以成形"。孙过庭《书谱》说书法"阳舒阴惨,本乎天地之心"。张怀瓘《六体书论》说:"夫物负阴而抱阳,书亦外柔而内刚"。他又在《论用笔十法》中解释用笔的"阴阳相应"时说:

---

① 蔡邕:《九势》,《历代书法论文选》,第6页。

"谓阴为内,阳为外,敛心为阴,展笔为阳,须左右相应。"清代冯武在《书法正传》的"笔法十门"中还专设"阴阳门"。刘熙载《艺概·书概》也说"惟毫齐者能阴阳兼到",他还说:"书,阴阳刚柔不可偏陂。"

可以说,书法家动笔即是阴阳,以笔墨泄阴阳造化之机。古人作书,以笔之动为阳,以墨之静为阴,以笔取气为阳,以墨生彩为阴。在书法中,充满着类似于阴阳两极的对立因素,比如大和小、方和圆、疏和密、长和短、骨和肉、干和湿、肥与瘦、正与奇、巧和拙、生与熟、浓与淡、提和按、逆与顺、藏和露、迟与速、疾和涩、急和缓、擒与纵、黑和白、虚与实、连与断、文与质等等,不胜枚举。中国书法家强调,要大而不松散、小而不局促,方中有圆、圆中有方,肥而能清秀、瘦中有丰腴,要短长合度、粗细折中、骨肉停匀,疾徐适中,方提便按、方按就提,总之,他们总是在确定一个因素之后,立刻就指向其对立面,不使其走极端,无过无不及,追求那种最合适、最恰切的表达方式,展现那种最和悦、最怡然的生命状态,而这种艺术观念的终极之处,都可以追溯到《周易》那里。可以说,在书法点画的往来顺逆、回环呼应之间,书法家向人们呈现了最形象的中国人的生命辩证法。

阴阳二气相摩相荡的思想,在书法创作中最集中的表现,就在书法的"气势"。势是源自气的流动和变化,书法之所以能有势,是因为点画线条内在的气的运动,是阴阳之气相摩相荡的结果。书法的势,既是气的运动的形式化,也是生命运动的形式化。汉字的点画线条,因为内在的气的流动,而产生了势。书法创作,要想创造出势来,就要把握住一阴一阳相摩相荡中所产生的生生不息的生命运动变易的趋势。"势"是一种活动感,但这种活动感却源自于"气"的流荡,源自阴阳二气的作用,即所谓阴阳生势。由阴阳的摩荡,所产生的内在的冲突,使得书法的点画、线条和文字结构中,最大限度地造成了形式内部的张力,使得鉴赏者在静止的墨迹往来中,感受到一种内在的冲突和生命的跃动。这样,整幅作品内部的生命就被鼓荡起来。

五、血气骨肉:书法生命感的呈现

中国书法中独特的生命精神观念,是在古代血气、精气、神气等哲学观念的影响下展开的。书法是有生命的,每一个字都是一个生命体,筋骨立,血气畅,才能风姿神采出。实用性的汉字符号,经过书法家的生花妙笔,每一个点画,每一个字形,都被赋予了生命,具有独立的性格。从这个意义上,我们可以说,书法家就是一个小造物主。

一个字就像一个人,以人体喻书法,早在魏晋时期已经开始。卫瓘说:"我得伯英(张芝)之筋,恒(卫恒,乃卫瓘仲子)得其骨,靖(索靖)得其肉。"①卫夫人说:"善笔力者多骨,不善笔力者多肉。多骨微肉者谓之筋书;多肉微骨者谓之墨猪。多力丰筋者圣,无力无筋者病。"②但是,一个死去的生命,依然可以有骨、有筋、有肉,所以,要真正把握到生命的真相,必须注意到神的闪显、气的吐纳、血的循环。张怀瓘在筋骨之外,注意到这些要素,他说:"以筋骨立形,以神情润色。"③又说:"字之体势,一笔而成,偶有不连,而血脉不断,及其连者,气候通其隔行。"④也就是要在筋骨肤肉之外,注意到笔致的气脉灌注和字里行间洋溢着的生命神采。

苏轼说:"书必有神、气、骨、肉、血,五者阙一,不为成书也。"⑤立书如立人,一字一篇之成,就像一个生机勃勃的人的形象。骨立了,筋通了,血流了,气畅了,骨肉成就了人的形骸,气血促成了生命有机体的内在运动,并在这个生命整体基础上产生出独特的气质和风神。后来,清代王澍又增加了筋、精和脉,他说:"作字如人然,筋、骨、血、肉、精、神、气、脉,八者备而后可为人,缺其一,行尸耳。"⑥精神与血肉构成一个生命体。书法的直如骨,转如筋,一点如目睛,但是,一个生命体并不是每个身体部件的简单拼加,筋骨血肉作为可视的生命形体,如何才能展现其精神的光彩呢? 清代姚配中在《次包慎伯先生论书原韵》中说得好:

书之大局以气为主,使转所以行气,气得则形体随之,无不如志。

① 张怀瓘:《书断》,《历代书法论文选》,第179页。

② 卫铄:《笔阵图》,《历代书法论文选》,第22页。

③ 张怀瓘:《文字论》,《历代书法论文选》,第210页。

④ 张怀瓘:《书断》,《历代书法论文选》,第166页。

⑤ 苏轼:《论书》,《历代书法论文选》,第313页。

⑥ 王澍:《论书剩语》,《明清书法论文选》,崔尔平选编、点校,上海:上海书店出版社,1994年,第596页。另,王澍在《竹云题跋·欧阳率更〈醴泉铭〉》中也表达了相似的观点:"筋、骨、血、肉、精、神、气、脉,八者全具,而后可为人书。"(《历代书法论文选续编》,第611页)

古人之缄秘开矣。字有骨肉筋血，以气充之，精神乃出。不按则血不融，不提则筋不劲，不平则肉不匀，不颇则骨不峻。圆须按提出以平颇，是为绞转；方须平颇出以按提，是为翻转。绞则筋皆环绕，血自周行；翻则骨既峥嵘，肉无臃瘇。圆不离方，方不乖圆，墨自不枯，而毫自不裹矣。此使转之真诠，古人之秘密也。[①]

在这里，姚配中把"气"在书法使转提按中的作用说得再清楚不过了。书法的点画之所以能组成一个生命，就在于有气，有了气的充实和贯通，就有了血脉和气脉。血脉和气脉是内在的无形的主导，它是联系一个人肉体生命和精神生命的纽带。

中国人的宇宙是气的宇宙，是阴阳五行的宇宙。这影响了中国人对生命的独特看法。中国人的生命观，是一种整体关联的生命观，是一种动态平衡的生命观。中医讲气，讲阴阳五行，阴阳的关键是平衡，五行的关键是整体的关联，而平衡与关联的基础，则在于气。人体中的气，伴随着血，行之以脉络，也就是"气血"和"气脉"。这种气血和气脉的思想，深刻地影响了中国书法中的生命观念。中国书法因为有了气的贯注，便有了生命，有了气脉的流动，生生不息，笔笔相连。一气贯注，就是要在自始至终的线条流走中，让气成为全篇的贯注之力，有了贯注之力，则整体气脉通畅。气不可以不贯，不贯则虽有点画笔法之精妙，仍然是散珠碎玉，不能为全璧之宝。中国书法的文化信念，就是一种生命的信念，有关生命的真实和理想，都是中国书法家所倾心的。明了了中国文化的气化论，也就领悟了中国书法的秘奥。

六、浩然之气：书法的人格化

血气是生命的表现，但是人和禽兽都有血气。儒家认为，人之所以异于禽兽之处，就在于人可以治理血气，也就是要从自然生命上升到精神生命，克服生理生命和精神生命的分离。人要摆脱野蛮，必须由治血气做起，使得精神生命和生理生命不至割裂。儒家注重个体生命和社会生命的融合，让血气与社会伦

---

① 姚配中：《书学拾遗·次包慎伯先生论书原韵》，参见《明清书法论文选》，第824页。

理道德相联系。所以，儒家一方面认为，要抑制那种与生俱来的"血气"，在克制中提升自我，使之限定在社会伦理道德允许的范围之内。另一方面，儒家试图把生命力的血气引导到社会性伦理道德的轨道上来，即用"志"来统帅"气"。志统帅气，就是用精神生命来统帅生理生命。

《孟子·公孙丑上》说："我善养吾浩然之气。……其为气也，至大至刚，以直养而无害，则塞于天地之间。其为气也，配义与道；无是，馁也。是集义所生者，非义袭而取之也。"孟子的"浩然之气"是"配义与道""集义所生"的结果，所以"至大至刚"，能"塞于天地之间"。这时，志气合一，人的整个生命成为了精神生命和生理生命的混合体。气，在这时既是自然生命的根本，又是精神生命的依凭，气以包志，志以领气，这就是孟子的志气统一论。孟子"养气"的途径，就是通过道、义等道德功课，来提升和净化人的自然生命，引领生理的生命活力，融入道德化的生命之中，培养为正大刚直之气。

孟子"浩然之气"的思想，对书法的人格化倾向产生了深远影响。血气是生理的生命力，仅仅靠生理的生命力，并不能成就书法艺术。一个书法家即使有旺盛的生命力，蓄积有澎湃的血气，但是在创作之际，如果不能有适当的表现能力，不能使气得到有效的向外抒发的渠道，就很容易在表现时遭遇艰窘，从而成为气向外抒发时的挫折。这就像一个口吃的人，在与人发生争执时，即使有再大的气在鼓荡，也没有办法和能力有效地说出自己的理由。每一个书法家，拿起毛笔进行书法创作的时候，都能感受到气正在对创作中的作品所发生的作用。但是，如果仅仅靠一团原始的、生理的生命力，往往会带有很大的危险，对形式的艺术性很难把握。近年来，"现代书法"在创作中任笔为体、纵横涂抹的野蛮主义，或许可以从这个方面得到说明。

明代项穆说："未书之前，定志以帅其气；将书之际，养气以充其志。"[1]清代朱履贞也说："学书必先作气，立志高迈，勇猛精进。尽一身之力向臂，臂归指，指迄于尖，撮管悬臂，而后运笔。"[2]书法家强调生理生命和精神生命的统一，强调艺术是由人的整体生命所发出的，包括人的道德生命。这样，书法就实现了与书家人格化的统一。要创造出第一流的书法艺术，必须先成就第一流的人

---

① 项穆：《书法雅言·神化》，《历代书法论文选》，第530页。

② 朱履贞：《书学捷要》，《历代书法论文选》，第602页。

格。于是,书法家通过艺术去体味人生,也在人生中体味艺术,使得人生艺术化,艺术人生化。书法的艺术价值的判定,就不仅仅在心情愉悦、清赏雅玩的娱乐功能上,更要落实在道德修养和人格塑造之上。书法家要重视内心修养的完善、德性的提升,也就是要去除卑小俗念,挺立正大人格。

在中国后代书论中,人品与书品关系的祈向即源于此。唐代柳公权则发展了这一思想,他的"心正则笔正"的名言,以新的命题将人格、伦理与书法的关系联系起来。明代项穆在《书法雅言》里说:"大要开卷之初,犹高人君子之远来,遥而望之,标格威仪,清秀端伟,飘飘若神仙,魁梧如尊贵矣。"清代朱和羹也说:学书不过一技耳,然立品是第一关头。品高者,一点一画,自有清刚雅正之气;品下者,虽激昂顿挫,俨然可观,而纵横刚暴,未免流露楮外。故以道德、事功、文章、风节著者,代不乏人,论世者,慕其人,益重其书,书人遂并不朽于千古。①在这里,书法成为了道德的化身,成为助教化、成人伦的工具。前人比喻颜真卿书法如"盛德君子",就是指出了他的书法观念是以典正为要。颜书蕴含了饱满的情感力量和人格力量,在浑穆遒厚的点画,雍容开阔的结体中,浸透了深厚的儒家精神。

七、中国书法中的时空意识

时间和空间是物质存在的基本形式,也是艺术存在的基本形式。书法在由静态向动态、由视觉向听觉转变的过程中,包含了一种由空间性存在向时间性存在转化的特点。而这一点,与中国人特有的时空观念深相契合。

我们知道,中国人的时间意识不是一维的时间观念,而是一种循环往复的时间观念。昼夜更替,四时运转,花开花落,月缺月圆,十二属相一轮回,六十甲子一循环。天地的车轮不停运转,世界就这样周而复始。所以,古人并不是不知道时间的一维性特征,而是更重视从生命的体验来理解时间的循环性特征。生命的变化是在时间中展现的,在人的生命体验中,似乎时间对于生命的重要性远远大于空间。这种生命时间观的核心,就是把时间当作运动和变化本身,以流动的时间去融会万物。

---

① 朱和羹:《临池心解》,《历代书法论文选》,第740—741页。

中国人认为,春夏秋冬作为时间概念,最大的特点就是周而复始。《周易》说:"无往不复,天地际也","复,其见天地之心乎"。四季循环往复的时间运转,形成了中国人早期的自然观和宇宙观。中国人的宇宙观是时空相融,以时统空,这与中国文化中四时与五行的结合密切相关。四时代表时间,五行象征万物,四时与五行的融合,就是以时间统摄万物,统摄空间,从而建立起一个以时统空的宇宙模式。中国哲学认为,这种以时统空的宇宙模式,源自于阴阳二气的变化。阴阳二气的消息循环,决定了生命滋生化育的过程。所以,中国古人不承认有脱离运动变化的绝对时空,空间是由阴阳二气所充满的,时间则是对阴阳二气运动性状的度量。这与西方源自古希腊的自然观宇宙观是完全不同的。

中国人这种宇宙观模式和对生命时间的把握,对中国艺术的影响太大了。时间化、节奏化、音乐化的宇宙,使得中国艺术化虚的空间为实的生命,创造出虚实相生的意境。由音乐节奏的伸延,展示出来的虚灵的空间,这是构成中国绘画、书法、戏剧、建筑里的空间感和空间表现的共同特征,所以宗白华说:"一个充满音乐情趣的宇宙(时空合一体)是中国画家、诗人的艺术境界。"[1]

在理解中国艺术这种以时统空的宇宙情怀时,书法是一个很好的突破点。西方为什么没有书法?他们的文字书写也可以美观,具有形式的美感,却不能成为代表民族最深宇宙观念的艺术。西方的传统艺术,深受源自古希腊的数学化、理性化的思维影响,淡化时间的意识,更加重视空间。静物写生是西洋绘画的基本功课,而中国绘画的动态化,是把静态体积做最大限度时间化的表现,要引"书"入画,引"草"入画。草书以其淋漓尽致的情感抒发以及高度抽象的线型为基本特点,以一种流动感使得空间最大限度地延伸为时间的轨迹。草书是中国书法音乐化、舞蹈化的典型,当一切静态的自然物象被组织进草书线条的流动之中,一切空间和体积的因素都在时间的流转中飞舞。

尽管书法是线条的艺术,但这个线条不是西方几何学的线条,而是活的有生命的线条,是生命在时间中绵延的迹化,它有生命的跃动在里面。书法的这个特征,可以说也是中国传统艺术的共同特征:中国画本来应该是视觉的、空间的艺术,但中国画却把"经营位置""间架结构""空间布局"等空间方面的问题置

---

[1] 宗白华:《中国诗画中所表现的空间意识》,《美学散步》,上海:上海人民出版社,1981年,第89页。

于次要位置，更重视"气韵生动"和"骨法用笔"，也就是重视时间在空间构成中的引领作用。传统戏剧也是如此，戏剧本来要呈现空间中的时间变迁，是在空间中演故事。但中国戏剧不是让时间为空间服务，而是让空间为时间服务，舞台空间大多虚拟，却加强了音乐和舞蹈的成分，形成世界上独特的"歌、舞、剧"一体的传统戏剧。而中国书法在书写汉字时，原本完成的也是空间结构的造型，但是，在笔序流走中，同时也是在完成一种时间性过程。所以，书法的完成，不仅仅是一种空间原理，更是一种时间的原理。而且，由于时间最适宜在线条中表现，而书法又是线条的大本营，因此，书法常常被视为中国艺术精神的代表。

八、笔序的意义

中国书法中的汉字具有独立的空间结构，但书法创作是一个时间性过程，这使得书法向着时间性艺术的方向演进。那么，中国书法家是如何将空间转化为时间的呢？这里有一个关键要素：笔序。

汉字书写的笔画是有顺序的，这正是把字体结构的空间形式转换为线条的时间性运动的基础。每一个汉字有一个独立的方块空间，也有构成这个空间的笔画的先后顺序，先横后竖，先撇后捺，先上后下，先左后右，先外后内等等，一字到数字，一行到通篇，草书虽然牵丝连带，往复缠绕，但笔序却是不能乱的。这种时序关系的特点强化到一定的程度，就如行云流水，一气呵成，一气贯注，称为"一笔书"。就这样，书法的创作在时间的展开过程中，完成了空间的创造，在空间的构建过程中，完成了时间节奏的展延。笔墨流泻的线迹既是时间的，同时也是空间的。所以，书法的空间不像雕像和建筑里的几何透视，而是显示一种类似于音乐和舞蹈所引起的一种节奏化的空间，这个音乐化、节奏化的时空合一体是中国艺术家追求的灵魂。这个中国艺术的灵魂，在书法中表现得最为突出。

构成书法艺术空间的笔画线条如同舞蹈的动作、音乐的音符，在时间中绵延和运动，笔一触纸，黑白分明，粗细轻重和长短疾徐顿时显现。书法的线条不可重复，也不可更改，在时序上不可逆转，如同音乐演奏一样。描和画、重复和修改，都是书法创作的大忌。描过的线条，中断了连续性，模糊了运动感，掩盖了书法线条的时间性特征,所以唐代蔡希综说:"其有误发,不可再摹,恐失其笔势。"①书法欣赏亦然。欣赏时不只是凝神静观字形的空间结构,而是遵从时间先后顺序,从上到下,从右到左,从头到尾地推移目光,根据纸上的墨迹流走做出历时性的心摹手追,看如何起笔,如何运笔,如何接,如何转,提按顿挫,墨色交替。就如同人们欣赏音乐时会不自觉地打拍子一样,欣赏书法时不仅心里应和着线条的节奏,身体和手有时会不由自主地追随动作起来。

书法的时间性特征在不同的字体中情况不同。早期的甲骨文、金文、小篆,是"仰则观象于天,俯则观法于地,视鸟兽之文与地之宜,近取诸身,远取诸物",依类象形而创造的,它们更重视空间结构。在篆书中,书写的笔序不甚严格,但空间的安排却十分讲究,其审美特性更在于空间形象的生动。隶书则是一次解放。隶书不仅截长为短,变纵为横、化圆为方、变中锋玉筋为波画蚕头雁尾,突破了篆书图画式摹拟物象特征的范围,走向了方正、对称、整齐、疏密等抽象形式美;而且,更重要的是,逐渐赋予了书写过程以时序的特点。汉末草书和楷书都已出现,楷书继承了隶书形式美的法则,在横平竖直、结构安稳、秩序井然中保留了空间构成特点,同时在轻重提按缓急中融入了时间性的因素,但总体上仍然以理性的空间感为主。只有草书的出现,才使得汉字的空间性向书写的时间性进一步发展,逐渐冲破了汉字空间规范,强化了笔画书写时序,注重连续运动和变化,开始结体简化,化静为动,化断为连,化折为转,而能够气势连贯,开合自然,视觉的空间形式才可能旁通于听觉的时间特征。在草书中,这个转变由章草到今草,再到狂草,不断得到强化。

所以,总体来看,书法史的发展大约就是一个空间感转化为时间感的过程。书法的演进历史就是一个空间特征不断弱化、时间特征不断强化的过程。这与汉字在实用中产生,经历实用和艺术并行,艺术化的特征日益明显的历史过程正好合拍,也符合艺术的发展规律。如果说,篆书接近于绘画,隶书楷书接近于雕塑和建筑的话,那么,行草书则接近于音乐和舞蹈,因为它最有节奏性,能直指人心。或者说,前者流出了"万象之美",后者流出了"人心之美"。

---

① 蔡希综:《法书论》,《历代书法论文选》,第272页。

The Life Spirit and Space-time Concept of Chinese Calligraphy

Cui Shuqiang

Abstract: Influenced by Chinese cultural philosophy, Chinese calligraphy contains a spirit of life. Among them, the thought of "Qi" is the key factor to promote the formation of the life spirit of calligraphy. Specifically, the theory of vitality lays the foundation for the cosmological sense and metaphysics of calligraphy, the idea of oneness fosters the concept of oneness and wholeness of life in calligraphy creation, the interaction of "Yin" and "Yang" gives birth to the basic principles of calligraphy form creation, the concept of blood and flesh becomes the intuitive representation of the life spirit of calligraphy, and the noble spirit contributes to the personalized transformation of calligraphy and the promotion to the moral realm. It further promoted the integration of the beauty and goodness ideas in the calligraphy evaluation. The life spirit of Chinese calligraphy based on the philosophy of "Qi" makes it unique in the way of time and space, that is, time unifies space and time and space integrates time, in which the stroke sequence of Chinese character writing plays a key role.

Keywords: Calligraphy, "Qi", Life, Time and Space, Stroke Sequence

中国书法的生命精神与时空观念

微言厚染,西尊东荣

——论罗汉形象的确立

王翔群、何欢欢 *

[摘　要]　罗汉形象在文本表述中局限于佛弟子的基本身份,在绘画中则得到了相对独立的再造和发挥。缺少来自印度造像依据的罗汉在中国绘画中经历了漫长而复杂的形象确立,在唐代受推崇偶像、注重仪轨的印度宗教传统深刻影响,呈现为神通广大、受僧俗供养的神圣形象;面临宋元中国本土化和印度复古化的两方张力,渐趋确立为根植中国社会文化的人物象征。本文突破"文本中心主义"研究范式,尝试以图像为主要对象,阐明罗汉形象确立的相对独立性及其发展过程中的中印文化角力,由此一窥中国文化将佛教从"追索真经"演化为"东土新风"的主动性。

[关键词]　罗汉形象;绘画;神圣性;发展张力;中国化

* 王翔群(2000—　),女,黑龙江哈尔滨人,浙江大学哲学学院硕士研究生,主要研究领域为佛教。何欢欢(1984—　),女,浙江杭州人,哲学博士,浙江大学哲学学院教授,主要研究领域为佛教、梵文、印度哲学。

一、文本中的罗汉

"罗汉"是梵语"arhat"的音译省称,全称"阿罗汉",意为"值得尊崇的人",又译"尊者"、"应真"、"应供"等,指佛教徒修行的最高果位。[①] 达到阿罗汉果境界者将断灭贪欲(rāga)、瞋恚(pratigha)、愚痴(moha)等各种烦恼,并通过正确修行得到解脱。如求那跋陀罗(Guṇabhadra,394—468)译《杂阿含经》(Saṃyuktāgama)中述:

> 何等为阿罗汉果?若彼贪欲永尽,瞋恚永尽,愚痴永尽,一切烦恼永尽,是名阿罗汉果。[②]

在印度佛教语境中,能够达到阿罗汉果位的修行者即释迦牟尼所度化的弟子。以僧伽提婆(Saṃghadeva,公元4世纪—5世纪,生卒年不详)译《增一阿含经》(Ekottarāgama)为证:

> 尔时,世尊便说此偈……如我今日弟子之众有千二百五十人,皆是阿罗汉,诸漏永尽,无复诸缚。[③]

此外,成为阿罗汉的佛弟子展示出宣说佛法、度化他人的能力,从而具有成为被信仰者的资质,例如阿难(Ānanda)就曾因劝说他人奉行佛法而得到普遍赞叹和拥护。[④]

罗汉在经典文本中的形象基本局限于"佛弟子"的单一身份,但在信仰中发展出了繁复的形式。关于罗汉的信仰形态及其由印入中的变迁,著名东方艺术

---

① 对"罗汉"的多种译法是由于对词根"arh"有不同理解。

② 《杂阿含经》,CBETA 2022. Q1, T02, no. 99, p. 299a5-7。

③ 《增一阿含经》,CBETA 2022. Q1, T02, no. 125, pp. 790c19-791a4。

④ 僧伽提婆《增一阿含经》:"尔时,尊者阿难于四部众中而师子吼,劝一切人,奉行此法。尔时,座上三万天、人得法眼净。尔时,四部之众、诸天、世人,闻尊者所说,欢喜奉行。"(CBETA 2022. Q1, T02, no. 125, p. 552c4-7)

史学家方闻先生(1930—2018)在其博士论文《罗汉与天桥》(*The Lohans and A Bridge to Heaven*)的补遗"大乘佛教罗汉"(On the lohans in Mahāyānism)中做了出色的文本考证,指出"四大声闻"(大迦叶、君屠钵叹、宾头卢、罗云)及"五百罗汉"等经典罗汉体系表述的背后是部派佛教和大乘佛教伴随教派教义更迭、罗汉信仰深化等嬗变做出的阐释选择;并且分析认为,中国绘画中深入乡野的罗汉是中国佛教区别于印度,转向注重信念的体现之一。[①] 在罗汉形象的诸多研究中,方闻先生对印中变迁的洞见十分难得。后续有梁婷育、王霖、张凯等学者从罗汉形象与社会现实、罗汉信仰形态与中国佛教发展等入手,对罗汉形象和信仰的中国化进行了探究,在理论考据和作品分析上做出了一定贡献,却未能对绘画的价值加以进一步阐发,往往表现出画作和教理分离的趋势。[②]

值得注意的是,历代绘画在罗汉信仰中占据至关重要的地位,甚至反哺了有关罗汉的文本体现:如唐末五代著名画僧贯休(832—912)所作十八罗汉像经由苏轼(1037—1101)的《自南海归过清远峡宝林寺敬赞禅月所画十八大罗汉》(其中注明了十八罗汉的名字),成为宋代以后"十八罗汉"信仰蔓延的前奏。[③]并且,作为信仰对象的直观表现形式,绘画中的罗汉形象能够直白地反映画师和信众的认知,这无疑是其信仰的重要侧面。

尤其需要指明,无论在文字中还是绘画中,罗汉都缺乏来自印度的原始蓝本,所以其形象在中国确立的背后是本土佛教对"罗汉是什么"的独立回答,可以折射出中国人对罗汉及其背后佛教义理的取舍,以及其中历经复杂变迁的文化心理。因此,投眼于中国罗汉画,从中析取画师意欲树立的罗汉形象,对于统

---

① Fong Wen, *The Lohans and A Bridge to Heaven*, Washington: Smithsonian Institution, 1958, pp. 26 - 33.

② 梁婷育:《刘松年〈罗汉〉三轴画史意义之研究——兼论其宗教意涵与图像表现》,硕士学位论文,南华大学(台湾),2008 年;王霖:《早期中国罗汉信仰及图像研究》,博士学位论文,中国美术学院,2014 年;张凯:《五代、两宋十六罗汉图像的配置与信仰》,《宗教学研究》,2020 年第 1 期,第 104—110 页。

③ 现存佛教典籍中比较早提到"十八罗汉"的是南宋志磐(生卒年不详,南宋天台僧人)撰《佛祖统纪》:"及在僧,得蜀人张氏画十八阿罗汉,遂为之赞,复题其后曰……轼家藏十八罗汉像,每设茶供则化为白乳,或凝为花桃李芍药仅可指名。"(CBETA 2022. Q4, T49, no. 2035, p. 418a25 - b3)提到的是苏轼题赞十八罗汉的事迹。志磐还对传为唐代妙乐所传"十八罗汉"的提法进行了批驳:"妙乐〇宾头卢此云不动。有于十六加宾头卢者,即是宾度罗。加庆友者,自是佛灭百年造法住记者。述十六罗汉受嘱住世,则知庆友不在住世之列。"(CBETA 2022. Q4, T49, no. 2035, p. 319b16 - 18)

观罗汉这一在绘画中获得独立发展的宗教意象和其所反映的佛教中国化来说都是必要的进路。

二、罗汉形象的早期确立

在现存中国古代绘画中,年代较早的罗汉画之一是唐代卢楞伽(约公元 8 世纪,生卒年不详,吴道子弟子)所作《六尊者像》(图 1)[①]。此画有乾隆旧题"卢楞伽画《六尊者像》",现存六幅,每页左下角有"卢楞伽进"款。

图 1 《六尊者像》,唐·卢楞伽,绢本设色,各纵 30.0 厘米,横 58.0 厘米,现藏故宫博物院,收录于"中国历代绘画大系·先秦汉唐画全集"第 1 卷第 1 册。

---

① 同册附有乾隆皇帝御笔《般若波罗蜜心经》、《唐贯休十八罗汉赞》、卢楞伽画册释文。此画年代是唐是宋争论不一,是否是卢楞伽所作也有可质疑,但其内容、人物明显区别于中国后来宋元本土风格的罗汉画,因此其创作年代在本文先搁置不谈,更关注其中佛教内涵。

此一册六幅画作中的人物、器物栩栩如生,水准极高,但画面构成相对简单,彼此之间也较为类似,其中四幅的构图都呈现为:一罗汉(尊者)端坐正中,身旁有一至三随从侍奉,对面接受或僧或俗一到两人的供养,背景单纯,全部画面都留给罗汉本身的故事情节。罗汉的容貌胡四、汉二,身畔随侍也胡汉不一,而且有同一幅画中同时存在胡、汉两类侍从的现象。可见在人物塑造上,此画十分突出罗汉形象的梵僧特点。

以"嘎纳嘎哈拔喇镊襟尊者"(图 2)为例,罗汉榻后有一胡僧和一汉人士子立侍,阶下一西域人双手合十,似正向罗汉解说所献珊瑚,其身后另一西域人怀一尊峻峭奇石,似要献给罗汉。罗汉呈高眉深目的梵相,着黄色袈裟,手执长杖,坐于榻上,身体前倾,似在探看两位西域人所携礼物。由此,可以看出其所传达罗汉形象的三个要点:以梵相为主;地位超然,与僧俗众人不处同阶;罗汉是被信仰和供奉的对象。

经验与现象

图 2 《嘎纳嘎哈拔喇镊襟尊者》,唐·卢楞伽,绢本设色,纵 30.0 厘米,横 58.0 厘米,现藏故宫博物院,收录于"中国历代绘画大系·先秦汉唐画全集"第 1 卷第 1 册。

卢楞伽画《六尊者像》呈现出来的罗汉形象特征有其主客体根源:就罗汉自身的主体层面看,其原始身份是点化世人、接受供奉的佛弟子;而就罗汉之于信众的客体层面看,其展示出的"灵验与祥瑞"则促使信众出于现实和精神需求进行供养。这两个层面的根源都具有"圣"、"凡"两侧面的因由。①

---

① 所谓"圣"、"凡"即宽泛意义上的"神"、"人",但"神"的提法在佛教语境下并不恰当,因此本文改称为具有神圣性意味的"圣"。

具体来说，作为佛弟子的主体层面上，早期来自印度的罗汉大多并非出入世间的隐者，而是引导僧侣走向觉悟的"使徒"。这样的罗汉形象在僧伽提婆译《中阿含经》(*Madhyamāgama*)中有诸多体现，比如尊者舍梨子(Śāriputra，后常译为"舍利弗"、"舍利子")在经中常常扮演向众比丘讲说佛法的角色，例如：

> 尔时，尊者舍梨子告诸比丘：若比丘成就戒，成就定，成就慧者，便于现法出入想知灭定，必有此处。①

> 尔时，尊者舍梨子告诸比丘：诸贤！我今为汝说五除恼法。谛听，谛听！善思念之。彼诸比丘受教而听。尊者舍梨子言：云何为五？……诸比丘闻已，欢喜奉行。②

如此二例所述，智慧的舍梨子向比丘们宣说戒(śila)、定(samādhi)、慧(prajñā)等佛教义理，引导他们走向涅槃(nirvāṇa)。

而在《大唐西域记》中，玄奘(602—664)讲述了舍利子皈依释迦牟尼前的证悟故事，并将此归为罗汉的引导：

> 舍利子遇马胜阿罗汉，闻法悟圣，还为尊者重述，闻而悟法，遂证初果。与其徒二百五十人俱到佛所，世尊遥见，指告众曰："彼来者，我弟子中神足第一。"③

可见，舍利子之所以证悟须陀洹果(srotāpanna)④，是因为逢遇马胜罗汉，闻听佛法并重新阐说。明显表现出来，舍利子、马胜罗汉于圣道领悟领先他人，得以为僧侣指导关窍法门。在这个意义上，罗汉部分并相当程度地起到了释迦牟尼本身的作用，因而可以作为理解罗汉具有被僧俗推崇之神圣性的一个有效通路，也是崇拜偶像的印度宗教色彩十分浓厚的形态。现藏于镇江博物馆的《佛像》(图3)即是罗汉具有与印度形态一致的神圣性的例子：

---

① 《中阿含经》，CBETA 2022. Q1, T01, no. 26, p. 449c9 - 13。

② 《中阿含经》，CBETA 2022. Q1, T01, no. 26, p. 454a6 - 8。

③ 《大唐西域记》，CBETA 2022. Q1, T51, no. 2087, p. 924b24 - 28。

④ 须陀洹果：又译预留果，声闻乘四种果位中的第一位。

虽然此图被命名为"佛像",但显然是僧侣形象——身穿红色袈裟,左侧立有锡杖,头顶有大片黄色顶光,证明非凡之境界——因此宜称为"罗汉像"。图3画面右下角的藏文意为:"多孔勒(ༀ་ཀུན་ལ་བསམ) 书"。与之类似的作品还有收于大英博物馆的《迦里迦图》(图4),根据右下角款文,该图亦为"多孔勒"所作,由图4左下角的内容可以推测①,图3"佛像"残缺的左下角可能是"多孔勒"书写的罗汉赞文或名称。这幅色彩鲜明的唐代罗汉画的重要意义在于其供奉功能,即被绘制的缘由是信徒为自己和家人积攒功德的愿望,这一信仰框架下的罗汉具有区别于凡人的绝对神圣性。

图3 《佛像》,唐·无款,纸本设色,纵43.5　　图4 《迦里迦图》,纸本淡彩,大英博物
厘米,横26.0厘米,现藏镇江博物　　　　　馆藏。
馆,收录于"中国历代绘画大系·先
秦汉唐画全集"第2卷第2册。

需要补充的是,虽然图3、图4中的罗汉呈现为汉僧形象,但"印度化"不只是面容向印度人或西域人的摹写。其原因一在于印度罗汉造像原型的缺位,中

---

① 图4左下角藏文意为"圣迦里迦尊者,随从一千一百九十四"。

国画作的取法不仅有唐代活跃的胡僧,还有发展于中国本土、展现出高深修为的汉僧;其二在于中国既有的降生、投胎传说传统,名僧宣称是罗汉转生的例子层出不穷。所以,"印度化"罗汉的议题下仍有可能存在汉僧外貌,不能仅凭其面容而否定印度元素的影响。

罗汉形象特征另一方面有其客体层面根源。首先是"圣"的侧面,《佛像》(图3)作为供奉画的另一意义即是其"灵瑞"的方面,即其被供养是由于展现了超凡妙力。重新回到此前被悬搁的《六尊者像》中画面构成区别于其他四幅的"纳纳答密答喇尊者"(图5)、"嘎沙鸦巴尊者"(图6),即分别绘有"伏虎"和"降龙"的典型罗汉画。乾隆皇帝对这两幅图有释云:

 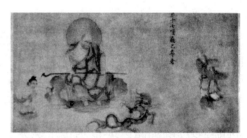

图5 《纳纳答密答喇尊者》,唐·卢楞伽,绢本设色,纵30.0厘米,横58.0厘米,现藏故宫博物院,收录于"中国历代绘画大系·先秦汉唐画全集"第1卷第1册。

图6 《嘎沙鸦巴尊者》,唐·卢楞伽,绢本设色,纵30.0厘米,横58.0厘米,现藏故宫博物院,收录于"中国历代绘画大系·先秦汉唐画全集"第1卷第1册。

> 乃知西域十六应真之外,原别有降龙、伏虎二尊者,以具大神通法
> 力,故亦得阿罗汉名。

如乾隆帝所言,两幅画中的罗汉安详坐在榻上、石上,龙和虎在座下低伏于地面,显示出臣服的姿态,旁边的僧俗随侍都赞叹不已。与作为凶猛神兽的龙、虎相对,罗汉淡定非常,被映衬出无与伦比、举重若轻的神通力量。

作为神通的体现,罗汉降龙、伏虎在佛教经典中有数量稀少、年代久远的直接表述,如西晋安法钦(生卒年不详)翻译的《阿育王传》,在描述尊者商那和修(Śāṇavāsin,阿难的弟子)的诸多神迹时写道:

> 龙嗔,即放大恶风雨趣尊者所。尔时尊者入慈心三昧,慈心三昧
> 法虫毒水火不能伤害,亦如尊者摩田提降龙之法。龙子生于未曾有

想，即发信心白尊者言，欲何约敕。①

其中，罗汉和龙在力量上进行了直接对峙，并且凭借"定"的力量轻易取胜，是一个直观的神通体现。唐代义净(635—713)译《根本说一切有部毗奈耶药事》中释迦牟尼对弟子的预言也有相关说法：

> 此迦湿弥罗国境，我灭度后百年中，当有苾刍弟子。彼苾刍当调伏虎噜茶毒龙已，即从龙乞一跏趺安坐之处。以方便故，遍此国土，流传正法。②

迦湿弥罗国(Kaśmīra，印度西北)的比丘据称有驯伏虎、安抚龙的本领，会跟随龙寻一安坐之处，传播正法。由以上，罗汉能降龙、伏虎在经典中应当有所根据。并且，在经典中也有释迦牟尼降龙的神力展现③，可以肯定，罗汉之为佛弟子，不仅在智慧的觉悟上，在灵瑞的法力上也有所承继。作为这个论点的继续证明，罗汉的神通体现也不止于降龙、伏虎，以下的《阿罗汉》(图7)和《大唐西域记》中的典故是来自绘画和文本的两方面证据：

图7 《阿罗汉》，唐·佚名，绢本，纵24.0厘米，横45.0厘米，现藏柏林国家博物馆亚洲艺术馆，收录于"中国历代绘画大系·先秦汉唐画全集"第2卷第3册。

---

① 《阿育王传》，CBETA 2022. Q1, T50, no.2042, p.117b6 - 10。

② 《根本说一切有部毗奈耶药事》，CBETA 2022. Q1, T24, no.1448, p.40c17 - 21。

③ 僧伽提婆译《增一阿含经》："尔时，彼恶龙吐舌，舐如来手，熟视如来面。是时，世尊明日清旦，手擎此恶龙，往诣迦叶，语迦叶曰：'此是恶龙，极为凶暴，今以降之。'"(CBETA 2022. Q1, T02, no. 125, p.620a10 - 13, p.621c21 - 24)

图 7 罗汉画虽只有碎片,但展现出来的罗汉面目生动、勇猛,胡相,双手高举张开,身体动作状态充满力量感。相较图 5、图 6《六尊者像》中罗汉与龙虎的平静画面,这幅残片中的罗汉更具野性与张力,直接反映出罗汉应当具有的与凡众不同的力量。

《大唐西域记》中有罗汉另一神妙显现:

> 世尊知其善根将发,也命没特伽罗子而往化焉。既至门下,莫由自通。长者家祠日天,每晨朝时东向以拜。是时尊者以神通力,从日轮中降立于前。长者子疑日天也,因施香饭而归,其饭香气遍王舍城。[1]

没特伽罗子(Maudgalyāyanaputra,即目犍连,佛十大弟子之一)奉释迦牟尼之命往之度化一家长者,凭借神通力量,在日晖中降落立在他身前。长者的儿子怀疑尊者是太阳神,于是布施给尊者香饭。

从以上绘画、文本两方的体现,可以得出唐代罗汉形象受印度注重偶像威势力量、重视僧俗往来宗教实践之宗教传统深刻影响的初步结论。

与罗汉展示出的多种形式的威势力量类似,《薄伽梵歌》(*Bhagavadgītā*)[2]中阿周那(Arjuna)对薄伽梵有如下描述:

> 我见您没有始、中和尽头,
> 您威力无穷、生有无数双手,
> 您以日月为目,面如炽火,
> 以自己的光辉普照宇宙。
>
> 天地之间唯为您所遍布,
> 四面八方唯为您所遍透,
> 看到您那奇异可怕之形,

---

① 《大唐西域记》,CBETA 2022.Q1, T51, no.2087, p.926b7 - 12。

② 《薄伽梵歌》是古代婆罗门教经典,"薄伽梵"(bhagavat)意为大梵,即至上神,整部经典对婆罗门教理论,尤其是大梵的教义作出了细致的描述。

三界都被吓得发抖。[①]

这是一段相当典型的威势型宗教偶像的描述,而且对象是根植于印度数千年的婆罗门教的"薄伽梵",可见如此的宗教偶像既有形而上的超越性,又有超凡的、具有威服性质的力量。由此崇拜范本迁移至罗汉,罗汉展示出的种种奇迹甚至是压制,是其在这一方面与"薄伽梵"共享部分特征的证明。进而说明,作为与婆罗门教对立出现的佛教的衍生,罗汉受之于佛,一体两面地被赋予同一于印度宗教传统的特性和与之相对立的宗教立场,这是罗汉神通形象与印度本土有着千丝万缕联系的印证之一。

再察罗汉形象特征客体层面根源的"凡"的侧面。其一,《大唐西域记》中没特伽罗子罗汉以接受长者儿子布施的情节出现;其二,本文此前呈现的唐代及以前的文字、绘画中的罗汉都是出家僧侣的形象,因而可以初步推测:罗汉接受供养的形象特征也有其作为出家僧人的缘由。《中阿含经》里,拘萨罗王波斯匿与尊者阿难有如下的交往记录:[②]

> 拘萨罗王波斯匿叹曰:……若村输租阿难法应受者,我村输租为法布施。阿难!若象、马、牛、羊阿难法应受者……若妇女及童女阿难法应受者……若生色宝阿难法应受者,我生色宝为法布施。……于是,拘萨罗王波斯匿知尊者阿难默然受已,鞞诃提衣为法布施尊者阿难,即从座起,绕三匝而去。[③]

波斯匿王明确表示,如果村庄的租金、象马牛羊、妇女童女、财宝是阿难应当领受的"报酬",那么他就会付出相应的布施,最终以鞞诃提衣布施阿难。事实上,布施、供养在佛教历来是重要的宗教行为。前秦高僧、翻译家竺佛念(生卒年不详)译《长阿含经》(*Dīrghāgama*)中有:

尔时，佛告阿难：时王自念……复自思念："以三因缘，致此福报。
何谓三？一曰布施，二曰持戒，三曰禅思，以是因缘，今获大报。"①

　　如述，凭布施、持戒、禅思三种因缘可以获得大福报。自释迦牟尼在菩提树下悟道、接受牧女供养乳糜恢复生机、度化弟子创立新教以来，佛教一直重视布施，将此列为重要教义。布施供养不但作为佛教传播中的象征之一，而且意味着宗教体系下的僧俗往来，将俗世纳入到佛教架构下，这是印度特征明显、与中国有所不同的宗教实践风尚。至此，前文提到的罗汉形象受印度推崇偶像、注重仪轨之宗教传统深度影响的结论也得到了加强。

　　综上所述，早期罗汉以具有超凡智慧、神通的佛弟子为形象基底，确立为接受僧俗供养的神圣形象，其背后的深层次根源在于印度注重偶像崇拜、仪轨实践的宗教传统，以及唐代画师取法印度、西域的绘画取向。在神与权水乳交融、宗教渗入社会各个角落的古代印度，这自然是地利人和之事，而在深具"敬鬼神而远之"传统的中国则存在着诸多矛盾。因此，中国以供养为题材和用途的罗汉画可以合理地导出源头上的印度化、深植中国历史基因的功利化两方面诱因，这也正是早期绘画在漫长的罗汉形象中国化历程中具有的复杂开端意义。

三、罗汉形象在发展中的张力

　　罗汉形象在唐代基本确立之后，于宋元罗汉画中得到了进一步的发展，体现为程度愈发深刻、规模愈发庞大的中国化。其中一个重要方面是参与中国本土宗教发展进程，不仅在于罗汉自身形象从印度化面容特征、佛教传统转向汉僧外貌、服务于中国本土佛教宗派，而且影射出佛教与中国本土道教的交锋和对话。针对这一方面，南宋民间画师周季常、林廷珪（生卒年不详）所作《五百罗汉图》是一个综合性的例子。而且值得提出的是，两位画师是受当时宁波惠安院住持所托绘制这组图，以将其作为送给日本求法僧的礼物。南宋时期宁波涌现出一批优秀的画坊画师，如金大千、周季常、林廷珪、赵璲等人，向日本输出了大量的佛教画作，在彼处受到供奉而保存至今。因而，《五百罗汉图》本身即具

①《长阿含经》，CBETA 2022. Q1, T01, no. 1, p. 23c8 – 12。

有中国罗汉形象向外再传的意义。

　　根据方闻先生及其他学者的研究和理论,以《天台石桥》(图8)为代表的罗汉画中,通往彼岸的"天桥"是净土宗"一念往生"的表现形式,象征从印度注重仪轨与实践的佛教传统转向了中国注重信念的信仰新形态。并且,"天台石桥"是佛教借用道教的名山意象、彰显自身教义与信仰的高妙的呈现,同时促进了天台罗汉形象深入民间、隐入乡野。①《五百罗汉图》中还有另一幅比较典型的《经典奇瑞》(图9),画中道教书籍被大火烧成灰烬,而佛经完好无损、大放光芒。类似的文字记述在唐代道世(生卒年不详)所撰《法苑珠林》中有所体现:

图8　《五百罗汉图·天台石桥》,宋·周季常,绢本设色,纵109.9厘米,横52.7厘米,现藏佛利尔美术馆,收录于"中国历代绘画大系·宋画全集"第8卷第1册。

图9　《五百罗汉图·经典奇瑞》,宋·周季常,绢本设色,纵111.5厘米,横53.1厘米,现藏波士顿艺术博物馆,收录于"中国历代绘画大系·宋画全集"第8卷第1册。

图10　《五百罗汉图·受胡输贶》,宋·周季常,绢本设色,纵110.5厘米,横52.0厘米,现藏波士顿艺术博物馆,收录于"中国历代绘画大系·宋画全集"第8卷第1册。

① Fong Wen, *The Lohans and A Bridge to Heaven*, pp. 26 - 43;张凯:《五代、两宋十六罗汉图像的配置与信仰》,《宗教学研究》,2020年第1期,第104—110页。

明帝设行殿在寺门道西,置佛舍利及经,诸道士等以柴荻火绕坛临经。潜泣曰:"人主信邪玄风失绪,敢延经义在坛,以火取验用辨真伪。"便放火烧经并成煨烬。道士等相顾失色。[①]

文中汉明帝时期的道士抱着想要抨击佛教的想法,试图向明帝证明道教的正统性,但是道经却不如所愿,着起火来。佛道论争自汉代始有,隋唐两代由统治者主持,频繁在大内举行正式的"三教论衡",两教以此为机,进行了声势浩大的互相诤伐。[②] 唐代道宣律师(596—667)[③]撰《集古今佛道论衡》中收录了三十则佛道往来轶事,其中此类事例比比皆是,如唐高宗龙朔二年(662)沙门灵辩与道士李荣在高宗面前彼此攻讦:

辩嘲荣曰:"道士当谛听,沙门赠子言。鸿鹤已高逝,燕雀徒自喧。"已前杂嘲甚多,不能尽记。每嘲,上皆垂恩欣笑。[④]

以上的宗教背景反映在周季常的画中,一方面诚然展示了画师对佛教及罗汉的崇敬,另一方面反映了佛教作为流行在中国的宗教之一,不得不面临来自本土宗教的挑战,必须成为统治者的选择、作为中国文化的一部分才能存在下去的局面。因此,罗汉不仅要依靠本教信众,而且要与道教等其他宗教信仰形成比较,才能显示出自身的优越性。

罗汉形象中国化确立的另一个重要方面是融入中国新的社会现实。根据梁婷育的研究,宋代宫廷画师刘松年所绘《画罗汉》(图11—图13)与南宋"开禧北伐"的失败有关,是出于祈求国家安定的愿望而作。[⑤] 梁婷育在文中列举了诸多时人供奉罗汉以祈愿安宁的例子,但是之于《画罗汉》本身的现实指向来说

① 《法苑珠林》,CBETA 2022.Q1,T53,no.2122,p.417a3‑7。

② 武玉秀:《隋唐五代之际的宫廷"三教论衡"探析》,《世界宗教研究》,2013 年第 3 期,第 23—30 + 194 页。

③ 道宣律师是唐代高僧,南山律宗开创者,教法以《四分律》为基础。

④ 《集古今佛道论衡》,CBETA 2022.Q4,T52,no.2104,p.394c23‑25。

⑤ 梁婷育:《刘松年〈罗汉〉三轴画史意义之研究——兼论其宗教意涵与图像表现》,硕士学位论文,南华大学(台湾),2008 年,第 191—198 页。

不免间接,且未能联系画中芭蕉、鹿、竹等经典佛教意象可能具有的其他象征意义。

图 11 《画罗汉》(一),宋·刘松年,绢本设色,纵 117 厘米,横 55.8 厘米,现藏台北故宫博物院,收录于"中国历代绘画大系·宋画全集"第 4 卷第 4 册。

图 12 《画罗汉》(二),宋·刘松年,绢本设色,纵 118.1 厘米,横 56 厘米,现藏台北故宫博物院,收录于"中国历代绘画大系·宋画全集"第 4 卷第 4 册。

图 13 《画罗汉》(三),宋·刘松年,绢本设色,纵 117.4 厘米,横 56.1 厘米,现藏台北故宫博物院,收录于"中国历代绘画大系·宋画全集"第 4 卷第 4 册。

　　相比之下,周季常绘组图中的《受胡输赆》(图 10)有更为直观的表达:画面上方五位罗汉在山中瀑布之上的云端漫步,下方地面一胡人正牵着骆驼,另一胡人骑着骆驼,手捧珊瑚向罗汉供养。画中胡人毡帽、长靴、短衣的服饰类似金人,在南宋外敌环伺的背景下,此处的胡人与接受供养的罗汉具有期盼和平、民族融合的意义。[1] 这无疑是现实社会直接影射佛教形象的重要体现。

---

[1] 曾慧:《满族先祖服饰的发展和成熟——满族先祖服饰的发展过程(二)》,《满族研究》,2005 年第 2 期,第 86—95 页。

但是，日趋中国化的罗汉形象并不是宋元佛教在探索中的唯一方向。唐末五代时著名画僧贯休所绘罗汉即以状貌古野的梵相著称，显示出向印度罗汉形象回复的倾向；南宋陆信忠的《十六罗汉图》，以宾头卢罗汉（宾度罗跋啰惰阇罗）和罗睺罗罗汉（罗怙罗）为典型，其形象也呈现出胡汉交杂的趋势。

此外，以元代著名画家赵孟頫（1254—1322）为代表，相当一部分画师明确追求罗汉的"印度化"，进一步构成了罗汉形象在经历早期确立之后发展中的另一方向。赵孟頫于大德八年（1304）创作了代表作之一《摹卢楞伽罗汉图》（又名《红衣罗汉图》，图14），并于延祐七年（1320）添加了题跋：

> 余尝见卢楞伽罗汉像，最得西域人情态，故优入圣域，盖唐时京师多有西域人，耳目所接、语言相通也。至五代王齐翰辈，虽善画，要与汉僧何异？余仕京师久，颇尝与天竺僧游，故于罗汉像自谓有得。此卷余十七年前所作，粗有古意，未知观者以为何如也。庚申岁四月一日孟书。

图14　《罗汉图》（一），五代·贯休（传），绢本水墨，纵108.8厘米，横50.1厘米，现藏藤田美术馆，收录于"中国历代绘画大系·宋画全集"第7卷第3册。

跋文传达出赵孟頫创作佛教形象时一以贯之的态度：超越五代、宋朝以来逐渐明显的汉化趋势，回归唐代的西域风格。在赵氏看来，对于罗汉这一具有佛教和民俗背景的题材，应当回复本身的印度身份，而非任意进行本土改造。

赵孟頫的罗汉形象取向与其同国师禅僧中峰明本（1263—1323）[①]的密切往来有关，二人交往贯穿一生，尤其在赵任职江浙的十年间极为频繁。[②] 中峰明

---

① 中峰明本是元代名僧，著名临济禅师，俗姓孙，号中峰，法号智觉，杭州富阳人，师承高峰原妙禅师。

② 何欢欢：《赵孟頫的佛教因缘（上）》，《佛教文化》，2007年第2期，第59—75页。

本"草衣垢面，习头陀行"的真朴之学对赵孟頫影响甚深，在至大二年(1309)其写给中峰的书信《承教帖》(图15)的部分文字中表露得格外典型：

图15 《罗汉图》(二)，五代·贯休(传)，绢本水墨，纵108.5厘米，横50.1厘米，现藏藤田美术馆，收录于"中国历代绘画大系·宋画全集"第7卷第3册。

图16 《罗汉图》(三)，五代·贯休(传)，绢本水墨，纵108.8厘米，横50.1厘米，现藏藤田美术馆，收录于"中国历代绘画大系·宋画全集"第7卷第3册。

图17 《十六罗汉图·宾度罗跋啰惰阇罗尊者图》，宋·陆信忠，绢本设色，纵114.5厘米，横50.4厘米，现藏相国寺，收录于"中国历代绘画大系·宋画全集"第7卷第3册。

> 承教"若人识得心，大地无寸土"之说，无他，只是一个无是无非，无管无不管，没义味之极，当自有得，一切葛藤、一切公案，皆是系驴橛的样子耳。

得到中峰指点，赵孟頫醒悟世间的烦恼和修行中的纠结都是系住"驴"的"橛子"，应当抛之脑后。对于他所流连磕绊的官场，则应当做到淡然于心、来去自如，即是"无是无非，无管无不管"之境。反映在绘画中，在中峰明本的引领下，

图 18 《十六罗汉图·罗怙罗尊者图》,宋·
陆信忠,绢本设色,纵 114.2 厘米,横
50.1 厘米,现藏相国寺,收录于"中国
历代绘画大系·宋画全集"第 7 卷第
3 册。

图 19 《摹卢楞伽罗汉图》,元·赵孟頫,纸本设色,纵 26.2 厘米,横 52.2 厘米,现藏辽宁省博
物馆,收录于"中国历代绘画大系·元画全集"第 3 卷第 1 册。

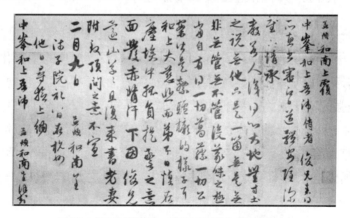

图 20 《承教帖》,元·赵孟頫,纸本,现藏日本。

赵孟頫追求古意、朴素的"写实",受禅宗思想影响,追求罗汉印度化造像,是一个具有双重文化性质的罗汉形象探索尝试。如此反推来看,《摹卢楞伽罗汉图》的短短一段题跋事实上也是中国罗汉画在历史中变迁的缩影,映射出罗汉这一横贯中印的佛教信仰"印度化"和"中国化"两个方向之间的拉扯和博弈。

甚至到了清代,活跃于康熙末期至乾隆中期的宫廷画家丁观鹏(生卒年不详)所作《十六应真》中仍然胡汉兼有,注重罗汉梵僧形象的塑造。然而,图中罗汉的手印、所持器物等细节受清代统治者推崇的藏传佛教影响,且画作风格存在西画时风的渗透,显现出当时世情的多方面影响。[1] 因此从本质上说,丁观鹏之画是适应清代社会的中国化。

图21—图23 《十六应真》(三幅),清·丁观鹏,纸本设色,现藏沈阳故宫博物院,收录于"中国历代绘画大系·清画全集"第23卷第1册。

综上所述,在唐代确立起罗汉的神圣性形象后,宋元罗汉画对此进行了进一步探寻,一方面以本土宗教、社会历史现实支撑罗汉形象的中国化,另一方面在中国佛教架构下追问印度罗汉原始形象,两方面形象探索在相同时代并行不悖,具有极强的文化张力。在新的形象确立进程中,罗汉逐渐朝符号化、象征化的方向演变,剥离了严遵文本的具体名称,并在"凡"的路线上得以前进:不仅情态趋向日常,而且以"人"为存在之核心。罗汉形象特征和画面情节与画师的佛教思考和所处俗世密不可分,遥相呼应了罗汉面世之始的使命——不入涅槃,

① 杜恒伟:《清丁观鹏〈佛像十六罗汉像〉》,《收藏》,2015年第3期,第22—31页。

停留世间引导世人走向觉悟解脱。

四、结语

罗汉在佛教文本中以佛弟子的基本身份出现,然而在绘画中却被扩大性地确立为展示超凡神通、接受僧俗供奉的神圣形象,在其较为独立的发展历程中,唐代罗汉画受印度宗教传统浸染的同时,存在植根中国宗教文化的一面,即具有为供养人积攒功德的绘画目的。宋元时期的罗汉画则从融入本土宗教形态与适应社会现实两条进路入手,推动了罗汉形象的中国化,同时也存在画师叩问本来的印度罗汉形貌,使罗汉形象在发展中具备来自中—印两方的文化张力。

罗汉形象从初步确立到深化发展,从追寻印度佛教尊者特质到引之适应中国本土宗教文化环境,此源流背后是佛教这一来自印度的宗教本身在中国所面临的两方文化之角力。即使至元代,仍然有如赵孟頫等名家倡导恢复天竺罗汉根本,但是一方面此主张的思想精神源自禅宗——完全生长于中国本土的佛教宗派,另一方面赵孟頫作为南宋遗族,为元代君王明举暗抑,其思念故国的情愫难免在暗处助长他的复古倾向。所以,宋元所谓"复古化"、"印度化"虽然体现为对早期印度色彩浓厚的罗汉的回流,然而本质上是对中国社会的新一轮融入,实际上仍然是罗汉形象中国化的推进,回波不阻浪。

故而,在罗汉形象逐步确立的进程中,印度与中国之间的文化争衡潜移默化地偏向了中国一方。这种偏移深植画师考量的佛教理论传统和所处时代图景,是佛教法脉更迭和中国历史转折的再现。更重要的因素在于,中国僧俗群体对于外来宗教在文化心理上的转变:佛教及其带来的罗汉信仰渐渐被接受、消化、再造,罗汉形象被渐进确立为中国佛教语境下,具有觉悟境界、引导信众的宗教象征,"圣"层面上不可逾越的神圣性被递趋消解,转而为作为"凡"的人服务,达成了"圣"、"凡"本位上的逆转。

更积极的是,以南宋宁波画坊为代表的画师群体涌现于世,将罗汉画出口日本,完成了罗汉形象以中国为中心进行再传的转向。因此,罗汉形象在中国佛教中得到动态确立,是中国文化接纳既有西来尊者、树立鼎新东土罗汉的复杂过程。由彼得以一窥,中国文化深具化他为己、以己化人的主动性。

Ground in India and Glory in China: Establishment of the Image of *Arhat*

Wang Xiangqun, He Huanhuan

Abstract: While *Arhat* is limited to the basic identity of a disciple of the Buddha in the textual representation, it is recreated and evolves independently in paintings. *Arhat*, which lacks basis in Indian iconography, has undergone a long and complicated process of image establishment in Chinese paintings. In the Tang Dynasty, it was established as a sacred image of a divine being, which was profoundly influenced by the Indian religious tradition that revered idols and attached significance to rituals. In the Song and Yuan dynasties, *Arhat* was developed to a religious symbol rooted in Chinese society and culture, facing the tension between Chinese localization and revivalism to Indian *Arhat*. This article breaks through the paradigm of "text-centrism", takes the image as the main object of study, and tries to elucidate the relative independence of the establishment of the image of *Arhat*, as well as to reveal the cultural tug-of-war between China and India in the process of its development. What is supposed to achieve is to get a glimpse of the cultural initiative of China in the evolution of Buddhism from "a search for true scriptures" to "a new style of the East".

Keywords: The image of *Arhat*, Paintings, Sacred figures, The tension in development, Sinicization.

56

经验与现象

古希腊经典再探

古希腊经典再现

柏拉图论灵魂疾病与恶的根源：《蒂迈欧篇》86b—87b

宋继杰 *

[摘　要]　柏拉图在其后期对话《蒂迈欧篇》中简要论述了"灵魂的疾病"(86b—87b)。他对灵魂的病理学分析，从现代的角度看，与其说是一种"精神病学"，不如说是一种有关"恶的根源"的"道德心理学"。他的基本主张是：灵魂的疾病——包括道德的恶行和智力的缺陷——是身体缺陷的结果，因此，人们不应该为这些缺陷负责，也不应该为此受到责备。

[关键词]　柏拉图；灵魂疾病；恶

柏拉图在其后期对话《蒂迈欧篇》中简要论述了"灵魂的疾病"(86b—87b)。他对灵魂的病理学分析，从现代的角度看，与其说是一种"精神病学"，不如说是一种有关"恶的根源"的"道德心理学"。他的基本主张是：灵魂的疾病——包括道德的恶行和智力的缺陷——是身体缺陷的结果，因此，人们不应该为这些缺陷负责，也不应该为此受到责备。

---

* 宋继杰(1969—　)，男，浙江象山人，哲学博士，清华大学哲学系教授，主要研究领域为古希腊哲学。

一、柏拉图"灵魂疾病"理论与早期希腊医学的关系

柏拉图被认为是希腊医学文献中第一个将精神疾病概念化的人,对他来说,精神疾病作为一种疾病,虽然有器质性的原因,却明确影响一个人的认知能力和他与世界的关系。[①] 之所以说他是第一人,是因为在当时的医学话语中根本找不到对精神疾病的任何明确分类,而他最先给予了清楚的界定和病因学解释。但是,在柏拉图之前,足够多的精神病理学表现,特别是"狂躁",不仅在公元前五世纪和四世纪的希腊社会中很容易得到承认,也生动地表现在悲剧舞台和神话叙述中,亦即在人们普遍相信"疯狂"的超自然起源的语境中很常见。[②] 当然,不难想象医学界也对此具有了相当的认识。

《希波克拉底文集》的作者们不仅声称诸如强迫性恐惧(phoboi)、疯狂(manie)和谵妄(paraphronein)、抑郁(athumie 或 dusthumie)以及躁狂(dusphorie)等认知和行为功能紊乱有一种物理-生理病因学,而且倾向于将这些紊乱视为病症,与我们在更广泛的病理学图像中归类为身体的其他紊乱(例如发烧)并无不同;但即使是躁狂、谵妄和忧郁症,也会在被确定为独立的疾病实体和其他疾病的伴随症状之间摇摆不定。[③] 我们看到,其中《论处女的疾病》为一种特殊的影响年轻女孩的心理生理失衡提供了一个独特的病因学框架。虽然这种疾病有一个明确的生理原因,即经血找不到出路,从而压迫心脏和隔膜,但被记录的症状主要是心理的——杀人狂、恐黑、谵妄、导致自杀的幻觉等,是一种一般的精神异化状态,其社会根源是古代作家和现代读者都很容易理解的。《论神圣的疾病》试图描述癫痫的特征,还清楚地将诸如恐惧和不安(伴随失忆)的状态与疯狂区分开来,认为前者是由胆汁或痰对大脑温度的短暂改变引起的,后者是在相同因素导致大脑持久损伤的情况下出现的。《论养生》还描

---

① Sassi, M. M., "Mental Illness, Moral Error, and Responsibility in the Late Plato", in *Mental Disorders in the Classical World*, W. V Harris (ed.), Leiden: Brill, 2013, p.415.

② Sassi, M. M., "Mental Illness, Moral Error, and Responsibility in the Late Plato", in *Mental Disorders in the Classical World*, p.415.

③ Sassi, M. M., "Mental Illness, Moral Error, and Responsibility in the Late Plato", in *Mental Disorders in the Classical World*, p.415.

述了智能(phronesis)如何根据灵魂中火和水的平衡,经历不同模式和程度的变化,如果水占上风,人们有可能陷入躁狂的抑郁状态,如果火占上风,就陷入躁狂的妄想状态。[①]

以上例子表明,《希波克拉底文集》尚无明确的"心理"(mental)概念,这归因于他们对身体-灵魂复合体的一元论假设,亦即认为心理活动虽然有自己的性质,却完全植根于身体。正因为如此,学者注意到,在《论神圣的疾病》中甚至找不到"灵魂"(psuche)一词,人的精神功能和功能紊乱被回溯到身体的某些部位,如大脑;而《论养生》虽将"理智"视为灵魂的一种属性,却认为灵魂作为水火混合物,只是身体的一部分,随作为一个整体的身体所发生的变化而变化。可见,医生们在灵魂与身体的关系问题上与后爱利亚的自然哲学家的唯物主义"一元论"观点非常一致。

《希波克拉底文集》对于柏拉图的影响是毋庸置疑的,但是在有关灵魂与身体的关系问题上他却坚持"二元论"的观点,这无疑是"灵魂的疾病"能够在他这儿最先得到概念化的前提条件。不过,就柏拉图自身的思想发展而论,作为"恶的根源"的"灵魂的疾病"却是最后阶段的立场。

二、柏拉图"恶的道德心理学"的三个阶段

柏拉图告诉我们,不义或罪恶是灵魂的一种状态。但它是什么样的灵魂状态呢? 按照麦肯齐的已被广为接受的看法,柏拉图在其不同思想阶段给出了三种不同的回答。**(i)不义或恶是灵魂的无知。**在早期对话《普罗泰戈拉篇》中,他表达了一种苏格拉底式的主智主义(intellectualism)立场:"知识对于美德是必要和充分的;无知对于罪恶是必要和充分的。"在论证"无人有意作恶"的过程中(351b-357e),苏格拉底表明,知识必然而且总是导致正确的选择,而无知,知识的对立面(350a-b),是作恶或犯错的必要条件和充分条件。同时,苏格拉底否认了其他因素影响行为的可能性,因此他的论点是主智主义的最强版本:除了无知之外,恶行没有其他来源;除了知识,德行没有其他来源。同样是早期

---

① Sassi, M. M., "Mental Illness, Moral Error, and Responsibility in the Late Plato", in *Mental Disorders in the Classical World*, pp. 415 - 416.

对话的《高尔吉亚篇》以美德-技艺类比(知识即美德,技艺即知识,美德即技艺)论证"无人有意作恶",表达了同样的主智主义:因为正义的行为是通过与技艺的类比来保证的,并且因为只有有技艺的人才能以技艺的方式行事,因此,知识对于正确的行动不仅是充分的,而且是必要的;同样,无知对于恶既是必要的,也是充分的。[①] **(ii)不义或恶是灵魂的无序。**《理想国》的道德理论以第四卷中正式提出的新的三分灵魂论为中心,这就放大了道德品性需要复杂解释的观点,摆脱了早期对话中鲜明的主智主义。柏拉图认为,恶的灵魂是无序的。前提是灵魂现在被划分为理性、激情和欲望三个部分,后两部分是非理性的。灵魂的秩序在于理性部分对于非理性部分的控制,相反,它们之间的冲突以及理性失去对非理性部分的控制就导致无序。换言之,美德是一种有序的品性,理性在其中运作,而恶则是由三种因素(无知、膨胀的欲望或变态的激情)中的任何一种的不适当的占优势所导致的。[②] **(iii)不义或恶是灵魂的疾病。**柏拉图早期对话中就有灵魂的疾病的说法,但这些说法基于身体和灵魂之间的类比,把有道德的灵魂视为健康的,反之,恶的灵魂是有病的;因此,早期"灵魂的疾病"的概念是隐喻性的。例如在《高尔吉亚篇》464a 及其后,通过医术和体操创造和保持身体的健康,与灵魂的健康严格分开,后者受立法术和司法术的支配。同样,在《理想国》中,这种类比非常重要:柏拉图没有以身体健康为理由推荐美德,而是坚持他的类比论证(444c 及其后)。恶,作为隐喻的产物,被描述为疾病。这个隐喻的目的并不是提供恶行的病理学细节,而是要主张我们对待疾病的态度,包括我们对它的回避,也应该对恶行起作用,我们应该如对待身体疾病一样对待灵魂的恶,像回避身体疾病一样回避恶。现在,到了后期对话《蒂迈欧篇》,在讨论了身体疾病的分类和病因学之后,柏拉图开始阐述灵魂的疾病及其病因学,这个时候,罪恶作为疾病是字面意义上的,而非隐喻或类比。[③] "无知的灵魂"、"无序的灵魂和"患病的灵魂"构成了柏拉图关于恶的道德心理学的三个阶段。现在我们看看他究竟如何解释"患病的灵魂"或"灵魂的疾病"。

---

① Cf. Mackenzie, M. M., *Plato on Punishment*, University Of California Press, 1981, pp.158 – 166.

② Cf. Mackenzie, M. M., *Plato on Punishment*, pp.166 – 175.

③ Cf. Mackenzie, M. M., *Plato on Punishment*, pp.175 – 178.

三、灵魂疾病的病因学

柏拉图说:"关于身体的疾病如何生成,就是这样。源于身体状况的灵魂的疾病则是以下面的方式生成的。当然,必须承认,愚蠢是灵魂的疾病,而愚蠢有两种。一种是疯狂,另一种是无知(δύο δ᾽ ἀνοίας γένη, τὸμὲν μανίαν, τὸ δὲ ἀμαθίαν)。因此,任何导致这两者之一的状态必被称为疾病。"按照对文本的强式解读,柏拉图的意思是,所有的灵魂疾病都源于身体原因[①],或者说身体缺陷乃是恶的根源,对此,柏拉图从多个方面予以了阐述。

(3.1)首先,灵魂的疾病被总称为"anoia"(愚蠢),指的是理性灵魂旋转中的各种混乱,而这正是人类灵魂具身的最初那一刻的特征。柏拉图以极为生动的笔触描述了灵魂和身体的最初的结合:

> ……接着,在处于流进流出状态的诸身体内,它们缚系不死灵魂的旋转轨道。如是,灵魂的旋转轨道缚系在一条大河内,既不能主宰那河,也不被它所主宰,而是有力地颤摇它,又被它所颤摇。结果,这整个生命体确实被推动,但无序、随机和非理性地行进,因为它包含所有六种运动方式,从而朝前、后、左、右、上、下所有六个方向游荡。因为提供营养的洪流的涨退是强大的,但因撞击每个生命体的东西而造成之受感扰动(παθήματα)所产生的骚乱甚至更为强大,所以,当某个生命体的身体遭遇并碰撞外在的火或一块硬土或滑行水流时,或者当它被由气驱动的风潮所裹挟时,这类受感扰动就会发生。所有这一切所产生的运动经由身体被引导到灵魂并撞击它;正因为如此,这些运动后来被统称为"感觉",今天仍这么叫。而正是在那一时刻,受感扰动最为巨大,这些运动就与身体的持久涌流一起猛烈撞击灵魂的旋转轨道。它们通过反向对流,完全阻断同一圆圈的运动,以此妨碍它的主宰活动与行进过程。另一方面,它们进一步猛烈震撼差异圆圈的运

---

① Gill, C., "The Body's Fault? Plato's *Timaeus* on Psychic Illness", in *Reason and Necessity: Essays on Plato's Timaeus*, M.R. Wright (ed.), London: Duckworth, 2000, p.60.

动，以至于，尽管所有2倍与3倍的间隔以及联结它们的3/2,4/3,9/8的比率的中项不可能完全被毁灭，除了将它们联接在一起的匠神，但是它们在所有方向上被扭曲，并对灵魂的圆圈造成所有可能的偏转和瓦解，从而尽管这些圆圈仍在运动，却少有联合，它们的运动如此非理性，有时（前后）反向，有时（左右）偏斜，有时（上下）颠倒——像一个头脚倒置的人，对他自己和那些看着他的人，他的身体右侧呈现为左侧，左侧呈现为右侧。这以及相似的效果在灵魂的旋转轨道上产生：每当它们遭遇外在世界中任何属于同一或差异之种类的东西，它们就作出与真相相反的"同一"或"差异"的判断，表明它们本身是虚假和愚蠢的，这种时候不具有任何主宰和引导的旋转。因此，当这些感觉从外面进来攻击它们、席卷灵魂的整个接受器时，这些旋转，无论看似有多么大的主宰力，实际上却是被主宰。正是因为所有这些受感扰乱，从一开始到现在，每当一个灵魂最初被束缚在一个有死的身体内时，它就变成无理性的。（43a – 44b）

蒂迈欧描述了，当人类先在的理性灵魂的有序圆圈旋转被缚系上由火气水土组成、拥有六种直线运动的身体时，各种成分失调，身体成分的无序运动撞击灵魂，生命整体随机地被推动，无序且非理性地向前，灵魂原初的同一圆圈与差异圆圈被扭曲，产生伴随作为无序运动的"感觉"的"虚假和愚蠢"的判断。此外，最初生成的还有各种可能导致不义的情感：

> 当诸灵魂必然地被植入诸身体中、而它们的身体又有东西流进流出时，那么必然地，首先，它们全都会产生感觉，它来自强力的受感扰动并与之共生。其次，是爱欲，掺杂着快乐和痛苦。此外，它们还会有恐惧、愤怒以及所有伴随这些而来的情感以及与其同样多的相反的自然情感。如果它们能够主宰这些情感，那么它们的生活就会是正义的；反之，如果被主宰，则不正义。（42a – b）

换言之，仅仅是灵魂与身体接触的事实就足以产生为欲望灵魂(欲望、快乐和痛苦)和激情灵魂(恐惧和愤怒)所特有的感受(παθήματα)。也正是因为最初的具身,人类不仅拥有不死的理性灵魂,而且拥有了有死的灵魂(激情与欲望)和有死的身体;它们是人类生命体不可或缺的部分,是匠神的善意和目的得以完成的必要步骤,同时也是人类的有限性、脆弱性和各种疾病的根源,当然也包括灵魂的疾病;在这个意义上可以说,灵魂具身是恶的根源,身体是人类的"原罪"或"原恶"。正因为如此,柏拉图接着说,每个婴儿的灵魂是无理性的、愚蠢的。然后,随着时间的推移,身体的喧嚣逐渐平息,灵魂的旋转得到矫正,能够正确地判断"同一"与"差异",从而人被推上成为有理性者的道路;同时,如果他还能得到"正确的抚育"和"教化",就会变得整体上健康、没有疾病,否则终身残疾,死于"愚昧"(44b - c)。

(3. 2)其次,柏拉图认为灵魂的疾病之为"愚蠢"(anoia)包括"疯狂"(mania)和"无知"(amathia)两类,它们都源于过度的快乐或痛苦:

> 我们必须强调,最坏的灵魂疾病乃是过度的快乐和痛苦。因为,当一个人过度享乐或反过来过度受苦,从而仓促、无度地趋乐与避苦时,他不能正确地看或听任何东西;陷入迷狂之中,他运用推理的能力此时是最低的。每当一个人的骨髓的种子生长得丰盛满溢,像一棵结了太多果实的树,他通过他的欲望及其后果一次又一次地获得很多的痛苦或快乐;他大部分的生命处于疯狂状态就是由于这些巨大的快乐与痛苦,他的灵魂由于身体构造而被剥夺了健康和理智,并且通常他不被视为有病,而被视为故意作恶。不过,关于性放纵的真相是,它是一种主要由某一种物质的状态造成的灵魂的疾病,亦即,由于骨头多孔易渗,这种物质在体内溢流泛滥。诚然,无节制享乐一般都要受到谴责,仿佛说作恶是故意的,但这样的谴责是不正当的,因为无人有意作恶,坏人之所以变坏,毋宁是因为恶劣的身体状态和不受教育的抚养;所有人都会憎恶和不愿意拥有这些恶。(86b - 86e)

如果一个人被过度的快乐或悲伤冲昏头脑,他会尽力抓住快乐的对象,即最大限度地快乐,或摆脱痛苦的对象,不管他付出什么代价。这种努力最终会导致疯狂和无知,这可能表明它们不仅属于同一个属,而且有一个共同的基础,那就是极度的快乐或痛苦。它们也同时发生。但快乐和痛苦从何而来?在前面讨论"感觉"的段落里(64c8 - 65b5),柏拉图给出了快乐和痛苦的生理学:

> 现在,关于快乐和痛苦,就必然这样去理解:一种扰动(感受)在我们身上不自然地、强有力地、突然地生成,便是痛苦;而突然地复归自然状态则为快乐。柔和、微小的扰动不可感觉,反之则可感觉。再者,轻易发生的扰动可被完全地感觉,远较其他为甚,尽管不分有痛苦和快乐。例如视线本身的可感性质。前面我们把视线描述为在日间附着于我们而生成的一种体。切割或燃烧或它的任何其他遭受都不会在它之中造成任何痛苦,而它复归于其原初状态也不导致任何快乐。但是,它所遭遇和接触的东西的数量越大、所感受的越多,其感觉也就越强烈和清晰,因为在其被分离和重组的过程中,绝对不包含任何强力。相反,那些由较大微粒而来的器官,几乎不会屈服于其作用者;它们将运动传递到全身,从而它们也就拥有了快乐与痛苦——异化(于其自然状态)则痛苦,复归(其自然状态)则快乐。所有那些脱离常态并空化自身是短暂的(或微小的、平缓的),而其填补充实却是突然且长期的身体(器官),对空化毫无感觉,对填补充实的发生却很敏感,因此,它们把巨大的快乐而非痛苦提供给灵魂的有死部分;这在"香味"的情形中是显而易见的。但是,所有那些其异化是突然的、而其复归于本然状态却是短暂的、不足的,却产生了与之前提及的相反的结果;显然,这又是在身体承受燃烧或切割的时候所发生的。(64c - 65b)

"痛苦"与"快乐"被解释为好动的物质元素对身体的"反乎自然的"或"复归自然的"的影响或"受感扰动"(pathos),这也被描述为这些物质元素对于身体器官的"空化"或"充实"的作用。换言之,痛苦是由身体自然结构的损伤引起的,而快乐对应于它们的恢复,只要这些损伤和恢复被传递到"心灵"(phronimon)。既然处于快乐、痛苦等感受的构造的核心是灵魂对相关身体器官状况的知觉,那么,对各种感受的生成的解释同时也是对相应的灵魂部分的本体结构的解释。① 例如,蒂迈欧对性欲的解释是基于骨髓从大脑通过脊髓进入生殖器,引起痛苦的精液积聚,当精液被排出时,随着体内物质的自然平衡又被恢复,就产生快乐(86d－e, 91a－d)。这表明与欲望灵魂相关联的性欲现象,如果不参考作为其基础的基本生理结构(即生殖系统),就无法理解。如果健康的快乐、痛苦和欲望是由健康的身体结构的自然波动引起的,那么在我们身体结构的异常变化中寻找不健康的快乐、痛苦和欲望的根源是合理的,特别是那些由身体结构缺陷引起的情感与欲望。例如,在一个完全健康的个体中,生殖系统的自然功能不会引起对性快感的强烈追求;反之,在那些性欲具有病理特征的情况下,首先要用基本生理结构的失调来解释,即骨骼的异常疏松导致精液过多。这种特定身体物质的非自然的过度就被经验为持久痛苦的性欲,蒂迈欧称之为"非自愿的""灵魂疾病"(86d－e)。性放纵,作为欲望之恶的最典型形式,因此根植于某些个体经验性爱之快乐、痛苦和欲望的异常强度,是一种具有基本生理原因的变态反应形式;既然其根源在于身体缺陷,那么把性放纵这种"灵魂疾病"作为道德上故意的恶行来加以指责就是错误的;因此,所谓"万恶淫为首"的说法是柏拉图所不可能承认的。

（3.3）最后,身体给灵魂造成疾病还归因于体液。柏拉图接着说:

> 也是因为身体的痛苦,以相同的方式,使灵魂获得了如此多的恶。每当酸性与盐性的痰和胆汁与苦的体液全都在人体里上下游荡、找不到任何向外的出口而被困在体内、并且把它们产生的蒸汽与灵魂的运动相混合时,它们所导致的混杂就造成了所有种类的灵魂疾病,较强的和较弱的,较频繁的和较不频繁的。随着它们渗入灵魂的三个区域,按照它们各自所攻击的区域,产生了各种各样的坏脾气与沮丧,也产生了各种各样鲁莽和胆怯,还有健忘与迟钝。(ποικίλλει δὲ θρασύτητός τε καὶ δειλίας, ἔτι δὲ λήθης ἅμα καὶ δυσμαθίας.)(86e－87a)

柏拉图认为胆汁和痰不仅造成多种身体疾病,也带来灵魂疾病,它们在体

---

① Jorgenson, C., "Responsibility, Causality and will in the *Timaeus*", in *Plato's Timaeus: Proceedings of the Tenth Symposium Platonicum Pragense*, C. Jorgenson, F. Karfik, and S. Spinka (eds.), Brill, 2021, p.264.

内的积聚释放气体扰乱灵魂的运动。例如白色痰和黑色胆汁的混合物可以扩散到头部的旋转部位，并干扰它们，从而导致"癫痫"（85a5 - b2）。除了头部这个最高目标，痰和胆汁也可以侵入灵魂的其他两个部位。其影响可能是相同的，但它会导致不同类型的疾病，这取决于它们击中哪个部位。攻击肝脏周围或灵魂的"欲望"部分会引起"坏脾气"和"忧郁"，侵入心脏或灵魂的"激情"部分会导致"鲁莽"和"胆怯"，而侵入头部或灵魂的理性部分则会导致"健忘"和"愚钝"（更不用说神圣的疾病"癫痫"了）。① 柏拉图认为胆汁是过多热量（火）的积累，痰则代表过多的冷（空气）。热对对象的影响是加速、刺激、搅动它的运动，而冷的作用是收缩和减慢它。因此，当柏拉图说胆汁和痰的气泡混合能够以某种方式影响灵魂的运动时，他认为过度热的胆汁会搅动灵魂的正常运动到"过度"，而痰冷则减缓它的速度，使其"不足"。因此，胆汁可被认为是导致以灵魂"过度"活动为特征的疾病，而痰是导致活动"不足"的疾病。如下所示：②

受影响的部位	过度	不足
身体：头部	胆汁（热）	痰（冷）
灵魂：理性	健忘	愚钝
身体：头部以下到隔膜	胆汁	痰
灵魂：激情	鲁莽	胆怯
身体：隔膜以下	胆汁	痰
灵魂：欲望	坏脾气	忧郁

以上三点是柏拉图对于灵魂疾病的身体原因的解释，明显受到了包括《希波克拉底文集》作者们在内的希腊医学家的影响，而将其关于身体疾病的病因学向灵魂疾病做了进一步的引申和系统化。但柏拉图并没有就此止步，而在这些个人内在原因之外寻找可能的客观致病因素。

---

① 在91c - d 中描述女性歇斯底里症是一个特殊的病例。如果子宫过了适当的季节仍然不能生育，它就会烦躁不安，到处游荡，阻塞呼吸通道。这也会导致其他各种疾病。歇斯底里症究竟被认为是灵魂疾病还是躯体疾病，柏拉图没有明确说明，但既然把它与男性的性放纵对比，可见是被视为灵魂疾病。

② Tracy, T.J., *Physiological Theory and The Doctrine of Mean in Plato and Aristotle*, De Gruyter, 1969, p.132.

四、坏的政府与教育之为灵魂疾病的原因

柏拉图说：

> 此外，当具有这些缺陷的人所依附的政制是坏的，城邦中的言论——无论公共的还是私人的——也是坏的，而且人们自小就根本不去学习能够救治它们的教导时，我们中的所有坏人都由于两种极非自愿的原因而变坏了。应受谴责的，总是父母而非其子女、教师而非其学生。即便如此，每个人都应该尽可能通过教育、实践和学习来努力避免恶而抓住其对立面。(87a – 87b)

柏拉图显然认为人变坏的外在的原因就是坏的社会环境或坏的政府，它不提供适当的教育来让人抵制或消除其出生时灵魂具身带来的无序、混乱和愚蠢，甚至纵容这些生理弱点对我们的品格发展产生决定性的影响，因此是恶的次要原因，这就和《高尔吉亚篇》和《理想国》的第八至第九卷对接上了。在那里，由欲望灵魂统治的邪恶政权，如寡头政治和民主制，其特点不仅是特定阶级的支配地位，更根本的是一种价值体系的霸权，这种价值体系把特定的欲望对象(财富和快乐)视为最高的善。这种价值观主导的社会不仅为恶的欲望开辟了发展空间，还积极地促进它们的成长，鼓励我们早期的生理倾向朝着邪恶塑造出一种坏的品格。对此，蒂迈欧认为，一方面具身后的灵魂仍然有恢复自然的理性运行的可能性，另一方面要在这个阶段辅之以教育，他说：

> 随着成长与营养之流减弱，灵魂的旋转重获平静，恢复其恰当属己的运行，并随着时间的行进变得更加稳定，那时圆圈的运动最终得到校正，重获合乎其自然本性的运行形式；于是，它们能正确地判断同一者与差异者，并使得拥有它们的人成为有理性的。诚然，如果这样一个人，**在这个阶段正确的抚养得到教育的补充**，那么他将变得整体上健康无瑕，避免最严重的疾病；但如果他漫不经心，那么他将苟且颠簸一生，并且重返冥界，没有结局而又不可理喻。(44b – 44c)

现在我们可以理解柏拉图早中期对话对于道德教育的重要性的强调,因为,从广义上讲,正是"正确的抚养和教育"决定了我们的品格如何在人性的自然界限内发展,以及我们天生的向恶堕落倾向在多大程度上得以实现。[①]

但在这里,柏拉图想要强调的是,既然个人是其社会和精神条件的受害者,那么也就无需为恶或不义负责了:"应该谴责的,总是父母而非其子女、教师而非其学生。"因此,尽管柏拉图最后敦促我们必须尽最大努力通过教育、探索和研究来避恶趋善,但如果他认为所有行为都是心理-生理上或社会性地被决定了的,那么这一敦促如果还显得有意义,就得诉诸政治改革,颠覆僭主政治和民主制,寻求以一个能够切实践行道德教育的"理想国"。

五、神不必对人的恶负责

对于灵魂的疾病或恶,身体是内在的主因,政治环境及其教育手段是外在的辅因,但人的灵魂和身体都是神的制造活动的结果,那么神是否要对人的恶负责呢? 柏拉图说:

> 如果一个人好好活过命定属己的时间,那么最终他将回到他在其宿星中的居所,去过一种他曾熟习的幸福生活;但如果他没能这样,那么他将以女人之性再次投胎出生。而如果他那时仍不能戒除恶行,那么他会再次转化,这次是变成某种相似于其特殊恶劣品性的野兽;而且,他将不停地经历这些不幸的转化,直到他把火和水和气和土的巨大增长体纳入内在于他的同一与相似的旋转轨道之中,从而由理性(逻各斯)的力量来控制那骚乱的、非理性的巨体;这会使他回到他最初、最好状态的形式。祂向它们颁定了所有这些法律,以避免对它们往后可能犯的任何罪恶负责(ἵνα τῆς ἔπειτα εἴη κακίας ἑκάστων ἀναίτιος),匠神接着将它们中的某些分别播入地球和月亮,剩下的播入所有其他的时间器官之中。播完后,祂把构造有死身体的任务交付给年轻的诸

---

① Jorgenson, C. "Responsibility, Causality and will in the *Timaeus*", in *Plato's Timaeus: Proceedings of the Tenth Symposium Platonicum Pragense*, p.266.

神。祂让它们制造人类灵魂仍需拥有的其余任何东西以及那些东西所属的一切。祂命令它们统治这些有死的生命体、给予它们所能给予的最美、最好的引导，而不对这些生命体本身所可能招致的任何罪恶负责（ὅτι μὴ κακῶν αὐτὸ ἑαυτῷ γίγνοιτο αἴτιον）。（42b - 42e）

　　显然，他不认为神要负责。这是不是说，我们自己，而不是诸神，应该为降临在我们身上的罪恶负责？可前面已经表明，我们具有某种品格的原因虽然不是完全由生物学决定的，但也超出了我们的控制范围；既然是匠神和诸小神制造了人类的灵魂和身体，那么，在什么意义上他们可以不为我们灵魂的状况负责？对此，乔根森认为，首先，《蒂迈欧篇》的目的论表达的是神的善和纯粹理性，祂要让包括人类在内的宇宙万物尽善尽美、合理有序，这意味着神在这里只对人类灵魂和身体中美善和理性秩序的方面负责；其次，神对人类施加的因果影响仅限于"物种"而非"个体"的层次，因此，匠神至少因为其三个主张而被免除了对人的恶的责任：(1)所有的灵魂都有相同的结构；(2)所有的灵魂都被显明了"宇宙的本性"和"命运的法则"；(3)所有灵魂"全都被赋予同一种原始的出生"，全都得到祂的平等对待(41e1 - 4)。[1] 最后一条强调了神的权力和责任的界限，匠神为之承担责任的初始条件的平等性只涉及灵魂所居住的身体的"类"；所有人共有的"出生"(genesis)概念与特殊身体的"本性"(phusis)概念直接相关。最初，所有灵魂都嵌入男性身体，在后来的出生中才有男性与女性、人与动物的本性上的区分等等。没有任何迹象表明匠神的影响超出了身体形式的层次去规定某种特殊的形式或"本性"个体化的方式。神意(providence)在这里只关注特定"物种"(人类)或"亚物种"(如男性和女性)共同的普遍结构，而非"个体"本身。只有当我们否认对人的恶负责的身体变异可以归咎于祂的因果作用时，才能理解蒂迈欧所谓的"没有哪个人会比其他任何人更受祂的怠慢"(41e4)。[2]

　　但是，如果诸神不为人体的生理缺陷负因果责任，那么这些身体之间的这

柏拉图论灵魂疾病与恶的根源：《蒂迈欧篇》86b—87b

---

① Jorgenson, C. "Responsibility, Causality and will in the *Timaeus*", in *Plato's Timaeus: Proceedings of the Tenth Symposium Platonicum Pragense*, p.267.

② Jorgenson, C. "Responsibility, Causality and will in the *Timaeus*", in *Plato's Timaeus: Proceedings of the Tenth Symposium Platonicum Pragense*, p.267.

些变异从何而来?

六、必然性作为恶的根源

柏拉图说:

> 我刚完成的论述,除一小部分外,呈现了那经由理性智能所制造的东西。但我还需要提供关于经由必然性而生成的东西(τὰ δι᾽ ἀνάγκης γιγνόμενα)的论述。因为作为一个混合体这个有序宇宙最初是从必然性与理性的联结而被生成了的。理性通过劝说必然性将生成着的大多数事物导向至善而统治必然性,也正是这样并因此,通过必然性服从理智的劝说,这里的这个宇宙从最开始如是被组合出来了。从而,如果我们想要如实论述它如何依据这两种原理而生成,那么我们必须混入这种造成漫游的原因——其本性如何造成漫游。(47e-48a)

柏拉图认为,匠神作为"理性"是全善的,但不是全能的,祂不能为宇宙身体创造物质原料,而只是对现成的前宇宙混沌加以形式改造,祂只是"说服"而非强制,前宇宙原料作为"必然性"可能接受、也可能抵制"理性"的作用,所以"必然性"既是理性结构的接受者,也是匠神造物的限制条件;其限制作用体现在两个方面。其一是对被造物层次上可能完成的东西的一般限制,某些属性在物理层次上相互冲突,不能一起被实现,那么就得有所取舍,例如,头颅的较薄的骨头与肌肉是在健壮性和敏感性的矛盾需求之间进行权衡的结果。另一方面,必然性作为"漫游因"(planomene aitia)起作用,作为前宇宙物质的无序运动的残余,解释了宇宙中非理性的、机械的因果性的持续运作及其所导致的局部秩序的崩溃。例如前面提到的胆汁和痰随意地侵入并"漫游"(planethentes,86e6-7)在灵魂的三个部分之间,从而产生六种相应的精神疾病;再如某些人骨头多孔易渗,骨髓的种子丰盛满溢,在其体内恣意流动,造成性放纵。显然,这种缺陷最终是由于一种超出了神的控制的非理性原因(必然性)的运作,神对降临在个人身上的罪恶不负责任,因此神或理性不是人之恶的根源,必然性是。

七、"溯因"还是"归责"

    但是,蒂迈欧毕竟说过,神不必对人这种生物"自己给自己产生的任何罪恶负责"(κακῶν αὐτὸ ἑαυτῷ γίγνοιτο αἴτιον)(42d–e),那似乎意味着人要为自己做的恶负责,从而导致蒂迈欧的话看起来前后矛盾。实际上,这句话也可以被更恰当地译为神不应"成为人给他自己造成的罪恶的一个原因";如果这里仅仅是确认"原因"而非"归责",并且如果"归责"的根据是自由意志的自主选择——这种观念是柏拉图所没有的,那么说我们对自己的恶行——作为我们自身恶劣品格的结果——负有因果责任,那也不是在我们应该为此遭受责备或惩罚意义上"负责"。值得注意的是,蒂迈欧说"对他给他自己产生的罪恶负责"的,不是"灵魂本身",而是"这种有死的生物"(τὸ θνητὸν [...] ζῷον, 42e2–4)。乔根森认为这个区别意义重大,因为作为这些罪恶的最终原因的生理缺陷本身是外在于理性灵魂的,但对于作为身体和灵魂的复合体的人类动物却是构成性的。例如,如果一个具体的人被卷入由他过度的性欲所带来的不幸之中,那么完全有理由说他是这些不幸的最近的原因,因为他的欲望和相应的行动是他的由各种心理和生理原因的融合所界定的个人品格的表现。但在这个意义上归咎于他,与进一步解释导致他具有他所具有的品格的生物学的和社会的因素,并非不可相容。仅当我们把 aitios(原因/责任)特指某种形式的建立在自由选择的基础上的自主的道德责任时,这里才有矛盾;因为就我们的行为可以由先前的生理的和社会原因进一步解释而言,它削弱了建立在自由意志基础上的道德责任。[①]

    蒂迈欧信守并重申了苏格拉底的"无人有意作恶"(86d7–e1)的格言。虽然我们对自己所做的坏事负有责任,但这并不意味着它们表达了我们本真地想要的东西。不可否认,我们的恶/坏的欲望是我们的,但它们不是我们原初本性的直接和自发的表现,而是身体缺陷和错误教育的产物。因此,它们更值得"同情"而不是"责备"。更进一步,如果我们从更中性的"确认为原因"而非"责备"的意义上看待对父母或教育者的"归责"(aitiateon),就可以看到柏拉图想要强

柏拉图论灵魂疾病与恶的根源:《蒂迈欧篇》86b–87b

[①] Jorgenson, C. "Responsibility, Causality and will in the *Timaeus*", in *Plato's Timaeus: Proceedings of the Tenth Symposium Platonicum Pragense*, p.269.

调的不是一个为行动者推卸责任的问题,而是把我们具有坏品格或恶行的原因个体化的问题。[①] 这些原因包括来自父母的先天遗传和来自城邦的后天教育,但与神无关,因为祂们的因果作用只涵盖了自然的和美善的东西,而在我们的恶的原因论中不起作用。

　　柏拉图显然是想通过确认我们的品格如此这般的先在原因来探究恶的根源,从而采取措施纠正这种恶。他没有把它归因于某种自主决定的力量,因为一个与自由选择有关的道德责任的概念完全不在他的考虑之中。因为我们灵魂的理性部分(即本真的意愿)决定了我们必然行善,我们之所以作恶则是先天的身体缺陷与后天的社会环境及其产生的非本真的欲望所决定的,所以,在这双重"决定"之间并无"自由选择"的任何空间,那个在近代思想中要负责任的"自由意志"概念既不存在,也不需要。

　　现在,恶的根源已经找到,相应的救治方法,在《蒂迈欧篇》中是对个人的身心的修炼,在《法律篇》中则是社会层面的法律教育与治疗性惩罚。对此,我们当论文专论。

Plato on the Diseases of Soul and the Source of Evil

Song Jijie

Abstract: Plato briefly discussed the "diseases of the soul" (86b—87b) in his later dialogue "Timaeus". From a modern perspective, his pathological analysis of the soul is not so much a "psychiatry" as a "moral psychology" about the "root of evil". His basic proposition is that the diseases of the soul-including moral evils and intellectual defects — are the result of physical defects. Therefore, people should not be responsible for these defects and should not be blamed for them.

Keywords: Plato, Diseases of the soul, Evil

[①] Jorgenson, C. "Responsibility, Causality and will in the *Timaeus*", in *Plato's Timaeus: Proceedings of the Tenth Symposium Platonicum Pragense*, p.271.

驯服死亡

——欧里庇得斯《阿尔刻斯提斯》开场解析 *

罗　峰 **

[摘　要]　在《阿尔刻斯提斯》中,欧里庇得斯(Euripides)以一种独具诗性的想象力,处理了人类无可逃避的必死性问题。通过想象出死亡的替代品,欧里庇得斯不仅改写了死亡的自然特性,还隐含了驯服死亡的冲动和欲望,并借此透露出对由替死引发的正义与伦理问题的隐忧。阿波罗(Apollo)通过"诓骗"命运女神向他的"替死"方案妥协,重启了让人类逃脱必死性的进程,随后还在与死神的角力中试图以智术对抗自然。

[关键词]　欧里庇得斯;《阿尔刻斯提斯》;死亡;命运;必然性

* 基金项目:国家社科基金重大项目"中外戏剧经典的跨文化阐释与传播"(20&ZD283)、国家社科基金重大项目"文学伦理学批评的理论资源与对外传播研究"(21&ZD264)、浙江省社科规划领军人才培养专项课题"柏拉图伦理作品研究、翻译和笺注"(22QNYC02ZD)。

** 罗峰(1985—　),江西上高人,中国人民大学文学博士,华东师范大学英语系研究员,主要研究领域为古希腊悲剧、莎士比亚戏剧和跨学科研究。

在其传世的早期作品《阿尔刻斯提斯》(*Alcestis*)中，欧里庇得斯进行了一场驯服死亡的实验。通过为人类逃脱必然性预设一种"替死"的方案①，欧里庇得斯勾勒了神驯服命运的欲望及由此带来的混乱。剧作开篇透露，横贯在神人之间的鸿沟(必死性)迎来了一场严峻的挑战。② 挑战者不是来自人类，而是来自神界。为报答被罚人间服苦役期间受斐赖国王阿得墨托斯(Admetus)的照拂之恩，阿波罗决定出面干预人类的"命运"。他迫使命运女神(Fates)答应其替死方案——只要有人替恩主阿德墨托斯去死，他就能逃过一劫。

一、驯服死亡：机运与必死性

根据开场白，我们并不清楚阿波罗如何骗过了命运女神。但他的确在与"机运"的较量中占得上风。③ 但这是否意味着死亡确已驯服呢？答案晦暗不明。阿波罗描述的阿尔刻斯提斯在阿得墨托斯怀中垂死的景象，使其"恩典"显得无比含混。④ 诸神之间的交易到了人间也成了一种交换：神对某个人的恩典，要以僭取他人生命为代价。由此引发的正义问题不仅涉及诸神，也涉及凡人。于替死者阿尔刻斯提斯而言，阿波罗的"恩典"显然不义。但对"受惠者"阿

---

① 针对有学者将重心放在追溯此剧神话来源上的做法，黛尔(A. M. Dale)表达了不同看法。她认为，追索诗人取材的来源是神话学家和人类学家的事。对研究公元前5世纪阿提卡悲剧的学者而言，关注欧里庇得斯聚焦的核心问题才是要害。欧里庇得斯在此剧中思考的是"人的必死性"(man's mortality)问题。See A. M. Dale, "Introduction," *Alcestis*, Oxford: Oxford University Press, 1961/19661971/1974, xiii.

② 科纳彻(D. J. Conacher)注意到，此剧的主题明显有别于传统悲剧，因为它打破了人不可能起死回生这个常见主题。See Euripides, *Alcestis*, ed. with translation and commentary by D. J. Conacher, Warminster: Aris and Philips Ltd., 1988, p.156. 格里高利(Justina Gregory)细致分析了欧里庇得斯对传统主题的改写。See Justina Gregory, *Euripides and the Instruction of the Athenians*, Ann Arbor: The University of Michigan Press, 1991, pp. 19–50.

③ 欧里庇得斯在此剧中呈现的命运形象与传统悲剧诗人区别鲜明。在埃斯库罗斯笔下，命运女神几乎就是必然性的代名词，不仅人类无法逃脱属人的必然性(典型地体现在《俄狄浦斯王》中)，连神族也无法逃脱其必然性(《被缚的普罗米修斯》中普罗米修斯手握关乎宙斯命运的秘密，成为此剧戏剧行动的推动力)。有别于埃斯库罗斯对命运的呈现，《阿尔刻斯提斯》中拟人化的命运更接近"机运"。这就为人力留出了余地。关于命运(女神)地位在现代语境中的进一步下降，可以对参马基雅维利在《君主论》中，以及莎士比亚在《哈姆雷特》中对命运女神形象("娼妓")的改写。

④ Andreas Markantonatos, *Euripides' Alcestis: Narrative, Myth, and Religion*, Berlin, Boston: Walter de Gruyter GmbH, 2013, p.29.

得墨托斯而言呢？阿波罗的不义会陷他于不义吗？其实，从这位国王起念找他人替死那一刻起，就给他的"虔敬"德性蒙上一层疑云。[①]

　　受阿波罗蒙骗的命运女神显得为人类命运留出了余地。在这个意义上，命运几乎是机运的同义词，人类或多或少可以把握。这种印象与悲剧人物不断控诉的命运迥然不同。命运不再充满随机性，而是变得可以安排（虽然余地有限）、可以选择。这让人想起在《理想国》第十卷，柏拉图同样改写了命运女神的形象。柏拉图在重写厄尔（Er）神话时特别提到，命运女神（Μοῖραι）是"必然"（ἀνάγκης）的三位女儿（617c 以下），分别吟唱着过去、当前和将来之事，共同司掌生命的必然性。在那里，命运女神已经把命运的选择权交给了人类："不是神决定你们的命运，是你们自己选择命运。"（617e）[②]不过，柏拉图笔下的命运女神主持的分配，是让死后的灵魂选择转世后的命运（617e）。欧里庇得斯和柏拉图以不同笔触强化了命运的可选择性。这也是古希腊传统诗文的一大主题。最著名的要数色诺芬（Xenophon）在《回忆苏格拉底》（*Memorabilia*）中讲述的"赫拉克勒斯的选择"（Heracles' Choice）的故事[③]，以及荷马《伊利亚特》（*Iliad*）中记叙的阿喀琉斯（Achilles）的选择。在这两个著名的故事中，个体命运均与伦理选择和德性的成就紧密相关。

　　很明显，无论荷马、柏拉图还是色诺芬，他们对个体选择的呈现均基于对人的必死性这一基本前提的接受和理解。荷马通过改写英雄阿喀琉斯之死不可预知的特性，让他在生前选择上战场赢取荣誉，而非待在家乡得享天年，强化了其英雄伦理的教诲。柏拉图和色诺芬同样都把必死性与德性教育和灵魂教育勾连在一起。而到了欧里庇得斯所在的公元前 5 世纪中叶，雅典逐渐充斥着一

---

① 阿波罗此前盛赞阿德墨托斯的"虔敬"："我自己很虔敬，我所遇到的也是一个很虔敬的人"（ὁσίου... ὅσιος，行10）。注意阿波罗此处措辞中蕴含的平等主义倾向：ὅσιος一词通常用于表示凡人对诸神的敬意，而此处阿波罗为了表达对阿德墨托斯的感激之情，也将之用来修饰自己。科纳彻指出了这一细节。See Euripides, *Alcestis*, ed. with translation and commentary by D. J. Conacher, p. 156. 帕克（L. P. E. Parker）还列举了大量古希腊诗文证明，阿波罗此处措辞"反常"（oddity）。See Euripides, *Alcestis*, with Introduction and Commentary by L. P. E. Parker, Oxford, New York: Oxford University Press, 2007, p.53.

② 柏拉图：《理想国》，王扬译注，北京：华夏出版社，2017 年。

③ 关于这个故事的详细解读，参见胡镓：《公民教育的"轻"与"重"：〈回忆苏格拉底〉第二卷第一章中的两种劝谕辨析》，载《人文》（第三卷），北京：中国社会科学出版社，2020 年，第 237—249 页。

种由技艺带来的乐观主义的进步论。人们开始相信,技艺能在某种意义上改变人类的命运。[1] 在柏拉图的《普罗塔戈拉》(*Protagoras*)中,以教人政治术著称的大智术师普罗塔戈拉还将通过重新编织普罗米修斯神话让人相信,人类的每一项技艺的获得都是智慧的极大进步。[2] 对技艺带给人类文明的进步的乐观,在索福克勒斯(Sophocles)《安提戈涅》(*Antigone*)的合唱歌中体现得淋漓尽致(332—352行)。[3]

这段据说是"人颂"的唱段似乎洋溢靠技艺驯服机运的自豪感。人类不仅靠造船术征服大海,得以在惊涛骇浪中穿行无阻,甚至能通过发明耕种的技艺,征服传统神话传说中原本高高在上的地母神。技艺不仅极大扩展了人类的活动范围,似乎也赋予人更多安全感。但这种安全感的获得,其实反映了人类对于自然加诸人类身上的各种局限的焦虑:自然变化莫测,人类创造力在不断推进自然可能影响人类的边界。倘若人类凭靠技艺能战胜自然的不利影响,亦即"为每一种自然的恶找到解药",人类是否就此可以高枕无忧了呢?

索福克勒斯的这首"人颂"似乎为文明进步论提供了强有力的支撑。但在这首合唱歌最后,诗人表明了人类试图征服自然的限度:人类在死亡面前仍"无能为力"(360行),甚至在合唱歌最后表达了对文明进步论的警惕(363—372行)。

掌握技艺的人类会不会"肆心妄为"?人类的智识会不会带来不义?技艺和才智一定有助于人类获取幸福吗?通过在最后指明人类的技艺和才智可能带来"肆心",索福克勒斯将第一唱段中对人类技艺热情洋溢的赞誉重新拉回赫西俄德传统。无论古风时期还是古典时期,"肆心"这一传统作家不断触及的主题总在提醒着人类的限度。在赫西俄德笔下,无论盗火的普罗米修斯(Prometheus)还是人类从黄金种族的不断下降,都与人类的肆心关联在一起。因此,索福克勒斯不仅使我们获得了对技艺和才智的更整全认识:人类凭借超凡的才智的确通过技艺驯服自然获益良多,但有些领域显然光靠技艺难以

---

① Justina Gregory, *Euripides and the Instruction of the Athenians*, p. 24.

② 柏拉图:《普罗塔戈拉》,收于《柏拉图四书》,刘小枫编/译,北京:生活·读书·新知三联书店,2015年,320d - 323e。

③ 索福克勒斯:《安提戈涅》,张竹明译,收于《索福克勒斯悲剧》,南京:译林出版社,2007年。译文据古希腊原文略有改动。凡引此剧皆出自这一译本,仅注行码,不再另行说明。

维系。

从某种意义上讲,欧里庇得斯也接续了这一传统。只是他别具一格地把死亡置于一个全新的"平等主义"语境,借此引领我们重新思索人类的根本限度:必死性。[1] 而他的一个重要参照点就是荷马笔下沉思必死性的阿喀琉斯。[2]

二、替死与伦理选择

在《阿尔刻斯提斯》中,欧里庇得斯预设一种可能:一旦彻底征服死亡——自然加诸人类的最根本限度,人类便能完全驾驭自然。[3] 但无论古希腊作家如何充分发挥想象力,死仍是生的对立面。

如果说荷马通过让笔下的阿喀琉斯得以提前预知自己的命运做出选择,从而形塑了一种影响古希腊数代人的英雄主义——必死性成了追求不朽荣耀的动力[4],那么在《阿尔刻斯提斯》中,欧里庇得斯想让我们认识到:无论对于英雄主义还是普罗大众,必死性都同等重要。[5] 对于阿喀琉斯而言,荷马通过赋予他预先知道自己命运的能力,使得何时死去变得可选择。欧里庇得斯却通盘改写了死亡的三个基本特性。死亡似乎不再"无从避免":阿得墨托斯就通过让他人替死避免在命定时刻死去;不仅如此,替死的阿尔刻斯提斯也在剧末起死回生。死亡也不再"不可逆转":欧里庇得斯不仅充满机巧地通过"替死"——亦即在死亡正式降临之前,通过寻找替代品,为人类改变必死的命运留出了余地。在阿尔刻斯提斯死去的那天,王宫上下都已知晓,他们的王后将在这天离世。死亡变成了预料中之事。王宫上下均已知悉阿尔刻斯提斯的大限之日,正在有条不紊地准备后事。

---

① Justina Gregory, *Euripides and the Instruction of the Athenians*, p.19.

② 关于荷马笔下沉思人的必死性的阿基琉斯的尖锐性和深刻性,参见陈斯一:《荷马史诗与英雄悲剧》,上海:华东师范大学出版社,2021 年,第 146—177 页。

③ Justina Gregory, *Euripides and the Instruction of the Athenians*, p.24.

④ 古希腊传统的勇敢德性和英雄伦理基本由荷马史诗奠定,相关主题在希腊古风时期的抒情诗(比如提尔泰俄斯[Tyrtaeus]、忒奥格尼斯(Theogonis)诉歌、品达竞技凯歌以及柏拉图相关对话中尤其鲜明。从这个意义上说,荷马史诗奠定了古希腊的诗教传统。相关分析,详见罗峰:《试析古希腊诗教传统与公民启蒙》,载《思想与文化》,2022 年第 29 辑,第 367—382 页。

⑤ Justina Gregory, *Euripides and the Instruction of the Athenians*, p.19.

对于《阿尔刻斯提斯》中的阿得墨托斯和阿尔刻斯提斯而言,命运虽残酷,但同样可选择:阿得墨托斯完全可以选择顺受其命,在命定的时间死去,而非寻求他人替死;阿尔刻斯提斯也完全可以选择不替丈夫赴死。那么,欧里庇得斯为何要塑造这样一位人物呢?[1]

可以肯定的是,无论对于作为个体的人还是集体的人类,诸神并未完全关闭通往不朽的通道。从生物学上讲,个体之死可以通过繁衍后代,生生不息得以绵延,由此获得宽泛意义上的不死。人们也可以通过建立丰功伟业,获得不朽声名,灵魂不死——这是激励荷马笔下英雄奋勇杀敌的最根本动力。但这种观念要想获得认同,必须让人们相信:死亡有次第——平凡中安然了此一生,不如生死置之度外奋战沙场,亦即必死性与英雄主义之间有着某种割不断的联系(《伊利亚特》,12. 322—328)。

经验与现象

在《伊利亚特》中,萨尔佩冬(Sarpedon)在友人格劳刻斯(Glaucus)临上阵时的一番话,把必死性当成了英雄主义的前提和基础。[2] 在这段话最后,萨尔佩冬还预想了一场高贵的竞争(328 行)。在《阿尔刻斯提斯》描述的这场直面死亡的选择中,自愿挺身而出的阿尔刻斯提斯显得就是这类高贵之人。要接受这种关于死亡次第的描写,必须接受一个基本预设:人的身体与灵魂之间也存在次第。在《斐多》(Phaedo)中,柏拉图笔下的苏格拉底论证灵魂之于身体的优先性的重要一点,就是证明灵魂不朽而身体可朽。[3] 无论荷马笔下的英雄还是《神谱》最后凭超凡智慧建功立业跻身诸神行列的凡人,都是智谋超迈的少数人。欧里庇得斯的侧重点显然不是这种英雄主义,而是设想普通人个体直面死亡的最本能反应——必死性对普通个体同样重要。

欧里庇得斯在《阿尔刻斯提斯》中顺利完成这种转换,与他把"活在当下"的

---

[1] 事实上,在表明阿尔刻斯提斯替死的"意愿"时,欧里庇得斯着笔极其含混。对于这种含混性的分析,参见拙作,罗峰:《自爱与慷慨:欧里庇得斯〈阿尔刻斯提斯〉中的道德困境》,载《外国文学评论》,2021 年第 4 期,第 22—228 页。

[2] Justina Gregory, *Euripides and the Instruction of the Athenians*, pp. 23 - 24. 格里芬认为,正是"迫于必死的压力"才促使人们去追求不朽的德性。参见格里芬:《荷马史诗中的生与死》,北京:北京大学出版社,2015 年,第 92 页。的确,正是必死性这一属人的限度,构成了英雄伦理的基础。参见陈斯一:《荷马史诗与英雄悲剧》,上海:华东师范大学出版社,2021 年,第 151 页。

[3] 柏拉图:《斐多》,收于《柏拉图四书》,刘小枫编/译,2015 年。

竞技凯歌主题移到"充斥平等主义意味"的新语境密不可分。① 在以品达(Pindaros)为代表的竞技凯歌传统中,诗人往往通过颂扬在各类体育竞技中出类拔萃之人的德性,引向对"当下"的关注,最终指向城邦当下精神品质的陶铸。而在《阿尔刻斯提斯》中,人们对当下的关注,显然没有了这种对生命品质的考量——杰出之人对生命品质(德性)的关注,已被芸芸众生对生命时长(长寿)的本能渴望取而代之。正是在雅典民主制的这种新语境下,我们才能充分理解必死性对于个体的意义。

然而,个体渴望战胜必死性的前景并非总以光明和希望的一面呈现。阿波罗的种种行为让人想起他"更阴暗"的一面:在《伊利亚特》中,阿波罗是希腊人的野蛮屠戮者(1.51—52)②,意欲施恩的阿波罗同时也陷入了更大的不义。吊诡的是,随着阿尔刻斯提斯替死的定局达成,不仅阿得墨托斯的品质愈发可疑,"贤德的"替死者阿尔刻斯提斯的面目也开始发生改变。③ 更加吊诡的是,阿波罗欲让受"恩惠"的个体逃脱必死性的意志,最终让受惠者产生了对死亡的渴望。何以个体对必死性的恐惧最终使之生发出对生命的厌弃和对死亡的热望?

三、智术与正义

在阿波罗三番宣告阿尔刻斯提斯的死期后,死神塔纳托斯(Thanatos)如期而至。④ 随着场景的置换,开场由此从阿波罗的独白转入他与死神塔纳托斯的对话。这场对话发生在阿得墨托斯王宫外,以塔纳托斯充满质疑的发问开启(28—38 行)。

死神一上场对阿波罗的质询,相当于从另一种视角重述了阿波罗与阿得墨

---

① Justina Gregory, *Euripides and the Instruction of the Athenians*, p.19.

② 马康托纳托斯(Andreas Markantonatos)注意到欧里庇得斯此处语词与荷马的呼应。See Andreas Markantonatos, *Euripides' Alcestis: Narrative, Myth, and Religion*, p.27.

③ 欧里庇得斯在强调了阿尔刻斯提斯非同寻常的德性之后又凸显了其含混,详见罗峰:《自爱与慷慨:欧里庇得斯〈阿尔刻斯提斯〉中的道德困境》,第 220—234 页。有意思的是,柏拉图后来也在《会饮》(*Symposium* 179b-d)中改写了阿尔刻斯提斯的故事,但他把重点放在诸神对其超拔德性的"赞叹"上,并以此为据令其死回生。中译参见柏拉图:《会饮》,收于《柏拉图四书》,刘小枫编译。

④ 帕克认为,欧里庇得斯笔下的死神显示了诗人"精妙的创造"(masterly creation)。Euripides, *Alcestis*, with Introduction and Commentary by L.P.E. Parker, p.50.

托斯的故事。塔纳托斯揭示了阿波罗试图掩盖的诸多细节,与阿波罗开场白的说辞构成紧张。塔纳托斯透露,阿尔刻斯提斯"答应"(ὑπέστη,38 行)替丈夫去死,很可能是迫于某种压力做出的违心之举。较之开场白中阿波罗所说的 ἤθελεν[愿意,18 行]——完全发乎个人意愿的自由选择,ὑπέστη 多了一丝无奈。① 阿尔刻斯提斯所谓的自愿替死,其实暗含了被迫。

与开场独白中义愤填膺的阿波罗一样,上场就连番发问的塔纳托斯同样满怀义愤:阿波罗凭"诡计骗过"命运女神,不仅是对三位女神的冒犯,也侵犯了死神的权力,这种僭越有了一次难道还不够? 塔纳托斯上场对阿波罗显示出警惕并非毫无根据。毕竟,正因阿波罗的干预,导致塔纳托斯如今前来迎接的对象发生了变化。

对于命运女神(机运)看起来漠不关心的生命品质,塔纳托斯显得格外在意。他明确把阿波罗欺骗命运女神带来的结果称为"侵犯"(30 行),并毫不掩饰他对此的不满②,不仅因为他不敬同族神,还因他妄图僭越其他神明的职权(比较埃斯库罗斯《和善女神》[*Eumenides*],724 行,727—728 行)。③ 阿波罗在这个特殊时刻(kairos)移至宫外居心叵测,很可能意欲故技重施("又",30 行、35 行,40—41 行)。

阿波罗对塔纳托斯充满警觉的质疑的回应,开启了一场"充满智术的争辩"(sophistic argument)。④ 面对充满怒气的塔纳托斯,阿波罗一上来就表示:"请放心! 我自有正义(δίκην)和可信的说辞(κεδνοὺς λόγους)。"(38 行)⑤此言直接针对塔纳托斯对阿波罗擅使诡计行不义的斥责。此处的平行结构表明,阿波罗接下来打算驳斥塔纳托斯的两项指控:不义和不诚实。阿波罗所谓的"正义"和"可信的说辞"究竟指的是什么呢? 阿波罗的宣称与塔纳托斯所显示出的不信

① 较之 ἤθελεν,ὑπέστη 含有明显的消极意义;ὑπέστη 除了指"答应",还含"屈从、屈服"之意。参见罗念生、水建馥编:《古希腊语汉语词典》,北京:商务印书馆,2005 年,第 942 页,ὑφίστημι 词条下。

② 塔纳托斯在此称呼阿波罗为"福波斯"(Φοῖβ'),显得格外反讽。

③ 比较埃斯库罗斯《和善女神》(179—234 行),和善女神与阿波罗就在俄瑞斯忒斯的命运上各自诉诸自己的职权。

④ Euripides, *Alcestis*, ed. with translation and commentary by D. J. Conacher, p. 158.

⑤ 对比柏拉图《普罗塔戈拉》中,苏格拉底登门求见大智术师普罗塔戈拉时对怒气冲冲的门房所言:"我们不是来找卡里阿斯,而且我们也不是智术师,您放心吧。"(314d)

任对比鲜明。鉴于阿波罗已经通过耍弄诡计骗过命运女神,塔纳托斯时刻保持高度警惕显得是明智之举。塔纳托斯指出,倘若阿波罗真的正义,那么,他完全没必要武装自己("带着弓箭",39行)。言下之意,真正的正义无需强力支撑。塔纳托斯的话引向对正义与强力关系的思考。

柏拉图在《理想国》(Republic)中展开对正义的探讨时,就事先检审了古希腊人问题重重的古老正义观念。在古希腊朴素的习俗观念中,正义也饱受争议:如果说正义就是欠债还钱,那么,把武器还给疯子,是不是正义呢?在现实世界中,正义显得就是强者的利益。信奉强力即正义的忒拉叙马科斯(Thrasymachus)就是这一观点的坚定拥趸。[1] 与忒拉叙马科斯对僭主毫不掩饰的向往不同,帕斯卡尔(Blaise Pascal)清楚,没有正义的强力会"遭人指摘",为此转而服膺一种经过修饰的强力。[2] 修辞术在雅典民主制下大行其道,就是出于现实政治的需要。智术对习俗造成的冲击,使得原本根深蒂固的观念变得充满含混。阿波罗全副武装上场,但他并不打算凭靠赤裸裸的武力("弓箭")劫走"第二个尸首"(43行),而是想通过"劝谕"(πείσαιμί,48行),让塔纳托斯自动放弃阿尔刻斯提斯(48—50行)。

在对正义的理解上,死神塔纳托斯与阿波罗针锋相对:如果说塔纳托斯对人类应在命定之时(不论年轻还是年老)死去的坚持,显示出一种对人类生命进程自然演化的无情,那么,阿波罗试图说服死神把死亡降临到那些行将就木的老人身上,则表现出一种充满理性算计的冷酷。于塔纳托斯而言,遵守死神的职分,让年轻人在命定之时死去是他的"荣耀"(55行)。阿波罗的理性"劝谕"遭到塔纳托斯的断然拒绝。令人惊讶的是,阿波罗随后竟抛出了"利诱"(55—60行)。

诸神可以通过献祭收买,是古希腊的流行说法。在柏拉图《法义》(Laws)卷十开篇,雅典异方人就针对三种不敬神的行为展开"劝谕",其中一条就提到,"他认为诸神很好求情,可以用献祭和祈祷诱惑"(885b5)。[3] 在这里,阿波罗引入这条流俗的意见,指向了富人的肆心:富人想借献祭收买诸神逃避不义,由此直接指向了成问题的神义。这条法律(νόμον,57行)显然并非由阿波罗制定,而

83

驯服死亡

---

[1] 柏拉图:《理想国》,王扬译注,第二卷。

[2] 参见帕斯卡尔:《思想录》,何兆武译,北京:商务印书馆,1985年。引文据法语略有改动。

[3] 译文收于林志猛:《立法哲人的虔敬:柏拉图〈法义〉卷十义疏》,北京:中国社会科学出版社,2015年。

是凡人自然本性中意欲逃脱不义惩罚的肆心。肆心是一种灵魂疾病,尤与"年轻人有关"。① 有意思的是,埃斯库罗斯笔下的和善女神就怒斥了阿波罗不敬老年神的肆心(《和善女神》,731 行)。并且,关于诸神可以通过献祭收买的说法来自诗人的教诲:诗人们笔下充满了凡人通过献祭祈祷净化身上污染的描写。正是对诸神不恰当的描写鼓动了人们的肆心。我们看到,阿波罗在对塔纳托斯的劝谕开初诉诸的是正义,在这里却转而诉诸献祭收买诸神的"不义"。阿波罗的言辞不仅前后矛盾,也显得并不"可信"。

结语

《阿尔刻斯提斯》开篇呈现了阿波罗与三位神的冲突:命运女神、塔纳托斯和宙斯。这三起冲突勾勒出阿波罗试图驯服死亡的整体进程:阿波罗的儿子阿斯刻勒庇俄斯掌握起死回生之术,为人类冲破必死性敞开了大门,随着宙斯强力(霹雳将他击毙)介入,这一进程骤然中断。阿波罗而后通过欺骗命运女神答应其"替死"的方案,重启了这一进程。面对不偏不倚的死神(自然)时,阿波罗试图以智术说服塔纳托斯趋利,失败后又以预言的方式(赫拉克勒斯会用强力战胜死神,把替死的阿尔刻斯提斯带回人间)暗示了这一进程最终的胜利。此剧随后表明,以智术推行的替死方案最终引发了严重的伦理混乱,由此宣告了阿波罗驯服死亡的企图破产。而这种反讽在剧末阿尔刻斯提斯起死回生后的缄默中臻至顶峰。

The Taming of Death: An Interpretation of the Prologue of Euripides' *Alcestis*

Luo Feng

Abstract: In the *Alcestis*, Euripides deals with the matter of necessity with

---

① 详见林志猛:《立法哲人的虔敬:柏拉图〈法义〉卷十义疏》,第 35 页。

extraordinary poetic imagination. By imaging a substitute to die instead of Admetus, Euripides not only changes the characteristics of death, but also hints at the impulse and desire to tame it, where lies his concern about the issues of justice and ethics entailed in it. Apollo resumes his mortal son Asclepius' attempt to help human beings escape from necessity(mortality); later in his wrestle with Thanatos, the god of Death, Apollo tries to fight against nature with sophistry.

Keywords: Euripides, *Alcestis*, death, fate, necessity

85

驯服死亡

柏拉图对快乐主义的接纳与拒斥
——以《普罗泰戈拉》和《理想国》为核心 *

盛传捷 **

[摘　要]　柏拉图(Plato)的苏格拉底(Socrates)在《普罗泰戈拉》中引入快乐主义,这引发学界巨大争议并最终形成了"支持论"与"反对论"两种解释进路。争议的核心是:苏格拉底是一位快乐主义者吗? 对此的回应需要结合《理想国》去考察《普罗泰戈拉》中苏格拉底的快乐主义立场。他区分了两种快乐主义:一种是无条件的快乐主义;另一种是审慎快乐主义。他接纳了后者,因为快乐在美德教育初期有重要作用。他拒斥了前者,因为"快乐即善"会伤及美德与灵魂。一旦认识到了这两种快乐主义的区分,就可以跳脱出现有的对苏格拉底在《普罗泰戈拉》中快乐主义立场的解释框架,从而建构出某种"兼容论"的阐释。

[关键词]　普罗泰戈拉;理想国;美德教育;快乐主义

---

*　基金项目:教育部人文社会科学研究青年基金项目(19YJC720024)。

**　盛传捷(1982—　),男,安徽芜湖人,哲学博士,吉林大学哲学社会学院讲师,主要研究领域为古希腊哲学。

一、苏格拉底快乐主义立场支持论与反对论阐释

快乐主义是对苏格拉底问题,即"我们应该过什么样的生活?"这个问题进行某种回应而形成的。[①] 快乐主义认为快乐是善,只有快乐是有价值的。痛苦与快乐相反,是应避免的。因此我们应该过快乐的生活。

柏拉图的苏格拉底是西方哲学家中第一位明确阐述快乐主义原则的哲学家。[②] 然而,他对快乐主义的态度却并不一致。在《普罗泰戈拉》中,苏格拉底为快乐主义辩护(351b‐355a)。然而,在柏拉图其他对话,比如《高尔吉亚》、《理想国》和《斐莱布》中,他却反对快乐主义。可见,回应"苏格拉底是快乐主义者吗?"的关键在于弄清苏格拉底在《普罗泰戈拉》中对快乐主义的真实态度。

学界对《普罗泰戈拉》中苏格拉底是否赞同快乐主义一向争论不休。这些争论可以大致分为两类。有些学者认为苏格拉底赞同快乐主义(简称为"支持论者"以及"支持论")。他们有三点理由:(1)当苏格拉底在《普罗泰戈拉》中引入快乐主义时,他没有铺垫,而是直接予以介绍,其对话者也没有对苏格拉底的做法感到讶异。这就说明苏格拉底是快乐主义者并不让其对话者感到讶异。(2)苏格拉底在阐述快乐主义时的说法积极正面,这表明了他赞同快乐主义。(3)苏格拉底为快乐主义做辩护,他说道:"……如果你问我,为什么你要这么详尽地来阐述这一点呢? ……首先,想要展示你们所说的被快乐征服是什么意思并不容易。其次,所有的论证都依赖于这一点。"(354e)[③]这说明了快乐主义是之前整个讨论的前提。在支持论者看来,苏格拉底在《普罗泰戈拉》中就"什么是好生活?"向苏格拉底的对话者们提供了快乐主义理论。能够对此做出的最佳解释就是假定苏格拉底赞同快乐主义。[④]

---

① 苏格拉底问题,见 B. 威廉斯:《伦理学与哲学的限度》,陈嘉映译,北京:商务印书馆,2017 年,第8—9页;以及 T. Irwin, *Ethics Through History: An Introduction,* Oxford: Oxford University Press, 2020, pp. 11‐13。

② 本文所说的"苏格拉底"均指"柏拉图的苏格拉底"。

③ 本文引用的希腊文来自 Oxford Classical Texts。中译文均是我自己的翻译,同时参考了库珀(J. Cooper)编辑的柏拉图全集的英译文。

④ 支持论者主要有泰勒(C. C. W. Taylor),参见 C. C. W. Taylor, *Plato: Protagoras*, Oxford: Clarendon Press, 1991。本文把试图调和《普罗泰戈拉》和柏拉图其他对话中不同快乐主义立场的学者也包含在"支持论"中。

另一类与支持论相反的观点可以被称为"反对论"。"反对论"者认为苏格拉底不持有快乐主义立场。其理由很简单:赞同快乐主义与其他对话中苏格拉底反快乐主义矛盾。他们认为苏格拉底虽然在《普罗泰戈拉》中阐述了快乐主义,但这并不意味着苏格拉底是快乐主义者,苏格拉底只是用快乐主义去驳斥其对话者们的论点。快乐主义是苏格拉底论证的一部分,而它在《普罗泰戈拉》之后的文本中被明确拒斥了(351d)。[1]

就"支持论"和"反对论"自身的观点来看,它们对解释"苏格拉底是否是一位快乐主义者?"这个问题各有优势,也存在缺陷。一方面,两者都有不可被反驳的理由。比如"支持论者"提出的(1)和(2)这两条理由即便在"反对论者"看来也是合理的。而"反对论者"提出的"在柏拉图其他对话中苏格拉底不可能持有快乐主义立场"这个观点也很坚实。另一方面,这两种理解都存在一定的问题。比如就"支持论"而言,其提出的第(3)点理由就可以被质疑。此外,支持论者也承认说苏格拉底从来没有确定地承认自己是一位快乐主义者。[2] 而"反对论"也可能面临如下的挑战:在《普罗泰戈拉》353e6 - 354a1 这段文本中,苏格拉底似乎暗示了自己和普罗泰戈拉都持有快乐主义立场。"反对论者"似乎无法解释这段文本如何能够与"反对论"相调和。此外,"反对论"也无法说明苏格拉底在《普罗泰戈拉》中提出快乐主义的理由。

如果撇开这两种解释观点,而聚焦于在《普罗泰戈拉》中快乐主义是如何被阐发的,那么我们会发现文本呈现出了某种复杂状态。这可以通过苏格拉底阐述快乐主义的两处文本进行展示。首先,苏格拉底引入快乐主义,就被普罗泰戈拉所拒斥,这似乎与"反对论"是一致的。然而,得知普罗泰戈拉的拒斥态度之后,苏格拉底把此种拒斥与大众流行的观点相联系(351b7 - d7)。于是至少表面上可以认为苏格拉底并不是快乐主义者。这似乎又与"支持论"一致。其次,在接下来的文本中,苏格拉底以及普罗泰戈拉假设吃、喝和性是快乐的事

---

① 反对论者则主要包括了泽尔(D. J. Zeyl)以及肖(J. C. Shaw)。参见 D. J. Zeyl, "Socrates and Hedonism: Protagoras 351b - 358d," *Phronesis*, 25(1980), pp. 250 - 269 以及 J. C. Shaw, *Plato's Anti-Hedonism and the Protagoras*, Cambridge: Cambridge University Press, 2015。

② 见 D. J. Zeyl, "Socrates and Hedonism: Protagoras 351b - 358d," *Phronesis*, 25(1980), pp. 250 - 269 以及 C. C. W. Taylor, "The Hedonism of the Protagoras Reconsidered," In Havlíček & Karfic (eds.), *Plato's Protagoras: Proceedings of the Third Symposium Platonicum Pragense*, Praha: Oikymenh Publishers, 2003, pp. 148 - 164。

物,但是却会带来坏的后果,比如疾病和贫穷。这些坏的后果会产生痛苦。于是吃、喝和性是坏事,因为它们会导致痛苦,并剥夺其他的快乐(353d - e)。这正是"支持论"所强调的。然而由"快乐事物导致痛苦"这个结论出发而认定吃、喝和性是坏事,并不那么令人信服,至少这样的说法违背常识。这说明:苏格拉底并不认同快乐主义。这又与"反对论"相一致。

  本文试图基于"反对论"的立场来调和"支持论"与"反对论"的观点。一方面,应当坚持"支持论"与"反对论"所具有的合理性。另一方面,需要联系《理想国》来讨论《普罗泰戈拉》中的快乐主义,以确定苏格拉底有关快乐主义的真实立场。这就需要考察如下两个问题:一、除了《普罗泰戈拉》,在其他对话中苏格拉底是否是反快乐主义的? 二、在《普罗泰戈拉》中,苏格拉底是否持有快乐主义立场? 根据上述两个问题的回答,可能得到四种答案,一种是"反对论"式的答案,即苏格拉底在所有对话中都不持有快乐主义立场。另一种是"支持论"(包括调和论)式的答案,即苏格拉底在所有对话中都是一位快乐主义者。第三种是"兼容式"的答案,即从柏拉图对话录的整体上看苏格拉底并不是一位快乐主义者,之所以在《普罗泰戈拉》中提出了快乐主义的主张,是因为他认识到了快乐在培养美德中的重要作用,此种认识在《理想国》中也有体现。第四种答案是"矛盾式"的回答,即苏格拉底在其他对话中持有反快乐主义立场,在《普罗泰戈拉》中则持有快乐主义。本文试图阐明:第一种、第二种和第四种回答都是不合理的,而第三种回答是合理的。① 简言之,本文试图通过联系《理想国》的相关文本构建更加完善的"兼容"式的观点。达到此观点的核心是需要认识到苏格拉底在《普罗泰戈拉》中区分了两种快乐主义:(1)苏格拉底支持的审慎快乐主义。它需要知识对快乐的规训。苏格拉底在《普罗泰戈拉》中引入审慎快乐主义是为了表明快乐能够在美德教化的初始阶段起到重要作用。(2)大众持有的无条件快乐主义。它追求快乐的最大化。苏格拉底反对它,因为它会消解快乐在审慎快乐主义中的积极作用。总之,苏格拉底不是一位快乐主义者,虽然他在某种程度上接纳了审慎快乐主义。

---

① 此种兼容式的观点与支持论中的调和论观点并不相同。调和论的代表著作见 N. Reshotko, *Socratic Virtue: Making the Best of the Neither-Good-Nor-Bad,* Cambridge: Cambridge University Press, 2006。

二、《普罗泰戈拉》中的快乐主义

在讨论《普罗泰戈拉》中的快乐主义之前,需要考察柏拉图的苏格拉底在其他对话中所表达的反快乐主义立场。这里只选取《理想国》来说明。

苏格拉底指出,大众认为"善是快乐",而更高明的人则认为"善是知识"(505c)。说"善是快乐"的人思想混乱,因为有些快乐是恶的。其结果就等同于承认"同一个东西又善又恶"(505c)。苏格拉底把人分成了三类,"爱智者"、"贪财者"与"好名者"(581c)。三类人预示着三种快乐的存在。苏格拉底认为判断哪一种快乐最善的标准是知识。苏格拉底由此批评大众所谓的快乐不是真实的快乐(586a–c)。真实的快乐来自于"智慧所指向的快乐"(586d)。善良的人比恶坏的人更快乐(588a)。这实际上就把善和快乐区分开来了,因为快乐自身有高下之分。这也表明,苏格拉底反快乐主义立场:虽然他承认快乐和善紧密相连,但是快乐有虚假与真实之分。虚假的快乐并不和善发生关系。简言之,他并不认为快乐就是善。

虽然在其他对话中苏格拉底是反快乐主义的,但是支持论者仍然可以说,这并不构成决定性反驳,因为苏格拉底在《普罗泰戈拉》中持有某种特殊的快乐主义。"支持论"学者指出,需要区分出两种类型的快乐主义,一种是《普罗泰戈拉》中的快乐主义,另一种是柏拉图其他对话中所反对的快乐主义。这又可以分为四条解释进路:(1)埃尔文(Irwin)指出,《普罗泰戈拉》中赞同的是某种理智的快乐主义,而其他对话中所拒绝的是及时行乐式的快乐主义。[1] (2)鲁德博思(Rudebusch)认为,《高尔吉亚》中反对"感觉欲望的快乐主义",而《普罗塔戈拉》则赞同"真实欲望的快乐主义"。[2] (3)雷肖克(Reshotko)试图论证,柏拉图的观点是不断发展的,在其早期,他赞同快乐主义,之后则反对。[3] (4)肖(Shaw)认为柏拉图在《普罗泰戈拉》中提出了"某种具体身体形式的快乐主义"。[4]

---

① 见 T. Irwin, *Plato: Gorgias*, Oxford: Clarendon Press, 1979, pp. 198 – 201。

② 见 G. Rudebusch, *Socrates, Pleasure, and Value*, Oxford: Oxford University Press, 1999, pp. 47 – 51。

③ 见 N. Reshotko, *Socratic Virtue: Making the Best of the Neither-Good-Nor-Bad*, pp. 179 – 183。

④ 此术语来自 J. C. Shaw, *Plato's Anti-Hedonism and the Protagoras*, p. 14。

快乐主义的讨论在《普罗泰戈拉》中始于 351b,终于 358a。在《普罗泰戈拉》有关"快乐主义"的文本中可以看到以下几点:(1)苏格拉底坚持快乐主义的立场。他认为快乐即善,痛苦则是恶。其"快乐主义"并不是肖所说的"某种具体身体形式的快乐主义"。[①] 因为在 353c - 354b 中,苏格拉底提及了许多具体的善好事物与恶坏事物,比如吃(353c)、贫穷(353d - e)、饥饿(354a)与财富(354b)。这些事物之所以是善好的或者恶坏的,在于它们引发快乐或痛苦(354b)。根据快乐去行动,涉及行动的原因,而只有灵魂而非身体才是行动的原因。(2)此种快乐主义可以被称为审慎快乐主义。因为快乐与知识密切关联。对快乐的追求需要"测量术",即某种判断力,它将帮助行为人确定某种快乐是否值得追求。(3)苏格拉底批评了大众的"快乐主义"。此种快乐主义追求当下即时的快乐,但它会带来毁灭性的后果,因为它以快乐与痛苦作为某事是否值得做的标准。苏格拉底指出,这个标准并不充分,还需要引入"测量术"来进行判断。这就要求知识对快乐和痛苦进行规训。

虽然苏格拉底在《普罗泰戈拉》中持有审慎快乐主义立场,但是这不意味着我们完全赞同"支持论"与"反对论"。本文将阐明:(1)"支持论"者的立场部分是正确的,因为苏格拉底确实在某种意义上赞同快乐主义,但是他们没有说明苏格拉底持有快乐主义立场的理由。"支持论"者只是对文本的观点进行了某种"自然阐述"。[②] (2)"支持论"的问题并不意味着"反对论"是正确的。"反对论"看到了《普罗泰戈拉》中苏格拉底的快乐主义立场与其他对话中的反快乐主义立场的不一致。然而,这样的阐释没有看到快乐主义对于柏拉图伦理学的意义。(3)本文将说明,(a)苏格拉底在《普罗泰戈拉》中持有快乐主义立场是因为快乐在培育美德中起到了重要的意义。(b)苏格拉底对大众持有的那种快乐主义抱有戒心,因为它会导致灵魂的堕落,美德的丧失。

三、快乐在培养美德中的作用

快乐在培养美德的过程中有重要意义,这在《理想国》中有阐述。苏格拉底

---

① 见 J.C. Shaw, *Plato's Anti-Hedonism and the Protagoras*, p.15。

② 见 J.C. Shaw, *Plato's Anti-Hedonism and the Protagoras*, p.13。

在概念上建构理想城邦时认为,培养理想城邦守卫者的美德需要进行音乐教育(376e)。音乐教育的培养方式是让受教育者全身心地扮演某个角色,"当他就像另一个人那样言说时",受教育者"完全同化于那个故事中的角色"(393b-c)。简单说,这就是模仿。① 守卫者需要模仿那些勇敢、明智、虔敬、自由的人(395c)。持续的模仿会让守卫者在言行与思想上形成"习惯"与"天性"(395d)。受到良好音乐教育的人会对那些美好事物感到快乐(401e)并培育出节制的美德(410a)。在模仿中所培养出来的对"快乐和痛苦"的正确规训让守卫者形成了符合美德要求的习惯和第二天性。这种出于习惯的美德的言行还需要进一步通过理性的反思与认同,最后感性与理性达成和谐,才获得完整的美德。

《普罗泰戈拉》则从另一个角度阐述了上述《理想国》中有关"快乐在美德教育中有重要作用"的思想。如果能够按照苏格拉底所设想的那样,一个人从小就接受良好的音乐教育,等其有了理性判断,感性和理性达成和谐从而形成完整的美德,那么就不会出现所谓的"自愿做恶"("不自制")的问题。不自制问题与大众所持有的快乐主义密切相关。苏格拉底指出,大众的快乐主义可以归纳为"被快乐征服",即由于快乐而不自制,这可以分为两种情景:(1)知道什么是恶,但仍然去做;(2)知道什么是善,但就是不做(355b)。这两种情景都是荒谬的:为了得到比较少的善好事物却得到了更多的恶坏事物(355e)。在受到良好音乐教育的人那里,即便他还只是处于其儿童时期,只要他们的快乐与痛苦受到正确的规训,上述两种情况很大概率不会发生,因为善好的事物会引发他们灵魂的快乐。当此人有了理性或者"测量术"时(356e),"自愿做恶"更加不会发生。如果此人仍然做了恶坏的事情,那么只能用无知来解释其行为。那些被"快乐征服"的大众,之所以会选择做恶坏的事情,是因为他们没有正确规训快乐和痛苦,也不具备测量术。大众甚至不会认为其行为是错误的(358c-d)。这说明,快乐在培养美德的初始阶段具有重要作用。鉴于美德是获得幸福的关键,快乐在达到幸福的过程中扮演了重要角色。②

---

① 当然,苏格拉底也提到说,除了模仿,还有纯粹的叙述,但是无论在哪种音乐教育的形式中,模仿都是必不可少的(394c)。

② 柏拉图有时候会认为美德是获得幸福的唯一条件,有时候认为其是最重要条件。无论如何,美德是达至幸福之必须。

四、无条件快乐主义的弊病

如果只看到快乐在培养美德的过程中的重要作用,那么似乎就应该认定"支持论"较之"反对论"更为合理。然而苏格拉底持有审慎的快乐主义立场表明,他并不是一位快乐主义者。审慎的快乐主义与大众的无条件快乐主义并不需要在现在-将来这个维度上进行区隔,因为无条件快乐主义也会为了将来的某种快乐去抑制眼前的、即时的快乐。两者最大的区分体现在了追求灵魂不同部分的快乐,即审慎快乐主义要求理性的快乐以及理性与感性的和谐,而无条件快乐主义则是欲望统治了理性,而追求欲望的快乐。这就造成了无条件快乐主义的最大弊病:灵魂的堕落。于是,表面上看,苏格拉底给予快乐以重要地位,也承认其在美德培养中有重要作用,但是因此说苏格拉底不是理智主义者的观点并不准确。① 这需要考虑以下几个方面。

首先,苏格拉底在《理想国》中谈及"真正的爱知者"时指出,一个人的欲望就像是水流可以被引导。当"真正的爱知者"的欲望被导向知识时,他就聚焦于灵魂的快乐,而忽视身体的快乐(485d)。苏格拉底通过流水的比喻指出,欲望既可以是理性的,也可以是非理性的。理性欲望就是"求知欲",求知欲得到满足产生的快乐是属于灵魂的,而非身体的。

上述说法在《理想国》的后文中得到了进一步阐述。苏格拉底把人分成了"贪财之人""好名之人"以及"爱智者"(581a - b)。这三种人对应着三种快乐。他指出,爱智者生活最快乐(583a),因为衡量快乐的标准是"经验、知识与推理"(582a)。爱智者就是理性在其整个灵魂之中占统治地位的人(441e)。由于"贪财"与"好名"之人的灵魂被欲望统治而导致灵魂内在无秩序、不和谐,所以爱智者更快乐。苏格拉底接着谈及,当我们得到适合本性的东西的充实,我们就会感到快乐,而"受到充实和用以充实的东西愈是实在,我们所感到的快乐也就愈是真实"(585d - e)。受到充实的东西中,灵魂比身体实在。用以充实的东西中,知识比其他事物实在。可见,苏格拉底认为:(1)快乐有理性与非理性之分。

① 这个观点最新的捍卫者来自易刚,见易刚:《苏格拉底对不自制的否认——论〈普罗泰戈拉〉中快乐主义的二阶结构》,《哲学研究》,2021 年第 10 期。

（2）理性快乐比非理性快乐更大更多。这表明不同的快乐可以进行比较。（3）三种快乐对应于灵魂的三部分，而非简单地对应于灵魂与身体的区分。（4）快乐有真实与虚假之分。

在《普罗泰戈拉》中，苏格拉底隐晦地讨论了《理想国》中的上述说法。苏格拉底指出，一个人把照料自己灵魂的这件事交付给智者，这是危险的，因为"滋养灵魂的食粮"是"知识"（312b－313c），然而智者不具有知识，因为他们"并不清楚他们的产品对灵魂是有益的还是有害的"（313d）。培养美德，塑造良好的灵魂需要真正的知识，即"测量术"（356d－e，357a）。

即便一个人从小就开始模仿那些具备美德的人物，并由此将自己的灵魂与其所模仿人物的灵魂进行同化，从而由于习惯于此种模仿，规训了快乐与痛苦，进而对美德具有亲近感，由此在某种程度上培育了美德，但是这并不意味着此人在面对真正的挑战时会坚守美德的要求。比如，习惯于模仿具有勇敢美德的人在面对冲向自己的敌人时，并不能确保自己会按照勇敢的要求去行事（《拉凯斯》190e－192c）。如果仅以是否快乐作为是否行事的判断标准，显然不会令苏格拉底满意。于是，快乐与痛苦需要理性的规训。

从《理想国》和《普罗泰戈拉》所阐述的思想看，尽管苏格拉底认为快乐在培养美德过程中有重要作用，但是他仍然坚持追求理性的快乐或得到规训的快乐，而不是去追求欲望满足而产生的快乐。因此，苏格拉底坚持理智主义立场，反对无条件快乐主义，因为其弊病就是追求能满足非理性欲望而产生的快乐，而忽视满足理性欲望而产生的快乐。这种弊病仍然流于表面，因为苏格拉底更担忧无条件快乐主义会对一个人的灵魂造成伤害。

另外，无条件快乐主义的深层弊病就是它会让欲望在一个人的灵魂中占据统治地位，从而让其灵魂处于无秩序的状态。这需要说明：（1）无条件快乐主义是作为智者的普罗泰戈拉所宣扬的一种理论；（2）它会对灵魂产生极大的伤害。

首先，在《普罗泰戈拉》中，尽管普罗泰戈拉在表面上多次反对无条件快乐主义（352d，352e，353a），但他实际上是此种快乐主义的支持者。普罗泰戈拉至少在某种程度上是一位理智主义者，因为他至少主张美德可教。但智者所要教的东西无非就是"大众在聚会时所说的意见"（《理想国》493a）。智者并不在乎真理与知识，而只是想让那些向他们交费的学生"变得更好"（318a）。智者的目的就是让他们的学生"在政治辩论和行动中成功"（319a）。因此，智者们需要总结、提炼那些大众的意见,以便于从大众的立场出发去说服大众,因此普罗泰戈拉就是无条件快乐主义的代言人。① 这也反映了普罗泰戈拉的不自制与无知:一方面,他在一定程度上是理智主义者,另一方面他又支持无条件快乐主义。

其次,无条件快乐主义会伤害灵魂。苏格拉底将智者比作商人。他指出,智者相比于商人具有更大的危害,因为即便你从商人那里购买了变质腐化的食物,你仍然可以在食用前拿去检测以避免伤害身体,但是智者的不良教导会直接灌入你的灵魂,它会让你的灵魂立即受到伤害(313d - 314b)。

对灵魂的伤害妨碍了美德的培育。苏格拉底在《理想国》中阐明了这一点。当苏格拉底讨论大众天性被败坏的原因时,他直指智者收费授徒的做法。他认为,智者伪装成哲学家,给予大众坏的教育,特别是对那些可能成为哲学家、天性优良的人(493e)。智者在各种场合用言辞或行为影响年轻人,于是美德的习性无法形成(492e)。智者的技能被苏格拉底贬斥为饲养野兽的技能(493a - d)。这就是把欲望满足当作了智者教育的主要目标。一个被智者教育出来的人会追随大众的意见,而不追求知识与真理,这让其灵魂中的欲望占据统治地位。这会引发三个后果:(1)作为智者的普罗泰戈拉是无条件快乐主义的支持者,这就把《理想国》中灵魂的欲望与《普罗泰戈拉》中的快乐联系起来了,只不过对快乐的讨论成为苏格拉底对智者批评的一个具体事例。(2)对快乐无条件的追求,会让灵魂失序。(3)虽然快乐在培养美德初始阶段具有重要作用,但无条件快乐主义会破坏、消解快乐在美德教育中可能起到的积极作用。

Plato's Endorsement and Rejection of Hedonism in *Protagoras* and *Republic*

Sheng Chuanjie

Abstract: The introduction of hedonism into philosophical discussion by Plato's Socrates

---

① 对该论点的处理也许过于简单,肖从"羞耻"的角度详细论证了这个论点。见 J. C. Shaw, *Plato's Anti-Hedonism and the Protagoras*, pp. 123 - 142。

in the *Protagoras* has led to controversy and ultimately to two kinds of interpretation, the "pro-hedonism" and the "anti-hedonism". The response to "Is Socrates a hedonist?" requires an examination of his hedonism in the *Protagoras* with the context of the *Republic*. He distinguishes between two kinds of hedonism: one is unconditional hedonism; the other is prudential hedonism. He embraces the latter, since pleasure plays an important role in the early stages of virtue education; He rejects the former, for the idea that "pleasure is good" will endanger to the soul. Once these ideas are recognized, it is possible to construct a sort of "compatibilism" interpretation.

Keywords: *Protagoras*, *Republic*, Education of Virtue, Hedonism

经验与现象

"泰阿泰德飞"何以为假
——为牛津解读辩护

张 凯*

[摘 要] 预设说假话就是言说非是者,在《智者》260a1,柏拉图(Plato)论证关于可感事物的日常陈述可以言说非是者,从而能够为假。为便于读者理解,柏拉图先定义陈述,然后给出真假陈述的判定标准,最后以"泰阿泰德飞"为例展示日常陈述何以为假。然而,就如何进一步理解这一假陈述,现代读者存有争议,产生出牛津解读、不兼容性解读和不兼容域解读等方案。在考察这些方案的基础上,为牛津解读辩护。

[关键词] "泰阿泰德飞";假陈述;牛津解读

在《智者》232b1 - 236d4①,柏拉图的代理人提议把智者定义为:借助模仿技

* 张凯(1988—),男,山东泰安人,哲学博士,黑龙江大学哲学学院讲师,主要研究领域为古希腊哲学。

① 《智者》原文参考 Plato, *Platonis Opera* (*vol. I*): *Euthyphro*, *Apologia*, *Crito*, *Phaedo*, *Cratylus*, *Theaetetus*, *Sophista*, *Politicus*, E. A. Duke, W. F. Hicken, W. S. M. Nicoll, D. B. Robinson, and J. C. G. Strachan (eds.), Oxford: Oxford University Press, 1995。《智者》译本参考 Plato, *Plato*: (转下页)

艺制作语言仿本(εἴδωλα λεγόμενα)说假话(ψευδῆ λέγειν),从而让他人产生假判断(ψευδῆ δοξάζειν)①之人。② 然而,此定义一经提出就受到质疑。据柏拉图,说假话就是言说非是者(λέγειν τὸ μὴ ὄν),假判断就是断定非是者(δοξάζειν τὸ μὴ ὄν),语言仿本也是非是者(τὸ μὴ ὄν)。③ 三者因蕴含非是者是(τὸ μὴ ὄν εἶναι)从而与巴门尼德(Parmenides)的教诲冲突。巴门尼德告诫后人,在探究中要让思想远离非是者是。④ 如果追随巴门尼德,那么说假话、假判断和语言仿本是不可能的,智者将再次逃脱定义。为定义智者,柏拉图在《智者》证明以上三者皆可能。预设了语言和思想仅有发声与不发声的差异⑤,他先在对话核心部分(236d5 - 263d4)证明说假话是可能的,随后在 263d5 - 264b4 类比推出假判断和语言仿本也是可能的。因预设说假话就是言说非是者,他论证说假话的工作也有两个步骤:先在理念层面证明可以言说非是者,然后在可感事物层面证明也可以言说非是者。本文聚焦后一项工作。

自《智者》260a1 起,柏拉图着手证明关于可感事物的日常陈述也可言说非

（接上页）*Theaetetus, Sophist*, H. N. Fowler (trans.), Massachusetts: Loeb Classical Library, 1921; Plato, *Plato's Theory of Knowledge: The Theaetetus and the Sophist of Plato, translated with a Running Commentary*, F. M. Cornford (trans.), London/New York: Routledge, 1935; Plato, *Plato: Sophist*, N. P. White (trans., with intro. and notes), Indianapolis/Cambridge: Hackett Publishing Company, 1993;柏拉图:《智者》,詹文杰译,北京:商务印书馆,2012 年;Plato, *Theaetetus and Sophist*, C. Rowe (ed.), Cambridge: Cambridge University Press, 2015;柏拉图:《智者》,溥林译,北京:商务印书馆,2022 年。

① "假判断"字面对译"ψευδὴς δόξα",但柏拉图并不区分"ψευδὴς δόξα"和"ψευδῆ δοξάζειν",参见《智者》240d9 - 10。

② 此处蕴含本文对《智者》236e5"ψευδῆ λέγειν ἢ δοξάζειν ὄντως εἶναι"的理解:"ψευδῆ"是动词"λέγειν 和 δοξάζειν"的对象,形成词组"ψευδῆ λέγειν ἢ δοξάζειν";该词组作主词,"ὄντως εἶναι"作谓词;译为"'言说假或断定假'真地存在"。参见 White（1993）,Rowe（2015）等。另一解读主张动词词组"λέγειν ἢ δοξάζειν"后接"ψευδῆ ὄντως εἶναι"作间接引语,译为"陈述或断定'假真地存在'"。参见 Fowler(1921),Cornford(1935),詹文杰(2012)和溥林(2022)等。

③ 说假话就是言说非是者,参见《欧绪德谟》283e - 284c;假判断就是断定非是者,参见《泰阿泰德》188d - 189e;语言仿本是非是者,参见《智者》239d - 240c。据《欧绪德谟》283e - 284c,《智者》236e5 "ψευδῆ λέγειν"可理解为"言说非是者"。《智者》260c3 - 4 支持这点。

④ 参见残篇 B7.1 - 2。《智者》237a8 - 9 和 258d2 - 3 均引用了 B7.1 - 2。

⑤ 参见《智者》263e3 - 10,264b1 - 4。柏拉图预设此种同一性,未给出证明。另见《理想国》494d;《泰阿泰德》189e, 206d;《斐莱布》38e。

是者。260a1‑261a4 告知读者:言说非是者的日常陈述都是假陈述。[1] 为帮助读者理解,柏拉图先定义陈述,然后给出真假陈述的判定标准,最后以"泰阿泰德飞"为例展示其何以为假。然而就如何进一步理解假陈述"泰阿泰德飞",现代读者存有较大争议,产生出牛津解读(Oxford Interpretation)、不兼容性解读(Incompatibility Interpretation)和不兼容域解读(Incompatibility Range Interpretation)等方案。在考察这些解读的基础上,为牛津解读辩护。

一、陈述的定义

《克拉底鲁》385c 主张语词(ὀνόματα)是句子的最小部分,《智者》亦如此。《智者》261d 甚至指出,并非任意语词的结合都能形成陈述,就像并非任意字母的结合都能形成语词那样。[2] 只有语词的恰当结合才能产生陈述(261d9‑e1)。他随后在 261e1‑262e7 阐明了语词之间的这种恰当结合,并给出陈述定义。

阐明工作分四步。(a)语词是实在(οὐσία)的声音指示物,其必有所指且指称实在。[3] (b)语词有两类,一类是用来指示动作发出者的名词(ὄνομα)[4],另一类是用来指示动作的动词(ῥῆμα)。(c)名词的连续说出和动词的连续说出,两者均无法形成陈述。例如,"狮、鹿、马"不是陈述,"走、跑、睡"也不是陈述。为何两者不是陈述,柏拉图在 262c2‑5 给出解释:单纯的名词串或动词串既不表

---

① 假陈述就是言说非是者,其实并不适用《智者》257b1‑258e5 所讨论的、那些在理念层面可以言说非是者的陈述。理念层面言说非是者的陈述(如"运动不是静止")其实都是真陈述。此处不作延伸,参见张凯:《非是者之言说:柏拉图〈智者〉的语义学解读》,北京:清华大学博士学位论文,2022 年,第95—97页,第114—118页。

② 类似情形,参见《智者》252e‑253b 关于音符、字母和理念结合方式的论述。

③ 语词是声响,参见 261e4‑6,262d9‑e1。语词指称实在,柏拉图给出了例子:名词"狮子"指狮子,动词"走"指走。柏拉图显然把现象之物看作实在。理念作为实在,读者并不陌生。然而狮子这类事物也是实在,《智者》并未给出说明。这一工作在《蒂迈欧》得以最终完成,此处暂不涉及。

④ 虽以"名词"译"ὄνομα",但不恰当。柏拉图对"ὄνομα"的使用涵盖专名、通名、形容词、代词、数词、分词和不定式等。参见 P. Crivelli, *Plato's Account of Falsehood: A Study of the Sophist*, Cambridge: Cambridge University Press, 2012, pp. 223‑224。

达行为（action）或非行为（inaction），也不表达是者（something that is）的是（being）或非是者（something that is not）的是（being）。(d)只有名词和动词结合在一起才能形成陈述，换言之，陈述是一种名词和动词的结合物。一个动词和一个名词形成最基本、最简单的陈述，例如"ἄνθρωπος μανθάνει"。①

借助"ἄνθρωπος μανθάνει"，柏拉图在 262d1－5 进一步指出：任何说出该陈述的人，不仅命名（ὀνομάζειν），而且借助名词与动词的结合实现（περαίνει）了某件事情，亦即，实现了言说（λέγειν）。如何理解基本陈述的"ὀνομάζειν"与"περαίνει"？首先，(i)基本陈述是由具有各自指称的名词和动词结合形成，它通过名词和动词命名（ὀνομάζειν）。其次，(ii)基本陈述（例如"ἄνθρωπος μανθάνει"）作为整体，实现（περαίνει）对动作发出者（例如 ἄνθρωπος）与其动作（例如 μανθάνει）的言说。显然，(i)和(ii)是"ἄνθρωπος μανθάνει"这类陈述的必要条件。据此，就为何名词串或动词串无法形成句子，柏拉图的解释变得易于理解：单一类别的语词串仅满足(i)，不满足(ii)。

随后的 262e5－6 指出，作为名词和动词的结合物，陈述必然是关乎（περί）某物（τινός）的陈述，不可能关乎无（μηδενός）。例如，"泰阿泰德坐"和"泰阿泰德飞"均关乎泰阿泰德（Theaetetus），而非坐和飞。简言之，陈述所关乎的东西就是陈述的名词（即主词）所指的东西。关于这个主张，有两点评论。第一，"泰阿泰德坐"关乎名词"泰阿泰德"所指的泰阿泰德，柏拉图并未提及动词及其所指。有人据此猜测：基本陈述只能命名名词所指的对象，而非如前文所述，既命名动作的发出者又命名动作。例如借助词源考察，克里韦利（Crivelli）主张基本陈述所命名的东西就是其名词所命名的东西。首先，命名（ὀνομάζειν）与名词（ὄνομα）的词源联系暗示，言说基本陈述的人命名名词所指的对象。其次，动词（ῥῆμα）有一个表达言说活动的后缀"-μα"，含有此后缀的词要么表活动的结果，要么表活动的进行方式。通过类比名词性的"δήλωμα"（显现的方式）和动词性的"δηλόω"（使显现），他断定名词性的"ῥῆμα"（动词）表言说活动的方式，因此基本陈述的动词与陈述的命名无关。既然名词所命名的东西就是陈述所关乎的

---

① "ἄνθρωπος μανθάνει"译为"Man learns"或"Man is learning"，两者差异忽略不计。《智者》262d2－3 指出，这类现在时态的句子不仅指示现在所是，而且也指示将来和过去所是。

东西,克里韦利得出:陈述命名的东西＝陈述中的名词所命名的东西＝陈述所关乎的东西。[1] 虽看似可信,但只是他的推测。基本陈述既命名动作的发出者又命名动作,事实上具有推测依据。在《克拉底鲁》385c,为证明存在真假名称,苏格拉底从句子具有真假出发,推出作为句子之最小部分的名称也有真假。如果类比到当下,那么可以推出:如果基本陈述能够命名,那么作为其最小部分的语词也可命名。换言之,既然基本陈述由一个名词和一个动词构成,那么它既命名动作的发出者又命名动作。[2] 显然,如果克里韦利的猜测可信,那么本文的解读也同等可信。

第二,回到柏拉图的这个主张:基本陈述的名词所指称的东西就是该陈述所关乎的东西。从柏拉图的例子(例如,"Theaetetus is sitting")来看,他关注谓述陈述,即"S is P"形式的句子。暂用 s 表示主词"S"的所指(即陈述关乎的东西),用 p 表示谓词"P"的所指(即陈述关于其所关乎之物说出的东西),就 s 和 p 做两点说明。首先,柏拉图在 261e4－6 主张 s 是实在,接着在 263c9－11 再次[3]强调,s 不是无;相应地,p 也是实在,不是无。[4] 其次,他在 262e11－12 指出,通过名词与动词的结合,把某物与动作结合起来便形成陈述。这意味着,对柏拉图而言,从语言看,陈述是名词"S"与动词"P"构成的结合物;从存在论看,s、p、s与 p 的关系,三者构成陈述"S is P"的存在论基础。换言之,他在语言与实在之间持同构立场:实在及其关系如其所是地映射在语言之中,语言如其所是地表达实在及其关系。

二、真假陈述的判定标准

在定义陈述后,柏拉图开始考察陈述的真假,例如"泰阿泰德坐"为真,"泰阿泰德飞"为假。[5] 有人据语言和实在的同构立场指出,"泰阿泰德坐"因如实

---

[1] 参见 P. Crivelli, *Plato's Account of Falsehood: A Study of the Sophist*, Cambridge: Cambridge University Press, 2012, pp. 228－229。

[2] 本文认可"陈述中的名词所命名的东西＝陈述所关乎的东西",拒绝把"陈述命名的东西"等同于前两者。

[3] 上次是 262e5－6。

[4] 《智者》预设语词及其所指都是实在,参见 260a, 261e。

[5] 《智者》对真假陈述的考察仅涉及肯定陈述。本文亦如此。

反映泰阿泰德的一个事实(即他坐着)从而为真,"泰阿泰德飞"因未如实反映泰阿泰德的一个事实(即他不飞)从而为假。① 然而,这不是柏拉图的方案。他在263b4 - d5 分两次给出真假陈述的判定依据。

判定依据 A(263b4 - 11):

> 访客:真陈述说了关于你的是者(τὰ ὄντα)②。
>
> 泰阿泰德:的确。
>
> 访客:但是,假陈述说了与[关于你的]③是者所不同的东西。
>
> 泰阿泰德:对。
>
> 访客:所以,它把〈关于你的〉非是者说成〈关于你的〉是者。
>
> 泰阿泰德:确实这样。
>
> 访客:显然,它说了与关于你的是者所不同的东西……

判定依据 B(263d1 - 5):

> 当说出关于你的东西时,把[与关于你的东西]不同的东西(θάτερα)说成[与关于你的东西]相同的东西(τὰ αὐτὰ),把〈关于你的〉非是者说成[关于你的]是者,那么,由动词和名词产生出来的这样一个结合物,看起来必定变为一个假陈述。

结合陈述定义④,上述判定依据分析如下。根据 A,"泰阿泰德坐"为真,因其言说了关于泰阿泰德的是者。换言之,它将"坐"指的坐说成与"泰阿泰德"指的泰阿泰德相关。⑤ 相较真陈述,关于如何理解"泰阿泰德飞"为假,A 和 B 给出更多的解释。根据 A,泰阿泰德的非是者就是与关于泰阿泰德的是者所不同的东

---

① 参见 I. Kimhi, *Thinking and Being*, Massachusetts: Harvard University Press, 2018, chapter 3。

② 此处复数"ὄντα"译为单数,另见詹文杰(2012)译本。

③ 方括号的文字乃根据 263b4 - 5 和 b11 处的"περὶ σοῦ"所添加,下段引文亦如此。

④ 《智者》263c - d 表明,理解假陈述需要参照陈述的定义。理解真陈述其实亦如此。

⑤ 此处涉及"to be"的反向用法。关于"S is P",人们一般读为:把"S"所指之物描述为具有"P"所指之属性。然而,同样可以读为:描述"P"所指之属性跟"S"所指之物相关。后者就是反向用法。

西。换言之,泰阿泰德的非是者(即飞)之所以被称为"非是者",是因为它不同于泰阿泰德的是者(即坐)。根据 B,假陈述就是把泰阿泰德的非是者等同于泰阿泰德的是者。因为泰阿泰德的是者与泰阿泰德相关,所以泰阿泰德的非是者因跟泰阿泰德无关,从而被称为"非是者"。于是根据 A 和 B,就"飞"所指的动作飞来说,其以两种方式被称为"非是者":与泰阿泰德无关,或不同于泰阿泰德的是者。相应地,假陈述"泰阿泰德飞"有两种解读:把与泰阿泰德无关的飞说成是与泰阿泰德相关的,从而关于泰阿泰德言说了"非是者";或者,关于泰阿泰德所言说的飞不同于泰阿泰德的是者(即坐),从而关于泰阿泰德言说了"非是者"。[①]

显然,柏拉图对基本陈述之真假的理解,来自对主词所指之物与谓词所指之物的关系分析。例如,"泰阿泰德坐"为真,当且仅当"坐"所指的坐与"泰阿泰德"所指的泰阿泰德相关;"泰阿泰德飞"为假,当且仅当"飞"所指的飞与"泰阿泰德"所指的泰阿泰德无关,或不同于泰阿泰德拥有的真实属性。他没有把"泰阿泰德坐"和"泰阿泰德飞"看作命题,也不会让其真值取决于是否符合某个事态。他始终通过研究主词和谓词的关系(及其各自所指物的关系)来断定陈述的真假。

三、假陈述"泰阿泰德飞"的现代解读

现代读者不满足《智者》对假陈述"泰阿泰德飞"的解释,期待更为精致的方案,由此衍生出不同的解读方案。本文考察三种主要方案。[②]

牛津解读。[③] 该方案认为,陈述"S is P"是假的,因为关于"S"指称的 s,该陈述说出的"P"所指的 p,不同于跟 s 相关的*所有*东西(或属性)。[④] 假陈述"泰阿泰德飞"关于泰阿泰德所说出的东西,即飞,*不同于*跟泰阿泰德相关的*所有*东西(或属性)。

① 无论哪种方式,假陈述都蕴含言说"非是者是",这契合《智者》(237a, 241d - e, 258c - d)的反巴门尼德宣言。

② 现代方案不止三种,参见 P. Crivelli, *Plato's Account of Falsehood: A Study of the Sophist*, Cambridge: Cambridge University Press, 2012, pp. 238 - 241。

③ 因早期支持者多与牛津大学相关而得名。

④ 自此出现的斜体字体仅起标识作用。

不兼容性解读。该方案认为,陈述"S is P"是假的,因为关于"S"指称的 s,该陈述说出的"P"所指的 p,不兼容于跟 s 相关的东西。[①] 假陈述"泰阿泰德飞"关于泰阿泰德所说出的东西,亦即飞,不兼容于跟泰阿泰德相关的某个东西,亦即坐。此方案可进一步解释为:有一个属性,例如飞,它(在飞机发明之前)不兼容于跟泰阿泰德相关的某个东西,例如坐。如果有人把飞这个属性说成是跟泰阿泰德相关的,亦即,说出"泰阿泰德飞",那么他就说了一个假陈述。

不兼容域解读。该方案认为,陈述"S is P"是假的,因为关于"S"指称的 s,该陈述说出的"P"所指的 p,不仅不同于跟 s 相关的某个东西,而且也跟这个与 s 相关的东西同处在一个不兼容域内。假陈述"泰阿泰德飞"关于泰阿泰德所说出的东西,亦即飞,不仅不同于跟泰阿泰德相关的某个东西(亦即,坐),而且也与跟这个与泰阿泰德相关的某个东西(亦即,坐)同处在一个不兼容域内。简言之,"飞"所指的飞不仅不同于、而且也不兼容于跟与泰阿泰德相关的坐。

三种方案从各自立场出发,为假陈述"泰阿泰德飞"给出了解释。[②] 然而,《智者》既未明确支持任何一种,也未明确反对任何一种。就支持哪种方案,解读者陷入争论:多数人[③]支持牛津解读,有人[④]接纳不兼容性解读,而布朗(Brown)[⑤]则为不兼容域解读辩护。

四、为牛津解读辩护

虽然多数人以牛津方案理解假陈述"泰阿泰德飞",但也受到质疑与反对。

① 如果某物不能在同一时间、同一方面同时具有两个属性,那么这两个属性就是不兼容的。参见 D. Keyt, "Plato on Falsity: *Sophist* 263b," *Phronesis*, suppl. (1973):293。

② 这些方案也可解读真陈述,本文不作引申。

③ 参见 G. E. L. Owen, "Plato on Not-Being," *Plato, A Collection of Critical Essays*, I: *Metaphysics and Epistemology*, G. Vlastos (ed.), London: Palgrave Macmillan, 1971, pp. 223 - 267; M. Frede, "Plato's *Sophist* on False Statements," *The Cambridge Companion to Plato*, R. Kraut (ed.), Cambridge: Cambridge University Press, 1992, pp. 397 - 424; A. Silverman, *The Dialectic of Essence: A Study of Plato's Metaphysics*, New Jersey: Princeton University Press, 2002 等。

④ 参见 P. Seligman, *Being and Not-Being: An Introduction to Plato's Sophist*, The Hague: Martinus Nijhoff, 1974。

⑤ 参见 L. Brown, "The *Sophist* on Statements, Predication, and Falsehood," *The Oxford Handbook of Plato*, G. Fine (ed.), Oxford: Clarendon Press, 2008, pp. 437 - 462。

本部分给出拒绝其他两种主要方案的理由,为牛津解读辩护。

不兼容性解读方案面临的最大问题是,在理解"假陈述说出了不同于泰阿泰德的是者"时,它把"不同"(ἕτερον)解读为"不兼容"。没有任何文本证据表明,《智者》曾把"不同"作"不兼容"使用。布朗接纳不兼容域解读方案,该方案既保留"ἕτερον"的"不同"又兼具"不兼容"之义。在不兼容性解读已受到批评的情形下,为何仍要保留"不兼容"之义?布朗坚信,真陈述"泰阿泰德坐"和假陈述"泰阿泰德飞"不仅展现了坐与飞的不同,而且也表达了两者的不兼容性特征。借用《智者》257b1 – c3 关于否定(negation)不是对立的论证,她解释了这种不兼容性特征。具体来说,当柏拉图主张"不大"(not-large)同等地表示小(small)和等(equal)的时候,实际上引入了一个不兼容域。这个不兼容域类似一个集合,含有大、等和小三个成员,且互不兼容。当某物被称为"大"的时候,不可能同时被称为"小"或"等"。类似地,既然坐和飞不兼容,那么泰阿泰德不可能被同时称为"坐"和"飞"。在"泰阿泰德坐"为真的情况下,假陈述"泰阿泰德飞"关于泰阿泰德所说出的东西(即飞),不仅不同于跟泰阿泰德相关的某个东西(即坐),而且也因跟这个与泰阿泰德相关的东西(即坐)同处在一个不兼容域内,从而与之不兼容。

布朗坚称不兼容域解读完美阐释了"泰阿泰德飞"何以为假。在不引入不兼容域的情况下,当说"某物是不大"的时候,可能指某物是"小"或"等"或"黄色"……"某物是小"和"某物是等"可接受,但"某物是黄色"令人可笑。她据此主张,"不大"需要确定一个不兼容域,"黄色"必须排除在外。换言之,当说"某物是不大"的时候,要么指"小",要么指"等",不可能说出其他。① 然而,因依赖不兼容域,拒绝全称量词,此方案反倒无法处理一些明显为假的陈述,例如"美德是方形的"。据此方案,如果"美德是方形的"为假,那么该陈述关于美德说出的东西(即方形),不仅不同于跟美德相关的某个东西,而且也必须要跟与美德相关的某个东西 X 同处在一个不兼容域内,从而与 X 不兼容。这个与美德相关、但不与方形兼容的 X,既可能是三角形,也可能是四边形、五边形……虽然 X 既与方形不同也与方形不兼容,但美德不可能是任何一种形状,因此含有方

---

① 参见 L. Brown, "The *Sophist* on Statements, Predication, and Falsehood," *The Oxford Handbook of Plato*, G. Fine (ed.), Oxford: Clarendon Press, 2008, p. 457。

形的不兼容域根本不存在。

然而，布朗却比较乐观。即便不兼容域解读方案存有缺陷，它仍具吸引力。有以下三点理由。其一，该方案在20世纪仍有市场，例如莱尔(Ryle)①。其二，此方案符合柏拉图对否定的理解。其三，牛津解读使得《智者》263d(即判断依据B)变得无比尴尬，而该方案则有效避免了尴尬。然而，上述理由不足以让读者抛弃其他方案，转而支持不兼容域解读。简单回应如下。首先，即便分析哲学家认可该方案，也无法保证柏拉图的当代读者就必须要采纳此方案。其次，柏拉图的否定确定了一个不兼容域，这是布朗的个人解读；而且即便不把否定理解为确定了一个不兼容域，依然能够解释假陈述何以为假，例如牛津解读。再次，接下来的考察表明，布朗鼓吹的那种尴尬并不存在。

牛津方案接纳全称量词，这遭到布朗的批评。她甚至打趣说，如果把全称量词应用于判断依据B，"把'不同的东西'说成了'相同的东西'"(263d1－2)就会被解读为B1："[不同于一切之物的]某物被说成是[与某物]相同"。② 某物不同于一切之物，却与某物相同，布朗据此断定B1是一个尴尬的表达。基于不兼容域解读，她把刚才的文本改写为B2："[不同于与你相关之物的]某物被说成是[跟与你相关之物]相同"，同时还强调，"不同于与你相关之物的某物"与"跟你相关之物"同处一个不兼容域。她坚信B2是一个更为自然的表达。然而根据牛津解读，判断依据B的正确解读方式不是B1，而是B3："[不同于一切与你相关之物的]某物被说成是[跟与你相关之物]相同"。比较B3与B2后发现，除全称量词之外，两者并无差异。

在使用牛津方案解读判断依据B时，并未发现布朗所宣扬的那种尴尬。如果尴尬产生，只能来自她对牛津方案的不当应用。为支持不兼容域解读，拒绝牛津解读，她慷慨地把"关于你的"赋予B2，拒绝赋予B1，从而产生出所谓的尴尬解读B1。这有失公允。有趣的是，正是这个让布朗感到尴尬的全称量词，有效避免了不兼容域解读所面临的、那种来自明显为假的陈述(例如"美德是方

---

① 布朗转述，莱尔认为当否定一个主词的谓词的时候，这个谓词必定是某个不兼容域的成员。参见 L. Brown, "The *Sophist* on Statements, Predication, and Falsehood," *The Oxford Handbook of Plato*, G. Fine (ed.), Oxford: Clarendon Press, 2008, p. 458.

② 参见 L. Brown, "The *Sophist* on Statements, Predication, and Falsehood," *The Oxford Handbook of Plato*, G. Fine (ed.), Oxford: Clarendon Press, 2008, p. 456.

形")的挑战。按照牛津方案，"美德是方形的"为假，因为该陈述关于美德说出的方形，不同于一切与美德相关的东西。全称量词的引入不仅没有削弱牛津解读的有效性，反而提升了它的适用性。

牛津方案的优势不限于此。首先，它保留了ἕτερον的"不同"含义，这是重要的。其次，牛津解读有较大的兼容性。据克里韦利，它可转写为两种在字面上没有全称量词的形式："S is P"为假，该陈述就"S"的所指物说出的东西（即"P"的所指），不同于"S"所指之物的当下状态；"S is P"为假，该陈述就"S"的所指说出的东西（即"P"的所指），不同于那些适用于"S"所指之物的东西。[①] 两者跟牛津解读并无实质差异，全都蕴含全称量词。克里韦利还提出一种外延性解读（Extensional Interpretation）。因与判断依据 A 的语法不符，他抛弃此方案，转而支持牛津解读。该方案实际上也是牛津解读的变体。据此方案，"S is P"为假，因为该陈述所关乎的东西（即"S"的所指）不同于谓词"P"所适用的一切东西。例如，"泰阿泰德飞"所关乎的泰阿泰德不同于"飞"所适用于的一切东西，因为"飞"适用飞鸟但不适用泰阿泰德。换言之，飞不是泰阿泰德所具有的全部属性当中的一个。

牛津解读及其变体预设了全称量词。全称量词不是一个麻烦制造者，相反，它代表一种有效的言说或思考方式。当教室里没有桌子的时候，需要逐一排查教室内所有东西之后，将"教室有桌子"确认为假。同理，就泰阿泰德来说，需要逐一确认他的所有属性之后，"泰阿泰德飞"才确认为假。逐一考察他的所有属性，是否具有可操作性？两点简要回应。首先，实践可行性与理论可能性是两个不同的问题。其次，倘若因为实践的困难从而抛弃牛津解读，也可能基于同样的理由抛弃不兼容性解读和不兼容域解读，因为其都或多或少地存在实践上的困难。就不兼容域解读来说，界定不兼容域并非易事。基于"不大"，能够快速界定一个含有大、等和小的不兼容域。然而，当涉及"泰阿泰德飞"时，情况变得复杂。例如，在飞机出现之前，坐与飞形成一个有限不兼容域，那在飞机出现之后呢？显然，现实因素会使得界定工作充满变数。倘若因来自实践的困难从而质疑牛津方案，甚至是所有的现代方案，未免有些极端。

---

① 参见 P. Crivelli, *Plato's Account of Falsehood: A Study of the Sophist*, Cambridge: Cambridge University Press, 2012, pp. 238 - 240。

本文支持牛津解读方案,尽管并非完美无缺。据该方案,"泰阿泰德飞"为假,当且仅当关于泰阿泰德所说出的飞,不同于一切跟泰阿泰德相关的东西。此时,动作飞就是那个被称为"非是者"的东西。

Why "Theaetetus is flying" is False: in Defense of Oxford Interpretation

Zhang Kai

经验与现象

Abstract: assuming that false speaking is speaking of not-being, at *Sophist* 260a1ff., Plato sets out to argue that daily statements concerning sensibles could be false, because they are able to speak of not-being. In order to help readers to understand that, Plato first defines statements, then gives the criteria both for true and false statements, and finally takes "Theaetetus is flying" as an instance to show why daily statements can be false. However, concerning how to further understand that false statement, contemporary readers have radically disputed, then offered several different kinds of interpretation, such as Oxford Interpretation, Incompatibility Interpretation, Incompatibility Range Interpretation, and so on. In examining these interpretations, this paper finally defends the Oxford Interpretation.

Keywords: "Theaetetus is flying", false statements, Oxford Interpretation

现象学研究

现象学视野下的事与物

王 俊[*]

[**摘 要**] 现象学倡导"回到实事本身",这里的"实事"是作为主体的质性经验的"事"和作为一切对象之构建过程的"事",它们构成了客观化的自然之"物"的基础。现象学对于"事"和"物"的看法,不仅引入了发生性的历史维度,而且也是一种人文主义、存在主义的态度,是对今天占统治地位的无历史的客观主义和唯科学主义态度的补偿均衡。

[**关键词**] 现象学;构建;本有;结构;科学批判

世界是由作为对象的"物"组成,还是由作为过程的"事"组成?对此问题的回答体现了完全不同的哲学立场。在传统形而上学和科学模式下,世界是对象化、实体化的客观之"物"的集合,而在现象学的视野下,世界是"事"的大全,所有的"物"都应当被还原到"事"之上。现象学关注的是人与世界的一种围绕着具体的"事"的角度展开的相即关系,这一视角在中国思想传统中,特别在易经、老子、庄子、王守仁等思想资源中占据重要的角色。安乐哲(Roger T. Ames)

* 王俊(1979—),男,浙江临海人,哲学博士,浙江大学哲学学院教授,主要研究领域为现象学、当代欧陆哲学、跨文化哲学。

曾从语言特质上对此进行过描述:"大致说来,英语(以及其他印欧语言)是一种表达'实体的'(substantive)和'本质的'(essentialistic)的语言;中国的文言文则是一种'事件的'(eventful)的语言。"[①]在这一点上,现象学与中国传统思想的倾向表现出高度的统一,以"事"的方式来看待"物",消解实体化的对象之"物",这既是当代科学批判的人文主义态度的核心视角,也有潜力成为中西思想展开往来应和的论题之一。

一、"回到实事本身":现象学的构建

　　"回到实事本身"是现象学运动的口号,它代表了现象学哲学的基本旨趣或者说一种从现代到当代的思想方式的转变:从把世界看作既成的客观之"物",到把世界看成与主体相关的意义构建之"事物",从心-物、主体-客体的二元结构,到连绵不断的现象学构建过程。这种意义构建(Konstitution)过程,就是现象学的"实事"(Sache)。现象学运动主张关注具体实事,也就是对自我和意义构建过程的关注,而不是先以思辨的方式设定一个心-物二元的先验结构。正是通过回到构建性这一实事,现象学才取消了传统哲学中任何先于构建的区分,在这一点上卢卡奇(György Lukács)对现象学的批评倒是切中肯綮:"它把真的与假的、必然的与任意的、客观现实的与纯粹想象的东西之间的区别一律抹煞,甚至完全取消。"[②]

　　胡塞尔(Edmund Husserl)的构建概念是一个多层级的发生性过程,在意识中任何一次感知行为都是对象构建的过程,而且是层层推进的,"在一个层级上被当作'被构建对象'者,在一个更高层级上也能被当作一种进行构建的经验……一个层次上被看作'超越的',在下一个层次又会被看作'内在的'。"[③]这个层层奠基的构建发生性过程消解了对象之"物"中包含的所有超越部分,而将之还原为构建这一"实事"。在胡塞尔的术语体系中,发生和构建可以被视为同义词,他说道:"超越论地看,一切存在都处在一个普全的主体的发生之

① 安乐哲:《孔子文化奖学术精粹丛书——安乐哲卷》,北京:华夏出版社,2015 年,第 100 页。

② 卢卡奇:《理性的毁灭》,王玖兴等译,济南:山东人民出版社,1988 年,第 431 页。

③ James Mensch, "Manifestation and the Paradox of Subjectivity," *Husserl Studies*, Vol. 21(2005):45.

中"①。这样的发生构成了"历史","历史从一开始不外就是原初的意义当下发生和意义积淀的共存与交织的活生生的运动"②,现象学的"实事"也正是在这个意义上引出了历史性的维度。

在胡塞尔那里,这种意义构建过程完全是在主体的意识领域内发生的,意识发生、意义发生和存在发生是统一的,后二者属于意义相关项的构建,"实事"也就等同于意向性构建的过程。而在海德格尔(Martin Heidegger)那里,意义构建的"实事"被扩展到人的存在经验。无论是意识结构,还是存在经验,当现象学要把握"实事"的时候,实际上这个构建过程是动态化的、其起点和边界是模糊的,换句话说,是境域性的。一个课题化的、边界清晰的对象,是从这个境域中凸显出来的,从主体侧讲,就是意识领域中意义构建的一个结果。这样一种境域是主体-客体二元结构的渊薮。现象学关注的在场与缺席、局部与整体、差异与统一的基本结构也是在这个建构性境域中展开的。海德格尔把意识建构推进到人的存在域中,他说道:"人类是境域性的存在"。

二、从本体、实存到本有(Ereignis)

现象学的"回到实事本身",就是从对象之"物"和实体之"物"往回追溯,不是像科学那样去研究"物"的属性,而是研究"物"何以可能,亦即对"物"之建构过程和境域的关注,一切课题都可以还原到建构过程和境域关系之中进行描述。这种现象学的姿态借用美国诗人 Muriel Rukeyser 的一句话来表达:"宇宙是由故事构成,而非原子"。

从赫拉克利特(Heraclitus)开始,原子就是本体论的概念,是最基础的"物"。当我们追问世界本质的时候,一定有一个像原子一样的不可进一步追问和分解的实体作为基础存在着,它们构成了世界万"物"。这种本质主义的想象成为传统形而上学的主流,随着观念史的推进,这样一种抽象的、基于本质追问的形而上学在现象学的"回到实事本身"中被消解了,包括实体之"物"在内的一切都是作为某种意义构成物的具体显现,这就是现象学的"具体形上学",它取

① Edmund Husserl, *Erste Philosophie (1923/4)*. *Zweiter Teil: Theorie der phänomenologischen Reduction*, Rudolf Boehm (eds.), Den Haag: Springer, 1959, S. 225.

② 胡塞尔:《欧洲科学的危机与超越论的现象学》,王炳文译,北京:商务印书馆,2001 年,第 449 页。

代了传统的实体形而上学。这种具体形而上学关注的是处于意义构建之中的"活的当下",它是奠基层次的,正如朗德格雷贝(Ludwig Landgrebe)所言,"这个活的功能的当下是一种绝然的、不可抹消的确知,一种不可再追问的事实,而在这个意义上它是直接的和绝对的,作为绝对的事实,即是所有功能及其成就的可能性之深层超越论前提。"①

这样一种意义构建物在胡塞尔那里是意识建构,是处身于生活世界之中的先验自我,胡塞尔说:"先验自我同时又被把握为一个在自身中经验到世界的自我,一个和谐地显示着世界的自我"②,换句话说,自我及其意识结构通过构建关联指引出那个在意识经验的连续性中显示的、将自我包含在内的整全世界。对于自我而言,"我实际上处于周围人的现在之中,处于人类的开放的视域之中;我知道自己实际上处于世代的联系之中,……这种世代性与历史性的形式是牢不可破的"。③

而在早期海德格尔那里,先验自我和意识自我的世界处身性得到了强调,这种处身性被置于内在于意识的构建性之前。因此,胡塞尔的意识自我被海德格尔转化为人之实存(Existenz),实存是历史性的、具体的发生者,而不是抽象的、无时间的在场者,所以海德格尔在《存在与时间》中说:"对存在的追问其自身就是由历史性来刻划的,必须追问这种追问本身的历史。"④与胡塞尔的现象学构建一致,海德格尔将存在问题转化为存在历史问题。而到了晚期,海德格尔将这种历史性的、具体的实存进一步扩展表达为 Ereignis,一种并非局限于意识结构和人的"存在与人之关联"⑤。"本有"并非人与世界的二元构架,而是一种人与存在都被转化(Verwindung)进去的本源性的关联活动,"本有之思"就是"存在的终极学"(Eschatologie des Seins)⑥。存在的这种转化状态,海德格

① Ludwig Landgrebe, "Die Phänomenologie als transzendentale Theorie der Geschichte", in: *E. Husserl, Critical Assessments of Leading Philosophers*, Vol. V, p. 177.

② 胡塞尔:《笛卡尔式的沉思》,张廷国译,北京:中国城市出版社,2002 年,第 186 页。

③ 胡塞尔:《欧洲科学的危机与超越论的现象学》,第 302 页。

④ Martin Heidegger, *Sein und Zeit*, Tübingen: Max Niemeyer Verlag, 2006, S. 20 – 21.

⑤ Martin Heidegger, *Zum Ereignis-Denken*, Peter Trawny(eds.), Frankfurt a. M.: Vittorio Klostermann, 2013, S. 292.

⑥ Martin Heidegger, *Zum Ereignis-Denken*, Peter Trawny(eds.), Frankfurt a. M.: Vittorio Klostermann, 2013, S. 329.

尔用打叉的存在来予以表示①,人的这种转化状态,就是海德格尔所言的"Da-Sein"。"本有"作为最广泛意义上的实事,作为存在与人共属的关联活动,包含了世界万物的相互间的意义指引关系,而不设定任何的中心。在这个意义上,现象学的"实事"精神被推到了极致,这样一种奠基性的动态"本有"在罗姆巴赫(Heinrich Rombach)那里被称为"结构"。

三、作为关联指引之大全的结构

晚年胡塞尔曾说过,存在就是众多关联的设定,是在关联中存在。因此现象学最终要关注的"事"实际上是普遍意义上世界之内的关联指引,包括人与世界的关联指引。意向性分析中的对象-境域、意向行为-意向相关项的结构,海德格尔作为"在世之在"的此在,都是这种普遍的意义关联指引的呈现者。因此保罗·利科(Paul Ricoeur)在《大观念》法译本的导言里曾说现象学是关系主义的,他指出胡塞尔使得"客观性与一种更根本的主观性相互联系"②。

罗姆巴赫(Heinrich Rombach)用"结构"来指称现象学的这种意义关联,一切存在都是在意义关联中发生的,这就是"实事"。所以现象学的观点是"以事观之",就是以这种发生性的、关系主义的眼光看待"物"。现象学视野下的从"物"到"事",就如广松涉(Hiromatsu Wataru)的"事的世界观"所言,是从"实体的基始性"到"关系的基始性"。这样一种作为基始的关联关系,说明了在本原层次上一种发生的连续过程,根源上就是一元的连续发生,而不是二元或者三元的结构,任何区分性的结构都是在意义建构中形成的。胡塞尔在谈被动综合问题时说,作为预先被给予之物并没有纯粹的被动成分,所有被动中都有主动综合的要素,本原处这是一个浑然一体的连续发生过程,主体-客体、主动-被动的区分,是附加上去的意义建构。这种连续的发生性,在胡塞尔那里是无起点的意向性构建,内时间意识的绝对流,在海德格尔那里是最本原层次的本有事件,这就是现象学的"事"。

---

① Martin Heidegger, *Zum Ereignis-Denken*, Peter Trawny(eds.), Frankfurt a. M.: Vittorio Klostermann, 2013, S. 218.

② 保罗·利科:《〈纯粹现象学通论〉法译本译者导言》,胡塞尔:《纯粹现象学通论》,李幼蒸译,北京:商务印书馆,1997年,第487页。

现象学对"事"的关注是具体化的，而不是抽象的，是发生的，而不是静态的，就如罗姆巴赫的结构思想所言，这是一种"具体化"（Konkretion）。"具体化"是指，结构中的局部个别与整体并无孰先孰后的奠基关系，"整体性与个别性这二者成为一个（存在论上的）统一体：同一性。……因为这种方式既不能从'整体'中、也不能从'个别性'中预先被取得"，而"首先被安置在其发生过程的具体内容[dass]之中"。[①] 这种无差别的、无中心的具体化就是结构，也就是现象学的实事。

此外，罗姆巴赫也强调结构是实践性的，而不是理论性的，或者用海德格尔的话说，理论也是实践的一种形式。所以现象学的"事"根本上还是实践性的，现象学不是理论体系的构造，而是一种方法和视角，是在实践中展开的，现象学是"不离日用常形内"的实践哲学，罗姆巴赫用"现象行"表达了这一点。

四、自然与文化

"回到实事本身"的现象学方法，通过对奠基性的、当下展开的、建构过程中的"事"的关注，融合消解了心物二元的认识模式，这种消解并不是把二元关系变成三元结构，或者仿佛"事"成为心和物之间的桥梁，而是在逻辑顺序和时间顺序上，"事"都成为一个更为本源的范畴，先于"物"，也先于"心"。这样的"事"没有实体性的承担者，也没有整体和局部的奠基关系，而是纯粹的关联关系的动态展开过程。

如果我们把这个"回到实事本身"的现象学态度用到科学批判的维度，用来分析科学视野中所谓"客观的自然"，那么就可以得出一个批判性的结论，即没有一个自在的、客观的自然之物。所有科学研究的自然对象都是在与观察者、即人的相互关联关系中被构建和呈现的，甚至可以说，独立于主体的"客观性"本身也是众多人与自然的关联关系的一种类型。如果我们在最宽泛的意义上把这种与人的相关性都称为"文化"的话，那么在这里我们可以得出一种自然与文化的关系，即不存在不带"文化"的自然，没有脱离人和主体因素的所谓"客观自然"。没有"事"的"物"是不可想象的。

---

① 罗姆巴赫：《结构存在论》，王俊译，杭州：浙江大学出版社，2015年，21—22页。

歌德(Johann Goethe)的色彩理论就是反对对于自然的唯科学主义解释的一个例子。他反对牛顿(Isaac Newton)提出的"颜色是白光折射的结果"的理论,认为这种机械化和数学化的解释是偏颇的。他坚持认为色彩是不能被测量的,只能被感受与描述,即我们不能通过科学的量化研究来把握自然,而是要通过主体经验的质性描述,后者才是一切自然研究的基础。因此色彩既是物体的物理性质,也是对自然现象的一种主观反应,是眼睛的创造物。以歌德为代表的德国自然哲学体现了浪漫主义的基本信条,即看重审美体验、直觉、建立和自然之间的紧密联系。这种姿态是现象学式的,以主体经验的角度看待自然对象,它提供了一种新的观看自然和世界的方式,对唯科学主义提出了挑战。在这里,主体的质性经验就是"事",它构成了客观化的自然之"物"的基础,由此也可以看出"回到实事本身"不仅引入了历史维度,而且也是一种人文主义、存在主义的态度,是对今天占统治地位的无历史的客观主义和唯科学主义态度的补偿均衡。

Event and Object from the Perspective of Phenomenology

Wang Jun

Abstract：Phenomenology advocates "zu den Sachen selbst" (to the things themselves), where "den Sachen" is the "event" as the qualitative experience of the subject and the "event" as the construction process of all things, which constitute the basis of the objective natural "object". The phenomenological view of "event" and "object" not only introduces the historical dimension of genetics, but also is a humanistic and existential attitude, which is a compensation balance for the dominant non-historical objectivism and scientism attitude today.
Keywords：Phenomenology, Constitution, Ereignis, Structure, Scientific criticism

真理作为光
——现象学视角下的真理概念

陈 勇[*]

[摘 要] "真理之光"的比喻来自柏拉图(Plato),然而真理在何种意义上能够被比喻为光?如果存在真理之光,那么它的光源是什么?光是一种物质,真理之光也是一种客观存在物么?抑或真理之光来自于人?带着对于这些问题的思考,本文将首先回顾在笛卡尔(Descartes)那里发生的真理主体化转向,接着将对柏拉图真理之光的比喻进行探讨,最后将讨论海德格尔(Heidegger)前后期思想中的真理理论。本文将尝试对海德格尔后期思想中的真理概念进行一种大胆的阐释,即真理就是空间与世界本身。

[关键词] 真理;光;柏拉图;笛卡尔;海德格尔

在当代哲学中主要有三种真理理论:符合论、实用主义理论与现象主义理论。真理的符合论将真理定义为命题或者认识与事实之间的符合,正如托马

* 陈勇(1984—),男,江苏张家港人,哲学博士,上海交通大学哲学系副教授,主要研究领域为知识论、现象学。

斯·阿奎那(Thomas Aquinas)对真理给出的经典定义:"veritas est adaequatio intellectus et rei"(真理是理智与事物之间的符合)。真理的实用主义理论(包括融贯论、冗余论等)则将真理视为语言的某种属性,只有当一个命题能够融入一个被广泛认可和使用的命题系统时,它才是真的。真理的现象主义理论则将真理规定为明见性(evidence),即真理是向思维主体显现的思想的内在属性,例如笛卡尔将真理规定为观念的清楚与明晰,胡塞尔(Husserl)将真理规定为明见性或者说"充足的理想"。

科赫(A. Koch)认为,完整的真理理论应该同时包括这三种定义,它们只是说明了真理概念的三个方面:实在论方面、实用主义方面与现象方面。一个思想或命题为真,这不仅意味着它与相应的事实相符合;而且这个思想或命题在我们的思想或语言系统中还是与其他真思想或真命题相融贯的;此外,思想或命题的真还是被思维主体所把握的[①]。

如果将这三个方面都包括进真理概念之中,那么由此会产生两个问题:1)这三个方面的优先秩序是怎样的? 例如符合关系是通过明见性而被揭示的么? 还是明见性始终意味着关于符合关系的明见性,因而符合关系是明见性的前提? 2)在符合论中真理被规定为思想或命题与事实之间的一种关系,而在实用主义理论与现象主义理论中真理则被规定为命题或思想的一种属性,这两种关于真理的本体论规定是不一致的。这两个问题无疑都很重要,本文将主要探讨第二个问题,即真理的本体论规定问题。

在西方哲学史中,"真理之光"是最广为接受的关于真理的本体论规定,它来自于柏拉图《理想国》第六卷的"太阳比喻"与第七卷的"洞穴比喻"。一个核心哲学概念在两千多年哲学史中竟然主要是通过比喻而被理解的,这本身匪夷所思。比喻的作用在于让我们更加直观地理解事物,却无法告诉我们事物之所是。真理是什么? 它在何种意义上能够被比喻为一种光? 如果它是一种"光",那么"光源"是什么?

为了回答这些问题,本文将首先考察笛卡尔的真理理论,并且指出在他那里发生了真理主体化与内在化的转变;其次,本文将考察柏拉图对于真理的规定,他一方面将真理比喻为光,即将真理规定为一种中介,另一方面则将真理客

---

① 科赫:《真理、时间与自由》,陈勇、梁亦斌译,北京:人民出版社,2016 年,第 10—11 页。

体化与外在化了;最后本文将分析海德格尔的真理学说,尤其是前后期思想中真理概念的变化。

一、真理作为明见性

笛卡尔是近代哲学的奠基人,观念论(idealism)的开创者。在此,观念论并不是指否认外部物质世界存在的唯心主义形而上学,而是指将知识的直接对象规定为观念或者说表象的认识论。在"第三沉思"中,笛卡尔将"观念"定义为"事物的图像"(rerum imagines)[①]。因而真观念意味着事物的正确图像,换句话说,真理是观念与事物之间的符合关系。笛卡尔认为,观念就其自身而言并无真假,只有当思维主体将它指涉某种事物时,它才具有真值,在这个意义上他肯定了真理的符合论[②]。在一份给梅森(Mersenne)的信中他写道:

> 向一个不懂得这门语言的人解释这个词的意义当然是可能的,我们可以告诉他"真理"这个词在严格意义上所指的是思想与对象的符合,但当它被赋予给思想之外的事物时,这仅仅意味着这些事物能够成为真思想的对象,或者是我们的或者是上帝的。[③]

在这段引文的前半部分笛卡尔肯定了真理的符合论,并且认为这是真理概念的"严格意义";在后半部分他则指出,作为符合关系的真理并不来自于事物本身,而是来自于思想,只有当一个思想为真时,相应的对象才能被称作真的。按照这个观点,我们之所以将一块黄金称为真的,是由于这块黄金符合了黄金的定义;首先为真的是黄金的定义,而不是黄金本身。由此可见,虽然笛卡尔肯定了真理的符合论,但是他对于符合论的理解却与通常的理解正好相反。真理意味

---

① Descartes, R., *Meditationen de prima philosophia*, übers. und hrsg. von Christan Wohlers, Hamburg: Felix Meiner, 2009, S. 41.

② Descartes, R., *Meditationen de prima philosophia*, S. 42.

③ Descartes, R., *The Philosophical Writings of Descartes*, *Volume III*, *The Correspondence*, translated by J. Cottingham, R. Stutthof, D. Murdoch, A. Kenny, Cambridge: Cambridge University Press. 1991, p. 139.

着思想与对象之间的符合，但不是思想去符合对象，而是对象与真思想相符合。

在此存在的一个问题是：这种真理概念是一个循环定义。思想是如何能够成为真的呢？难道思想不正是由于与事实或者说对象相符才是真的么？如果答案是肯定的，那么思想的真就已经预设了对象的真，例如"雪是白的"为真，当且仅当：雪是白的。对于这个问题的一个可能回应是：事实或者对象只是存在着，而并不是在真正的意义上为真。但这个回应忽略了真理的现象方面：与真理相关的事实或者对象并不仅仅客观存在着，只有当它们被思维主体把握时，与之相应的思想或命题才是真的；而事实或者说对象被思想把握恰恰同时意味着它的真，例如我们认识到了"雪是白的"这个事实，这也同时意味着对象的真，它作为现象向我们显现。也就是说，**从认识过程来看，对象的真与思想的真是同时发生的；从逻辑上来看，前者甚至先于后者，符合意义上的真首先意味着对象的真。**

笛卡尔实际上不是通过符合，而是通过明见性（evidence）来定义真理的，这就是"第三沉思"中著名的真理定义："所有我清楚地和明晰地知觉到的东西都是真的。"①真理意味着知觉或者说思想的清楚与明晰。在《哲学原理》中他将"清楚的"（clare）定义为对象对于心灵来说的现成存在，正如视觉对象对于眼睛来说是现成存在的；而"明晰的"（distinct）则意味着被知觉到的对象与一切其他对象都是不同的，并且这一点对于心灵来说也是清楚的②。由此可见，清楚与明晰都是用来规定知觉（perceptio）或者说思想的标准，而并不涉及思想与对象是否符合。在这个意义上"清楚与明晰"或者说"明见性"是思想的内在属性，并且是能够被思维主体把握到的。

笛卡尔的内在主义同样体现在他对于"我在"的证明之中，在"第二沉思"中他写道：

> 这个命题："我在"（ego sum），"我存在"（ego existo），当它被我说出来或者被精神所思考的时候，必然是真的（necessario esse verum）。③

---

① Descartes, R., *Meditationen de prima philosophia*, S. 40.

② Descartes, R., *Die Prinzipien der Philosophie*, übers. und hrsg. von Christan Wohlers, Hamburg: Felix Meiner, 2005, S. 51.

③ Descartes, R., *Meditationen de prima philosophia*, S. 28.

当他断言"我存在"这个命题必然为真时,他并没有首先论证"我存在"这个事实或者说"自我"(ego)这个实体的存在,而是将"必然为真"的属性赋予了这个命题。"我存在"之所以必然为真,是因为它是确定无疑的、绝对自明的。用海德格尔的话来说,真理在笛卡尔这里变成了"确定性"①。作为一种思想属性的真理是内在于思维或者说主体的,主体无需超出思想就能把握真理,把握到"我存在"这个命题的必然为真。

作为明见性的真理的来源是什么呢? 在《谈谈方法》中笛卡尔写道:

> 因为理性并没有告诉我们:我们所看到的或想象到的事物是真的。相反它告诉我们:所有我们的观念或概念必定有一个真理上的根基。因为下述情况是不可能的:完善的、完全真实的上帝将它们置入我们之中,但它们却没有任何真理上的根基。②

一切对象的实在性或者说真都通过普遍怀疑而被悬置了,但在不考虑对象的实在性的情况下,理性在自身之中依然拥有"真理的根基"。也就是说,理性从其自身出发就能判定观念的真假,而判断的标准即所谓的"真理的普遍规则":所有清楚的与明晰的观念都是真的。在此真理并不是观念与对象的符合,而是观念本身的明见性;并且作为明见性的真理的根基或者说来源是理性。

笛卡尔将把握真理的理性能力称为"自然之光"(lumen naturale),真理是由自然之光所揭示的,自然之光充当了区分真理与谬误的最终标准。在上面提到的写给梅森的信中他还写道:

> 这位作者将普遍的同意作为真理的标准,而就我的概念而言,除了自然之光之外我没有其他标准。这两种标准部分地是一致的:因为所有人都有相同的自然之光,看起来他们也应该具有相同的概念。③

---

① Cf. Heidegger, M., *Nietzsche, Bd. 2*, Frankfurt am Main: Vittorio Klostermann, 1997, S. 170.

② 笛卡尔:《谈谈方法》,王太庆译,北京:商务印书馆,2000 年,第 33 页。

③ Descartes, R., *The Philosophical Writings of Descartes, Volume III, The Correspondence*, p. 139.

"自然之光"是所有人天生就具有的理性能力,虽然它是由上帝置入人的心灵之中的,但是就对真理的把握而言,理性是不假外求的。

从作为明见性的真理概念出发,我们也就能够理解笛卡尔所说的"永恒真理"(eternas veritates)。在他看来,例如"从无之中无法产生任何东西","一个事物同时存在与不存在,这是不可能的","凡是已经发生的事情,都不能是没发生过的","正在进行思考的东西,只要它正在思考,那么它就不能是不存在的"①这样的命题都属于永恒真理。这些命题对于理性来说都是不证自明的,都永恒地与必然地是正确的,或者说它们都是清楚与明晰的观念。作为形式性命题它们并不指涉任何实存的具体事物,它们的真理也不意味着与实在事物之间的符合关系。

在笛卡尔这里真理被定义为观念的清楚与明晰,即明见性。在这个意义上真理被内在化与主体化了,思维主体无需超出自身就能凭借自然之光或者说理性而把握真理;而当思想外的事物被赋予真理时,这仅仅意味着它是真思想的对象。笛卡尔扬弃了传统的符合论真理观,思想与其对象之间的符合关系既不是定义真理的充分条件,也不是必要条件。反过来看,思维主体也无法确保与真思想对应的事实的存在,笛卡尔最终只有借助于上帝才能证明外在世界的存在,而他关于上帝存在的证明也无可避免地成为一种循环论证。简而言之,明见性对于真理概念的定义来说是不充分的,真理并不仅仅是思想的内在属性,它首先应该是思想与对象之间的一种关系。

二、真理作为光

笛卡尔将把握真理的理性能力称为"自然之光",在这一点上他继承了古罗马与中世纪的哲学传统,奥古斯丁(Augustine)、西塞罗(Cicero)与托马斯·阿奎那等哲学家也是这样来使用这个概念的。在对"真理"概念的探讨中,视觉隐喻始终如影随形:"自然之光"意味着把握真理是人先天的理性能力;柏拉图则使用了另外一种视觉隐喻,在《理想国》第六卷的"太阳比喻"与第七卷的"洞穴比喻"中,他将真理本身比喻为光。

① Descartes, R. , *Die Prinzipien der Philosophie*, S. 55.

"太阳比喻"的基本内容是：视觉对象是通过阳光这种中介而被眼睛看到的，理念(idea, eidos)则是通过真理(aletheia)与存在(ousia)的中介而被"灵魂的眼睛"或者说理性(noesis)看到的；阳光来自于太阳，真理之光则来自于"善的理念"①。在本体论上，柏拉图没有将真理规定为命题、判断或者思想的属性，也没有规定为外在于灵魂或者理性的某种对象，而是规定为理性与它的对象(理念)之间的中介，真理是"光"。作为中介的真理之光既不是来自于理性，也不是来自于它的对象。相反，只有在真理之光中，理性才具有了知识(episteme)，理性的对象也才得以显现自身或者说成为真的，换句话说，真理是知识与对象显现的前提，而非相反。

正如海德格尔所指出的那样，在古希腊哲学中真理意味着"无蔽"②(Unverborgenheit)。真理之光是黑暗的对立面，通过真理之光存在者走出了黑暗，进入了光亮之中，并且向"灵魂的眼睛"显现。光明与黑暗的争斗构成了"洞穴比喻"的根本动机，在这个关于"教育"(paideia)的比喻中，柏拉图将教育规定为"灵魂的转向"。③ 在洞穴比喻的一开始，被捆绑住的囚徒们只能看到前方洞穴墙壁上的阴影，他们甚至不知道阴影是由于火炬光照射木偶而形成的。但囚徒们并非完全的无知，他们也通过火炬光看见了阴影，只不过错误地将阴影视作"真实事物"(alethes)或者说"存在者"(on)。④ 也就是说，在柏拉图这里真理与谬误并不是截然二分的，即便犯错的囚徒也依然看见了比较黯淡的阴影，他们拥有的是不那么真的知识，或者说他们只拥有"意见"(doxa)。在洞穴比喻接下来的几个阶段中，被释放的囚徒在身体与灵魂(眼睛)的转向之后，看到的光越来越强烈，因而也越来越接近真实事物或者说存在者，并最终看到了世界上最明亮的光源太阳，即善的理念。

对于柏拉图来说，不仅存在不同程度的真理，而且事物的真实程度也是有着不同层级的，这意味着他的真理概念与当代哲学中的命题真理概念有着本质性差异。我们通常认为，一个命题或者为真或者为假，而事物或者是实在的或者是非实在的，并不存在不同程度的真理，事物也没有不同的真实程度。但在

① 柏拉图：《理想国》，郭斌和、张竹明译，北京：商务印书馆，1986 年，第 265—267 页。

② Heidegger, M., *Wegmarken*, Frankfurt am Main: Vittorio Klostermann, 1976, S. 224.

③ 柏拉图：《理想国》，第 272、278 页。

④ 柏拉图：《理想国》，第 273 页。

柏拉图这里,作为光的真理则是有不同强度的,火炬光、月光与阳光在强度上显然相差甚远;与之相应,阴影与木偶、水中的倒影与普通事物、洞穴内的与洞穴外的事物之间也有着真实程度上的差别。事物的真实程度意味着在真理之光中的无蔽程度,真理之光让事物摆脱了黑暗,进入了光明或者说无蔽之中。

如果说海德格尔对于古希腊真理概念的阐释是合理的,那么他对于柏拉图真理概念的阐释则不尽合理。在《柏拉图的真理学说》一文中他提出,在洞穴比喻中真理的本质发生了转变,一方面真理继续被理解为存在者的无蔽,另一方面则被理解为了人的行为的正确性(Richtigkeit);真理的位置也从存在者变成了人的行为。① 这个观点部分地是合理的,柏拉图的真理概念同时包含了无蔽与正确性这两个方面,只有当灵魂的眼睛扭转了方向、朝向理念世界时,作为理性的认识对象的理念(存在者)才在真理之光中显现自身,也就是说,存在者的无蔽与灵魂朝向的正确性是同时产生的。但是柏拉图并没有将真理规定为某种行为属性,无论在"太阳比喻"还是"洞穴比喻"中,真理始终是理性与它的对象之间的中介。正是由于被真理之光所照射,理念或者说存在者才成为了"真实事物",灵魂的朝向才是正确的。如果说笛卡尔持有的是真理内在论,那么柏拉图持有的似乎既不是真理内在论,也不是真理外在论。真理既非内在于思想,也非外在于思想,而是思想与对象之间的中介,三者共同构成了知识。

另一方面柏拉图则认为,真理之光不是来自于理性,也不是来自于它的对象,而是来自于善的理念。在太阳比喻中,阳光来自于太阳,并且太阳与其他可见物都属于感性世界;与之相应,真理来自于善的理念,而善的理念与其他作为理性对象的理念都属于理念世界。真理的来源是理念世界,在这个意义上柏拉图更加倾向于真理外在论,而不是如海德格尔所认为的那样,在柏拉图这里发生了真理的主体化。

真理之光的比喻使真理概念本身变得更容易理解了么? 一方面将真理比喻为光或者说将真理理解为一种中介是合理的,真理是知识与对象、人与世界之间的一种关系。这也意味着真理的内在论与外在论都是不合理的,真理既无法完全被主体化,也无法完全被客体化;另一方面,真理之光的比喻指向了作为光源的善的理念,在柏拉图哲学中善的理念始终带有神秘色彩,除了与可见世

---

① Heidegger, M. , *Wegmarken* , S. 231.

界中的太阳进行类比之外,柏拉图并没有给出关于它的明确论述。这也使得真理之光带有一种神秘色彩,在何种意义上它来自于理念世界? 真理之光何来?

三、真理作为揭示性

就海德格尔早期思想中的真理概念而言,《存在与时间》中的这段话是关键性的:

> 对在人之中的自然之光(lumen naturale)的存在者层次上的、形象性的言说所意味的不过是这个存在者的生存论–存在论结构:他以这种方式成为他的此(Da)。他是"被照射的"(erleuchtet)意味着:作为在世界中存在的他在自身之中被照亮了(gelichtet),不是通过另外一个存在者,他自己就是澄明(Lichtung)。只有对于这样一个在生存论上被照亮的存在者来说,在光(Licht)之中现成者才是可通达的,在黑暗中它是隐藏着的。此在原本就携带着他的此,不仅他实际上并没有丧失他的此,而且如果丧失他的此的话,他根本就不再是他之所是了。此在就是他的揭示性(Erschlossenheit)。①

在德语中"Da"意味着"这里"或"那里",当海德格尔将人称为"此在"(Dasein)时,他将人的生存理解为了"在世界中存在",换句话说,人始终是超出自身而在世界之中的,此在的"此"不是指意识或者心灵,而是指世界。由此可见,海德格尔从一开始就站在了笛卡尔主义或者说观念论的对立面②,对他来说,不存在心灵与世界、意识内部与外部的对立,人始终已经进入了世界之中,世界始终是向人显现的。③ 因而他认为,对于外在世界实在性的怀疑本身是一桩哲学的丑闻,这意味着对于人的存在方式的根本性误解。只要人存在,人与世界都同时进入了"光亮"之中,人的存在始终都是在"光"之中存在,用海德格尔的话来说:

---

① Heidegger, M., *Sein und Zeit*, Tübingen: Max Niemeyer, 1967, S. 133.

② Cf. Dreyfus, H., *Being-in-the-World. A Commentary on Heidegger's Being and Time. Division I.*, Cambridge (Mass.): The MIT Press, 1991, p. 3ff.

③ 除非人处于睡眠或者昏迷状态之中,而在这种情况下人也暂时停止作为人而存在了。

"此在是他的揭示性"。当他谈论"自然之光"时,他不再将其理解为一种理性能力,而是理解为生存的"生存论-存在论结构",即在世界中存在。这个结构是一个光的结构,人与世界是这个结构的两个方面,它们都为光所照耀。①

海德格尔认为,传统的符合论误解了真理概念。只要真理被定义为思想与对象之间的符合关系,那么随之而来的一个问题就是:这种符合意味着什么?"观念性的判断内容"(der ideale Urteilsgehalt)与"实在事物"(das reale Ding)之间在什么意义上存在一种符合关系?② 如果存在这样的符合关系,那么这种关系必须同时具备观念性与实在性,而这是自相矛盾的,两种在本质上完全不同的东西根本就"风马牛不相及"。

《存在与时间》中的真理学说常常被解读为一种明见性理论,这是一种误读。③ 海德格尔将真理规定为存在者的"被发现性"(Entdecktheit)与此在的"发现状态"(Entdeckend-sein)④,而无论被发现性还是发现状态都不是意识、观念或者命题的某种属性,而是人的存在方式:

> 发现是一种在世界中存在的存在方式。环视性的或者也是逗留-注视性的操劳发现了世界内的存在者。世界内的存在者成为了被发现的事物。它在第二种意义上是"真的"。首要地"真的",也就是说发现着的是此在。真理在第二种意义上不是意味着发现状态(发现),而是被发现状态(Entdeckt-sein),即被发现性。⑤

海德格尔认为,事物本身("世界内的存在者")是在人的实践("操劳")中被发现的,因而真理的首要意义是人的发现,其次才是事物的被发现或者说显现。

就发现本身而言,海德格尔并不认为它是首先发生在认识或者判断活动中的,"认识世界"(Welt-erkennen)是一种衍生的生存方式。⑥ 这一点可以从两方

---

① 在海德格尔后期思想中这个结构变成了"天地神人四方域",参见《物》《筑居思》《人、诗意地栖居》等文。

② Cf. Heidegger, M., *Sein und Zeit*, S. 216.

③ Cf. Tugendhat, E., "Heideggers Idee von Wahrheit", *in Wahrheitstheorie*, hrsg. von Gunnar Skirbekk, Frankfurt am Main: Sukrkamp, 1969, S. 434f.

④ Cf. Heidegger, M., *Sein und Zeit*, S. 218.

⑤ Heidegger, M., *Sein und Zeit*, S. 220.

⑥ Heidegger, M., *Sein und Zeit*, S. 61.

面来理解：首先，人的首要存在方式是在周遭世界中的实践，即与"用具"（Zeug，pragmata）打交道的活动、"操劳"（besorgen）。① 例如农民在耕种的过程中发现了锄头、大地、天空，这种发现活动并不是认识、感知或者观察，而是目的性的实践活动；其次，认识也是一种实践活动，它所使用的"用具"是语词、符号、逻辑规则等，"喜马拉雅山是地球上最高的山"这个事实并不仅仅是通过某个感知或者判断而被发现的，相应的判断只是一系列实践活动的一个环节而已。真理的首要意义是人的发现，其次才是事物的被发现，在这个意义上《存在与时间》中的真理学说首先不是现象主义的或者实在论的，而是如盖特曼（C. Gethmann）所言，它是一种"坚决的实用主义"。②

如果这种实用主义真理观被推到极致，那么它甚至成为一种主体主义：

> 只有当此在存在的时候，才会"有"真理。……牛顿定律，矛盾律，进一步说是任何真理都只有当此在存在的时候才会是真的。……在牛顿定律被发现（entdeckt wurden）之前，它们不曾是"真的"。③

真理依赖于人，是人的发现，因而"作为在世界中存在的他在自身之中被照亮了，不是通过另外一个存在者，他自己就是澄明"。在《存在与时间》中，真理之光的光源被规定为了人本身，"此在就是他的揭示性"。难道这不是另一版本的观念论么？④ 海德格尔继承了柏拉图的光喻，并且在《存在与时间》中将真理之光主体化了，他对于柏拉图真理学说的批评不适用于柏拉图，而是适用于他自己。在后期的《人文主义书信》中海德格尔承认，《存在与时间》的语言依然带有主体性形而上学色彩。⑤ 或许我们甚至可以认为，《存在与时间》中的基础存在

---

① Heidegger, M., *Sein und Zeit*, S. 57.

② Gethmann, C., *Dasein: Erkennen und Handeln — Heidegger im phänomenologischen Kontext*, Berlin & New York: Walter de Gruyter, 1993, S. 157.

③ Heidegger, M., Sein und Zeit, S. 226.

④ 布莱特纳将海德格尔的基础存在论阐释为一种"存在论的观念论"（ontological idealism），就《存在与时间》而言，他的这种阐释是合理的。Cf. Blattner, W., "Is Heidegger a Kantian Idealist?" *in Inquiry* 37(2), 1994, pp. 185 - 201. Blattner, W., "Heidegger's Kantian Idealism revisited", *in Inquiry* 47(4), 2004, pp. 321 - 337.

⑤ Heidegger, M., *Wegmarken*, S. 318.

论也是一种主体性形而上学?[①] 在何种意义上真理之光来源于人本身?

四、真理作为澄明(Lichtung)

在《存在与时间》发表之后,真理问题成为海德格尔思想的聚焦点之一,这是顺理成章的。在《论真理的本质》一文中他提出,"如果真理被理解为命题的正确性,那么它的本质是自由"。[②] 这个观点并不难理解,正如《存在与时间》就已经指出的那样,真理(揭示性)是此在的"此",人超出自身而在"此"或者说世界中存在,这意味着人的生存始终是向世界敞开的,也就是说是自由的。这种自由指的不是意志自由或政治自由,而是指生存的敞开性(Offenheit),即澄明(Lichtung)。[③] 与近代主体性形而上学相对,在《论真理的本质》中海德格尔反对将自由视为人的一种属性,他认为不是人占有自由,而是自由占有人。[④] 这也意味着,与《存在与时间》中的观点不同,他不再认为澄明或者说真理是此在本身。真理不是人所建构的,而是自行产生的。**作为自由的真理无非就是此在的"此"或者说"世界",即人所居留的敞开之境。**敞开之境(世界)不是人,更不是作为思维主体的"自我"所建构起来的。相反,世界的敞开或者说无蔽是人生存的前提条件。只有世界开启了,人才能在其中存在,并且不是人筹划或选择进入世界之中,而是被抛入了其中,用海德格尔的话来说,自由与真理占有了人。

在海德格尔后期思想中,人的生存依然意味着在世界中存在,并且是时间性的与历史性的;但与前期思想不同,存在的意义不再仅仅被理解为时间性或者时态性。不仅世界的存在,而且人的存在也从根本上同时是空间性的。此在的"此"或者说世界难道不就是时间与空间么? 在《存在与时间》中海德格尔就

---

① 在《存在与时间》中海德格尔否认他的真理学说是一种主体主义,即将真理视为在主体之内的,但他并没有否认本文所讨论的主体主义,即真理来自于人,"作为发现的真理是此在的一种存在方式"(Heidegger, M., *Sein und Zeit*, S. 227)。

② Heidegger, M., *Wegmarken*, S. 186.

③ 诚如希恩所言,澄明(Lichtung,英语翻译为 clearing)是海德格尔所有作品中的核心概念。Cf. Sheehan, T., *Making sense of Heidegger. A paradigm shift*, London/New York: Rowman & Littlefield International, 2015, p. 190.

④ Heidegger, M., *Wegmarken*, S. 187 - 190.

已经指出了"此在的空间性"①,但是由于他将生存的存在论意义规定为时间性,将真理(揭示性)规定为人的发现,空间问题实际上是被忽略的。在《论真理的本质》中,真理的本质被规定为了自由或者说世界的敞开性。真理之发生一方面意味着世界向人敞开,成为无蔽的,另一方面也意味着人进入到了世界之中,在世界中存在。**因而真理之发生同时就是空间之发生。**用海德格尔的话来说,真理是"澄明"(Lichtung),"Lichtung"在德语中的本义是"林中空地",它是光影交织之场所,这个场所不就是空间么? 在《艺术作品的本源》中海德格尔写道:"在存在者整体中间有一个敞开的处所。一种澄明在焉。"②真理或者澄明并不是在人之中的,而是包括人在内的一切存在者的存在之处所。

　　值得注意的是,在海德格尔后期思想中,真理既没有被规定为人的发现,也没有被规定为存在者的被发现,而是被规定为了世界的敞开性,进一步说是"存在者在整体上的敞开性"(Offenbarkeit des Seienden im Ganzen)。③ 首先向人敞开的不是个别存在者,而是存在者整体,世界、空间、澄明、自由之境或者说真理。

　　回到本文的核心问题,如果真理是光,那么真理之光何来? 现在这个问题也等同于:世界或者说空间何来? 这个问题的提出实际上是由一种误解导致的,真理之光的比喻让我们错误地以为,就像阳光是来自于太阳的某种东西一样,真理也是一种物。现代物理学告诉我们,光具有神秘的波粒二象性,但无论是作为电磁波还是作为粒子光都是一种物。但真理之光既不能被理解为一种物,也不能被理解为一种"非物",因为它并不在空间中运动,它就是空间本身。④ 光让我们看见了物,看见了世界,真理之光也让我们"看见"了物,"看见"了世界。光的显现就是世界的显现,但光通常并不作为一种视觉对象或者说物而显现,物在光中显现,光则伴随着物一同显现。**光的基本属性是透明性,或者说光就是透明性本身,而不是一种物。**"透明性"不是光的物理学规定或者形而

---

① Heidegger, M., *Sein und Zeit*, S.110.

② 海德格尔:《林中路》,孙周兴译,北京:商务印书馆,2015 年,第 39 页。

③ Heidegger, M., *Wegmarken*, S.192.

④ 亚里士多德在《论灵魂》(*De Anima*)指出,颜色是通过光被看到的,而光自身并不是一种颜色,光更不是一种物体,因为它自身并不运动;光一方面是天体的存在方式,另一方面它让事物被看见。海德格尔对此的解读是:光是"现实的一种在场方式",它属于"世界的存在"。(Heidegger, M., *Einführung in die phänomenologische Forschung*, Frankfurt am Main: Vittorio Klostermann, 1994, S.8－9)

上学规定,而是它的现象学规定:光让物成为可见的,它本身则是透明的。当我们跟随柏拉图将真理比喻为光时,同时必须拒绝这个比喻带来的形而上学诱惑。真理并不是物理学意义上的光,也不来自于某个"光源",而是透明性或者说"无蔽",并且它是自生的(sich ereignet)。**作为透明性的真理就是空间(以及时间)、世界,万物在其中显现,它本身则是透明的或者说不可见的。**换句话说,真理本身就是显现(erscheinen),这种显现不是来自于物,也不是来自于人,相反一切存在者只有通过显现才成为了现象(Phänomen)或者说显象(Erscheinung)。

就光的现象学规定而言,除了透明性的另外一种重要规定是:光明与黑暗始终是并存的。光明之所(Lichtung,澄明、林中空地)的四周必然是黑暗,并且光明本身会变成黑暗,纯粹的光明是不存在的。光明与黑暗的交织可以从以下两个方面得到理解:首先,在海德格尔后期思想中,"自然"(physis)成为了一个核心概念,自然指的不是作为万物总体的宇宙或者说自然界,而是指万物之"涌现"(Aufgehen),这种涌现是"上升"(Aufgang)与"返回自身"(In-sich-zurück-Gehen)的统一过程,他也将这个过程称为"道"(Weg)。[①] 涌现不等于现成存在,更不等于永恒存在,也不意味着神的创造;相反,涌现或者说自然是现成存在与被创造的反义词,它意味着自行产生与自行消亡,即"自生"(Ereignis)。春去秋来、花开花落、生老病死等皆是万物"上升"与"返回自身"之"道",或者说万物之自然。自然与道是一种"秘密"(Geheimnis),万物之上升与返回自身皆"无理由"(grundlos),因而自然与道还意味着"深渊"(Abgrund),光所照射不到的黑暗之所。其次,万物之涌现意味着它们进入了光明之中,或者说在世界中、在真理之光中显现,但万物并没有消散在光明之中,没有成为光明本身。物之为物恰恰在于它的"自持"(Insichruhen)[②]或者说不透明性,它们没有消失在世界的光亮之中,而是黑暗的,因此它们不是人的表象,而是"物自身";换句话说,物是由质料构成的,具有物性。

从以上两个方面我们看到,真理之光、世界或者说空间并非是纯粹的光明,而是光明与黑暗的交织,用海德格尔的话来说,"真理之本质即是原始争执"[③],

---

① Heidegger, M., *Einführung in die phänomenologische Forschung*, S. 290 – 293.

② 参看海德格尔:《林中路》,第 11 页。

③ 海德格尔:《林中路》,第 41 页。

"自我遮蔽着的去蔽"①。原初意义上的真理并不意味着人的发现或者对象的被发现,非真理也不意味着人犯了错误或者对象没有被发现。它是世界或者说空间(以及时间)本身,它是光明与黑暗的交织之所,即澄明(林中空地)。万物在真理之光中涌现,并且是作为自持着的物自身。虽然原初意义上的真理并不是判断真理,但它作为光是人与对象之间的中介,而作为思想或命题与事实的符合关系的判断真理无非就是它的一种衍生形态。

Truth is Light: The Concept of Truth from a Phenomenological Perspective

Chen Yong

Abstract: This paper tries to investigate the ontological aspect of truth. It is argued that truth must be seen as one kind of medium between man and world. In Republics Plato interprets it as light, which comes from the idea of good. Therefore, as light truth can be seen as objective. On the contrary, Descartes defines truth as the clearity and distinctness of ideas. In his idealism truth amounts to certainty. From a phenomenological perspective, Heidegger interprets truth as clearing (Lichtung), which is the place where both light and darkness exist. It can also be understood as the world, where we live and things show themselves.

Keywords: Truth, Light, Plato, Descartes, Heidegger

---

① Heidegger, M., *Wegmarken*, S. 301.

情绪与氛围
——莫里茨·盖格尔关于风景画之主客同感的考察

张 琳[*]

[**摘 要**] 莫里茨·盖格尔(Moritz Geiger)站在现象学的立场,与心理主义美学针锋相对。他遵循胡塞尔(Edmund Husserl)现象学本质直观的方法,通过意向性理论的分析,指出"感受特征"与"感受色调"之间的"质的同一性",揭示风景绘画与欣赏主体之间的内在关联。盖格尔试图论述一种在作为风景画与欣赏主体之间的互动的可能性,为探究风景画中的本质结构及其主客同感提供可能。这样一种现象学美学的根本动机在于,通过意识结构的奠基性揭示艺术作品与欣赏主体之间的关联,克服自然模式下的主客二分式的理解方式,恢复一种原初性的感受体验。

[**关键词**] 感受特征;感受色调;采取性的态度;震颤状态;内摄性

莫里茨·盖格尔是第一个将胡塞尔现象学"本质直观"方法与美学相结合

---

* 张琳(1989—),女,天津人,浙江大学哲学学院外国哲学博士研究生,主要研究领域为现象学、美学。

的哲学家,他洞察到美学研究的对象不是逻辑概念和外感知的客观对象,而是内在的审美体验。其关于审美领域的分析主要以胡塞尔的现象学为始基。虽然胡塞尔并没有针对美学进行专题讨论,但其关于意向性、图像意识、生活世界等卓越的理论分析非常贴近美学研究。同时,盖格尔的美学研究目标不仅基于对科学美学的确定,即探究一种独立自足的一般美学;同时还基于"事实科学"与"本质科学"的对抗,即反对以心理经验和事实为基础的心理主义美学,这与胡塞尔的反心理主义也是一脉相承的。其理论贡献不仅在于一种新的美学理论的形成,同时也为研究一般性的审美经验提供思路和可能。

现象学美学面对的是人类自由的精神世界,是审美的观念世界。审美不是推理,只能是直观。盖格尔认为,风景画所呈现的不仅仅是自然和事物,还有饱满的生命质感。其显现着某种来自人类自身的更为本质的东西,即一种意味的存在。然而,风景画作为无生命之物,如何向主体呈现出情感和生命? 对效果美学或者心理主义美学来说,风景画的情绪感知与主体自身的感受别无差异,"风景的愉快"的实际含义不过就是愉快的感受,它产生于风景对主体的刺激,然后主体再投射到风景上。盖格尔批判这种效果理论,他试图以现象学直观的方法,摸索一种去主体化的审美态度。本文旨在对盖格尔关于风景画之情绪同感问题进行考察,探究一种风景与主观共鸣的可能性。同时,通过施密茨(Hermann Schmitz)对风景画之身体与空间关系问题的讨论,以及他对盖格尔的批评,获得一些新的视野。

一、风景画之感受的意向分析

风景画是通过色彩对自然的描绘,而不同的色彩之间也可以营造不同的情绪氛围。蓝色是忧郁和平静的,黄色是明亮和活泼的,红色是热烈和奔放的,这些无生命的色彩在话语陈述或视觉直观的情态下被赋予了活力,烘托出了某种拟人性的情绪氛围。"自我"(Ich)作为体验的主体具有一种可以感知他人的"同感"(Einfühlung)能力,通过间接把握或者联想的方式共体验(Miterleben)经验世界的构造因素。作为与自我无相似躯体的带有广延的色彩,如何被自我感知到某种情绪?

首先,盖格尔认为,"颜色的愉快感是一种类似于强度和质量的属性,相比之下,人的愉快是属于'作为经验的主体'的东西,具有一种表达功能,是生命存在。"①颜色的情绪作为与强度、质量等类似的特征构成了颜色的组成要素,作为一种次要的客观成分,实际上并不处于主体的感受之中,它更像是一种隐喻的说法,因此要在颜色的情绪与人看到颜色后产生情绪之间做出明确的区分。

而流行心理学将"色彩的愉悦归于感受"②的说法,在盖格尔看来就是一种未加区分的混淆。这种混淆导致了一种以心理事实为基础的心理效果理论,即这种精神色彩在于外在事物对主体所施加的刺激和影响,是带有主观色彩的描述,而非精神色彩本身的描述。这种心理效果理论完全是一种外在的因果理论,其中原因与结果的关系,并不在于主体与对象的内在关联中,它们完全是两个并列存在的客观事实。恰恰是这种外在的因果-效果理论导致了某种存在意义的遗忘。然而,审美不仅有审美愉悦,还负载着审美的深度。"精神色彩"并不来自于外在客体,而是来自于主体所处的生活世界的关联中。一幅风景画的"精神色彩",不在于这幅画的纸张或者颜料等物质方面的规定,而是关于与直观的图像的喜怒哀乐的无数个联想,它是生命存在的表达,甚至是呐喊。这也是现象学最终要揭示的生活世界的关联,在意向性结构所把握的非课题化的视域中,"精神色彩"才如其所示地显现出其本真的意义。

而对于人的愉悦的分析,不能采取心理效果理论的方法,而应该通过直观的洞察,获得比心理事实更为原初的本质。盖格尔接受了胡塞尔的意向性理论,即意识具有意向性的本质结构,意识总是关于某物的意识。

"表象是放在我面前的东西,面对着我——它们属于意识的'客体侧';另一方面,感受是在我所处的'经验侧'。因此,我们必须区分意识生活的两个方面,一方面是客观的一面,我们看的,我们思考的,客观的经验,另一方面是我们生活在其中的那些经验,站在经验的一面,实际的自我经验,感情和意志行为以及思想经验和欲望都属于这些。"③

这里的意识的"客体侧"和"经验侧"有其特定的意义,即胡塞尔《逻辑研究》

① Moritz Geiger, *Die Bedeutung der Kunst. Zugänge zu einer materialen Wertästhetik. Gesammelte, aus dem Nachlaß ergänzte Schriften zur Ästhetik*, Klaus Berger and Wolfhart Henckmann(eds.), Munich: Wilhelm Fink, 1976, p. 25.

② Moritz Geiger, *Die Bedeutung der Kunst. Zugänge zu einer materialen Wertästhetik. Gesammelte, aus dem Nachlaß ergänzte Schriften zur Ästhetik*, p. 27.

③ Moritz Geiger, *Die Bedeutung der Kunst. Zugänge zu einer materialen Wertästhetik. Gesammelte, aus dem Nachlaß ergänzte Schriften zur Ästhetik*, p. 30.

中所说的"意识对象"和"意识行为"。在胡塞尔那里意向对象和意向行为是作为平行对应的关系存在的。将意向性的分析运用到审美活动的分析上,即对应为审美对象和审美行为。风景画并非作为实在之物被我所把握,而是作为被意识所构成的现象,即观念之物。而审美对象和审美行为的分析,即审美对象和审美自我。这里盖格尔所谓的"客体侧",实际上就是对应了胡塞尔所言的意向对象——审美对象,"经验侧"对应的则是意向行为——审美自我。在我面前的表象的东西当然不是客观实存的对象,而是我的意识对象,即"现象",而将这个意识对象给予我的各种方式,即立义方式,包含在意识行为的概念中。虽然盖格尔在这里并没有明确地提及意向行为和意向对象这两个术语,但其关于意识的"客体侧"和"经验侧"的描述与胡塞尔的意向性理论是一致的。

客观性的图像、事件等是可以被直接观察的对象,例如,颜色的情绪作为对象的客观组成部分可以直接被体验,通过直观,它可以直接且原初地被给予"自我";而对于感受性的东西则与图像、事件等直接体验的东西不同。与胡塞尔一致,盖格尔区分了感知对象与实项被体验的内容,区分了感知与体验之间的差异。颜色的情绪作为感知对象,而主体看到颜色后产生的情绪是实项被体验的内容。前者是"立义"后的结果,而后者是"立义"。立义的不是作为感知对象的内容,而是意识体验中的感受因素。既然颜色的情绪这一客观属性与感受毫不相关,那么颜色的快乐情绪特征和主体快乐的情绪为何又能拥有相同的名称?二者似乎保持着某种关系。例如,一个欢快的风景足以让我有一个欢快的心情,一个忧郁的风景至少会为忧郁的情绪提供某种可能性。心理学上的因果关系的解释,似乎在某些时候是奏效的。但这种因果关系是一种客观的外部关联,它在分析内在感受的情况下毫无用处。

盖格尔虽然没有进一步讨论客体化行为和非客体化行为之间的关系问题,但在感受体验的讨论中,盖格尔倾向于利普斯的观点,即非客体化行为可以直接被体验。例如,"我把我的悲伤直接作为我的体验,因为我的悲伤直接被赋予了我,而我直接而看到的颜色,不被体验为我的颜色,而是与我不同的东西,与我对立的东西"①。盖格尔继承利普斯关于这个观点的论述,他认为"利普斯将

---

① Moritz Geiger, *Die Bedeutung der Kunst. Zugänge zu einer materialen Wertästhetik. Gesammelte, aus dem Nachlaß ergänzte Schriften zur Ästhetik*, p. 29.

感情描述为自我的品质是毫无疑问的"①。这里的主客方面,不是在认识论意义上的对立,它们必须在直接意识中被发现。在他看来,这种感受可以作为与客体化行为一致的行为被直接体验。但实际上,意识总是关于某物的意识,非客体化行为并不具有构造客体对象的能力,但它潜在地指向某个对象。因此,一定存在某个事物或事态,使得悲伤这一行为得以被激发。因此,从现象学的角度来看,利普斯对情感的分析,是不彻底的。

盖格尔认为应该在感受内部,即"经验侧"进行划分,即感受的客观方面和感受的主观方面。他认为风景的愉快的感受既存在主观成分,又存在客观成分。其主观成分属于意识的经验方面,它是一种主观感受,但还是投射到物体之上,即一种笼罩在事物上方的微光(den Schimmer über den Dingen)②,盖格尔称其为**感受色调**(Gefühlston)。③ 其客观成分作为对象的属性,属于意识的对象方面,其起源与主观感受有很大不同。但由于它与感受具有"**质的同一性**"④(qualitativer Identität),称为感受特征(Gefühlscharakter)。他之所以要对此进行一种区分,在于他主张的正是风景和主观情绪的共鸣。因为从效果理论的角度来看,风景画的情绪无非就是主观情绪,不存在主客共鸣的空间。但盖格尔就是要做出一个假设,即通过风景画的情绪和主体的情绪之间的互动来谈论一种调整,即风景画的"感受特征"影响主体的情绪,而主体则将其"感觉色调"联结到风景画中。

二、"感受特征"的把握方式

然而,这种感受特征如何被主体所把握? 事实上,不同的主体,其把握对象的方式截然不同。例如,心理学家会冷静地观察某种忧郁情绪;艺术鉴赏家会

---

① Moritz Geiger, *Die Bedeutung der Kunst. Zugänge zu einer materialen Wertästhetik. Gesammelte, aus dem Nachlaß ergänzte Schriften zur Ästhetik*, p.28.

② Moritz Geiger, *Die Bedeutung der Kunst. Zugänge zu einer materialen Wertästhetik. Gesammelte, aus dem Nachlaß ergänzte Schriften zur Ästhetik*, p.35.

③ Moritz Geiger, *Die Bedeutung der Kunst. Zugänge zu einer materialen Wertästhetik. Gesammelte, aus dem Nachlaß ergänzte Schriften zur Ästhetik*, p.35.

④ Moritz Geiger, *Die Bedeutung der Kunst. Zugänge zu einer materialen Wertästhetik. Gesammelte, aus dem Nachlaß ergänzte Schriften zur Ästhetik*, p.36.

以鉴赏的方式对这种忧郁情绪进行内在的把握;画家则又会以艺术的方式接近这种忧郁情绪。因此,"感受特征"可以以不同的方式深入到我们的主观经验中。这种方式的差异性恰恰在于一种内在的立场,即对对象的态度。盖格尔认为有两类态度。第一类是观察性的态度(Die betrachtende Einstellung),即感受特征与自我之间相互分离。这种态度是一种将情绪作为一种外来之物进行观察,是一种主客二分的观察方式,这是被盖格尔所排斥的。第二类态度是接受性的态度(Die aufnehmende Einstellung),即感受特征以某种方式进入我们的主观经验,它区别于观察性的态度,它发生在审美享受中,它是一种沉浸式的态度,是主客一体的感受方式。接受态度又分为四种类型:具体类型的接受态度(Die gegenständliche Art aufnehmender Einstellung)、采取性的态度(Die stellungnehmende Einstellung)、多愁善感的态度(Die sentimentalische Einstellung)与同感的态度(einfühlenden Art der Einstellung)。

经验与现象

盖格尔认为,风景画具有明显的情绪内容,很适合作为研究感受特征的对象。下面将结合一幅风景画对四种接受态度进行简要的分析。"在画中远处是起伏的丘陵,并一直延伸到远方。天空阴云密布,深色的区域预示着即将到来的一场听不到雷声的初夏之雨。"①

(1) 具体类型的接受态度

"一个人的态度完全是内在被动的,以便吸收从对象散发出来的一切。然后它就像一股流体(Fluidum),从对象中来,并在我之中蔓延开来。但我仍然保持纯粹的观察——**我在这里,对象在那里**。"②相比纯粹的观察方式,这种把握方式的优越性克服了主客二元的立场,自我在感受特征营造出的初夏雷雨之前的气氛中,完全被动地沉浸其中、消融其中。这里所营造的氛围感被直接描述为一种感受或者情绪是不恰当的,自我的情绪与在我的意识中散发出来的情绪是完全不同的。虽然自我消融在对象之中,但是自我并没有丧失自身,它完全被动地等待,等待对象接近它们。这种态度主要集中在风景画中单独个体对象的感受特征上,个体对象是观察的既定起点,这些个体对象在感知中并不停留

① Moritz Geiger, *Die Bedeutung der Kunst. Zugänge zu einer materialen Wertästhetik. Gesammelte, aus dem Nachlaß ergänzte Schriften zur Ästhetik*, pp. 43 – 44.

② Moritz Geiger, *Die Bedeutung der Kunst. Zugänge zu einer materialen Wertästhetik. Gesammelte, aus dem Nachlaß ergänzte Schriften zur Ästhetik*, p. 45.

在个体上,它们在感受特征上联合起来,形成整体特征和情绪的统一,进而使整个风景画在整体上被把握。但是,具有感受特征的个体对象的独立性并没有因此而受到干扰,即个体既然能被感知为个体,就仍然保持着与整体相关的个体性。同时,这种把握对象的方式是一种完全被动的接受立场,自我被动地让对象的感受特征在自我之中影响。盖格尔认为,符合这类态度的艺术风格**是写实主义和自然主义的表现手法**。[①] 在写实主义的绘画中,每个单独的对象都要以其自身的感受特征来看待,这种态度是纯粹被动的。

(2) 采取性的态度

与前者相区别的是,这种把握方式不再是具有完全的被动性,而富有主动的特征,即做出反应,并采取某种态度。自我在第一眼就已经把握了作为整体的乌云密布风景的忧郁的感受特征。主体不必单独对画中个别的对象进行一一考察,就可以一下子将风景的情绪综合起来。自我主动地接受对象的影响,产生某种特殊的体验,在这种体验的目光下,感受特征与自我的感受情调相适应,自我与感受特征之间不再存在某种分离。在这种态度下,我产生了某种特殊的经验,这种经验不是简单地投射到自我上面的某种光晕,而一定是我自身之内就存在的某种类似的情绪。主体通过这种特殊的经验的目光观察事物,以便那些感受特征在这种情绪中涌现。相比较第一种态度,这里强调了一种主体与对象之间的互动,使得感受特征与自我经验相适应。这种态度是在人们体验过程中采取的,而这些情感却是在人们行为的全部过程中自己产生出来的。

从艺术创作的角度来看,对于整体的艺术特征的把握,需要在细节上做出一些设计、限制和挑选。那些与整体感受特征不同的单独的个体对象的特征,必须做出调整。例如在童话故事中对魔鬼的描述,这里的魔鬼一定不能是令人感到惊悚的形象,而是调整为与那可可爱爱的童话氛围相协调的程度。通过适当的调整,那些本不符合整体艺术氛围的个体特征可以符合整体的艺术色调。同样,在文学作品中,例如"太阳刚刚升起,在白色的胭脂上投下了红色的光芒,而窗帘边上射进来的晨光还是蓝色的,使床头白色褶皱间的阴影也变成了蓝

---

① Moritz Geiger, *Die Bedeutung der Kunst. Zugänge zu einer materialen Wertästhetik. Gesammelte, aus dem Nachlaß ergänzte Schriften zur Ästhetik*, p. 46.

色……。"①在这里,似乎没有一个词能表达某种特定的情绪。但是,这里所描绘的词语组合在一起就形成了某种氛围,感受特征就藏在那些色彩、光晕和对象之中,主体可以一下子就体验到某种情感。因此,在文学或诗歌的创作中,虽然很难找到对对象情绪的纯粹性的描述,但是一定有某些艺术的表达特征,可以达到营造氛围的效果。诗歌自身的韵律和词语的选择,使得被建立起来的图像带有了某种特定基调的情绪,超出了语言所表达的东西。这些词语单独列举出来毫无意义,但是当它们以某种形式和秩序组成在一起的时候,一个富有意义的整体就在眼前建立起了图像,这种形式韵律带有某种深刻的艺术意味,其基本的功能在于其秩序和联结方式。例如像光、气和声音等非实体性的元素,赋予空间某种特殊的气氛。此外,模糊化的自然元素,例如云、雾、光等,使得对象的外形模糊化,这种漂浮、围绕在景物周围的模糊的东西营造出了某种气氛透视的效果。

(3) 多愁善感的态度

在这种态度下,主体不再对个体对象感兴趣,他们既不关注个别的感受特征,也不关心整体的感受特征。对其而言,他们完全沉浸在由对象激发出的情感之中,感受特征完全被主体情绪所吸收。与前两种态度不同的是,对象不再作为在感受特征上被把握的对象,而是它引发了主体的某种情绪的东西,这种情绪反过来笼罩着对象。事实上,这种态度不利于对艺术作品进行纯粹的描述,它只关注以艺术作品作为手段所激发出的效果上。例如,"一个人正在欣赏一幅宁静的风景画,他被某种感受的意味所刺激,并且使他自己被这种悲伤意味的魔力震慑住。他享受这种距离,享受着这种明亮芬芳的气氛,也享受着这种明亮而又含糊的色彩。但是,这幅风景画具有的所有这些特性,都不是以细节的形式出现在意识面前……人们没有专注于这幅风景画,与此相反他们就生活在由这幅绘画启发出来的情感之中"②。盖格尔认为第三种态度具有伪审美态度的危险。它关注的是用艺术作品作为手段所引发的效果,并沉浸在这种效果之中。从心理学的角度来看,有两种不同的过程导致这种伪审美经验。一种是对艺术作品主题的兴趣,另一种是将艺术作品的历史意义和审美意味混为一

① Moritz Geiger, *Die Bedeutung der Kunst. Zugänge zu einer materialen Wertästhetik. Gesammelte, aus dem Nachlaß ergänzte Schriften zur Ästhetik*, p.47.

② 莫里茨·盖格尔:《艺术的意味》,艾彦译,南京:译林出版社,2019年,第103页。

谈。但是不是说这种被激发的情感不可以被人们享受,我们也从来不否定这种态度带给人的审美享受,但是我们要否定的是它带来的艺术作品本身的享受。

盖格尔在其后期的艺术的价值理论中,将这种态度定义为"内在的专注"(Innenkonzentration),它与真正合适的艺术的审美态度——"外在的专注"(Außenkonzentration)相区别。从艺术的风格来看,那些带有浪漫主义色彩的东西更容易让欣赏者进入一种内在专注的态度。例如,抒情散文诗。在一定程度上,它通过词语来调解情绪。这种情绪是不明确的经验对象的创造,或许比具体的东西更容易被把握。然而,通过文字来呈现的画面是困难的,但如果只是情绪展现,常规的文字和常规的诗词韵律,加上其情绪的内容,就足以编织出刺激某些情绪的作品。

(4) 同感的态度

自我与对象的感受特征联系起来的另一种方式是同感的态度,它与第三种态度具有相似性,即两者都强调经验和情绪,但是在自我与对象之间的关系上是根本不同的。

在同感的态度中,自我被对象所触动,产生了某种情绪,而这种情绪又自发地引向了自我曾经拥有过的这种情绪。盖格尔认为这里产生的两种情绪实际上是来自不同端点的同一种体验。一个是来自对象方面的体验,一个是来自自我自发性的"后体验"(nacherleben),即在反思中重温的体验。这种情绪属于对象,又源自自我的自发性。[1] 对于体验来说,自我和对象并不是一体的,而是自我自发地后体验和共同体验(Miterleben)[2],使得自我沉浸在对象中,使自我与对象的情绪产生了共鸣。在共同体验中,"情绪不是为我的意识而存在的,它是以一种特殊的意识存在,我不仅体验到了自己的情绪,而且还共同体验与重新体验到了它……情绪与意识相互联系,它是一种重新体验的情绪。因此在情绪的共体验中,自我与对象相互协调起来"[3]。也就是说,对象的情绪是固定的、

① Moritz Geiger, *Die Bedeutung der Kunst. Zugänge zu einer materialen Wertästhetik. Gesammelte, aus dem Nachlaß ergänzte Schriften zur Ästhetik*, p. 53.

② Moritz Geiger, *Die Bedeutung der Kunst. Zugänge zu einer materialen Wertästhetik. Gesammelte, aus dem Nachlaß ergänzte Schriften zur Ästhetik*, p. 54.

③ Moritz Geiger, *Die Bedeutung der Kunst. Zugänge zu einer materialen Wertästhetik. Gesammelte, aus dem Nachlaß ergänzte Schriften zur Ästhetik*, p. 54.

不变的、客观的情绪,而自我的后体验是朝向这个对象的,为了寻找一种能够使自我在对象中蔓延、扩散、融化的东西而努力。在后体验的意识中,那种原初指向的某个对象越是消退,越能凸显这种自发体验与对此风景画体验的接近,直到最后,自我与对象合二为一,"后体验被理解为自我在对象中的消解"[1]。例如,风景的特征是阴郁和悲伤的,自我将自身抛到这种氛围中,沉浸在这种氛围中,自我跟随着对象的情绪,自我的情绪与对象的情绪融为一体。

但这种同感的态度中,虽然主体与对象最终相互融合,但这似乎是一种理想化的情形或者说是一种完美的巧合,后体验情绪的原初对象如何消失,盖格尔也并没有给出任何说明。当然,盖格尔之所以提出这种类型的态度,也只是想给出一种思维的可能性。即便这种态度在实际操作中存在许多矛盾,但也不应该忽视其存在的潜能。

盖格尔细致地分析了四种类型的接受性态度,其中前两种类型的态度的共同点是,它们关注个别对象的感受特征,即它们的兴趣中心是在于对象侧。后两种类型的态度则是关注所引发的情绪,即它们的兴趣的中心在主体经验侧。根据盖格尔的论述,可以明显地看到利普斯美学的影子。利普斯的美学研究的起点在于一种引发美的感受的东西。他追问审美享受的对象,以及在享受中享受的东西。根据利普斯的说法:"我们最终并不享受对象,但我们在对象中享受自己。我们享受我们与物体的共鸣,我们享受我们在物体中发现的自我价值。所有的审美享受都是自我享受——是客观化的自我享受——是自身生命的享受。"[2]盖格尔认为利普斯的美学是带有心理学意味的美学观点,他的审美的起点不是审美对象,也不是艺术作品,而是纯粹的心理事实。在享受中所享受的又是一种心理上的东西,即自身同感与被同感的生命价值。而在后两种类型中,可以很明显地看到这种客体化的享受的倾向。而对于审美体验来说,盖格尔认为这样的体验不是被动的,而是一种对艺术作品的结构的主动的、内在的描述。因此对于盖格尔来说,审美体验关注的焦点应该在于对象侧,即主体主动地参与到对象中去。而从经验侧来说,这种把握方式不再是以艺术作品为把

---

① Moritz Geiger, *Die Bedeutung der Kunst. Zugänge zu einer materialen Wertästhetik. Gesammelte, aus dem Nachlaß ergänzte Schriften zur Ästhetik*, p.55.

② Moritz Geiger, *Die Bedeutung der Kunst. Zugänge zu einer materialen Wertästhetik. Gesammelte, aus dem Nachlaß ergänzte Schriften zur Ästhetik*, pp.74-75.

握起点,而是对内在感受的享受,因此不产生作为主体和客体相互融合的存在意义。

盖格尔反对主客二元的纯粹观察的态度所导致的自我与对象的疏离,排斥心理效果理论,探索一种基于感受色调与感受特征相互作用为原则的,在意识中被把握的方式,从而揭示出主体在艺术欣赏中与艺术作品形成情感共鸣的可能性。

三、施密茨对盖格尔关于风景情绪的继承与批评

盖格尔在后期价值论美学对于风景画的审美享受的描述中,提出"外在关注"的纯粹的审美态度。他认为多愁善感的态度是一种内在的采取性的态度,主体沉浸在艺术作品激发的情感中,他享受着这种情感,而非享受风景画本身。他认为:"当人们的注意力不是针对这种情感、而是针对那种客观性的东西的时候,他们就可能以一种完全不同的方式来体验这幅风景画了。在这种情况下,人们的专注的方向所针对的那些构成这幅风景画的结构成分。人们睁大眼睛观赏它,静观它的各个细节;人们领会上面的原野、上面的房屋、上面的树丛。这幅风景画不再存在于人们的观点之外——它就是人们的兴趣的中心,而且,人们也向从它那里汹涌而来的东西开放自身。它虽然唤起人们的情感,而这种外向的态度却没有什么干扰:他们就生活在外在的专注之中。"①

外在的专注意味着主体关注的是"对象侧",即那些构成风景画的结构成分,自我与对象之间的关系是互不干扰的,它所领会的完全是艺术作品的结构的特殊性。只有在这种态度下,对于作品的评价才具有不掺杂自我情感的公正性,才是对艺术作品本身的纯粹体验。这种态度有一种去主体化的倾向,即将主体完全被动地消融在对象之中,这与上文提到的第一种接受态度相对应——即"我在这里,对象在那里"。

施密茨的新现象学理论不再拘泥于主体与客体的关系上,而是转向了身体性与空间关系。他认为,哲学一直倾向于将人看作是身心分离的二元结构,即由理性支配的内心世界与无聊的外部世界的分离。这种思维方式将主体与客

---

① 莫里茨·盖格尔:《艺术的意味》,第104页。

体的关系限制在封闭的内心世界和与之隔离的外部世界,排斥了主体丰富的感受体验。施密茨新现象学的哲学是对"人在遭际中的处身情态"的描述,他强调的是一种实践化的哲学。他认为以往哲学的理解的主体性都是抽象意识的主体性,即,心灵被视为一个封闭的空间,外部世界是在心灵的一种映射。施密茨恰恰要脱离内心世界的范围,而是从处身情态所构成的主体性的角度,讨论一种直接的体验,从而恢复人的原初生活经验的可能性。他的"内摄性"(Introjektion)概念的提出,批判了欧洲哲学二元论和理性中心主义的传统思维范式,是主体在处身情态之中的消融。

此外,施密茨作为氛围美学的创始人,在一定程度上继承了盖格尔的美学思想,他们在关于风景画的论述中,都是站在去主体化的立场上,对身心二元的分裂的批判。虽然施密茨批评盖格尔的意向性理论中依然具有内摄性的倾向,但是他们在关于艺术作品欣赏中的去主体化的指向上是一致的。同时,盖格尔关于"享受""沉浸""笼罩在艺术作品之上的光晕"等的描述,也为氛围美学提供了必要的思想框架。施密茨赞同盖格尔在《审美享受现象学》中关于一般享受与审美享受的划分,并对其进行了改造,他举例指出,"享受新鲜空气和享受自己深呼吸所感受的震颤(本身已经令人愉悦)要区别开来"①。他认为呼吸是一种身体动力学,当深呼吸时,空气通过鼻腔进入胸腔,身体舒张,当吐气时,胸腔中的浊气顺着鼻腔而出,身体较舒展时有所收缩。后者通常或多或少具有感官上的愉悦特征,作为震颤状态的角色是自身涌出这种愉悦。施密茨把这种人自身直接感知到的切身性经验,称为身体的情绪震颤状态,它为原初生活经验奠基。在这种震颤的状态中,人与世界处于混沌状态,或者说是一种天人合一的状态。在这种处境下,人与客体不再分离。施密茨反对那种将享受放置于反思中的态度,他认为,"应该是伴随着这种震颤,享受允许自己参与其中,并与它一起转向对象"②。因此,享受新鲜空气作为被它震颤的愉快体验,实际上是对空气的享受,而不是对被它震颤的享受。施密茨认为盖格尔关于享受的分析仍具有内摄性的倾向,他指出"一般享受与感受的享受也没有什么不同,盖格尔可能

---

① Hermann Schmitz, *System der Philosophie, Dritter Band: der Raum, Vierter Teil: Das Göttliche und der Raum*, Bonn: Bouvier, 1995, p. 643.

② Hermann Schmitz, *System der Philosophie, Dritter Band: der Raum, Vierter Teil: Das Göttliche und der Raum*, p. 643.

只是将其作为与对象相关享受的奇怪对立物的外感知来讨论,因为他处于内摄的魔力之下"①。对于施密茨来说,感受不是一种私人的内在感受,而是"超越主体"(überpersönliche)的氛围情感,是从空间上涌出来、占据自己身体的气氛。对他来说内心世界与外部世界都没有意义,因为他的目的是克服内摄性。

施密茨认为风景画是一个未封闭的空间,它充满整个视野。如果说风景只存在主体的眼中,那么景观的这种主观化首先是针对观看者对其周围环境的一部分视觉领域的选择,然后是针对在景观中感知到的客观感受的储存,根据内摄法,这些感受仅仅是来自"感觉"主体的"内心世界"的投射。施密茨批判客观特征与感受色调的相契合所得出的主体与自然的共鸣观点,他认为"它不是基于现象,而是基于这样一种偏见:即感觉'实际上'属于一个主体的内心世界,因此,如果它们仍然是通过观察风景而发现的,它们一定是从风景转移到内心世界的"②。例如:

当我独自在自然界的某个地方,看着乡间的风景时,我尤其感到憧憬。有时它如此强烈地抓住我,以至于我开始哭泣。③

这种感觉从广阔的风景中浮现并抓住了那个受触动的主体,而不是从主体的内心世界被带入其中。如果风景的情绪产生于主体的情感状态,那么景观的情绪和观察者通过感情的参与相互匹配,是一个特别完美的巧合。而实际上,主体所感知的景观情绪往往与抓住他的情绪相反,施密茨认为"至少在一般情况下,鉴于景观情绪,由内摄产生的投射和移情理论在现象学上是站不住脚的"④。景观在身体空间中展开;如果它们被感情或情绪所填充,这必须具有情感空间的特征。虽然以胡塞尔为代表的经典现象学从意向性的角度讨论意识的体验结构,从而取消主客二元的思维方式,但是作为新现象学的施密茨,认为

---

① Hermann Schmitz, *System der Philosophie, Dritter Band: der Raum, Vierter Teil: Das Göttliche und der Raum*, pp. 643 – 644.

② Hermann Schmitz, *System der Philosophie, Dritter Band: der Raum, Zweiter Teil: der Gefühlsraum*, Bonn: Bouvier, 1998, pp. 397 – 398.

③ Hermann Schmitz, *System der Philosophie, Dritter Band: der Raum, Zweiter Teil: der Gefühlsraum*, p. 397.

④ Hermann Schmitz, *System der Philosophie, Dritter Band: der Raum, Zweiter Teil: der Gefühlsraum*, p. 399.

经典现象学依然带有传统意义上的抽象主体的倾向。① 施密茨通过人的身体与空间融入的新现象学,消除传统哲学关于主体与客体关系的讨论域,尝试脱离这种对人的抽象的把握,从一种现实的切身处境来讨论人的存在。但在笔者看来,施密茨似乎只是更换了一个切入问题的角度,并没有在根本上解决主客关系问题。同时,盖格尔在其思想后期也将目光转向人类存在的核心方向。审美体验作为一种可以触及人性的深层媒介,可以克服日常生活中的狭隘目的和有限的视野,使人性得到更好的提升和拓展。在这个意义上,审美体验具有一种全面的解释功能,这使得美学对人的贡献超越了科学知识对人的影响。笔者认为施密茨对于盖格尔的批评,在其新现象学的视角上,是可以被接受的,但盖格尔从主客关系的问题域上讨论审美经验的尝试,仍然是富有成效且具有借鉴意味的。

四、总结

盖格尔对风景画的感受体验的描述,是对经验主义和实验心理美学的主观主义思想的批判。他批评心理学美学对感知对象与实项被体验内容之间的混淆,并通过现象学的意向性分析,指出"感受特征"与"感受色调"之间的"质的同一性",揭示出主体对对象的共鸣情绪的可能性。同时,在上文的论述中,我们可以看到盖格尔多次提到了主体与艺术作品所共同构建的审美享受的气氛,并指出这种氛围的可营造性。但盖格尔认为这种气氛不应被直接描述为一种感受或者情绪,而应该对自我的情绪与在自我的意识中散发出来的情绪做出区分。而对于施密茨来说,虽然他关于风景画中的感受的论述在一定程度上吸收了盖格尔审美享受的思想,但他新现象学的目标是要从根本上消除哲学史上的内摄性的思维,从空间与身体的融合的氛围中,彻底取消主体性的东西。施密茨的氛围美学恰恰也是基于审美享受这一环节,这与盖格尔审美享受理论一脉相承。但他不再关注自我如何走出自身并进入世界,不再关注主体与外部世界的关系,而是从实践性哲学的方向,讨论身体与环境的当下体验的维度。而盖

---

① Hermann Schmitz, *Der Weg der europischen Philosophie*, Freiburg/München: Karl Aber, 2007, pp. 678 – 685.

格尔关于现象学美学的根本动机在于,通过意识结构的奠基性揭示艺术作品与欣赏主体之间的关联,克服自然模式下的主客二分式的理解方式,恢复一种原初性的感受体验。从总体上来看,不论是胡塞尔、盖格尔还是施密茨,他们的理论研究所指向的方向都是为了批判主体性所导致的时代病垢,在不断的摸索、批判与反思之中,为推动哲学美学研究提供崭新的理论成果和学科视野。

Mood and Atmosphere: An Examination of Moritz Geiger's Sympathy for the Subject and the Object in Landscape Painting

Zhang Lin

Abstract: Moritz Geiger stands on the standpoint of phenomenology, and confronts the aesthetics of psychologism. He followed Husserl's phenomenological essential and intuitive method, and through the analysis of intentionality theory, he pointed out the "qualitative identity" between "perceptual characteristics" and "perceptual tones", revealing the inner relationship between landscape painting and appreciating subjects. Geiger tries to discuss the possibility of an interaction between landscape painting and appreciating subject, and provides the possibility to explore the essential structure and subject-object empathy in landscape painting. The fundamental motivation of such a phenomenological aesthetics is to reveal the relationship between artworks and appreciating subjects through the foundational structure of consciousness, to overcome the subject-object dichotomy in the natural mode of understanding, and to restore an original experience.

Keywords: perceptual characteristics; perceptual tones; adoptive attitude; to be affected; introjection

走近西方文化

支那西方文化

并非男儿身：一位学术孤芳者的回忆录[*]

[美]苏珊·哈克/著　颜中军/译^{**}

[摘　要]　在智识领域，苏珊·哈克是如此卓尔不群、超凡脱俗：从来不愿意随波逐流，非常厌恶吹捧式的学术写作和对学术批评的轻蔑态度，拒斥所谓的女性主义哲学以及各种似是而非的时髦论调。在逻辑学、形而上学、认识论、法哲学等领域自由翱翔，以新古典实用主义精神坦诚地、务实地、批判地、审慎地思考哲学问题，关注这个世界，始终坚持走自己的路，恪守自己的信念。

[关键词]　苏珊·哈克；回忆录；坦诚实在论；新古典实用主义；批判的常识主义

* 基金项目：国家社科基金重大项目"逻辑词汇的历史演进与哲学问题研究"（20&ZD046）；湖南省教育厅优秀青年项目"现代逻辑多样性及其演变脉络研究"（20B234）。本文译自 Susan Haack. "Not One of the Boys: Memoir of an Academic Misfit," *COSMOS + TAXIS*, Vol. 8, Issue 6 + 7, 2020, pp. 92 – 106. 为了方便读者了解文章内容，译者添加了摘要和关键词。武汉大学哲学学院陈波教授对译文做了全面审校和斧正，特此致谢。

** 苏珊·哈克（Susan Haack, 1945—　），当代著名哲学家、逻辑学家，新古典实用主义杰出代表，主要作品有《逻辑哲学》《证据与探究》《理性地捍卫科学》《证据事项》《重新整合哲学》等。颜中军（1982—　），男，湖南衡阳人，哲学博士，湖南科技大学马克思主义学院教授，主要研究领域为现代逻辑、逻辑哲学与分析哲学。

我认识的一个学艺不精的木匠曾在我耳边说："人与人之间几乎没有什么差别；但仅有的一点儿差别，恰恰至关重要。"——威廉·詹姆斯（Willian James，1890）①

　　每个人心里都非常清楚地知道，自己是独一无二的，在这世界上只活一次，而且不可能有第二次机会把各种奇妙的混杂元素重新聚拢在一起，以整合成像他现在那样奇特的个体。——弗里德里希·尼采（Friedrich Nietzsche，1874）②

　　回顾我在学院的五十多年，我意识到——尽管我一直觉得我选择了正确的职业，做着我该做的工作——但我从来都不是那些男孩中的一员；同样也不是女孩中的一员。我一直有点不合群。

　　首先，我从来都不太适应社交。实际上，我仍然记得初到牛津时的文化冲击：我家里没人上过大学；我的口音暴露了我出身中下阶层；像我的大多数同学一样，我没有上过私立学校；而且我也没有对所期望的工作水平做好充分的准备。我甚至不知道这顿饭叫什么——我从小就称之为"晚餐"的是"午餐"，而我从小就称之为"茶"的是"晚餐"。不知不觉中，我很快就学会了说得更好；凭借非常刻苦努力，我很快就在学业上迎头赶上了。但直到多年以后，我才明白牛津在多大程度上是关于"人脉"和"血统"而非教育的。③

　　甚至在很久以后，当我已成为一名资深教授时，我在同事和同辈中仍然会

---

① William James, "The Importance of Individuals," *The Open Court* 4, no. 154 (August 1890): 24 - 37, reprinted in William James, *The Will to Believe and Other Essays in Popular Philosophy* (1897; New York: Dover, 1956), pp. 255 - 262, pp. 256 - 257.

② Friedrich Nietzsche, "Schopenhauer as Educator," (1874), in *Untimely Meditations*, trans. J. R. Hollingsworth (Cambridge: Cambridge University Press, 1993), pp. 125 - 194, p. 127.

③ 1988 年，圣路易斯的华盛顿大学举行的蒯因八十寿辰纪念会上，在一次与昆顿勋爵（Lord Quinton）、阿尔弗雷德·艾耶尔爵士（Sir Alfred Ayer）和彼得·斯特劳森爵士（Sir Peter Strawson，英国小型代表团的其他成员）共进午餐时，我终于明白了这一点。当时，话题转向一位申请牛津大学讲席教授职位的人身上。彼得爵士是招聘委员会的一员，他吐槽一位申请者："我真的有必要读他那本无聊的书吗？"他问在场的各位。弗雷迪爵士（Sir Friddie）回应说："我不明白为什么，他甚至没有上过正规学校。"（艾耶尔上过伊顿公学；但"正规学校"这个概念在著名的私立男校名单上位置到底有多靠后，我迄今未知。）

感到尴尬。我从来都不擅长和我几乎不认识的人闲聊[①];不喜欢啤酒、廉价葡萄酒或者某位主席喜欢的威士忌;讨厌那些喧闹的"招待会";我从不掩饰自己对讨论英式足球、板球或者后来的橄榄球、棒球之类的话题多么不感兴趣,或者对那些有关政治问题片面的、相互强化的会话有多么不舒服,无论是现实的,还是学术的。

此外,多年来我了解到,我生性就不喜欢赶时髦,无论在哲学方面抑或其他方面;不擅长"搭建人脉"、针锋相对的学术利益交换、"唯唯诺诺、和气生财"以及自我推销;我对那些无论你说什么都不会影响结果的会议的容忍度非常低;我对这种制度忠诚无动于衷,这种忠诚显然让许多人相信"我们的"学生、"我们的"系部、"我们的"学校或者"我们的"大学的美妙之处,仅仅因为它们是"我们的"。我也没有感受到我所认为的性别忠诚,即:我必须与同行中的其他女性结盟,仅仅因为她们也是女性——就好像我必须与任何一位英国哲学家结盟,仅仅因为他或她也是英国人一样。坦白说,我对那些如今在哲学系司空见惯的肮脏"排名"感到厌恶。总之,我从来都不擅长任何一种形式的学术政治活动。

最重要的是,我有个糟糕的习惯,那就是心直口快,既没有天赋,也不愿意掩饰分歧或者用谄媚的机智压制批评,并且以一种令人愤怒的方式看到哲学家们极其荒谬或极度自命不凡的主张中可笑的一面——没有信念这种东西[②],关心自己的信念是否真实只是迷信[③],女性主义迫使我们"重塑科学和创建理

并非男儿身:一位学术孤芳者的回忆录

---

① 我现在还记得我和理查德·罗蒂(Richard Rorty)一次很不寻常的谈话,当时我们发现自己是第一批来到巴西的贝洛·哈里桑塔(Belo Horizonte)的一个会议上做演讲的人。我尽量表现得彬彬有礼但又不能太热情——因为会议期间我们不可避免地会发生哲学上的冲突——我问他的妻子是否也来了?她没有,他回答说:"我们是鸟类观察者,玛丽只有在我要去一个我们从未见过的鸟的地方时才会来。"我几乎要气炸了:"但是听着,你说根本就没有世界存在方式这样的东西,那么'世界上有我们从未见过的鸟的地方',到底是什么意思?"幸运的是,就在这时,一只纯黑色的蜂鸟飞过,挽救了这段对话。

② Paul Churchland, "Eliminative Materialism and the Propositional Attitudes," *Journal of Philosophy* 88, no. 2(1981):67-89; Stephen P. Stich, *From Folk Psychology to Cognitive Science: The Case against Belief* (Cambridge, MA: Bradford Books, 1985); Patricia Churchland, "Epistemology in the Age of Neuroscience," *Journal of Philosophy* 64, no. 10(1987):544-553. 亦可参见 Susan Haack, *Evidence and Inquiry*,第二版,即扩充版(1993; Amherst, NY: Prometheus Books, 2009),第 8 章。

③ Stephen P. Stich, *The Fragmentation of Reason: Preface to a Pragmatic Theory of Cognitive Evaluation* (Cambridge MA: Bradford Books, 1990)[到了 1990 年,斯蒂奇(Stephen P. Stich)最终承认,信念毕竟是存在的]。亦可参见 Haack, *Evidence and Inquiry*,第 9 章。

论"①,等等。

不过,就现在的目的而言,我在智力上也从未完全适应;不知何故,我的兴趣和想法几乎总是设法脱离当前的时尚,而且常常完全脱离了主流。差不多从一开始,我好像一直都在逆流而上。

在我刚开始的时候,人们承认,尽管有些勉强,女人也许可以做哲学——最好是伦理学、美学,以及这门学科所谓"更柔和的"一面。但我已经脱节了②;我发现伦理学异常难懂——而当我学习了逻辑学之后,我发现它更投缘,更容易掌握,提出了一些我可能会有所贡献的哲学问题。事实上,我还记得,在我和菲利帕·富特(Philippa Foot)一起为我的伦理学教程写了一篇关于道义逻辑的论文之后,她非常友好地敏锐觉察到:"是的,我明白了;这显然更适合你!"当我开始我的第一份工作时,我是剑桥大学 New Hall 学院的初级讲师,我和附近的一所大学达成了协议:我将教来自圣约翰的年轻男生们的逻辑学,以换取伦福德·班布拉(Renford Bambrough)教来自 New Hall 学院的年轻姑娘们的伦理学。[顺便说一下,其中一个年轻男生就是格雷厄姆·普里斯特(Graham Priest),我教他逻辑,从命题演算到哥德尔定理——不过我很高兴地说,不是我,而是理查德·劳特利(Richard Routley),导致他后来转向了他所谓的"双真逻辑"(dialethic logic)。]

但即便在逻辑领域,我很快就发现自己依然不合拍:反对蒯因(W. V. Quine)所坚持的观点,即"前逻辑居民"以及由此产生的变异逻辑仅仅是"虚构的",是蹩脚译者的发明③,我主张可能存在真正的变异逻辑系统,甚至这种系统可能比经典的弗雷格-罗素系统更好。不过,现在我讲的有点超前了;在解释

---

① Sandra Harding, *The Science Question in Feminism* (Ithaca, NY: Cornell University Press, 1986), p. 252. 大约十年之后,当被问及女性主义科学取得了哪些突破时,哈丁(Sandra Harding)回答说:我们已经知道月经、怀孕和更年期不是疾病。哦,好吧。参见 Colleen Cordes, "2 Scholars Examine the 'Bizarre War' Against Science They Say is Being Waged by the Academic Left," *Chronicle of Higher Education*, April 27, 1994。

② 我故意使用这个词是因为,正如我们将看到的那样,几十年后,当我冒险写关于学术道德的文章时,它成为了我的标题。Susan Haack, "Out of Step: Academic Ethics in a Preposterous Environment (2012)," in Susan Haack, *Putting Philosophy to Work: Inquiry and Its Place in Culture*, 2nd ed. (Amherst, NY: Prometheus Books, 2013), pp. 251 – 268 (正文) & pp. 313 – 317 (注释)。

③ W. V. Quine, "Carnap and Logical Truth," in *The Philosophy of Rudolf Carnap*, ed. P. A. Schilpp (La Salle, IL: Open Court, 1963), pp. 385 – 406, p. 387.

为什么我的想法从来没有成为主流之前，我应该说一下这些想法是如何演变的，以及为什么我的工作范围比大多数人都要广泛得多。因为我在智力上从未完全适应的一种方式是，在职业哲学逐渐变得越来越高度专门化的今天，我的兴趣却变得越来越广泛。

I

威廉·詹姆斯曾把他的哲学工作描述为"飞行"（演讲和文章）和"栖息"（著作）。[①] 这个鸟类的比喻很可爱；但我的版本会很不一样。在第一次鼓翼之后，我的工作似乎就像是展翅飞翔（将我的视野扩展到新的问题和新的领域），然后着陆并挖掘一些有趣的东西（找出新的细节，新的问题，探索陌生领域的新方法），然后俯冲回来（根据我从新角度发现的问题，回到老问题上来），然后再次振翅高飞，继续前行，深入挖掘——如此循环往复。事实上，你可能会像塞缪尔·巴特勒（Samuel Butler）描述欧内斯特·庞蒂费克斯（Ernest Pontifex）那样，把我的旅程描述为一个哲学家的智力成熟之旅：就像一只鹬的飞行[②]，在众多领域蜿蜒前行。

所以，尽管我最初从事逻辑学和语言哲学方面的工作，但当我被邀请去华威大学哲学系讲授为期一年的认识论和形而上学课程时，我开始展开我的翅膀，我思考，教学，并最终写作这些新问题。差不多同时，由于蒯因对他关于真理的观察漫不经心地不屑一顾[③]，促使我开始认真阅读皮尔士（C. S. Peirce）的著作，并受其启发去深入挖掘和进一步拓展。所以在出版《变异逻辑》[④]和《逻辑哲学》[⑤]之后，我开始了真正的认识论研究。最终在多年之后，完成了《证据与探究》[⑥]。

这本书引来了一大堆出乎意料的邀请，让我捍卫认识标准的客观性，反对

---

① William James, "On Some Omissions of Introspective Psychology," *Mind* 9, no.33(1884):1-26, pp.2-3.

② Samuel Butler, *The Way of All Flesh* (1901; New York: Random House, 1998), p.241（我知道，在俄亥俄州俚语"狙击猎捕"形容徒劳的追逐）。

③ W. V. Quine, *Word and Object* (Boston: Massachusetts Institute of Technology Press, 1960), p.23.

④ Susan Haack, *Deviant Logic* (Cambridge: Cambridge University Press, 1974).该书第二版，即扩充版，出版于1996年，题为 *Deviant Logic, Fuzzy Logic: Beyond the Formalism* (Chicago: University of Chicago Press, 1996)。

⑤ Susan Haack, *Philosophy of Logics* (Cambridge: Cambridge University Press, 1978).

⑥ Haack, *Evidence and Inquiry*.

各种怀疑论者,这要求我进一步展开自己的翅膀,对《一位热情的稳健派的宣言》的文章中所表达的后现代主义怀疑论做出了持续的回应。① 我的目标包括激进的女性主义者,后殖民主义者,以及对科学自命不凡地告诉我们世界是怎样的社会学批评;因此,在适当的时候,这种批评导致了更加雄心勃勃的论题和《理性地捍卫科学》中的主题②,它不仅阐明了科学的认识论及其形而上学预设,而且还阐明了科学在社会中的地位及其与法律、文学和宗教的关系。

与我的许多哲学转向一样,我涉猎法律方面的问题几乎是纯属巧合,偶然的智力机会主义——在这个例子中,是因为我发现迈阿密大学法学院的一位同事在一门关于证据分析的课程中使用了我的《证据与探究》。当我更多地了解到为什么我的工作与证据学者相关时,我发现,虽然我有一套关于证据及其质量的理论,但法律体系每天处理的证据远比任何哲学家所能想象的都要更复杂和纠缠不清。因此,在把我的基础融贯论思想运用于法律时,我花了多年时间来完善和夯实它,探讨了我的批判的常识主义科学哲学对法庭处理专家证词的影响③;并且——从我的眼角瞥见了新的可能性——我逐渐熟悉了小奥利弗·温德尔·霍姆斯(Oliver Wendell Holmes Jr.)的作品,然后发展出我自己的新实用主义法哲学。④ 这在一定程度上涉及将法律体系视为不断演变的社会制度的思考,又回到了我之前在形而上学和社会科学哲学中发展出来的观点。

此时,我已经阅读了多年的旧实用主义,结果我的形而上学思想已经远远超出了主流分析对我们的语言或概念方案的关注:我的形而上学,就像我的科

---

① Susan Haack, *Manifesto of a Passionate Moderate: Unfashionable Essays* (Chicago: University of Chicago Press, 1998).

② Susan Haack, *Defending Science—Within Reason: Between Scientism and Cynicism* (Amherst, NY: Prometheus Books, 2003).

③ Susan Haack, *Evidence Matters: Science, Proof, and Truth in the Law* (New York: Cambridge University Press, 2014).

④ Susan Haack, "On Legal Pragmatism: Where Does 'The Path of the Law' Lead Us?" *The American Journal of Jurisprudence* 50(2005):71 – 105; "On Logic in the Law: 'Something, but Not All'," *Ratio Juris* 20, no. 1 (2007): 1 – 31; "The Pluralistic Universe of Law: Towards a Neo-Classical Legal Pragmatism," *Ratio Juris* 21, no. 4(2008):453 – 480; "The Pragmatist Tradition: Lessons for Legal Theorists," *Washington University Law Review* 95 (2018): 1049 – 1082; "The Pragmatist [Oliver Wendell Holmes Jr.]," in *The Pragmatism and Prejudice of Oliver Wendell Holmes Jr.*, ed. Seth Vanatta (Lanham, Maryland: Lexington Books, 2019), pp. 169 – 189.

学哲学一样，是"世俗的"，因此依赖于经验（experience）①；但不是科学所需要的精心设计的经验，而是对日常经验的密切关注，这些经验是如此熟悉，以至于我们通常不会注意到它们。正是这种方法导致了我的**坦诚实在论**（Innocent Realism），一幅本体论的图像——与我们更熟悉的实在论形式截然不同——一个最好被描述为多元宇宙的世界。② 这就要求我回到《证据与探究》的问题上来，因为我发展并加深了对心灵的理解，在回应斯蒂奇和丘奇兰德（Paul Churchland）质疑信念和其他命题态度之存在时，我对此已经有了初步的勾勒。同样，我对逻辑角色的思考，首先是在科学中，然后是在法律中，使我回到《逻辑哲学》关于形式化方法的范围和限度的问题上来。③ 教一门关于哲学和文学的课——我的重点是认识论小说——不仅像我和梅根·帕德维拉克（Meggan Padvorac）的多次讨论一样非常愉快，而且也让我接触到了各种各样的有趣问题，比如智力完整性、误导性证据、虚假推理，等等。

　　《让哲学发挥作用》④汇集了大量这方面的内容，以及一些关于我职业状况的讽刺性思考，因为现在盛行的是反常的激励，逐渐削弱了想要把事情弄清楚的真正欲望，没有这些欲望，严肃的哲学是不可能存在的。更近一些时候，当我注意到科学主义在哲学中的明显兴起，就像在我们的文化中更普遍地兴起一样，我又回到了《捍卫科学》的问题上来，试图阐明这个错误到底是什么，具有何种形式，以及存在何种问题。⑤ 最近，在与审稿人、编辑、责任编辑，尤其是学术

---

① "experience"通常译为"经验"，但有时也译为"体验"。文中根据语境给出不同的翻译。——译者注。

② Susan Haack, "Realisms and Their Rivals: Recovering Our Innocence," *Facta Philosophica* 4, no. 1 (March 2002):67 – 88; Susan Haack, "The World According to Innocent Realism: The One and the Many, the Real and the Imaginary, the Natural and the Social (2014)," in *Susan Haack: Reintegrating Philosophy*, eds. Julia Göhner and Eva-Maria Jung(Berlin: Springer, 2016), pp.33 – 58; Susan Haack, "Brave New World: Nature, Culture, and the Limits of Reductionism," in *Explaining the Mind*, eds. Bartosz Brozek, Jerzy Stelmach, and Łuckasz Kwiatek (Kraków: Copernicus Center Press, 2018), pp.37 – 68.

③ Susan Haack, "Formal Philosophy: A Plea for Pluralism (2005)," in Susan Haack, *Putting Philosophy to Work: Inquiry and Its Place in Culture*, expanded ed. (2008; Amherst, NY: Prometheus Books, 2013), pp.235 – 250 (正文) & pp.310 – 313 (注释)。

④ Susan Haack, *Putting Philosophy to Work*, 2nd expanded ed. (2008; Amherst, NY: Prometheus Books, 2013).

⑤ Susan Haack, "Six Signs of Scientism (2010)," in Haack, *Putting Philosophy to Work*, pp.105 – 120 (正文) & pp.277 – 283 (注释); Susan Haack, *Scientism and Its Discontents* (Rounded Globe, 2017). 修正了原注释中的页码错误——译者注。

出版商越来越不合理的要求斗争了几十年之后，我已经把注意力转向了学术出版的可怕状况。①

如我所言，自从 20 世纪 70 年代开始认真阅读皮尔士的著作，我的工作一直受到古典实用主义传统的洞见的启发——对先验方法的厌恶和对世界的关注，摒弃错误的二分法，寻求连续性，最重要的是，不关心学科和分支学科的界限。招聘广告和简历上的"AOS"和"AOC"表明，我们今天的职业标准是，大多数人最多只在两到三个领域工作；毫无疑问，有些人认为我总是喜欢擅闯他们的领地。但实际上，我只是按照想法和问题所引导的方向去做需要做的事情，而不太关心那些职业化的专业和附属专业的界限。② 因此，尽管我的道路偶尔会与别人的道路交叉——例如，那些*所谓的*"德性认识论家"的道路，或者"证词认识论"群体的道路，或者那些与"**光明**"结盟的科学无神论者的道路，等等——但我一直都是个局外人。③

此外，虽然我的工作逐渐变得越来越跨学科，但它从来没有以任何目前流行的方式跨学科。例如，我不研究神经哲学，也不研究文学哲学，甚至也不研究当今人们通常理解的法哲学；我对那些团队讲授的课程从来没有任何热情，在那种课程中，来自不同部门的教师相互推诿，而学生们却不知所措。当然，在对待哲学史的态度上，我也是个局外人，坦率地说，对哲学史的研究，似乎被许多主流分析学家所鄙视；在我的实用主义中，会很容易辨认出皮尔士、詹姆斯、杜威（John Dewey）、米德（George Herbert Mead），或者同样还有西德尼·胡克（Sidney Hook）或斯坦·塞耶（Stan Thayer），但与罗蒂及其追随者的**庸俗实用主义**（Vulgar Pragmatism）完全不同，*也*与布兰登（Robert Brandom）及其追随者"**分析的**"实用主义相去甚远。（我不会很快忘记，当我在纽约大学的一次演讲中提到米德对心灵哲学的重要贡献时，人们的反应是："米德？ 他在哪儿？ ——显然，我的听众以为我指的是某位他们没听说过的、初出茅庐的当代

---

① Susan Haack, "The Academic-Publication Racket: Whatever Happened to Authors' Rights?" *Borderless Philosophy* 2(2019):1 – 21.

② Susan Haack, "The Fragmentation of Philosophy, the Road to Reintegration," in Göhner and Jung, *Susan Haack: Reintegrating Philosophy*, pp.3 – 32.

③ 例如，参见"光明运动原则"，光明运动，2020 年 1 月 2 日访问，https://www. the-brights. net/vision/ principles. html.

心灵哲学家。)我甚至在皮尔士学者、詹姆斯学者、杜威学者等圈子里都不太适应,尽管我在他们中间有许多重要的朋友;因为我历来关心的,不仅仅是理解和解释这些卓越的前辈思想家,而是向他们学习——从他们的思想中寻找解决我工作中遇到的问题的办法。

Ⅱ

但这不仅仅是我工作的范围和重点,而且它的内容和方法也不太符合传统模式。实际上,就连我的写作风格——不像今天许多哲学家所采用的硬生生的、冷冰冰的"社会科学"风格,也是直接的、坦率的,但非正式的、对话式的、接地气的,有时甚至是幽默的[1]——远非标准。但我将在这里集中讨论我的哲学方法和工作内容。

甚至在早期,那时我仍然主要专注于逻辑学和语言哲学,我从未想过要参与当时主导英国哲学的"戴维森热"(Davidsonic boom),也不报名参加克里普克崇拜(the Kripke cult),更不想加入波普尔(Karl Popper)的门徒队伍,或者与之对立的归纳派。虽然我很想掌握塔斯基(Alfred Tarski)真理论的技术复杂性,但我从来没有指望这个理论能够完成波普尔或戴维森所期望的所有哲学工作。虽然当时我对蒯因诱人的流畅散文和他的逻辑智慧所传达的重要哲学实质感印象深刻(我现在相信,印象太深刻了),但我并不是追随者。我研究了他认为是虚构的异常逻辑;我还指出了他关于分析性的观点的不一致[2],努力弄清楚他对量化模态逻辑教条式否定背后的可能原因,并且提出了一些关于逻辑学的认识论和形而上学问题,他用一个反诘问题来搪塞:"如果纯逻辑不是结论性的,那什么是结论性的?"[3]实际上,我的《逻辑哲学》标题的复数形式本身就显示了我偏离中心的态度。

---

[1] 我写过关于幽默在哲学中的作用的文章,载 Susan Haack, "Serious Philosophy," *Spazio filosofico* 18 (2016):395 – 407。

[2] Susan Haack, "Analyticity and Logical Truth in *The Roots of Reference*," *Theoria* 42, no.2(1977):129 – 143,重印于 Haack, *Deviant Logic, Fuzzy Logic*, pp.214 – 225.

[3] W. V. Quine, *Philosophy of Logic*, 2nd ed. (1970; Cambridge, MA: Harvard University Press, 1986), p.81.

然而,当我开始写《证据与探究》时,我发现自己与该领域的其他人更加不合拍。我发现这里的错误二分法,甚至比我在之前的逻辑研究中遇到的更严重:基础论与融贯论,当然,还有内在论与外在论,逻辑进路与因果进路,证据主义(evidentialism)与可靠主义(reliablism),先验论与科学主义,等等。经过大量的研究之后,我形成了我的基础融贯论,结合了基础论与融贯论的优点而避免了它们的弱点,并且兼具内在的和外在的要素。我的进路是把证据及其质量置于中心,但同时也关注于阐明一个信念根据基础融贯论标准被或多或少地证成与它为真的可能性之间的联系。我的进路也是自然主义的,在某种意义上允许心理学等方面得出的结果对认识论的贡献相关性,但在任何意义上都不是科学主义的(在对《自然化的认识论》的思索中,我意识到蒯因做哲学的方式是如何巧妙地掩盖了致命的模棱两可,使真正的见解弄得含糊不清),等等。

可以预见,认识论主流的反应是防御性的。尽管我极其详细地论证了基础融贯论确实是一条新进路,但有些人就是无法摆脱基础论与融贯论的错误二分法:有几位作者确信我实际上是一位隐蔽的基础论者;而另一些人也同样肯定我实际上是一位隐秘的融贯论者。至于证据主义与可靠主义——好吧,我对这种错误二分法的否定,引发了我与阿尔文·戈德曼(Alvin Goldman)之间一场真正奇怪的通信,他显然完全无法摆脱它的控制。首先,他寄给我一份草稿,他在草稿中描述我只注重证据,不关心真理;作为回应,我礼貌地指出,我书的最后一章恰恰是关于证据质量和可能真理之间的关系。作为答复,他寄给我另一份草稿,又把我描述成一个像他那样的可靠主义者;作为回应,我相当不礼貌地要求他,请他看看我书的第 7 章——致力于对可靠主义的彻底批判——并删除了他那条感谢我的帮助的尾注!

虽然我简要地涉及了关于证词和探究行为的问题,但《证据与探究》主要关注的是单个认知主体的信念证成度。然而,在主流认识论中,对这些关键问题的兴趣已经迅速消退——显然不是因为人们相信已经找到了解决方案,而是因为他们厌倦了这些问题,想要继续前进。主流的注意力转向了社会认识论和德性认识论——而且,令人难以置信的是,又回到了葛梯尔学(Gettierology),谢天谢地,在 1993 年我还以为它正在衰落。[十年前,我曾写过一篇论文,解释为什么葛梯尔式的"悖论"是不可避免的并且是无害的,因为证成的层级性和知识的范畴性之间存在错配;但我认为它不值得发表,直到 2009 年第二版《证据与

经
验
与
现
象

探究》出版，当时正值新一轮葛梯尔热(Gettier boom)的顶峰。]①

　　然而，尽管认识论领域的大部分专家们对《证据与探究》持令人沮丧的防御性态度，但它的第一版在别处找到了许多读者，包括其他领域的哲学家、法律学者、自然科学家、经济学家等等——包括一些敦促我对当时新兴的"女性主义认识论"专业做出评价的人。不管明智与否，我同意了；但结论是，据我所知，女性主义和认识论之间并没有"女性主义认识论"这个标题所要求的那种联系。女性主义认识论代表了"女人的认知方式"的观点不过是重新引入了旧的、站不住脚的性别歧视的成见；考虑什么对女人有利而决定理论选择的观点，不仅会因探究政治化而削弱探究，甚至还会削弱决定什么是对女人有利的可能性。

　　这并没有让我受到一些职业女性主义者的欢迎，她们显然认为哲学领域的女性应该团结一致——我们可能会有内讧，但我们必须在她们认为该领域普遍存在的性别歧视面前表现出我们的团结。她们的结论是，我一定是某种对女性主义怀有敌意的反动分子。这就是我说我从来都不是女孩中的一员，就像我从来都不是男孩中的一员那样的意思：虽然我喜欢并尊重哲学界的某些女性，但我喜欢并尊重她们作为个体，而不是作为我"性别"的其他成员。(我也喜欢并尊重这一领域的某些男性！)

　　或许这无济于事：几年后，我写了一篇我希望并且相信是非常温和的文章，在文中我对平权行动，特别是对大学优先聘用女性的问题表达了一些保留意见：②一位审稿人想把这篇文章从我的《一位热情的稳健派的宣言》中删掉，而且没有一个评论家敢提及这篇文章。(这是令人不安的；但正如我在这本书的序言中所说的，"排斥总比漠视要好"。)③可悲的是，这同样无济于事：不久之后，我写了自己的人文主义、个人主义和女性主义的立场声明——强调的不是女性

---

①　Susan Haack, "Know' is Just a Four-letter Word," (写于 1983 年) in Haack, *Evidence and Inquiry*, 2nd ed., pp. 391 – 430.

②　Susan Haack, "The best man for the job may be a woman' … and other alien thoughts on affirmative action in the academy (1996)," in Haack, *Manifesto of a Passionate Moderate*, pp. 167 – 188. 这篇论文是应玛莎·努斯鲍姆(Martha Nussbaum)邀请在 APA 会议上做报告而写的，她曾告诉我这将是一场"辩论"。它不是；其他所有主持人和大多数观众都是学院优先招收女性的热心支持者。唯一的例外是房间里的一小群黑人教师，她们热情地感谢我，因为我说了我不清楚她们面临的问题和白人女性面临的问题是否完全相同。

③　Haack, *Manifesto of a Passionate Moderate*, p. x.

作为一个阶级,而是所有人类的共同点,以及每一个个体的独特之处。① 我担心,到这个时候,女性主义哲学家们已经确信我太出格了,不会屈尊来阅读我的作品。

但《宣言》不仅对付了"女性主义哲学"群体,而且还解决了各种各样的后现代困惑,包括对科学的困惑。主流哲学家似乎大多忽视了后现代主义;但是,一些主流的科学哲学家,可能是受到激进的科学社会学家的疯狂主张的驱使,已经开始非常谨慎地尝试在他们的科学推理的逻辑模型中容纳一些社会因素。然而,我再一次发现自己太出格了。首先,我认为科学哲学不是一个独立的专业,而是与认识论和形而上学密切相关。结果,我发现自己的思维方式完全不同于 20 世纪末/21 世纪初的思维方式,更接近于托马斯·赫胥黎(Thomas Huxley)、阿尔伯特·爱因斯坦(Albert Einstein)、约翰·杜威(John Dewey)、珀西·布里奇曼(Percy Bridgman)和古斯塔夫·伯格曼(Gustav Bergmann)等思想家的思想。因此,在《理性地捍卫科学》②一书中,我提出了我所谓"批判的常识主义科学哲学"。

正如我在《证据与探究》③中提到的那样,在《捍卫科学》中,我认为科学探究与日常经验探究是连续的,只不过更如此:它通常更仔细、更彻底、更严格;它依靠仪器和其他专门工具;并且它通常是许多人的工作,在几代人之内或跨越几代人。没有所谓的"科学方法",也就是说,没有科学家专属的方法。日常探究有一套熟悉的程序:做出一个有根据的猜想,看看它与你已有的证据和你能得到的任何进一步证据是否相符,判断是否接受它,不做任何结论而寻找更多的证据,或者重新开始;但这些不仅仅被科学家使用。科学家们在数百年时间里开发出了一些特殊的工具和程序——从模型和隐喻来帮助想象,观察和测量工具来帮助感觉,通过微积分、概率论、计算机等来帮助推理能力,到传播结果以便分享证据的手段,以及让科学家保持多产和诚实的激励措施;但并不是所有的科学家都使用这些科学的"帮助"来探究,它们总是在不断发展,而且往往局限于特定的科学领域。这有助于激发科学家的想象力,扩展和完善他们的感觉范围,使新的推理能力成为可能,并且(在一定程度上)保持诚实,鼓励创造和

① Susan Haack, "After My Own Heart: Dorothy Sayers's Feminism (2001)," in Haack, *Putting Philosophy to Work*, pp. 221 - 229 (正文) & pp. 309 - 310 (注释)。

② Susan Haack, *Defending Science—Within Reason: Between Scientism and Cynicism*.

③ Haack, *Evidence and Inquiry*, p. 164.

分享结果。这就是科学如此成功的原因。

我继续论证说,科学主张的证据与日常经验主张的证据是连续的,只不过更如此——感觉证据和理由的混合,但要复杂、缠绕得多:经验成分常常是通过工具来考虑的,其中包含了它们所有的理论支撑;推理通常依赖于计算机程序,其中包含了所有的假设;而这样的证据几乎总是一种共享资源,是许多人工作的结果。考虑到结果的共享,即科学家的证据收集,我不得不更深入地挖掘认识论的社会方面的问题,这些问题只有在《证据与探究》中才涉及到。

科学主张的证据最终取决于经验,当然也取决于有经验的个体。但是这种主张的证据几乎总是一种共享资源。所以,不像社会认识论家,他们关心的似乎是一群人或一组人的科学主张的担保(warrant),而我从我在《证据与探究》中所做的工作开始,解释个体的主张在多大程度上得到了担保。然后,我转向如何处理针对许多人的担保度,无论是同一个团队的成员,还是分散在世界各地,甚至跨越几个世纪的成员;我认为,对于拥有这些人所拥有的全部证据的假想个体来说,他的担保度问题被低估了,即在某种程度上如何证成每个人都相信别人是可靠的。最后,我在某个时刻还构建了一份对科学主张担保度的说明。① (正如我所指出的,这完全颠覆了波普尔的《无认知主体的认识论》。)②

这种方法暗示了以认识论为基础的科学社会学的一个重要作用:例如,形式上,什么样的环境能够促成这样的工作,什么样的环境会阻碍这样的工作,什么么样的不当激励会鼓励科学造假,等等。但这与罗伯特·默顿(Robert Merton)等早期社会学思想家的观点更相符,而不是与对科学认识论上的自命不凡的极端怀疑论相一致,这当时在后起之秀的科学社会学家中很流行。

此外,我以某种非标准的方式将社会科学与自然科学区分开来;并且否定了错误的二分法,我认为它妨碍人们理解两者的相似之处(两者都使用了与日常经验探究相同的程序和方法)以及它们的不同之处(社会科学使用不同的专业帮助,并且根据人们的信仰、欲望、计划、恐惧等,而不是物理力量,寻求不同类型的解释)。所以,我也非常不符合社会科学哲学家的主流思想。

---

① Haack, *Defending Science*, pp. 69 - 72. (这项任务被证明是极其复杂的,尤其是因为科学家们很可能持有不同的背景信念;但许多人都在玩同一个巨型填字游戏的类比被证明是有帮助的。)

② Haack, *Defending Science*, p. 60. 我这里的一些论点在下文中已经提及了:Susan Haack, "Epistemology *with* a Knowing Subject," *Review of Metaphysics* XXXIII, no. 2 (December 1979): 309 - 335。

我的《捍卫科学》中的认识论部分与形而上学元素交织在一起,这些形而上学元素源自于我当时正在发展的坦诚实在论的核心——多元宇宙概念。但我又一次不合拍。有些科学哲学家想要完全回避本体论承诺,有些则想从科学理论中导出这样的承诺,还有些通过诉诸自然种类词的克里普克-普特南(Kripke-Putnam)指称论来绕开这个问题。然而,我认为——尽管要使科学成为可能,就必须有真实的种类和真实的规律——但无法保证当前的科学词汇与真实的种类相匹配,这就是为什么科学语言总是在不断转换和变迁;并且这些意义的转换和变迁不一定会妨碍探究,而当它们更接近世界上的真实种类时,实际上可以促进探究。这说明了那些科学推理的形式模型失败的另一个原因(除了它们未能适应经验输入之外);并且还说明了科学家经常使用的隐喻不仅对想象力有重要帮助,而且还有助于科学词汇的演变。①

不幸的是,如果可以预见的话,《捍卫科学》并没有受到科学哲学建制派的热烈欢迎:一位评论家甚至没有品位地抱怨说,我所依赖的思想家都已经死了——我想,这对增加他和他的朋友在那里的引用次数没有任何帮助! 另一位评论家显然完全看不懂这本书,他认为我说的科学"只是常识"。② 尽管如此,就像《证据与探究》一样,《捍卫科学》也在其他地方找到了大批有鉴赏力的读者:在非该领域专家的哲学家中,在各种类型的科学家中,在努力理解如何最好地处理科学证词的律师和法学教授中——但我稍后再谈他们。

当我思考科学和想象文学的关系时,我既关注两者的相似之处,也关注两者的不同之处,尤其是想象力(两者共有)和假想(虚构领域)之间的区别。顺便说一句,正是在我思考文学的时候,我的道路与德性认识论家的道路相遇了;或者更准确地说,是琳达·扎格布斯基(Linda Zagzebski)和她的追随者们的道路。③ [在我的脑海中,我已经把索萨(Ernest Sosa)的"德性认识论"④归为"可靠主义",而它本身属于"失败的理论"。]我的结论是,认识论的德性往往通过丰富的小说细节来得到最好的理解,譬如辛克莱·刘易斯(Sinclair Lewis)的《阿

① 参见 Susan Haack, "The Art of Scientific Metaphors," *Revista de filosofia portuguesa* 75, no. 4(2019).

② 说句公道话,这时候一般的科学哲学家比之前少多了;这个领域已经分裂成物理哲学、生物哲学等。

③ Linda Zagzebski, *Virtues of the Mind* (Cambridge: Cambridge University Press, 1996).

④ Ernest Sosa, "The Raft and the Pyramid: Coherence versus Foundations in the Theory of Knowledge," *Midwest Studies in Philosophy* 5, no. 1(1980):3 – 25.

罗史密斯》(*Arrowsmith*)、塞缪尔·巴特勒的《众生之路》和多萝西·塞耶斯(Dorothy Sayers)的《狂欢之夜》(*Gaudy Night*)等。但是，"德性认识论"群体并没有去挖掘这些丰富的资源，他们似乎已经满足于一份平淡无奇的德性清单，而没有阐明使德性具有认识论意义的是主体对证据的关系和反应。所以，当我在一场关于德性认识论的会议上谈到巴特勒那部非凡的半自传体小说时，我发现自己又一次陷入了困境，一位听众问我到底是怎样才想到这个例子的（我推测，在"德性认识论"文学中找不到它）。我试图解释说，这是一本我已经喜欢多年的书，但我最近才明白它的认识论教训。他看起来很困惑。

我记得，当我在写《证据与探究》第九章"庸俗的实用主义：一种不诱人的前景"时，我想如果我是理查德·罗蒂，并且像他声称的那样，真的相信认识论评价的标准纯粹是传统的，我就不会费心去追随认识论家，他们实际上真的微不足道；我渴望废除法律体系——如果真的没有评估证据的客观标准，那只能是一场残酷的闹剧。毫不奇怪，我后来发现自己陷入了关于认识论和证据法的问题之中，尤其是法律体系对科学证词的处理。

然而，我又一次发现自己与社会认识论家的意见不合，他们中的一些人已经开始对有关证词的问题感兴趣，并将他们的工作应用到法律语境中去。他们似乎太满足于在我看来毫无实际帮助的口头解决方案；他们的工作似乎没有充分了解现实案例中真实证据的实质细节，也没有意识到法律规则和程序对证据的呈现施加了非常特殊的限制。由于我认为法律上的证明程度与数学上的概率完全不同，所以我与当时在法律界占主导地位的"新证据学者"(New Evidence Scholarship)中的贝叶斯派的分歧更加尖锐；但与此同时，对它的主要竞争对手"以故事为基础"的"叙事"方式也毫无兴趣——蜻蜓点水，缺乏细节。无论是哲学家还是法律学者对我回应皮尔士关于对抗主义(adversarialism)的批评不感兴趣，甚至对我回应边沁(Jeremy Bentham)关于证据排除规则的异议也不感兴趣。

当我的法律兴趣开始延伸到特别是科学证据方面的问题时，美国最高法院在道伯特案(*Daubert 1993*)、乔伊纳案(*Joiner 1997*)和锦湖轮胎案(*Kumho Tire 1999*)等"案件三部曲"中，就这类证词的可采性标准做出了一系列裁决。①

---

① 道伯特诉梅雷尔制药公司案，第509卷，美国，第579页（1993年）；通用电气公司诉乔伊纳案，第522卷，美国，第136页（1997）；锦湖轮胎诉卡迈克尔案，第526卷，美国，第13页（1999）。

我关于这些问题的第一篇论文甚至是受到了一篇报纸文章的启发,这篇文章报道说,在乔伊纳案中,最高法院裁定,在方法论与结论之间没有真正区别。[1] 但我又一次脱离了主流见解。当我证明布莱克蒙法官(Justice Blackmun)对道伯特案的裁决完全混淆了波普尔和亨佩尔(Carl Gustav Hempel)互不相容的科学哲学时,法律学者们对此并不是很感兴趣;更令人惊讶的是,当我证明这一裁决也混淆了"科学的"和"可信赖的",好像有且仅有科学证词才是可信赖的时,法律学者们对此同样不感兴趣。据我所知,科学哲学家对此也不太感兴趣。

尽管如此——也许是因为在这个领域的一篇早期文章中,我讲了一个令人难忘的笑话,说布莱克蒙法官把他的 Hoppers 和 Pempels 完全弄混了[2]——我很快就收到了一些有趣的法律邀请;最终,在完全没有计划的情况下,我成为了流行病学证据方面的专家,这些证据对有毒侵权案件往往至关重要。然而,可以预见的是,《证据事项》[3](*Evidence Matters*)——其中可以找到很多这样的工作——与证据方面的标准法律文本或该领域的其他哲学著作几乎没有什么相似之处。

在定位上,这本书自然是实用主义的;但当然,并不是遵循波斯纳法官(Judge Posner)的混乱观点,即实用主义意味着回避理论。相反,它是实用主义的,因为它世俗的、具体的法律进路,与霍姆斯(Oliver Wendell Holmes)或本杰明·卡多佐(Benjamin Cardozo)的观点非常一致,卡多佐也是一位古典的法律实用主义者。它所依据的认识论是基础融贯论,它所依据的科学哲学是**批判的常识主义**。从事这项工作使我加深了对认识论原子论的基础融贯论批判,因为我认为,一连串自身并不充分的证据,在某些情况下可以共同担保一个符合法律要求的证明程度的结论;以及法律概率论,表明证明程度不同于数学概率,贝叶斯分析证据的努力失败了,有毒侵权行为中流行病学证据的可采性的"风险

---

[1] Susan Haack, "An Epistemologist in the Bramble Bush: At the Supreme Court with Mr. Joiner," *Journal of Health Politics, Policy, and Law* 26, no.2 (April 2001):217–248.

[2] Susan Haack, "Trial and Error: The Supreme Court's Philosophy of Science," *American Journal of Public Health* 95 supp. (2005):66–73, reprinted as "Trial and Error: Two Confusions in *Daubert*," in Haack, *Evidence Matters*, pp.104–121.

[3] Susan Haack, *Evidence Matters: Science, Proof, and Truth in the Law* (New York: Cambridge University Press, 2014).

加倍"标准既是糟糕的认识论,也是糟糕的政策。这本书还包括关于法律中的真理以及法律与道德关系的思想;像我往常一样,没有什么标准的东西。此外,由于这些法律邀请许多来自其他国家——英国、加拿大、整个欧洲、整个拉丁美洲,甚至中国——《证据事项》可能比许多证据学者更了解不同司法管辖区的证据程序上的重要差异;随后,我专门撰写了这方面的文章。①

当我在圣母大学法学院(Notre Dame Law School)发表一篇关于认识论和证据法的早期论文时②,约翰·芬尼斯(John Finnis)评价我是"一位真正的实用主义者,不像罗蒂"。这促使我开始认真阅读霍姆斯的作品。第一项成果是一篇关于他的著名演讲"法律之路"的论文,反驳了公认的观点,认为霍姆斯所谓的"预测理论"根本就不是那么回事,而只是迈向更微妙、更深入的东西的第一步。接下来的一篇论文探讨了霍姆斯对克里斯托弗·哥伦布·兰德尔(Christopher Columbus Langdell)观点的批评。兰德尔认为,法律体系是一个公理集,从中可以推导出正确的判决。我认为,霍姆斯说得对:"法律的生命不是逻辑,而是经验"③;但是,兰德尔和霍姆斯所不知道的更强大的现代逻辑装置是否能够胜任形式化法律判决的任务,还有待进一步观察。我的结论是"它不会";因此,我反对许多从事这种或那种风格的法律逻辑研究的人,尤其是在欧洲。④ 我意识到,这里的形式主义的局限性,就像科学一样,在于法律概念的意义会随着时间的推移而发生转换和改变。⑤

所有这些最终使我发展出自己的新古典实用主义法哲学。**坦诚实在论**提出了一个由自然物质、事物、种类、现象、规律等叠加而成的多元宇宙,在这个宇

---

① 例如,参见 Susan Haack, "La justicia, la verdad y la prueba: No tan simple, después de todo," in *Debatiendo con Taruffo*, eds. Jordi Ferrer Beltrán and Carmen Vázquez (Madrid: Marcial Pons, 2016), pp.311 – 336。

② Susan Haack, "Epistemology and the Law of Evidence: Or, Truth, Justice, and the American Way," Olin Lecture, Notre Dame Law School, published in *American Journal of Jurisprudence* 49(2004):43 – 61, reprinted in Haack, *Evidence Matters*, pp.27 – 46.

③ Oliver Wendell Holmes, The Common Law (1881), in *Collected Works of Justice Holmes*, ed. Sheldon M. Novick(Chicago: University of Chicago Press, 1993)3, pp.111 – 325, p.115.

④ Susan Haack, "On Logic in the Law: Something, but Not All," *Ratio Juris* 20, no.1(2007):1 – 31.

⑤ Susan Haack, "The Growth of Meaning and the Limits of Formalism, in Science and Law (2009)"; amplified version, "Ripensare la rationalità: La Crescita di significato e i limiti del formalismo," *Diritti & Questione Pubbliche* XIX, no.1(2019):160 – 179.

宙的"我们的"小角落里,被大量的人造物覆盖,包括物理的、社会的、想象的、智力的,等等。法律体系是这个多元宇宙中的一个多元宇宙;事实上,美国的法律体系本身就是这个多元宇宙世界中的法律体系多元宇宙中的一个多元宇宙。这就引发了许多关于法律体系的演变、不同体系之间的互鉴方式等好问题。(但我从未关注过像"什么是法律"之类的熟悉问题——对此,我只能回应说,法律概念本身就是模糊的,而且在不断演变。)

虽然《捍卫科学》的副标题是"在科学主义和犬儒主义之间",但我花了更多篇幅来消解犬儒主义而不是与科学主义作斗争,只因激进的社会学家、科学修辞学家、女性主义者和后殖民主义科学评论家等人的反科学批评,似乎是更迫在眉睫的危险。然而,不久之后,在学术界以及更普遍地在我们的文化中出现了一种反弹:一种粗俗的科学主义的流行程度惊人地增长,通常但并非总是受到反宗教情绪的驱使。我的第一反应是试图准确地阐明什么是科学主义,它有什么问题,以及如何发现它的蛛丝马迹[①];然后,通过揭示当时正在流行的科学主义哲学的特别弱点来继续这项工作。[②]

这自然让我与"实验哲学"快闪族和各种各样的还原论者产生了分歧,从雷迪曼(James Ladyman)和罗丝(Don Ross)以及他们所谓的"自然化的形而上学",到亚历山大·罗森伯格(Alexander Rosenberg)和他那令人沮丧的"物理学处理了所有事实"的虚张声势。这甚至让我和《自由探究》(*Free Inquiry*)——一本我曾好几次撰写过文章的杂志——的许多读者产生了分歧,我在他们的刊文中说,人们可以在没有任何宗教目的的情况下拒斥科学主义,并且声称如果宗教不能解释任何事情,那么科学就必须解释一切,这种说法与声称如果科学不能解释某些事情,那么宗教就必须解释它,同样是荒谬的。[③]

尽管如此,在这一点上,我觉得自己与我职业中的大多数人更加疏远了,但也有好的一面:阐明了今天的科学哲学与皮尔士使哲学科学化的愿望之间的关键区别——他的意思是说,哲学应该以"**科学的态度**"来进行,秉持真诚的求真愿望,并使用"**科学的方法**",即经验和理性——这使我能够阐明为什么你似乎

① Susan Haack, "Six Signs of Scientism (2010)," in Haack, *Putting Philosophy to Work*, pp. 105 - 120 (正文) & pp. 278 - 283 (注释).

② Susan Haack, *Scientism and Its Discontents*, (Rounded Globe, 2017).

③ Susan Haack, "The Real Question: Can Philosophy be Saved?" *Free Inquiry* 37, no.6(2017):40 - 43.

可以坐在椅子上做哲学,而它实际上依赖于经验。正如皮尔士所说,不像科学那样需要专门化的、精心设计的经验,哲学所需要密切关注的是我们每天都有但很少注意到的经验的各个方面。这意味着你可以在任何地方做哲学,不需要探险、仪器等,但这并不是一种纯粹的先验练习。当然,这正是我们所需要的中庸之道,它既可以避免狂妄、无根的先验哲学思辨的放荡不羁,也可以避免等量、相反的"实验哲学"(X-phi)的普遍滥用,以及如今在我们这个领域盛行的所有其他形式的科学主义。

另外,因为那篇《自由探究》论文一开始就同意了编辑在邀请函中的观点,即职业哲学处于糟糕的状态,但又不同意他的诊断——即问题在于该领域以宗教为导向的工作的兴起和坦普尔顿基金会(Templeton Foundation)的可怕影响——所以它与我写过的有关该职业状况的其他文章巧妙地结合在一起:《荒谬主义及其后果》(1996)①,关于资助和研究项目的可怕文化;《失范:荒谬环境中的学术道德》(2013)②,关于做好智力工作所需要的美德,以及我们过度管理的大学正在系统性地侵蚀这些美德的方式;《哲学的分裂》(2016)③,关于我们的学科灾难性地分裂成许多分支专业和派系。再加上我对学术出版商的失望——我付出了巨大努力才被当成一个作者,而不是一个对我自己的作品没有任何权利的可替代的内容提供者,这促使我在另一篇文章中继续这项工作,即《学术出版骗局:作者的权利到底怎么了?》(2019)。④

我一直认为,哲学不应该是封闭的、以自我为中心的,而应该专注于研究杜威所说的"人的问题"。我想,这就是为什么最近我应邀去做"理论"讲座(*Theoria* lecture)时,我选择了一个与我的逻辑、认识论、形而上学以及世俗问题相关的主题:我们现在生活在一个"后真理"时代。这与早期一系列关于真理的论文巧妙地结合在一起,在此过程中,我对这个概念提出了我的"简洁主义"(Laconicist)方法[科里亚·克西诺恩莫纳(Kiriake Xerohemona)的术语]。但

① Susan Haack, "Preposterism and Its Consequences," *Social Philosophy and Policy* 13, no. 2 (Summer 1996):296 – 315.

② Susan Haack, "Out of Step: Academic Ethics in a Preposterous Environment," in Haack, *Putting Philosophy to Work* pp.251 – 268(正文)& pp.313 – 317(注释).

③ Susan Haack, "The Fragmentation of Philosophy, the Road to Reintegration," in Göhner and Jung, *Susan Haack: Reintegrating Philosophy*, pp.3 – 32.

④ Susan Haack, "The Academic-Publication Racket."

即便在我写"后真理"时,我的观点也是与众不同的。我强调过,问题在于,认为我们现在是后真理时代的观点是模糊的;虽然在一种理解上它是正确的(不关心真理的人越来越多),但在另一种理解上它是错误的(真理概念是非法的、过时的)。

当然,我无法猜测,我的哪些想法(如果有的话)能够经得起时间的考验;我只能希望,至少有人会这样做。但我可以肯定,我永远不会成为主流,至少这辈子不会。正如皮尔士曾经说过的,"我那该死的脑子里有个扭结,使我不能像别人那样思考"[①];我想我的脑子里也有一个扭结。

III

毫不奇怪,我从未做过一份"有声望的"工作,没有获得过一笔重大资助,也没有担任过任何有任免权的学术职务,或者任何类似的职务。这些都没有真正困扰我;不过,如果我说,当那些似乎过着迷人的学术生活的少数"幸运的"、人脉广泛的人觉得有资格屈尊于我时,我不会生气,那我一定是在撒谎。当然,我不喜欢对我从未说过的话进行毫无根据的批评,也不喜欢对我的观点做出荒谬的防御性反应,这会威胁到那些——如果我是对的——可能不得不承认自己错了的人。

我想我本可以脸皮更厚一点,因为学者可能会——嗯,他们可能会非常令人讨厌。我不想细讲这个问题,但我会举出几个我说的那类特别恶劣的例子。当我在剑桥读博士时,伯纳德·威廉姆斯(Bernard Williams)是哲学系主任。几十年后,他请求我提供实用主义方面的参考文献,但他完全无视我的帮助;而是用"实用主义"来指代罗蒂的混淆,并且否定了我对罗蒂对真理的误解的回应,仿佛它们和约翰·塞尔(John Searle)或杰伊·罗森伯格(Jay Rosenberg)对真理的误解一样不成熟、不细致,这令我很沮丧。[②] 2008 年,当安尼尔·古普塔

---

① 援引自 E. T. Bell, *The Development of Mathematics* (New York: McGraw Hill, 1949), p.519。

② Bernard Williams, *Truth and Truthfulness: An Essay in Genealogy* (Princeton: Princeton University Press, 2002). 我很高兴地说,马克·米戈蒂(Mark Migotti)指出这是非常不合适的. 参见 Mark Migotti, "Pragmatism, Genealogy, and Truth," (Critical Notice of Williams, *Truth and Truthfulness*), *Dialogue* 48 (Winter 2009):185 – 203。

(Anil Gupta)"发现",我们需要一种结合基础论和融贯论二者之优点的经验证成理论时,他甚至没有提及我的工作,这让我很失望。① 我痛心地发现,有那么多人如此热切地抓住彼得·特拉梅尔(Peter Tramel)一篇差得可怜的论文,声称我的基础融贯论是某种形式的基础主义——显然他们没有仔细读过特拉梅尔或者我自己的论文。② 一场关于"认知评价的要点和目的"会议的组织者——我的论文是其中唯一涉及现实世界问题的论文! ——要求我的论文在发表之前"更像我们的",这让我感到很不满。③ 几本选集的编辑想要收录我对女性主义认识论的批判,但显然对我的建设性认识论工作没有兴趣或者根本不了解,这让我感到心灰意冷。

还有一个杂志的主编,敦促我接受一篇他同意是很差劲的、来自女性主义"大人物"(Big Noise)的论文,当时我正在为他整理一期关于《女性主义认识论:赞成和反对》的文章。事实证明,原因并不是他认为我不应该拒收那些来自大人物的劣质论文——尽管这已经够糟糕的了;而是接受这篇差劲的论文会让女性主义认识论家们看起来很糟糕——这不是我想要参加的项目。[我抵制了;转而接受了一篇来自伊多·兰道(Iddo Landau)公正而严肃的论文④——这是我们现在几十年友谊的开始。]

尽管我当然希望在智力上不那么孤独,并且——就像我很享受与皮尔士等人的讨论那样——希望有更多活着的人可以交谈,但这肯定也有好的一面。我一直享受着充实的智力生活——诚然,这样的生活不可避免地会有各种挫折和失望,但也有令人兴奋的时刻和"干净、幽默的智力"的愉快陪

---

① Anil Gupta, *Empiricism and Experience* (New York: Oxford University Press, 2006). 说来也奇怪,古普塔确实提到了路易斯·波伊曼(Louis Pojman)的认识论文集中的两篇论文;但偏偏就没有我的论文,它出现在第一篇和第二篇之间. 参见 Louis Pojman, *Theory of Knowledge: Classical and Contemporary Sources* (Belmont, CA: Wadsworth, 1998)。想想看吧!

② Peter Tramel, "Haack's Foundherentism is a Foundationalism," *Synthese* 160, no.2(2008):215-228. 亦可参见 Susan Haack, "The Role of Experience in Empirical Justification," in Göhner and Jung, *Susan Haack: Reintegrating Philosophy*, pp.157-165(回应了那些接受特拉梅尔混乱观点的评论者们)。

③ 我拒绝了。这篇文章是"The Embedded Epistemologist: Dispatches from the Legal Front," *Ratio Juris*, 25, no.2(2012):206-235。

④ Iddo Landau, "Should There Be a Separatist Feminist Epistemology?" *The Monist* 77, no.4(1994):462-471.(顺便说一句,我与兰道教授通信了好几年,我都不知道他是男还是女。)

伴。① 我有幸教过一代又一代才华横溢的学生,其中有些人成为了我的好朋友和令人尊敬的同事;在这个过程中,不是建立"联系",而是结交非常珍贵的朋友,包括世界各地的哲学思想家、现在还有法律思想家以及许多其他思想家。遗憾的是,其中一些已经驾鹤仙去了;我将特别提到罗伯特·海尔布罗纳(Robert L. Heilbroner)②,雅克·巴尔赞(Jacques Barzun)③,彼得·斯特劳森④,路易丝·罗森布拉特(Louise Rosenblatt)⑤,以及西德尼·拉特纳(Sidney Ratner)⑥。

有时人们告诉我说,我的工作没有得到应有的重视,"因为你是一个女人"。不过,在我看来,我的工作在许多方面已经得到了应有的重视;尽管即使这更多的是其他局外人而非主流人士。虽然我确实遇到过对我的性别歧视⑦,但在这

① F. M. Cornford, *Monographia Academica: Being a Guide for the Young Academic*, reprinted in *University Policy: F. H. Cornford's Cambridge and his Advice to the Young Academic*, ed. G. Johnson (Cambridge: Cambridge University Press, 1994), p.100.

② 在《证据与探究》之后,经济思想史家、畅销书《世俗哲学家》(*The Worldly Philosophers*)的作者罗伯特·海尔布罗纳(1919—2005)寄给我一封很有魅力的信,信中说:"天哪,女人,你竟然会写作"(他真是恭维我)。我们很快成了好朋友。

③ 我与思想史家、前哥伦比亚大学教务长雅克·巴尔赞(1907—2012)的通信,是在我寄给他一本《一位热情的稳健派的宣言》之后才开始的,我在该书中使用了他的术语"preposterize"。参见 Jacques Barzun, *The American University: How it Runs, Where It is Going* (New York: Harper and Row, 1968), p.221。后来,他寄给我一本他的《你走之前的只言片语》,上面写着"致苏珊·哈克,言辞美食家"(这又是他对我的赞美)。

④ 我第一次见到牛津大学形而上学哲学韦恩弗利特(Waynflete)教授彼得·斯特劳森(1919—2006),是在之前提到过的圣路易斯会议上。通过一系列的信件,他证明了他是一个非常乐于助人、和蔼可亲的通信者,一开始我的签名是"您恭顺的,苏珊·哈克",他的落款是"您诚挚的,彼得·斯特劳森",但很快就变成了"爱你的,彼得"和"爱你的,苏珊"。

⑤ 我第一次见到《文学即探索》(*Literature as Exploration*,1933)的作者、文学理论家和教育家路易丝·罗森布拉特(1904—2005)是在与其丈夫西德尼·拉特纳(Sidney Ratner)共进晚餐时。当时她已经90岁了。后来,在西德尼去世后,她会在冬天访问迈阿密,她在我的哲学和文学课上教了一堂课,讲她在巴纳德学院(Barnard College)作为玛格丽特·米德(Margaret Mead)室友时的故事,这让我很开心。

⑥ 我在美国哲学发展协会(Society for the Advancement of American Philosophy)的会议上遇到了经济史学家西德尼·拉特纳(1908—1996),他曾与杜威有过合作。接下来是一次愉快的通信,其间他寄给我一份杜威与亚瑟·本特利(Arthur Bentley)的通信副本,当本特利第一次阅读皮尔士的著作时,他的反应与我完全一样:"噢,我的天哪,我刚刚发现了一座金矿!"

⑦ 读者可以在论文"The best man for the job may be a woman, and other alien thoughts on affirmative action"中找到一个这样的故事。但我不想过多地谈论过去的不公和屈就——这是在浪费短暂的生命。

一点上我也有一些极好的运气,尤其是牛津大学本科生期末考试匿名评分的令人钦佩的做法——否则我可能永远无法通过第一份职务。[①] 但我怀疑,我的最大问题不是我的性别,而是我那倔强独立的性格。[②]

如你所见,我在学术和智力上的独立,为自己而思考的自由,仅仅(仅仅!)受阻于我自己的弱点、偏见和盲点,已经付出了相当高的代价:孤立、疏离感,有时真正的怨恨和敌意来自那些不愿意或没有能力为这种自由付出代价的人。[这也许可以解释我在明尼苏达大学人文中心的经历,在那里,我的第一场讲座听众很少,而我的第二场讲座听众就多了许多;在第二场讲座结束之后,一个害羞的研究生走了过来,递给我一个牛皮纸包裹——发现里面装着一本赫尔穆特·舍克(Helmut Schoeck)的《嫉妒》(*Envy*)[③],上面写着"献给苏珊·哈克,心怀敬意"——我还没来得及感谢他,他就匆忙走开了。]

因此,我将以一段珍贵的回忆,一件我最喜欢的、恰到好处的轶事作为结尾:在 20 世纪 90 年代中期的某个时刻,西德尼·拉特纳打电话告诉我,前一天晚上在普林斯顿高等研究院的晚宴上,莫顿·怀特(Morton White,他对我在实用主义方面的工作略知一二)曾问他:"她是谁?"——一个期待这样回答的问题:"她是某某人的学生,来自某某大学。""我希望我没说错话,"西德尼接着说。"那你说了些什么?"我问。"我说,'她很独立',"西德尼说,"这样行吗?"——我回复说,"西德尼,如果你不在新泽西,我真想吻你!"那是他所能给出的最好的、也是最准确的回答。[④]

并非男儿身:一位学术孤芳者的回忆录

① 至少,如果后来有知情者告诉我这是真的:就我而言,主考老师在得知应试者的名字后,把名单寄回教务主任办公室,并附上一张小纸条,上面写着:"检查一下这个;不可能是女的。"

② 当然,这两个问题是相互交织的;也许一位独立的女哲学家比一位独立的男哲学家更难让现存体制接受。

③ Helmut Schoeck, *Envy: A Theory of Social Behavior* (1966), trans. Michael Glenny and Betty Ross, (Indianapolis: Liberty Fund, 1987)(我一直想知道,哲学研究生是否会被研究生主任劝阻而不来听我的讲座,因为我担心我对女性主义认识论的批评会让他感到不安;但是,当然,我不知道到底发生了什么。)

④ 我要感谢马克·米戈蒂,跟往常一样,为我的初稿提供了非常有帮助的评论,也要感谢尼古拉斯·密格那内利(Nicholas Mignanelli)在脚注格式方面的帮助。

Not One of the Boys: Memoir of
an Academic Misfit

Susan Haack

Abstract: In the field of intellectual, Susan Haack is so outstanding and extraordinary: she is never willing to drift with the tide, hates flattering academic writing, hates contempting for academic criticism, and rejects the so-called feminist philosophy and all kinds of specious fashionable arguments. Fly freely in the fields of logic, metaphysics, epistemology, legal philosophy and so on, think about philosophical issues honestly, pragmatically, critically and prudently in the spirit of neoclassical pragmatism, pay attention to the world, always adhere to their own way and abide by their own beliefs.

Keywords: Susan Haack, Memoirs, Innocent Realism, Neoclassical Pragmatism, Critical Common-sensist

论"英国性"*

蒋 花**

[摘 要] 本文通过梳理英国历史和参照英国现状,阐释了英国性和盎格鲁-撒克逊种族及民族、英国性和不列颠性之间的复杂关系;在比较一些相关主要理论的基础上分析和阐释了英国性,并以英国乡村为例论述了英国性的一些特点。本文认为英国性本质上是以英格兰为基础想象和构建出的能够体现英国不同历史时期的政治和文化等传统的民族共同体特点,这些特点能引发强烈的情感和想象认同,对英国人构建爱国情怀和民族身份、对抗工业化和流动性带来的不确定性和断裂感至关重要。

[关键词] 英国性;不列颠性;英国乡村

英国性(Englishness)界域模糊,经常和不列颠性(Britishness)互换使用,在 20 世纪 90 年代之前基本是"犹抱琵琶半遮面,欲语还休",用文学评论家戴维·杰维斯(David Gervais)的话说:"英国人不仅反感谈他们的'英国性',而且

* 基金项目:四川外国语大学资助项目"英国女性作家作品中的英国性研究"(sisu202203)。
** 蒋花(1971—),女,四川名山人,英语语言文学博士,四川外国语大学出国培训部教授,主要研究领域为英美文学、文化。

他们还觉得不谈英国性对他们而言更真实一些。"[1]但英国性却是一个不可回避的话题,曾在英国历史上发挥过重要作用;20世纪90年代英国议会下放权力给苏格兰、北爱尔兰和威尔士后,英格兰内部也响起了呼唤英国性的呼声。在此背景下,从20世纪90年代开始,学者们兴起了对英国性的系统研究[2],先后有一系列作品问世,如琳达·科利(Linda Colley)的《不列颠人》(*Britons*,1992)等作品。此外,由于英国性也是外国人了解英国及其国民的重要指标,故外国人士对英国性的阐释和建构也不容忽视,如拉尔夫·瓦尔多·爱默生(Ralph Waldo Emerson)和亨利·詹姆斯(Henry James)等人在阐释英国性方面也发挥了重要作用。[3] 近年来中国亦有不少学者开始关注英国性。尽管如此,关于英国性的争议一直存在,且在中国迄今为止没有相关文章或论文详细探讨该话题,故,本文拟从历史的视角,在梳理国外主要理论的基础上,从英国性和种族以及民族、英国性和不列颠性,解释英国性和回答围绕英国性的一些根本问题:英国性究竟是什么? 是否等同于不列颠性或英格兰民族主义? 英国性在英国历史中有何作用? 英国性是一个文化概念还是政治概念? 英国性的未来走向如何? 解答这些问题对于了解英国的过去和现在,以及预测英国未来走向都有一定的参考价值。

一、英国性和盎格鲁-撒克逊人

英国性一词于1805年进入英国国家词汇中。据考证,该词首次出现在一位名叫威廉·泰勒(William Taylor)写给罗伯特·骚塞(Robert Southey)的一封信中。[4] 但英国性究竟指什么? 是否指盎格鲁-撒克逊的种族特点? 抑或是盎格鲁-撒克逊的民族主义特点?

英国性从词意来看,指英格兰人(the English)的特点。那么英格兰人又指

[1] 参见 Michael Kenny, *The Politics of English Nationhood*, Oxford: Oxford University Press, 2014, p.7。

[2] Krishan Kumar, *The Idea of Englishness: English Culture, National Identity and Social Thought*, Surrey: Ashgate Publishing Limited, 2015, p.1.

[3] Krishan Kumar, "Negotiating English Identity: Englishness, Britishness and the Future of the United Kingdom," *Nations and Nationalism*, Vol.16 No.3(2010):469-487.

[4] Krishan Kumar, *The Making of English National Identity*, Cambridge: Cambridge University Press, 2003, p.224.

哪些种族或民族？是否指盎格鲁-撒克逊人？从英国历史来看,虽然盎格鲁-撒克逊人作为英格兰的征服者和居民影响巨大,如国名英格兰(England)指盎格鲁人的土地,但在盎格鲁-撒克逊人之前已有其他种族生活于此,如凯尔特布立吞人(Celtic Britons)、罗马人等。此外,英格兰人或英国人首次被当作一个民族的说法出现在公元 8 世纪(731AD),尊者比德(Venerable Bede)在其著作《英吉利教会史》(*The Ecclesiastical History of the English People*)一书中首次提到英格兰人是一个民族。但由于比德关注的焦点是皈依基督教的问题,因此很难得到关于英国国民性的具体描述;更为重要的是,此时还没有"英格兰"的国家,只是到了后来不列颠南部的那片土地才被称为"英格兰"。① 但为何有英格兰人是盎格鲁-撒克逊人一说？罗伯特·杨(Robert J. C. Young)在《英国民族性概念》(*The Idea of English Ethnicity*)一书中追溯了盎格鲁-撒克逊人理论(Saxonism)的由来,认为该词是由历史学家创造出来的,"他们多年来致力于广泛发展这样一个学说:英国人即撒克逊人,并存在着连续不断的盎格鲁-撒克逊民族文化遗产"②,该学说在 19 世纪最流行。③ 但也有不少学者反对从种族主义来定义英格兰人,如马修·阿诺德(Matthew Arnold):他认为盎格鲁-撒克逊人是一个混杂的种族,并不存在凯尔特人和撒克逊人的种族差异。④ 可见,所谓的种族和民族一样,是想象和建构之物,"它是一种想象的政治共同体"。⑤ 可以说,种族或民族都是为了满足或实现某种目的,如政治或情感需求而想象出的产物。二战后,随着更多来自前英国殖民地的移民涌入,英格兰人的种族成分更为复杂了,故而有"英国性不是种族的问题"一说⑥;但英国性却关乎英格兰民族,只是英格兰民族并非单指盎格鲁-撒克逊民族,而是泛指英格兰土地上的国民。

二、英国性和不列颠性

有学者曾说:"当人们讲英格兰时,他们有时候指的是大不列颠,有时候又

① Krishan Kumar, *The Making of English National Identity*, pp. 41 – 42.

② Robert J.C. Young, *The Idea of English Ethnicity*, Oxford: Blackwell Publishing, 2008, p.31.

③ Robert J.C. Young, *The Idea of English Ethnicity*, p.22.

④ Robert J.C. Young, *The Idea of English Ethnicity*, pp.140 – 141.

⑤ 尼迪克特·安德森:《想象的共同体》,吴叡人译,上海:上海人民出版社,2016 年,第 6 页。

⑥ Jeremy Paxman, *The English: The Portrait of a People*, London: Penguin Books Ltd. 1999, p.80.

指的是联合王国,有时候又指的是不列颠群岛,但绝不是英格兰。"①无独有偶,由英语 England(英格兰)译成的"英国",在中国经常指整个联合王国,似乎失去了"英国"的本来含义——英格兰。以上两个例子表明"英国"或"英格兰"意义模糊,经常和不列颠或联合王国混用,正因为如此,英国性和不列颠性也经常被人们混用,但是二者不能简单地等同起来。凯特·福克斯(Kate Fox)在《观察英国人》(*Watching the English*)一书前言中谈到她为何撰写英国性而非不列颠性时指出,英国(英格兰)是一个民族,应该具有自身某种清晰明确的民族文化或特点,而不列颠纯粹是一个政治概念,由几个具有自身特色文化的民族构成。尽管这些文化有很多重合之处,但并不完全一致,因此不该用不列颠性来笼统地概括这些文化。在福克斯看来,"不列颠性"意义不大,当人们使用该词时,他们几乎总是真的在讲"英国性",而不是指某人是威尔士人或苏格兰人。② 不列颠性和英国性究竟有何渊源? 本文接下来将从历史的视角探讨二者之间的关系。

由于英格兰地处不列颠群岛,和不列颠有着千丝万缕的关系,因此,需要厘清二者的关系。不列颠一词最早出现在公元前 4 世纪古希腊人的记载中,用以指居住在西欧海边最大岛屿上的凯尔特人,后来罗马人用拉丁语 Britanni 代替了希腊语 Pretanoi,并用一个指女性名字的词 Britannia 指代这块凯尔特人居住的土地(即不列颠岛南部)。之后盎格鲁-撒克逊人征服了此地,把该地称为盎格鲁人的土地(Engla-land),但不列颠(Britain)在古英语时期就保留了下来,只是拼写稍有不同,如有 Bretayne、Breteyn、Breoton 等,直到 13 世纪该词的拼写才固定下来 Britain,并沿用至今。但之后该词一直是一个历史词汇,直到 16 世纪早期,因英格兰与苏格兰的统一问题,该词才具有实际的政治含义。③

1603 年联合法令(Union of the Crowns)颁布后,英格兰基本完成了在不列颠岛内的殖民扩张,英王詹姆士一世第一次宣布自己为"大不列颠国王";查理二世于 1665 年发布命令,首次要求在英国硬币上拓上"不列颠"(Britannia)的女性图像。不列颠第二次作为官方词汇出现了,表明不列颠是一个纯粹的政治

---

① Jeremy Paxman, *The English: The Portrait of a People*, p. 43.

② Kate Fox, *Watching the English: The Hidden Rules of English Behavior*, London: Hodder and Stoughton, 2004, pp. 20 - 21.

③ Krishan Kumar, *The Making of English National Identity*, p. 5.

词汇,但该词隐含着丰富的政治含义。"'不列颠'不仅代表了不列颠的统一,而且让人回忆起古希腊古罗马时期的辉煌成就,如自由、海上霸权和帝国使命。"①此时正值英国海外殖民主义扩张时期,"不列颠"这个政治概念团结了岛内的英格兰人、苏格兰人、威尔士人和爱尔兰人,让他们为帝国荣光服务和奋斗。虽然此时英格兰和不列颠经常互换使用,但在"不列颠"旗帜下,苏格兰人、威尔士人和爱尔兰人仍然保持着自身鲜明的民族特点。比较而言,英格兰的民族特性相对暗淡,虽然"英格兰的国家力量、英格兰的经济和帝国扩张力、英格兰的法律和宪法理念决定了英格兰在不列颠发展的各个方面处于统治地位"②,但为了不伤害其他民族的情感,或为了维护英格兰自己打造的大英帝国的统一性,英格兰人不能公开宣扬自身的民族性。③ 这就造成了英格兰在民族身份和意识方面比较尴尬,似乎他们失去了独特的民族身份,但同时,在海外他们又代表了整个不列颠。值得注意的是,随着英格兰的不断扩张,虽然英语作为帝国兼并其他民族的一个工具,但英语在英国性认同方面发挥的作用却越来越小。④

　　自 1805 年英国性进入英国国家词汇后,在 19 世纪和 20 世纪初英国性和不列颠性经常互换使用,只是当英国的优越地位和国际形象受损时,会出现区分英国性和不列颠性的趋势。例如,1872 年开始的英国国内围绕 1865 年牙买加莫兰湾惨案的争议暴露了英国性和不列颠性的微妙区别。⑤ 英国国内出现了维护英国性纯洁、区分英国性和不列颠性的声音;对一些英国人而言,英国性似乎代表了一种情感,而不列颠性则是一个政治符号。

---

① Krishan Kumar, *The Making of English National Identity*, p.134.

② Krishan Kumar, *The Making of English National Identity*, p.156.

③ Krishan Kumar, *The Making of English National Identity*, p.179.

④ Katie Trumpener, *Bardic Nationalism: The Romantic Novel and the English Empire*, Princeton: Princeton University Press, 1997, p.16.

⑤ 1865 年英国殖民地牙买加发生了震惊世界的莫兰湾惨案,为镇压黑人起义,时任牙买加总督的爱德华·约翰·艾尔(Edward John Eyre)下令处死了 439 名黑人,鞭打了至少 600 人,焚烧了至少 1000 处房舍。艾尔的行径在英国国内引发了激烈的争论,有识之士担心英国是否已被帝国污名化? 查尔斯·巴克斯顿(Charles Buxton)在谈到艾尔这样的野蛮行径时采用了不列颠性而非英国性。详情参见 Ian Baucom, *Out of Place: Englishness, Empire, and the Locations of Identity*. Princeton: Princeton University Press, pp.41 – 48。

二战之后，特别是 20 世纪四五十年代，大英帝国海外殖民地纷纷要求独立，大英帝国开始瓦解。为了发展国内经济、解决失业等问题，同时为了维系正在瓦解的帝国，英国议会在 1948 年 6 月通过了《1948 年英国国籍法》，重新界定了"英国国民"身份，将英国人民、殖民地人民、英联邦人民等不同类别的人全部纳入"英国国民"这个统一的身份体系之中。该法案一出台，大批脱离了英国殖民统治的独立国家加入了英联邦，大量移民涌入英国。[①] 此时的英国几乎等同于松散的英联邦，不列颠性或英国性仍然和帝国绑在一起。为了维护"岛国"(island kingdom)的利益，1981 年夏季，英国议会通过了《1981 年英国国籍法》，以法律的手段将英格兰和海外殖民历史剥离。[②] 该法案区分了多种类型的英国国籍，其中英国公民是唯一可以自动获得居留权的国民。当海外帝国瓦解，英国性还能和不列颠性互换使用吗？战后英国工党和英国广播公司支持打造不列颠国民性和不列颠身份，但由于保守党候选人基本来自英格兰，他们希望在英格兰民族主义的旗帜下争取选民，但并不希望分裂不列颠。因此，虽然英格兰人开始强调自身民族特性，但不列颠仍然是具有实际功能的政治概念。20 世纪 90 年代权力下放后，英国性和不列颠性已有分离趋势，但二者不会截然分开，"它们就像躯体和四肢一样连在一起"[③]，只是体现英格兰特色的英国性较以往有明显加强趋势。可英国性究竟是什么？接下来本文尝试回答该问题。

三、英国性

英国性是英格兰民族的国民性。英格兰民族和其他民族一样，"是隐形的、(至少部分)是根据某种理论构建出的产物，该产物会引发强烈的情感和想象认同"。[④] 虽然英国性从理论上讲是关于英格兰民族的特性，但英国性究竟是什么？除了常见的种族、语言、宗教、地域、怀旧等理论被用来解释英国性外，以下

---

① 周小粒:《试论〈1948 年英国国籍法〉》,《世界历史》,2012 年第 3 期。

② Ian Baucom, *Out of Place: Englishness, Empire, and the Locations of Identity*. Princeton: Princeton University Press, 1999, p. 7.

③ Krishan Kumar, "Negotiating English Identity" p. 481.

④ Patrick Parrinder, *The Novel and the Nation: The English Novel from its Origins to the Present Day*, Oxford: Oxford University Press, 2006, p. 14.

几种阐释也各有合理之处。英国作家约翰·福尔斯(John Fowles)认为痴迷正义是英国性的精髓,主要体现在构成绿色英格兰(Green England)的两个基本元素中:其一是英国的地理位置,其二是绿林好汉罗宾汉象征的非常原始但强大的原型概念——正义的逃犯(Just Outlaw)。[1] 福克斯(Kate Fox)在其著作《观察英国人》一书中主要从文化的视角详细列举并阐释了英国性的很多具体表现,包括内向、冷漠、注重隐私和反向表达等。库玛(Krishan Kumar)则认为从各种视角或列清单的方式定义英国性存在视角不同、甚至自相矛盾的问题,因此,在理解英国性或英国国民性时,他认为应该从英格兰在世界上所起的作用来看,特别应该重视英格兰在作为最成功的帝国主义强国时所扮演的角色,因为这样可以将更多重心放到英格兰与它的近邻——苏格兰人、威尔士人和北爱尔兰人和海外臣民的关系,还可以体现各方面变化的特点。[2] 罗伯特·杨(Robert J. C. Young)认为在 19 世纪和 20 世纪早期,英格兰和不列颠可以同义替换,英国性和英格兰、英格兰的文化精髓或者国民性都没关系,本质为一种远程民族主义,主要对象为离散人群,即分散在世界各地的英国人后裔,这些人远离故土,恰好能体验英国性。[3] 杨也认为英国性本质上是变化的,其稳定不变的特点只是抵御分裂、摩擦和异议的掩饰物,英国性本身充满了不确定性,且"自我异化,对他者有一种病态的渴望"。[4] 西蒙·吉坎迪(Simon Gikandi)认为殖民空间也进入到了现代英国性话语中,在某些特定时期和情形下,英国殖民地是英国人身份形成的不可或缺元素[5],即处于边缘的被殖民者——"他者"也会影响处于中心的宗主国人民的身份建构。福尔斯和福克斯主要从文化视角探讨了英国性,体现了英格兰民族的一些基本属性,库玛和杨的视角多注重政治历史因素,体现了英国性变化和不确定的特点,吉坎迪则从殖民主义和后殖民主义视角阐释英国性。综合这些视角,可以比较全面地描述英国性。虽然种

---

[1] John Fowles, "On Being English but not British", *Wormholes: Essays and Occasional Writings*. London: Jonathan Cape, Random House. 1998. 79 - 88.

[2] Krishan Kumar, "Negotiating English Identity", pp. 473 - 474.

[3] Robert J. C. Young, *The Idea of English Ethnicity*. pp. 1 - 2.

[4] Robert J. C. Young, *Colonial Desire: Hybridity in Theory, Culture and Race*. London: Routledge, 1995, pp. 2 - 3.

[5] Simon Gikandi, *Maps of Englishness: Writing Identity in the Culture of Colonialism*, New York: Columbia University Press, 1996, p. 8.

族、语言和宗教在英国性的建构史上曾发挥过一定作用,但影响力越来越小,而地域、怀旧、文化、政治等则发挥着非常重要的作用,故本文将重点针对这些要素,突出英国性的变化与矛盾等特点。

英国性是以地域和想象为基础、以满足不同时期人们的政治、情感需求而建构出的体现英国不同历史时期的政治和文化等传统的民族共同体特点。它首先是以英格兰作为想象和构建的场所。这种理念起源于18世纪末和19世纪的"地方主义",地方主义反对种族主义学说,认为英格兰这片土地"可以保持民族记忆,并在保存记忆的同时,确保国民身份可以延续下去"。[①] 该学说体现了人们生活中的情感需求,即填满缺憾的情感寄托、怀旧情怀和身份认同。此学说在文学作品中表现明显。鲍康(Ian Baucom)在分析了约翰·拉斯金(John Ruskin)等作家的作品后发现:在这些作家的作品中英国性和"赋予身份的地方属性有关,"如一座哥特式教堂、一块板球场、一座破败的乡村房屋等。这些地方和其他一些地方只是用以描述英国性的"恰当的暗喻"[②],也就是说,这些地方不一定真实存在,可能存在于历史记忆中,也可能是想象、或抽象的地方,但会是当地常住人口的一种标志。这种集体身份建构具有共时性和历时性特征,因为某个地方可将过去和现在串联起来,作为"记忆的场所"(lieu de memoire)表明一个民族在历史的长河中所具有的基本连续性,但这种连续性并不是一成不变的,因为居民、访客的缘故会不断改写该地所具有的一些属性,进而产生持续断裂中重复的差异性。[③] 因此,将地域作为想象建构之地,既可以体现怀旧情怀,也可体现英国性发展变化的一面。其次,英国性的精髓主要体现在政治和文化两方面,如民族主义、国民身份和国民性等,它们之间互为关联和保障,文化服务于政治,政治保障文化,且在不同时代,英国性表现不一,不同阶级、人群感受不一。17世纪时英国政治动荡,"激进的议员和平等派首次将盎格鲁-撒克逊文化等同于确保政治自由的政府和普通法制度和英国基督教的一种纯粹的原始形式"[④];英国性也是大英帝国进行殖民扩张的一件"文化利器",如英式板球、英国绅士等皆服务于扩张掠夺的政治目的。事实上,"体现英国性核心

---

① Ian Baucom, *Out of Place*, p.16.

② Ian Baucom, *Out of Place*, p.4.

③ Ian Baucom, *Out of Place*, p.5.

④ Robert J.C. Young, *The Idea of English Ethnicity*. p.23.

内容的那些传统是故意再现和复兴的行为,理解这些行为时需考虑不同的政治背景和意图"。① 如强调英国性可以帮助英格兰政客赢得选票;1993 年 4 月约翰·梅杰(John Major)在圣·乔治日发表讲话,很微妙地赋予圣·乔治日一些爱国主义元素。② 综上所述,英国性源于地域又超越地域,既有政治特点又有文化特点,既稳定又变化,既抽象又具体,内容繁杂,如英国乡村、英式反讽、英国板球、英国绅士、轻描淡写的说话方式……这样的清单可以很长,但总有漏列之嫌。③ 篇幅有限,本文接下来以英国乡村为例来阐释英国性体现的地域、怀旧情怀、政治和文化特点。

英国乡村和想象共同体

英国人的国民性首先和他们所处的地理位置有关,他们生活在一座岛上,这是影响他们的最重要因素。④ 由于四周环海,地处潮湿的海洋气流和干燥的大陆气流的交汇处,英格兰多风、气候多变,但极少出现极端的危险天气。和欧洲大陆相比,夏天更凉爽,冬天更暖和,宜居,风景优美,曾经流传有这样的谚语"英格兰之美不可抵挡",这种美主要体现在英格兰乡村,演化出了英国乡村文化。英国人对乡村有一种执念,在他们心里,英格兰的精髓在于乡村。⑤ 19 世纪时,一些英国学者认为英国人是日耳曼人(Teutonic)的后代,而日耳曼社会本质上以乡村为主,故拥有一处坐落在自家土地上的乡村房舍直到今日仍是英国人的梦想。⑥ 英国人喜爱乡村生活体现了滕尼斯(Ferdinand Tonnies)笔下的有机共同体理念,"共同体生活的发展永远和田野和住房有关"。⑦ 文学作品对英国乡村文化的形成也影响巨大:如浪漫主义诗人华兹华斯(William Wordsworth)笔下的湖区、简·奥斯丁(Jane Austen)小说中风景优美的英国乡村脍炙人口。政客们也在英国乡村文化的流行中扮演了重要角色,如保守党领袖、三任英国首相的斯坦利·鲍德温(Stanley Baldwin)和莫顿(A. V. Morton)

---

① Michael Kenny, *The Politics of English Nationhood*, p. 25.

② Stefan Collini, *English Pasts: Essays in History and Culture*. Oxford: Oxford University Press, 1999, pp. 62 - 64.

③ Michael Kenny, *The Politics of English Nationhood*, p. 10.

④ Jeremy Paxman, *The English: The Portrait of a People*, p. 24.

⑤ Jeremy Paxman, *The English: The Portrait of a People*, p. 147.

⑥ Robert J.C. Young, *The Idea of English Ethnicity*. pp. 25 - 35.

⑦ Ferdinand Tonnies, *Community and Civil Society*, Cambridge: Cambridge University Press, 2001, p. 37.

等人的著作和演讲不断强化这样的理念:永远的英国乡村生活和乡村怀旧情怀。对他们而言,英国就是英国乡村,英国乡村就是英国。①

　　由于民间谚语、种族主义理论、文人和政客们的反复渲染,英国乡村已成为英国人记忆或想象中的美好情怀,象征着英国的优越和美好,构成了他们国民身份认同的重要组成部分。英国乡村引发的美好情怀本质上反映了一种怀旧情怀。怀旧(nostalgia)从词源来看,nostos 指回乡(return home),algia 指渴望(longing),该词的本意为渴望回家,但这个家可能已经不存在了或从来没存在过。"怀旧既指一种损失和替代情怀,也指某人幻想的浪漫。"②可人们为何会有此渴望和幻想? 用斯维特拉娜·波伊姆教授(Svetlana Boym)的话说,"对身处生活和历史加速变革时代中的人们来说,这是必然会再现的一种防御机制",因为"人们渴望拥有一种具有集体记忆的共同体情怀,渴望在一个碎片化的世界里得到一种连续性"。③ 当流动的现代性充斥着现代人的生活时,怀旧感似乎显得弥足珍贵:"在'流动性'的状况下,一切都有可能发生,但一切又都不能充满自信与确定性地去应对。这样就导致了不确定性,同时还导致了无知感(不可能知道将要发生什么)、无力感(不可能阻止它发生)以及一种难以琢磨和四处弥散的、难以确认和定位的担忧,一种没有靠山却绝望地寻找靠山的担忧。"④当人们的内心焦虑、不安、空虚时,人们总会希望抓住一点美好的念想,以减轻不安,英国乡村正好满足了人们的情感需求。

　　英国乡村带来的美好情怀不仅满足了城市或郊区人们回归自然、寻找宁静的心理情感需求,而且对士兵和海外英国人来说也代表着一种归属感,即民族主义。对成千上万生活在英国郊区的人来说,他们心中怀有一个美好的英国乡村,梦想着某一天能重返到这块遗失的天堂。⑤ 它是浪漫、宁静的乡村生活,一个想象中的美好共同体,就像奥斯丁笔下的乡村,绿意盎然、宁静美好。这种情怀在艰难时刻,特别是战争时期,是激励士兵英勇作战的爱国主义情怀。"二战期间,奥斯丁被认为是英国性的象征,是战争期间可供休憩的精神家园,需要好

① Krishan Kumar, *The Making of English National Identity*, pp. 230 - 231.

② Svetlana Boym, *The Future of Nostalgia*. New York: Basic Books, 2001, p. xiii.

③ Svetlana Boym, *The Future of Nostalgia*, p. xiv.

④ 齐格蒙特·鲍曼:《流动的现代性》,欧阳景根译,北京:中国人民大学出版社,2017 年,第 12 页。

⑤ Jeremy Paxman, *The English: The Portrait of a People*, p.144.

好保护。"①这样的家园对于帝国时期居住在海外殖民地的英国人来说也有着重要的情感意义和归属感,"它的绿色葱葱、和平宁静与实际工作之地的热带地区和干旱之地形成了强烈反差;因为殖民统治的各种压力和身处孤立的海外殖民地,他们将想象中的归属感和英国共同体理想化了。英格兰的鸟儿、树木和河流……"②因为远离故土,英国乡村成为了他们心中关于英国性的美好念想,体现了罗伯特·杨称之为的远程民族主义。

结语

虽然英国性作为国家词汇最早出现在 1805 年,却蕴含了丰富的历史含义和民族情怀。英国性的产生和演变是英国历史的缩影,承载了不同种族的英国人对英格兰的复杂情感,因此英国性不能简单等同于盎格鲁-撒克逊人的国民性。在历史上很长一段时间里,英国性几乎等同于不列颠性,但由于不列颠是一个政治词汇,英国性似乎更能唤起情感认同。20 世纪 90 年代之后,英国性主要指英格兰人的国民性,故英国性不能简单等同于不列颠性。英国性一方面处于不断发展变化中,本身充满矛盾和不确定性,很难让人对此给出一个具体的定义;另一方面也指向比较固定的一些民族特色,如英国乡村、英国绅士、英式板球等。可以说,英国性是一个以英格兰为具体所在地、通过想象构建出的共同体理念,它指向生活在或曾经生活在英格兰这块土地上的民族,以及和英国有联系的人群的历史、文化和政治等属性,能激发强烈的情感和民族认同。它可以是一座教堂,也可以是英国王室、英国板球、英国酒吧、英国绅士、英式反讽、英国乡村、英国人的爱国情怀,还可以是联合王国的民族主义,但其核心理念离不开"我们"和"他们"之争,通过和联合王国内其他民族以及海外其他国家相比较,英格兰获得了属于自身的属性——英国性,但它可以是英格兰的国民性,也可以在特殊时期指大不列颠的国民性或联合王国的国民性。在世界流动性逐渐加强和日益复杂的国际形势下,英国性不会消失,但英国人也不会特别强调它,因为英格兰需要继续保持联合王国的统一,英国性作为一个重要象征

① 参见"Jane Austen: a puzzle inside an enigma", in *The Economist*, July 21st – 27th 2012, p.72。

② Raymond Williams, *The Country and the City*, Oxford: Oxford University, 1973, p.281.

符号将继续扮演它适当的角色。

On "Englishness"

Jiang Hua

Abstract: By analyzing British history and the status quo, this article explores the complex relationship between Englishness and Anglo-Saxon race and nation, and Englishness and Britishness; by comparing some related theories on Englishness, the article analyzes and explains the concept, aided with example like English countryside. This article argues that Englishness is essentially the imagination and construction for England, the community, and that there are some national characters reflecting English people's distinct political and cultural and other traditions of different times. These characters could elicit powerful and imaginative identifications, contribute to constructing patriotism and national identity, and combat uncertainty, and discontinuity prompted by industrialization and mobility.

Keywords: Englishness, Britishness, English countryside

解构之为辩护:理论和历史中的作者责任

郑 楠[*]

[摘　要]　回顾二十世纪风靡一时的解构主义运动,从德里达(Jacques Derrida)的哲学筹划,到德曼(Paul de Man)的解构文论,再到"德曼事件"的爆发及事后德里达为德曼所作的辩护,理论与历史的走向发生了逆转:一度沉寂的"伦理主体"问题被重新提出,传统作者中心主义批评和反作者中心论互换阵营再度交锋,作者在宣告死亡的瞬间归来。

[关键词]　解构批评;保罗·德曼;伦理主体

一、修辞阅读与解构伦理

从 1966 年《人文科学话语中的结构、符号与游戏》的讲演开始,德里达对反形而上学的哲学路径进行了艰苦卓绝的探索,以"解中心"为鹄的,凸显"书写"之优于"语音",其努力一度涉及现象学、人类学、语言分析哲学等诸多方面,成就斐然却又纷争不断。德里达拆解结构中心的语言论思路又影响了保罗·德

＊　郑楠(1993—　),男,安徽黄山人,文学博士,安徽大学文学院讲师,主要研究领域为西方现代文论。

曼的文学批评,尤其是后者对于"修辞"的执迷。可以说,德里达"文学解构"的设想是真正由德曼付诸实践的。

对德曼而言,"阅读"实质是一种对比喻性(figurality)的语言进行阐释的行为,比喻性不仅存在于文学中,也存在于历史、电影、广告、自传、新闻报道等所有"普通"语言中,因此,阅读是对世界和人类行为的感受和洞察。由此推出了三个结论:其一,阅读与文本不可分开,一切文学文本都因阅读过程中修辞性的暴露而具有自我解构的功能;其二,阅读不是"我们的"阅读,解构阅读没有作者和读者之分,因为阅读不是把某种东西增加到文本中,而是解构原来的文本;其三,文学阅读由于语言的修辞性/比喻性而成为"阅读的喻说",即"正确阅读"的不可能性。德曼注意到了修辞性这个"构成一切文学语言的解构要素的存在",批评语言和文学语言一样也是具有欺骗性、不确定性和不可靠的。德曼认为,阅读实质上是审美反映的阅读和修辞意识的阅读同时发生的过程,二者对文本理解的分裂展示出文本逻辑的不一致,"(文本)不可避免地会产生至少两种互相排斥的阅读,并断言在比喻和主题的层次上真正的理解是不可能的"①,这就是解构阅读或阅读的解构性。

基于此,德曼的修辞阅读理论对哲学传统以及逻各斯中心主义在文本中建立的真理范畴和特权概念展开清理,比如"在场""缺席""自我""本原"乃至"真理"等等。德曼引用尼采(Friedrich Wilhelm Nietzsche)的话来说明"真理"概念:"真理是一支由隐喻、换喻、拟人法组成的机动部队……是其幻象性已被遗忘的幻象,是被磨损殆尽的、被剥去感性力量的隐喻。"②尽管"真理"本身就是一个失去了修辞性的修辞,但哲学为了将"平淡的真理"以富于意趣的方式说出,仍经常与修辞学合作。不过也有人对比喻的语言和文字媒介忧心忡忡,担心它们会伤害"思维的真理",比如英国经验主义哲学家洛克(John Locke)就试图清除语言中"骗人的修辞"。哲学史上关于修辞学的严肃思考和对修辞的鄙视总是纠缠在一起难分难解,哲学对待修辞的态度正和德里达所描述的言语与

经验与现象

---

① Paul de Man, *Allegories of Reading: Figural Language in Rousseau, Nietzsche, Rilke, and Proust*, New Haven and London: Yale University Press, 1979, p.72.

② Friedrich Nietzsche, "On Truth and Lie in an Extra-Moral Sense", *Writings from the Early Notebooks*, ed. Raymond Geuss and Alexander Nehamas, trans. Ladislaus Lob, Cambridge: Cambridge University Press, 2009, p.257.

文字的关系是一样的,在拒绝"替补"和不断"替补"中陷入自相矛盾的状态。

德曼指出,洛克的辩才如美女之喻恰好说明了修辞是语言中必不可少的成分,洛克将语词概念分为三类,即简单概念、物质概念和两者混合的形式概念,而对于物质概念和混合概念的定义追问是极其重要的,"当我们从简单概念所提示的语词与事物的单纯相近关系(contiguity)转换到物质中本质特征和非本质特征的隐喻呼应关系(correspondence),伦理性张力就会大为增强。"[①]这种语言的转换不仅是从换喻的横轴到隐喻纵轴,还是字面义向引申义的迁转。语言的使用和滥用不是单纯的表述问题,它常常具有严肃的伦理性,例如形而上学语言对"人"的概念的决断。洛克在论述混合概念时也注意到了语言使用和滥用的伦理问题,所以他列举的都是误杀、乱伦、弑亲、通奸这类语词。德曼暗示说,反思语言的修辞性的后果一如俄狄浦斯的悲剧,我们发现自己待在永久的语言困境中,对语言比喻、修辞指涉、话语转义(trope)带来的可怕后果熟视无睹,即人根本决定不了语言要说什么、做什么,无法阻止语词误用和概念偏转。说到底,人不是语言的主人,没有用语言命名的权力,是语言将名字赋予包括人在内的世间万物,人类主体诞生于语言的使用(滥用)中,受语言的任意性支配,被放逐于确定的意义世界之外。

阅读的解构性和语言运用的伦理后果更体现在德曼对卢梭(Jean-Jacques Rousseau)忏悔文本的解读中。卢梭在《忏悔录》中自述少年时在雇主家偷了一条漂亮的丝带,在被人查获时他当场诬指一位无辜的女仆玛丽永,说是她为了勾引他而偷了丝带,两人随后都被解雇了。按照常理,故事讲述应该到此为止,因为"忏悔就是在真理的名义下克服罪感和羞耻感"[②],它是无条件的、直面真实事件的坦白行为,并不需要任何后续的补充描述。但是卢梭却认为自己还需要辩解一番,多说些"当时的实情"避免造成他人误会,这意味着除忏悔的言说模式外,卢梭又以真理的名义建立了一个辩解的模式,前者是述事话语,后者卢梭认为也是述事的,然而在实际运作中却被证实为述行话语。卢梭不断在忏悔中加入辩解,并且引入不可证实的"内心感受"作为辩解的理由:"我害怕羞耻甚于害怕死亡""我对玛丽永有欲望""我正想把这条丝带送给她"等等。被卢梭处

---

① Paul de Man, *Aesthetic Ideology*, Minneapolis: University of Minnesota Press, 1996, p.41.

② Paul de Man, *Allegories of Reading: Figural language in Rousseau, Nietzsche, Rilke and Proust*, p. 279.

理为述事话语的辩解模式运转得越来越夸张,它将完全不合逻辑的托词塞入到语句句法中:"我自己干出的事却诬陷是玛丽干的,说她给了我这条丝带,正是因为我想把这个东西送给她。"①类似的借口托词说得越多,越令人起疑,结果是卢梭宣称源自内心感受的辩解解构了据称是真心的忏悔。德曼指出,语言是不负责任的,它没有讲述真实和符合事实的义务,"语言同指称性意义(referential meaning)相比是完全自由的,能够设定语法所允许的任何东西"②,进入到语言中的忏悔和辩解没有本质上的区别,换句话说,用语言表示的忏悔总会向辩解转化,忏悔的文本总会被写成自我辩护的文本,语言的虚构有可能为最冷酷的罪行进行辩解,制造虚构是"最清白无辜的活动",也是最残酷无情的行为。

　　由此可见,解构阅读参与文学批评所造成的一个重要后果是,文本的道德伦理关注以另一种形式被重新唤起。修辞阅读理论虽然重视修辞这一文本中最活跃的要素,倡导"批评性语言学分析",但德曼并不认为能将文本完全简化为"修辞、转义结构和比喻模式",解构批评反倒要从中引出意识形态相互冲突的证据,"我们所说的意识形态,恰恰是语言与自然现实的混淆,语言学与现象学的混淆。由此可见,与包括经济学在内的其他任何研究方式相比,文学性语言是揭示意识形态反常(aberration)的一个强大且不可或缺的工具,也是解释这类反常情况发生的一个决定性因素"③。而且,修辞扮演的绝不仅是破坏者的角色,事实上正是由于比喻活动所实现的意识形态的指称现象化(phenomenalization),心灵和世界,语言与存在的短暂结合才有可能。因此,反对伦理学阐释和道德评判的解构批评本身就具有伦理意味。而最能凸显解构伦理内涵的事件就是"保罗·德曼之战",这不啻一次以最直接、最极端的方式对解构理论发起的伦理批评和道德审判,所有的解构论者都不得不放弃能指嬉戏的自由,对历史罪行的真值命题给出明确的答复,并正面回应解构的理论主张和行为实践的关系问题。

---

① 卢梭:《忏悔录》,黎星译,北京:商务印书馆,1986年,第86页。

② Paul de Man, *Allegories of Reading: Figural language in Rousseau, Nietzsche, Rilke and Proust*, p. 293.

③ Paul de Man, *The Resistance to Theory*, Minneapolis: University of Minnesota Press, 1986, p. 11.

二、"德曼事件"与德里达的解读

1987年12月,《纽约时报》在头版宣布"在纳粹报纸上发现了耶鲁大学教授的文章",文章颇为含糊地介绍了保罗·德曼在德国纳粹占领比利时期间的写作活动,并将其形容为"纳粹合作分子""卓越的投机主义者"。有关德曼战时写作事件的争论由此迅速在欧美思想界扩大开来,并随即延伸到整个解构运动,《新共和》《洛杉矶时报》等报刊纷纷发文指控解构主义的伦理缺失,怀疑其与法西斯侵略、大屠杀有隐藏的同谋关系;而在德曼的支持者一方,战时丑闻的公开也引起了不小的震动,因为德曼抵达美国之后几乎从未言及自己的早期经历,他的朋友和同行对此毫无准备。就在躁动远未结束,众人莫衷一是之际,德里达着手分析德曼的战时文本,并对种种攻讦展开回击。

德里达对德曼文本的解构阅读没有回避作者意图和原初语境。开篇他就强调,人们应重新学习阅读德曼的"全部"作品,走向其中敞开的东西,"保罗·德曼之战"既指现今人们利用陈年旧事相互攻讦的闹剧,又是一种实在的个人战争记忆,还是德曼内心势必经历过的秘密、悲剧和磨难。德里达颇为谨慎地提出:"事情看起来严重且复杂。保罗·德曼的话语出乎我的意料,好像比我原先所想象的更为投入(对纳粹主义的态度),但也更具有区别性和异质性。约定的形式甚至令人感到相当不安。"①德里达首先承认,第一次阅读让他遭受了"痛苦的意外",因为德曼的文章中可以辨认出不少可称为"意识形态构型"(configuration idéologique)的东西,但他旋即表示,德曼对重大政治-哲学问题的回答并不简单,可能是过分早熟令他言无状,又或者是其伯父的影响所致,毕竟"这位前理科生只梦想文学"。德里达的态度似乎有些犹豫不决,不过他很快将解构的矛头指向德曼1940年2月的一篇社论,这篇文章大谈战后新"秩序",德里达认为:人们既要对此保持警惕,因为这个词当时通常和各类反民主的纳粹思想关联在一起;又不能粗暴地判定德曼是极右翼分子,盖因身份特殊,德曼的创作必定受到各种限制。德里达特别提到,剖析这一时期的德曼文本是极为困难的,以至于不得不频繁采用"一方面……另一方面"(d'une part...

---

① Jacques Derrida, *Mémoires pour Paul de Man*, Paris: Galilée, 1988, p.160.

d'autre part)的表达形式,因为只有这种形式才能呈现出语义循环交替、捉摸不定的特征,"一方面,所有这些文本的大规模的、直接的和占主导地位的影响,是由一个相对一致的意识形态整体所造就的。该整体往往符合官方修辞学……但是另一方面,在这种情况下,德曼的话语不断被割裂、分离,卷入不间断的冲突中。无论是有意为之,还是逼不得已,乃至可能超越算计和被动这一区分,所有的提案后面都跟着一个反对意见"。① 由此可见,德里达的"修辞阅读"致力于发掘德曼文本中的反话或反题,并将其视为特殊情况下的无奈之举,甚或一种巧妙的抵抗。

令人疑惑的是,在德里达的分析中作者意图和文本内部的意图似乎并无扞格,它们之间的矛盾被官方规定和私人表述这一对立继承了过去,德曼被描绘成一个一边使用占领者的语言,另一边又用迷宫般的表述打乱意识形态部署的地下抵抗者。德里达认为,这一切都与德曼的文学责任感有关,后者曾说:"文学是一个独立的领域,拥有只属于它自己的生命、法律和责任,而这生命、法律和责任并不依赖于发生在文学边沿的哲学或伦理的偶然事件。"② 也就是说,德曼和德里达反对一切发起自文学之外的道德控诉和政治审查,文学始终是中立的,文学创作、文学批评乃至于批评之批评也一样,而且文学是没有什么清算或审判行为的,不应该由"作家法庭"来审判有作家身份的人的政治或道德行为,总之一句话,文学无罪。德里达还认为,德曼在战争期间推崇德国文学不能简单地说成一种通敌卖国的行为,因为他身上还有佛兰德民族主义、法兰西文化的影响,同时作为一个掌握多种民族语言的青年译者,德曼也不可能放弃对德国文学的关注,这与政治毫无干系,更何况,德曼从来没有公开发表支持纳粹主义的言论。这不由得引起了读者的某种遐想:当时的德曼"也许"认为,要思考纳粹的本质,必得了解德国文化。

对德里达来说,最艰巨的辩护任务无过于《当今文学中的犹太人》(Les Juifs dans la littérature actuelle),身为犹太人且遭受过排犹暴力的他对于这篇文章仍有独具一格的见解。德里达认为,一方面,德曼确实沿用了反犹主义话语,给包括德里达在内的很多人造成了无法抹去的创伤;但是另一方面,细致深

---

① Jacques Derrida, *Mémoires pour Paul de Man*, pp. 169–170.

② Jacques Derrida, *Mémoires pour Paul de Man*, p. 178.

人的阅读表明,德曼的论述多有复杂难解之处。首先是整篇文章的布局,其矛头直指一种反犹主义,作者德曼在拆解"犹太人神话"之前便指出了反犹主义论调的庸俗性及其"神话",或许有人认为此举是在召唤一种高雅的或真正的反犹主义,德里达认为这的确是解读之一,然而他强调说,"这种解读始终会暗自沾染另一解读:谴责'庸俗的反犹主义',尤其是当人们从不提及他者时,就是在谴责反犹主义本身是庸俗的,它一贯且本质上是庸俗的"①。德里达认为,德曼在"当时的语境"中不可能直言不讳,但他也没有随波逐流,因为无论如何,德曼的文本在谴责一种反犹主义并宣称它是"谬论""神话",会带来"危险的后果",这就让后面论证犹太文化的部分变成了某种"修辞假象"(feinte rhétorique)。继而德里达又提出了一个假设:德曼被迫(为什么是被迫?)写下的这篇《当今文学中的犹太人》发表在报纸上,而毗邻它的正是众多庸俗的反犹主义文章,这些文章"在用词和逻辑上与德曼所要谴责的东西完全吻合"②。德里达大胆推断,德曼这篇文章所要批判的"也许"并不是犹太人,而是包围并污染它的反犹主义话语。德里达不断重申的一个论点是:德曼只想讨论文学问题,不论这个文学是佛兰德民族文学、德意志文学,还是犹太文学,而当时充斥各类意识形态话语的文评从不谈论文学本身,这就是德曼所鄙夷的对文学的"庸俗"态度。

总体看来,德里达对德曼文本的解读遵循的大致思路是,拒绝"使问题危险地简单化"。这也是解构阅读的基本观点,阅读是从"也许"开始的,没有哪种理解绝对正确,因为始终存在另一种完全不同的理解来撕扯它、搅乱它,阅读不是为了追求终极阐释,不是让意义尽快地确定下来,而是要使文本始终处于不确定的、不能被传统二元对立范畴掌握的状态。

三、写作主体的回归与理论转向

从言后之效来看,不论是德曼有意无意的"自辩"还是德里达的激烈抗辩都不太成功,大众对于德曼战时言行和解构主义的质疑并未停止,最严重的学理指责莫过于解构主义的理论主张和阅读实践相互背离,这类现象中又以德里达

---

① Jacques Derrida, *Mémoires pour Paul de Man*, p. 192.

② Jacques Derrida, *Mémoires pour Paul de Man*, p. 193.

的辩护操作最为明显。人们叩问道：为何德里达单单在这里对作者意图和作品文本的关系处理得如此保守，为何反复提醒读者关注作者德曼的个性经历，为何一定要所有人在一个异常清晰明确的历史语境(1940 年 12 月到 1942 年 11 月)中讨论德曼的文本，真正的解构论者岂不该将这些统统否定掉吗？难道说解构阅读也仰赖一个新的中心或起源，并默许某个确定无疑的作者超然于文本的替补游戏之外？或者，解构阅读只对形而上学控制的文本有效，对解构自身无效？

应该说，以上质疑并非无的放矢，其中不少切实击中了解构主义阅读理论和阐释实践之关系的要害，作者意图、文本中心以及真理解释无疑与解构格格不入，为德曼辩护的解构论者似乎陷入了画地为牢的窘境。不过，这次争论的双方互换了位置，解构使用传统阅读的方法为作品后面的人辩护，反解构的"形而上学家"倒是借用解构的手段解构辩护文本，这不禁让人联想到德里达和伽达默尔(Hans-Georg Gadamer)的理解与解释之争。要言之，在早先(1984 年)的这场讨论中，德里达不认同伽达默尔所谓语言交流依托于"理解的善良意志"的观点，因为在前者看来，基于不同立场的交流终究不可能相互理解、达成一致，其间必然存在某种关联的断裂。正如海德格尔(Martin Heidegger)根据西方形而上学的完成进程来理解尼采思想，伽达默尔也试图将德里达及解构理论置于哲学解释学的统一标准之下，而如此理解的善良意志不过是形而上学的另一种样态，是具有绝对约束力的公理设定，"因为它不单是一个伦理学的要求，而是要作为任何一个言说者群体的伦理起点，甚至还会去规正某些意见不一和误解的现象"①。而在德曼事件中，德里达发声辩护时却不再顾忌"善良意志的强力"，也不再谈论理解的不可能性，转而呼吁读者倾听他对德曼的理解，接受一个从"一方面……另一方面……"这类古典修辞术中诞生的"完整的"德曼形象，即，德曼的战时文本尽管可能造成过不好的影响，但"他本人知道，他自己从来没有与纳粹合作，也从未号召他人投靠纳粹"。② 显然，德里达的批评实践和理论规划之间产生了严重的冲突，他在为德曼辩护时从不确定的阅读转向了确定的结论，并将一些反对意见斥为"可降解的出版物"，"是用沾满毒液的笔写成

---

① Diane P. Michelfelder, Richard E. Palmer edit, *Dialogue and Deconstruction: The Gadamer-Derrida Encounter*, Albany: State University of New York Press, 1989, p.52.

② Jacques Derrida, *Mémoires pour Paul de Man*, p.208.

的"①,这类自相矛盾的言行引起了大众对于解构的怀疑。

由此看来,德曼事件最重要的伦理学后果之一就是"伦理主体"的问题被重新提出。

此前,关于伦理学,解构批评和当代其他批评流派一样,将传统伦理学视为启蒙运动主体性和人类中心主义的残留,认为其不过打着伦理道德的旗号,轻率地把一些未经论证的概念假说当作公理定式,并且要求他人无条件服从,甚至于强调"尊重""透明沟通""共识"的伦理学话语本身就是不尊重和非交流的,而理论对这样的伦理学及背后"至高的人的主体"之批判揭露才是真正具有伦理性的。不过,德曼事件让不少人意识到,没有具体指向和规则的伦理学设计是不可行的。解构论者在面对书写、文本、修辞以及他者问题时,一边将伦理学话语统统划入带有欺骗目的的"艺术性虚构",另一边又将责任问题抛给文本阅读,这等于承认"解构的伦理学"与传统伦理学的区别仅仅在于对虚构和误读的肯定,而道德判断和伦理选择则处于永无止境的意义延宕中,是非善恶都不会有最终的答案——因为确信"真理回应"的伦理学不可避免地会对一些他者造成伤害。然而伦理学本身的价值正在于对他者的关注,"伦理学是他者性的要求在其中得到阐发和协商的地方,这种他者性包括道德法则、人类他者、文化规范、自在的善,等等。在伦理学的领域中,'自私的'或'狭隘的'考虑要让位于'更深刻'、'更崇高'或'更根本'的原则"②。自我与他者的关系是伦理学永恒的命题,人们经常围绕两个基本问题争执不休:"我自己应该做什么?""我能为'他'做什么?"这两者并非总能保持一致,解构在德曼事件中所遭遇的伦理困境表明,为他者辩护、为他者牺牲未必是主体自律的表现。

事实上,解构理论反对普遍性的伦理话语是一回事,他人追究伦理主体的行动实践又是另一回事。以阅读的伦理学为例,理论可以用自己的标尺度量伦理的标准,指出所有确定性的结论都是非伦理的;也可以以"作者已死"的名义同时保护文本和作者,让他们不再在倒错的语境中彼此纠缠。但是理论无法从根源上解除追溯作者的欲望,读者既会依托作者惯用的创作语境去理解文本的意义,又能通过不断解释文本的文体、叙事、修辞、意象保持作者思想的生机,在

---

① Jacques Derrida, "Biodegradables: SevenDiaryFragments", *Critical Inquiry*, Vol 15, 1989, pp.812–873.
② 杰弗里·哈芬:《伦理学与文学研究》,陈通造译,《文学理论前沿》,2015年第2期。

这个意义上，写作主体代表了一种理解判断的基本可能性，是进入文本世界的锁钥。"谁在说话"也一直是阅读批评活动首先要回答的问题，即便获得的答案是重复破碎的形象或不断删削的签名，它们也将统归于作者的名义下，就像德曼本人与其战时写作的联系并没有因为作者肉体和文本上的双重死亡而终结，在反对者那里这种联系被当成言如其人的污点证据，而在支持者看来则是"多义的记忆"（mémoires）与内心的战争。种种迹象说明，作者并不是无足轻重的文稿誉写员，他总能在文本中发挥特殊的作用，如幽灵般去而复归，因此，写作主体势必不能推却言语上的责任。需要注意的一点是，承认文本和作者有某种关联不等于认同作者意图对文本意义的控制，只是证明了作者虽然无法凌驾于文本之上，但也不能在文本中被随意抹去。

主体问题的回归给当代理论带来的影响无疑是巨大的，不论是韦恩·布斯（Wayne Clayson Booth）寻访"友情"的文学伦理学，还是理查德·罗蒂（Richard Rorty）推进团结的新实用主义思想，都体现出一种求索建构、呼吁行动的伦理学转向。与关注主体行动的伦理学复兴局面相对的是，保罗·德曼、希利斯·米勒（J. Hillis Miller）等人倡导的语言分析的阅读伦理学陷入了困境，德曼早年复杂经历的披露似乎与解构哲学对拆解、反讽和双重性的强调遥相呼应，而德曼的缄口不语和德里达的曲意辩护又侧面证实了解构主义在行动上的踌躇、犹疑乃至逃避责任。有人可能认为，不说也能表明主体的态度，或是对无法言说之物保持应有的沉默，或是惧怕语言普遍性的扭曲，又或是杰弗里·哈特曼（Geoffrey Hartman）所说的已隐藏在德曼后期著述中的"深刻忏悔的碎片"①，但是这些辩解只有以解构为理论预设才是言之成理的，如果置于现实实践中，那么隐瞒事实无论如何也称不上忏悔与负责的表现。因此，解构主义阅读理论面对的真正问题是，抽离了全部道德关切和情感尊重的"阅读主体"如何能对他者负起责任？

如前所论，解构论者擅长从现有的话语体系、价值观念中抽绎出反常、不合理的成分，让文本内部的延异逻辑运转至极限直至结构崩解，从而中断在场形而上学的暴力，但是这一做法往往也会使日常实践活动转化为芜杂难解的理论

---

① Goffrey Hartman, "Looking Back on Paul de Man", in Lindsay Waters, Wlad Godzich (ed.), *Reading de Man Reading*, Minneapolis: University of Minnesota Press, 1989, p.18.

问题。在德曼事件中,尽管德里达一再重申解构主义从未放弃伦理责任,但"虚无主义""道德相对主义"一类的指控仍旧纷至沓来,更有甚者抨击德里达为了私人友谊置学者操守于不顾。① 凡此种种促使德里达越来越认为,为解构辩护是一项长期的工程,解构主义应基于历史找寻自身的伦理根据,并且规范化解构阅读的过程。1988 年,德里达在《有限公司》的后记"走向一种讨论的伦理"中提出,首先需要设定文本"相对稳定"意义和"最小共识"及相关语境,这是研究和对话的前提;其次,解构阅读是一种"扩张"(exappropriation)运动,它以"加倍评注"(doubling commentary)的方式丰富文本的阐释机制,又能在背景重构中保持语义流动的积极可能性;再者,真正负责任的阅读需要经历一个"不可判定性"(undecidability)的阶段,不可判定性并不是不确定性(indeterminacy),而是"在多种可能性之间确定的摆动(例如意义的可能性,当然也包括行为的可能性)",实际运用的话语无论在句法、修辞层面,还是伦理、政治层面都有高度的确定性,不可判定性的结构之所以可能,是因为不同话语结构之间必然存在"某种游戏、差异和非同一性","差异"代表碰撞中的不同决定,"它使确定性变得既可能又必要"。② 从这里我们可以看出,虽然德里达仍坚持把阅读问题当作讨论的起点,但他已然准备"走出"阅读,走向明确的社会行动和政治实践。

四、结语

"德曼事件"之后,解构所面临的一系列问题不仅有如何重估德曼其人其思,如何在"德曼之后"(after de Man)播撒德曼,还有对解构自身的重新认知和再次定位。德曼的一些学生和朋友此后转向政治批评实践和伦理阐释,如芭芭拉·约翰逊(Barbara Johnson)的女性主义研究,斯皮瓦克(Gayatri C. Spivak)的身份政治学和后殖民文化批判,彼得·布鲁克斯(Peter Brooks)的欲望叙事理论与精神分析批评,西蒙·克里奇利(Simon Crichley)的解构主义伦理学等。德里达的晚期著作,也直面更具有现实干预性和决断确定性的议题,如法律与

① Jon Wiene, "The Responsibilities of Friendship", in *Critical Inquiry*, 15.4, 1989, p. 797.

② Jacques Derrida, *Limited Inc*, Evanston: Northwestern University Press, 1988, pp. 148 – 149.

正义,宽恕与友爱,好客与礼物,取消死刑与动物伦理,继承马克思的遗产,等等。尽管我们不能把这一切都归结为"保罗·德曼之战"的结果,但此次事件确乎有力地改变了欧美思想界的理论探询方式,甚至在 90 年代的西方文论领域掀起了"伦理转向"(ethical turn)①的思潮。

Deconstruction as Defense: Authorial Responsibility in Theory and History

经
验
与
现
象

Abstract: Looking back at the popular deconstructionist movement of the last century, from Jacques Derrida's philosophical planning to Paul de Man's theory of deconstruction, to the outbreak of the "De Man Event" and Derrida's post-Derrida defense of De Man, the theoretical and historical direction has been reversed: the once-silent issue of the "ethical subject" has been reintroduced, traditional author-centered criticism and anti-author-centered theory exchanged sides, and the author has returned in the moment of death.

Keywords: Deconstructive criticism, Paul de Man, ethical subject

---

① David Parker, etal (eds.), *Renegotiating Ethics in Literature, Philosophy and Theory*, New York: Oxford University Press, 1998, pp. 1 – 17.

马克思主义哲学的当代思考

社会主义市场经济思考

重勘经验的哲学坐标：从黑格尔到马克思对经验问题的逻辑转进与历史融合*

潘 斌

[摘 要] 经验问题是哲学的基本问题，对经验的不同认知形成了不同的哲学话语与哲学形态。"经验"概念在亚里士多德（Aristotle）哲学中具有完整性意蕴，但自近代哲学以来经验的内涵日益狭隘化。黑格尔（G. W. F. Hegel）重新审视经验在认识论上的开端意义，并对经验历史化从而发现了劳动这一现代社会的关键范畴。马克思（Karl Marx）在继承黑格尔哲学遗产之际进行了深刻批判，将精神的历史转向人类历史，进而用实践概念拯救经验的完整性意蕴，实践原则是实现经验性、历史性与批判性有机统一的重要基石。

[关键词] 经验；逻辑转进；历史融合；实践

---

* 基金项目：教育部规划项目"青年马克思的黑格尔转向研究"（19YJA710029）、国家社科基金重点项目"社会风险及其治理的哲学研究"（20AZX003）。

** 潘斌（1978— ），男，湖北武汉人，哲学博士，华东师范大学哲学系教授、中国现代思想文化研究所研究员、社会认识论研究中心主任，主要研究领域为哲学基础理论、黑格尔哲学、社会哲学。

"经验"问题是哲学的基本问题,它不仅构成了判定哲学认识论的开端与起点,影响了诸如经验论与唯理论、观念论与实在论等哲学形态的分殊,而且对经验的认知方式差异形塑了哲学思维形式,对哲学世界观与方法论产生了持久而深远的影响。黑格尔与马克思两位前后相继的思想巨擘都围绕着经验问题进行了深入分析,以经验为对象并经由对经验问题的哲学批判而展开各自的哲学变革。

一、追寻"经验"概念的整全性意蕴

哲学史对"经验"的偏见由来已久,从唯物论到观念论都持批评性立场居多,其缘由大致有二:一是经验认识虽是认知活动的起点,但经验认识无法保证认知内容的普遍有效性。诸如感觉、直观、记忆等意识活动固然呈现了丰富多样的内容,但正因其内容的多样化、直接性而导致缺乏充足的普遍性效力,导致经验认识常被认为仅仅只是为认知活动提供来源与材料,亟待"去伪存真"的筛选与审核。二是经验认识具有无法克服的内在限度,即经验认识高度依赖于主体的感官、知觉、想象等认识方式,但这些认识形式只是达到真理的有限中介,只有对其进行不断的否定式扬弃才可能通达认知对象的本质规定与把握思想的客观性。黑格尔批评了经验知识作为认识形式的内在缺陷之后提出,经验所不能完成的普遍性在思辨思维中能得到实现,这也是黑格尔对经验认识限度的批判所在。

本质而言,经验被标示为认识活动的必经环节,即经验是认识活动与认识对象的中介,它以感受、直观、意向、表象等基础性认知形式显现了认知主体对认识对象的认识内容,是一种主观与客观、活动与对象之间的意识活动的内容呈现。从认识论上勘定经验的哲学坐标看似给予经验以具体的活动领域与特定的认知功能,经验由此获得认识活动中的一席之地而免于被排挤与歧视之嫌,但这一对经验的认识论勘界实则是弱化了经验的认识功能与窄化了经验的概念内涵。哲学发生认识论转向以来,"知识源于经验"被确定为认识论的教条,培根(Francis Bacon)区分了"感性认识"和"理性认识",主张认识起源于感觉,真正的知识只能从经验中获得。洛克(John Locke)对经验问题进行了拓展与深化,他批判了以笛卡尔(René Descartes)等为代表的"天赋观念论",认为人的心灵与生俱来就像白板一样,只是通过经验才获得了关于观念的知识。"感觉的观念"与"反思的观念"是知识的唯一来源。为此他提出:"我们的一切知识都是建立在经验之上,而且归根结底来源于经验",这一基于唯物主义经验论的论断直接将"经验作为知识的重要来源"提升到"经验是知识的最终来源"这一原则高度,为经验论转向经验主义奠立了思想基础。

与培根、洛克、休谟(David Hume)等温和的经验主义者相比,激进的经验主义者认为,一切知识的唯一来源就是经验,任何先天的观念都不存在,唯有观察与感觉才是知识的可靠来源。理性认识愈是抽象则内容愈是贫乏而空洞,他们不承认抽象的概念、一般性的命题或普遍性的真理。经验主义的出场将经验原则超拔为认识论的基本法则,将知识普遍性锚定在经验世界之内。激进的经验主义立场备受诟病,不仅是同时代的唯理论对其进行了坚决抵抗,黑格尔也一方面指出经验主义与形而上学有着共同的起源,又批判了经验主义形而上学的理论破产。"经验诚然能揭示出许许多多的、也许多得不可胜数的相同的知觉;但普遍性却是某种完全不同于一大堆知觉的东西。同样,经验诚然提供了关于先后相继的变化或彼此并列的对象的许多知觉,但是却没有提供一种必然性联系。"①

经验在认识论上无法为知识的必然性与普遍性提供有效保证,但本源意义上的经验内涵极为宽泛厚实。亚里士多德曾对经验予以高度重视并直接承认经验作为知识来源的地位,他主张人们对外部世界的认识必须要从五官感觉与知觉开始,感觉形成重复性记忆并在此基础上生成为经验。科学与艺术都是从经验中产生,"经验很像知识与技术,但实际是人类由经验得到的知识与技术"②。亚里士多德区分了两种领域的经验,自然领域的经验与实践德行的经验。就自然领域而言,人们是通过对自然的观察与在自然界的活动中获得感受与积累经验,相关的创制技艺是通过经验积淀而成。在伦理政治领域,无论是人们进行的理论沉思还是实践智慧都与德行密切相关。但德行不是先验的抽象概念,而是建立在风俗习惯、道德教化与伦理规范的基础之上,是经由世代经验的积累传承而凝练的德行规范。亚里士多德的"经验"概念展现出本源意义上

① 黑格尔:《逻辑学》,梁志学译,北京:人民出版社,2002年,第100页。
② 亚里士多德:《形而上学》,吴寿彭译,北京:商务印书馆,1959年,第2页。

的完整性,在人类早期的哲学体系中就显现出对经验内涵完整性的深刻思考。

虽然亚里士多德捍卫了经验概念的完整性,但柏拉图(Plato)以来的强大的观念论传统始终将经验置于观念的统摄与支配之下,特别是近代哲学发生"认识论转向"以来,经验原本所活动的广袤领域被不断瓦解与驱逐,经验遗失了为创制技艺、伦理秩序奠基的意义。经验虽然被视为知识的来源,但知识本身也被限定为自然科学的知识,原本的生命体验、审美趣味与伦理德行都与经验隔离开来,经验的内涵在科学化之际也日益陷入狭隘化,"经验"概念也被孤立化与虚无化。

二、重审"经验"的中介逻辑

"经验"概念狭隘化的后果是经验主义所构型的"经验"遮蔽了经验内涵的完整性意蕴,导致认识论上的二元论对立愈加深刻,甚至面临沦为不可知论的境地。为了拯救"经验"内涵的完整性意蕴,启蒙运动以来的理性主义哲学家纷纷进行了重要的哲学尝试。"康德试图回归亚里士多德经验概念的丰富性,他一方面站在认识论的角度,提倡认知经验、科学经验,认为经验是感官活动的结果,而且强调要从人的理性来探讨经验的本性,要运用思辨理性认识和改造自然。但另一方面他更注重延续古希腊时期经验概念的伦理思考,主张用实践理性指导道德活动,并将伦理经验(道德实践)看作是人类最本质、最重要的哲学,强调实践理性的优先地位。"①虽然康德(Immanuel Kant)承认经验在认识活动中的重要来源作用,强调了感觉经验的重要性,但康德始终认为经验认知也只是属于现象界的认知活动,其内在的主观性妨碍了其通达客观真理。

黑格尔重新审视了"经验"的地位与作用,开辟了一条将经验问题逻辑化的哲学进路。黑格尔指出"经验"是意识的辩证运动,经验之为经验不仅仅在于经验所呈现出的经验性内容,即主体认识客体的对象活动所形成的认知表象,更在于经验成为意识运动的中介环节,成为意识不断进行自我设定、自我外化与自我超越的逻辑旅程。黑格尔在经验问题上的逻辑转进可概括为如下两个方面。

---

① 李昕桐:《马克思实践概念的经验完整性意蕴》,《哲学研究》,2021年第5期。

一方面，"经验"在意识活动中表现为"感性确定性"而成为认识论的开端。

如果说认识的目的是获得普遍性知识与达到客观真理，那么认识论的开端首先就应该具有形式上的普遍性与内容上的具体规定性。黑格尔强调作为认识论的开端应该兼具"坚固据点"与"具体规定"二重性，前者是保证开端具有形式上的普遍性，后者是保证开端具有内容上的具体性，两者的有机统一构成了开端的可靠性保证。经验具有担负开端的可能性，"意识在知觉中拥有其自身的直接的现实性与确实性，在这种情况下经验认识从主观方面获得了坚固的据点"①。

黑格尔创造性地发明了"感性确定性"这一概念，唯有感性确定性兼具了"坚固据点"与"具体规定"二重性，其中"感性"对应于开端的"具体规定"这一特征，标示其内容的丰富性；"确定性"对应于开端的"坚固据点"这一特征，标示其形式的普遍性。感性确定性呈现出丰富的具体内容又获得了普遍形式的保证，一切认识活动的开端都要发端于感性确定性，从这里出发意识活动表现为感性确定性在经验之流中不断生成变化，但又始终与概念保持一致而具有持续稳定的普遍形式。"感性确定性的辩证法无非就是这种确定性的一段单纯的运动史或经验史，而感性确定性本身恰恰就是这段历史。"②

另一方面，"经验"在认识论上是通达真理之路的逻辑中介。

黑格尔强调经验的源始性意义并用"感性确定性"概念勾连起"经验"与"概念"之间的有机关联，从而为经验开辟了认识客观真理的可能道路。但黑格尔对"经验"的使用是在逻辑学意义上进行改造与变革，经验虽然具有知识来源的奠基性意义，但经验本身并不足以达到客观真理，因为"这种确定性暴露出自己是一种最抽象、最贫乏的真理"。③ 经验的抽象性与贫乏性在于原生经验的完整性，它看似无所不包而涵盖广阔，但它又混沌未分而杂乱无序。原生经验的完整性并不能直接地导向客观真理，相反它亟待被分解、具化。它在通达普遍性之前必须外化为他者、他物，这一过程即是经验的中介之旅。

中介是黑格尔辩证法最为关键的环节，"它是沟通对立两极之间的桥梁与中介。中介概念的引入是支撑否定辩证法成立的关键要素。中介本身要被中

---

① 黑格尔：《逻辑学》，第 97 页。

② 黑格尔：《精神现象学》，先刚译，北京：人民出版社，2013 年，第 68 页。

③ 黑格尔：《精神现象学》，第 61 页。

介与克服,否定性、普遍性、关系性与实体性是中介的本质特征"①。原生经验需要被中介而外化为特定实体,表现为具体的人、事、物,等等,对它们的感受、印象、知觉等就衍生为具体经验。虽然具体经验缺乏原生经验的完整性但却更为细致、更是鲜活也更为真实,从原生经验向具体经验的过渡只是暂时的逻辑中介,只有在对经验的不断否定中才能实现对经验的自我超越,其结果就是具体经验不断地被瓦解与否定。但感性经由对具体经验的否定与扬弃之后才能走向知性,知性已经是规律的王国而具有相当程度的普遍性。

值得注意的是,黑格尔对经验的术语革命、内涵扩展与用法创新确实在一定程度上拯救了经验概念被狭隘化的困境,但这并不意味着黑格尔就赞同经验论或经验主义的哲学立场。经验必然要经由感性、知觉而演进到知性层面,知性所具有的规律性正是经验所追求的真理,但知性思维的缺陷将被辩证思维所扬弃。

三、沟通"经验"的历史融合进路

黑格尔对"经验"的逻辑化处理并未真正打通从经验通向客观真理的道路,但他开辟了将经验转向人类历史的新路径,这为马克思从实践概念的丰富性内涵来阐明经验概念的完整性意蕴奠定了理论基础。

关于黑格尔对经验的历史化进路的理论效应,马克思曾给予其深刻的总体性评价,"黑格尔的历史观以抽象的或绝对的精神为前提,……人类的历史变成了抽象精神的历史,因而也就变成了同现实的人相脱离的人类彼岸精神的历史"②。黑格尔的"历史",实际上是指"绝对精神"以辩证逻辑不断外化并显现于人类世界的运动过程,在这一历史舞台上各路精神诸神纷纷出场而风云际会,但却未给"现实的人"应有的合理安置。但黑格尔在将经验融入历史之际打开了通向现代社会的桥梁,他洞见到了现代社会关于经验的最本质问题,即劳动问题。青年黑格尔的劳动概念是与意识、市民社会和伦理生活密切关联的实践概念。他把劳动区分为个人劳动和普遍劳动,个人劳动必须要转化为普遍劳

① 潘斌:《中介的逻辑:论黑格尔辩证法的关键环节及批判》,《江汉论坛》,2019 年第 1 期。
② 《马克思恩格斯文集》第 1 卷,北京:人民出版社,2009 年,第 291—292 页。

动,普遍劳动是个体的人成为现实的人的关键。在普遍劳动的驱动之下劳动被高度社会化,进而市民社会的存在基础得以确立,从这里黑格尔提出了自己的实践哲学,即高级的伦理生活。

马克思肯定黑格尔将人的本质实现与对象化劳动关联起来,通过劳动的辩证法来确认人的自我实现历程,同时批评黑格尔将劳动单纯理解为精神劳动的片面化立场,即黑格尔唯一知道并承认的劳动是抽象的精神的劳动。与黑格尔将劳动勘定为抽象的精神活动不同,马克思从劳动这里打开通向人类历史的大门,并将人类历史进程建立在实践活动之中,实践成为马克思哲学中的总体性范畴并成为经验概念的理论归属。

从黑格尔到马克思都不回避与拒斥经验问题,都积极重审经验原则在认识论上的关键作用,也都在将经验历史化之际探寻经验如何为现代社会奠基。但根本差异在于,黑格尔对经验的历史化本质上是逻辑化进路。经验是抽象的普遍观念的具体展示,是绝对精神逻辑演进过程中的过渡性环节,囿于其特殊性而不得不被否定与超越,致力于生成为抽象性与特殊性的统一体。自我与他者、存在与定在、肯定与否定的对立与和解不仅体现在"否定之否定""绝对意识""世界精神"等抽象性的逻辑范畴,更是要将和解与统一溶解到历史性之中,历史是具有包容一切差异而又兼具整全性与现实性的基底世界。绝对精神在世界历史中向外界展示自身,经验在此表现为家庭、市民社会、同业公会、官僚政治等环节,表现为需要的体系、劳动、欲望与意志,它们共同构成了现代社会的经验世界。马克思从这里发现了物质利益难题、贱民与贫困问题、财产所有权与市民社会等现代社会的典型困境。

经验的历史化敞开了现代社会的本质难题,黑格尔之后马克思诊治了这一现代社会的疑难绝症,认为只有进行"颠覆式"的视域转换与方法论革命才能找到解决之道。为此,马克思从唯物史观的立场重构了经验历史化的基本逻辑,这分为如下三重进路:(一)**用生产力与生产关系的内在矛盾来替代与超越绝对精神的逻辑演绎。**生产力与生产关系构成了人类社会的基本矛盾,二者之间的内在冲突与有机张力共同推动了人类历史的生成演化与运行变迁,而其他的相互冲突与对立关系都受制于这一基本矛盾。(二)**用面向人类解放的历史旨趣替代与超越了政治变革的历史理性。**黑格尔用普遍的政治国家来产生与规定市民社会,但这一历史理性遭遇到市民社会的深刻困境而陷入了连政治国家都无法疗救的绝症难题。马克思主张只有经由并超越政治国家才可能真正实现全人类解放，才可能从市民社会走向人类社会或社会化的人类。（三）**用交往实践的社会关系来替代与超越精神运作的逻辑关系。**马克思强调人的全面性的获得只有在交往实践中才能实现。社会交往是客观的生产活动，正是在物质生产活动及其相互关联的交往实践中人们才能将自我实现、社会生产与创造历史有机统一起来。交往实践推动了民族历史走向世界历史，使得地方性文明成为具有普遍意义的人类文明。

自启蒙以来诸多哲学家都积极尝试从经验世界转向人类历史并以此开启哲学研究的新通道，但只有从黑格尔到马克思这一路向构成了一条连贯而开放的哲学境域。马克思在继承黑格尔哲学遗产的基础之上开启了对人类历史的新认知与新阐释，历史唯物主义正是这一领域中的哲学革命与原则高度。为此，海德格尔（Martin Heidegger）说："因为马克思在经验异化之际深入到历史的一个本质性维度中，所以，马克思主义的历史观就比其他历史学优越。但不管胡塞尔还是萨特尔——至少就我目前看——都没有认识到存在中的历史性因素的本质性，故无论是现象学还是实存哲学，都没有达到有可能与马克思主义进行一种创造性对话的那个维度。"①

四、阐释"经验"内涵的实践意蕴

马克思对实践概念的完整性诠释为重审经验的哲学坐标提供了坚实的理论基础，它突破了以往各种唯物主义对感觉经验、感性活动、直观想象的庸俗化理解，真正把唯物主义理解为人的自我确证与自我实现的哲学理论。"从前的一切唯物主义（包括费尔巴哈的唯物主义）的主要缺点是：对对象、现实、感性，只是从客体的或者直观的形式去理解，而不是把它们当做感性的人的活动，当做实践去理解，不是从主体方面去理解。"②实践哲学宣告了"现实的人"成为哲学研究的原初起点、核心对象与最终目的，哲学本质上就是"人学"。

马克思实践概念对"经验"内涵的理解与诠释经历了一个不断扩展、逐步提

---

① 海德格尔：《路标》，孙周兴译，北京：商务印书馆，2000年，第401页。
② 《马克思恩格斯文集》第1卷，第499页。

升并具体展开的过程,这一过程贯通在青年马克思的整个思想历程之中,"马克思实践概念的运思经历了从身体——生命活动——感性活动——对象性活动——最后到实践的过程"①。具体而言:(一)身体意识是青年马克思经验概念的直接来源。《1844 年经济学哲学手稿》中包含有丰富的身体现象学思想,其中关于"人的无机的身体""人自己的身体同人相异化""对象在我的身体之外"等提法体现了马克思从自然与身体的统一来批判异化劳动对人的身心伤害。(二)生命活动是对身体的延展与深化。"劳动这种生命活动""有意识的生命活动""人自己的生命活动"等观点意味着马克思将生命活动视为人的存在原则与本质特征。(三)感性活动进一步对生命活动进行动态化、生成性的阐释。"感性"是基本的哲学范畴,基于对感性的不同阐释形成了哲学演进的不同形态与多元话语体系。马克思的感性既不同于黑格尔的"感性确定性",也不同于费尔巴哈(Ludwig Andreas Feuerbach)的"感性对象",他批评费尔巴哈只是将人看做是"感性对象"而没有看做"感性活动"。在马克思看来,"从事实际活动的人"是"感性活动"的主体,而"感性世界"是"感性活动"的客体,资本主义则是这一具体的感性境遇。(四)对象性活动是实现从感性到感性活动飞跃的关键。它克服了费尔巴哈感性基础上的对象性关系,不仅创造了人的生机勃勃的生命活动本身,而且正是持续不断的对象性活动创造了人类社会与人类历史。

正是经由"身体意识—生命活动—感性活动—对象性活动"这一进路才可能通达马克思完整而生动的实践概念。对象性活动本质上是实践,"通过实践创造对象世界,改造无机界,人证明自己是有意识的类存在物"②,至此马克思将人的本质推进到实践的原则高度。马克思的实践哲学是哲学史上真正具有整体性架构、总体性效应与人类文明意义的哲学体系,它在三个层面推进了哲学革命。

首先,实践哲学蕴含了马克思的实践本体论,是对以往形而上学的哲学突破。马克思强调全部社会生活在本质上都是实践的,实践活动是现存世界的基础,现存世界只有在实践中并通过实践才能被把握与生成,人的本质的自我确证与主体性实现也都是在实践中完成并表现为实践的产物。实践是主体与自

---

① 李昕桐:《马克思实践概念的经验完整性意蕴》,《哲学研究》,2021 年第 5 期。

② 《马克思恩格斯文集》第 1 卷,第 162 页。

然界、人类社会与周围世界发生关系的具体过程与现实境域,构成了人之存在的本真世界与社会运行的现实基地,实践本体论是对经验本体论、物质本体论、观念本体论等各种哲学传统的理论突围。

其次,实践哲学体现了马克思在认识论上的思维变革,开启了解决传统认识论二元论难题的新路径。马克思用实践思维方式来思考认识的本质,具体而言:一是认知主体是"现实的人",主体认识的本质是实践性,作为主体的"现实的人"是"以一定的方式进行生产活动的一定的个人,发生一定的社会关系和政治关系"①。二是认知活动具有能动性,能动性来自于实践性。能动性是人的认知活动的本来之义,但能动性既非源于绝对精神的逻辑设定,也不是人自身独有的天赋或神秘观念所致,而是在现实的实践活动之中,受周围环境的影响与制约,在历史发展中获得与实现。

再次,实践哲学包含着马克思在价值论上的批判向度,彰显了从"解释世界"向"改变世界"的解放路径。与传统哲学"解释世界"的理论批判不同,马克思实践哲学的理论魅力在于它不仅是一种理论体系与思维方法,更是鲜活的实践品格与强烈的批判旨趣。实践哲学的本质在于倡导与走向实践批判,实践批判的方法既有"批判的武器",也有"武器的批判",其根本目标是实现人类解放与重建人类社会。总体而言,实践哲学既不是抽象的形而上学,也不是平凡的经验叙事,而是具有价值维度与解放旨趣的批判理论。

今日重思马克思的"实践"概念的基本内涵与理论原则,必须坚持吸收与改造、批判与超越的辩证立场。马克思的实践哲学继承了自亚里士多德以来古典哲学对实在世界的关注、对美德伦理的强调与对良序生活的追求,也吸收了自柏拉图以来的强大的观念论传统对庸俗经验论的批判与对主体性的彰显,同时还延续了旧唯物主义、经验哲学与实证主义对物质形态、感性世界与经验现象的肯定与接纳。正是基于对以往哲学成就与人类文明的创造性转化与创新性发展,马克思才创立了实践哲学,实践原则成为认识世界的思维形式与改造世界的基本原则。实践哲学的理论特质正在于将一切根本性的问题置于实践原则之下,用实践的方式来解决实践所产生的问题。

---

① 《马克思恩格斯文集》第 1 卷,第 523—524 页。

Redefining the Philosophical Coordinates of Experience: From Hegel to Marx to the Experience of the Problem of Logical Forwarding and Historical Integration

Pan Bin

Abstract: The problem of experience is the basic problem of philosophy. Different cognitive ways of experience have formed different discourse systems and schools of philosophy. In Aristotelian philosophy, the concept of "experience" has a complete connotation, but since modern philosophy, the connotation of "experience" has become increasingly narrow. Hegel re-examined the significance of experience as the beginning of epistemology and explained it historicized, thus discovering labor as the key category of modern society. After inheriting the legacy of Hegel's philosophy, Marx criticized Hegel's philosophy deeply. He turned Hegel's spiritual history to human history, and then saved the integrity of experience with the concept of practice. Practice principle is an important cornerstone to realize the organic unity of experience, history and critical.

Keywords: Experience, Logical forwarding, Historical integration, Practice

重勘经验的哲学坐标：从黑格尔到马克思对经验问题的逻辑转进与历史融合

共产主义学说对乌托邦的批判
——兼论马克思与黑格尔的理想主义共识

王有凭 *

[摘　要]　因未详陈理想社会的建设性内容,马克思(Karl Marx)的共产主义学说往往被自由主义学者判定为乌托邦。但结合黑格尔(G. W. F. Hegel)关于理想社会的论述可知:其一,马克思在批判乌托邦的前提下强调共产主义并非纯然道德意义的社会,而是扬弃资本主义社会的历史必然进程;其二,马克思对乌托邦的批判借鉴了黑格尔理性国家理论的"事后反思";其三,马克思描述未来理想社会时运用了黑格尔历史目的论。共产主义与理性国家具有亲缘性,二者皆为扎根于人类历史与社会现实生活的理想主义表达。

[关键词]　乌托邦;共产主义;理想主义;"事后反思";历史目的论

　　乌托邦(Utopia)原意指"好地方"(理想社会)与"没有地方"(幻想之地),它在中文语境下通常被解释为"空想的国家"。波普尔(Karl Popper)将柏拉图

* 王有凭(1991—　　),男,广西南宁人,东南大学人文学院博士研究生,主要研究领域为马克思主义哲学。

(Plato)、黑格尔与马克思视为"开放社会"或现代自由民主制度的敌人,并把三者归于"乌托邦主义"阵营。福山(Francis Fukuyama)在其"历史终结论"中指出,马克思主张共产主义是人类历史终点,但这一乌托邦随着苏联解体而宣告破产。鉴于此,福山援引黑格尔历史目的论强调,人类将于自由主义的道德凯旋中迈向历史终点。波普尔与福山批判马克思共产主义理想的逻辑起点是基于私有制的自由主义,二者皆认为现代社会的自由优先体现于财产权,保护私有财产应当成为人类社会的主要历史目的。但波普尔与福山在一定程度上曲解了马克思与黑格尔关于理想社会的描述及其关联。马克思的共产主义学说批判空想社会主义的乌托邦,且与黑格尔的理性国家理论具有亲缘性,它是一个扎根于现实生活、憧憬美好未来且内涵持续开放的社会理论。关于乌托邦的批判与理想社会的描述,马克思运用了黑格尔的"事后反思"方法与历史目的论。

一、批判乌托邦

一方面,马克思的共产主义学说具有理想主义气质,这种理想主义致力于促成个体至善与社会至善以及二者的和谐统一。早期空想社会主义者倡导的乌托邦生活主要来自基督教"上帝之城"的理想期待与资产阶级的自由思想,出于对劳苦大众遭受剥削的人道主义关怀,他们在道义上谴责私有制带来的不平等与奴役等社会时弊。马克思主张,人虽以感性受动性确证自身的有限生命存在,但人又拥有将自身有限性提升为无限存在,以及扬弃个别性而复归于普遍本质的冲动与潜能。在此前提下,马克思提出:"在共产主义社会里,任何人都没有特定的活动范围,每个人都可以在任何部门内发展,社会调节着整个生产,因而使我有可能随我自己的心愿今天干这事,明天干那事。"①马克思强调,共产主义的主要内容是人的自由而全面发展即个体至善,它不否定社会分工合作,但反对强制关联特定的劳动形式与特定的个人,这意味着劳动不再支配个人,而是个人支配劳动;没有强制性劳动分工且令劳动者自由而全面发展的社会是至善的。个体至善与社会至善相统一的共产主义,展现了"现实本身应当

---

① 《马克思恩格斯全集》第三卷,北京:人民出版社,1960年,第37页。

力求趋向思想"的坚定信念,亦表达了人类追求全面发展的道德理想与自由创造幸福社会的本质力量。"这种共产主义,作为完成了的自然主义＝人道主义,而作为完成了的人道主义＝自然主义,它是人和自然界之间、人和人之间的矛盾的真正解决。"①由上,马克思的共产主义学说具有类似道德乌托邦超越人类个体有限生命与力图克服社会制度性缺陷的理想主义。

另一方面,马克思的共产主义理念不是纯然的道德应当,作为"人类史前史的结束",它扬弃了资本主义社会的劳动生产方式与交往关系。马克思认为,在奉行自由交换原则的资本主义市场中,直接生产者仅拥有出卖自身劳动力的形式自由,整个社会的劳动生产与交往关系都围绕着资本自我增殖而展开;劳动者主要受资本制造的欲望驱使并受市场偶然性力量的支配,丧失了自由自觉的本质力量。马克思共产主义学说强调的自由是,通过变革资本主义所有制关系与意识形态,使人免于异化劳动与"冷冰冰的利益算计"关系,并最大化发挥人的本质力量去创造"普遍和平及兄弟般情谊"的自由人联合体。这显然与波普尔及福山强调以维护私有财产权为宗旨的自由主义不同。马克思指出,劳动者本质力量的充分发挥与其劳动权利成为"生活的第一需要"等美好理想,要在"各尽所能,按需分配"的共产主义高级阶段才能实现。在此之前,共产主义应先达到以"按劳分配"为原则的初步阶段,这是确证无产阶级真正自由"不可避免的"过程。共产主义初步阶段的特征是"在经济、道德和精神方面都还带着它脱胎出来的那个旧社会的痕迹"②,因为"权利永远不能超出社会的经济结构以及由经济结构所制约的社会的文化发展"③。由上,马克思认为自由、平等与正义等共产主义道德理想的实现,奠基于资本主义物质经济与精神文化的高度发展。

马克思虽揭示资本增殖运动规律与资本奴役劳动者的社会结构性缺陷,但未展开论述理想社会的具体内容;其共产主义学说仅围绕财产与劳动等物质经济内容概述自由、平等与正义等价值理念,并未详陈这些理念的道德涵义。因此,马克思主义者对理想社会的具体道德内容,以及相关资本主义社会遗存的历史条件如家庭、市民社会是否应当成为共产主义的必要组成部分存在争议。

①《马克思恩格斯全集》第四十二卷,北京:人民出版社,1979 年,第 120 页。

②《马克思恩格斯全集》第十九卷,北京:人民出版社,1963 年,第 21 页。

③《马克思恩格斯全集》第十九卷,第 22 页。

更大的分歧在于,是否应当对共产主义社会作出具体设计。马克思主义强调,那些试图规划未来社会与确定人类完美状态的做法是徒劳的幻想,历史科学反对空想社会主义的乌托邦①。

马克思批判乌托邦的内容主要分为:否定性部分(批判资本主义社会)与建设性部分(描述共产主义社会);马克思于前者着墨较多,而较少论及后者。从《共产党宣言》来看,马克思对乌托邦的批判通常可概括为三点内容:(1)马克思反对空想社会主义提出的"家长式"引领变革模式,乌托邦主义者指认尚未成熟的无产阶级缺乏把握价值理念的能力,不可能生发出面向未来美好生活与变革资本主义社会的理想主义,它须由精英阶层教导与赋予;(2)马克思反对空想社会主义忽视人类历史条件的幻想,乌托邦主义者认为共产主义社会可于人类历史长河的任一时间点突然出现;(3)马克思反对空想社会主义者脱离政治革命的改良主义,乌托邦主义者在社会变革上反对任何阶级斗争,仅接受渐进式改良方案。

然而,上述三点内容未能准确揭示马克思共产主义学说反乌托邦的实质,因为它们回避了作为资本主义社会生产与交往主体的广大劳动者潜藏的自我解放能力,以及作为历史主体的无产阶级在促进资本主义社会迈向共产主义社会的革命理想与解放诉求。如果回到黑格尔的理性国家理论及其"事后反思"方法,以及历史目的论,则更能切中马克思批判乌托邦的实质,马克思对乌托邦的实质性批判内容可概括为如下三点:

其一,在道德理想的实现上,声称以自由为旨归的乌托邦实际上并不自由。黑格尔的理性国家理论与马克思的共产主义学说皆主张,自由是自我决断与自我控制,即人类个体能够依据理性规划生活且在所选择与所创造的社会生活中肯定自身本质力量,且理想的社会生活能够促进人类个体生命潜能与自由创造力的充分发挥。乌托邦的具体设计限制多数社会成员的理性选择自由,亦忽视人类后代自主选择生活方式的权利。马克思在反对"自上而下"的乌托邦设计的前提下强调,理想社会是人民自主变革、无产阶级自我解放的历史结果。马克思曾赞扬人民在巴黎公社运动中把"革命的真正领导权握在自己手中,同时

---

① 《马克思恩格斯全集》第二十一卷,北京:人民出版社,1965 年,第 308 页。

找到了在革命胜利时把这一权力保持在人民自己手中的办法"①。

其二,在认识论上,人类无法预知未来,故乌托邦设计是不可能的。乌托邦设计的逻辑前提是获得有关未来社会的确定知识,但人类理性既不能准确预见充满偶然的未来,也不能全面认知复杂的现实。因此,马克思认为自由、平等与正义等道德理念植根于特定的历史环境,乌托邦设计注定流于臆想;他主张打破任何不切实际的幻想,以历史科学批判现实弊端。马克思曾致函革命者反对会议讨论虚无缥缈的问题,并强调"在将来某个特定的时刻应该做些什么"取决于给定的历史环境,对未来"问题的唯一的答复应当是对问题本身的批判"②。

其三,基于现实经验总结与反思,乌托邦的具体设计是不必要的。马克思主张"在批判旧世界中发现新世界",当某个社会制度无法推进人类历史发展时,新的社会秩序便自然取代旧秩序,共产主义社会的基本结构在资本主义社会中持续生成,只待时机成熟便显现。"无论哪一个社会形态,在它所能容纳的全部生产力发挥出来以前,是决不会灭亡的;而新的更高的生产关系,在它的物质存在条件在旧社会的胎胞里成熟以前,是决不会出现的。"③新秩序的合理因素潜藏于人类历史进程,共产主义是在现有社会秩序中自发形成的。因此,共产主义学说不需要关于理想社会的乌托邦设计方案。

马克思强调,代表普遍利益的无产阶级(工人阶级)虽不是人类历史的完全自主设计者,但他们是具有革命能动性的"助产士"。在这个意义上,历史不是无主体的结构化存在,因为具有自我解放能力的无产阶级主动参与人类历史变革与创造理想社会的进程,并积极地实现人的自由而全面发展的历史目的。在讨论巴黎公社运动时,马克思指出,工人阶级不是要凭一纸法令"来实现现成的乌托邦",他们"只是要解放那些在旧的正在崩溃的资产阶级社会里孕育着的新社会因素"④。共产主义并非先验的价值预设,而是无产阶级在革命性实践中不断解放人类发展所需历史条件的现实运动。这一兼容历史内容与理想主义的革命运动,促使工人阶级自觉地认识与控制其本质力量,并使之成为实现个体至善与社会至善相统一的历史动力。

①《马克思恩格斯全集》第十七卷,北京:人民出版社,1963年,第602页。

②《马克思恩格斯全集》第三十五卷,北京:人民出版社,1971年,第154页。

③《马克思恩格斯全集》第三十一卷,北京:人民出版社,1998年,第413页。

④《马克思恩格斯全集》第十七卷,第362—363页。

二、理性与现实相统一的"事后反思"

　　未来的理想生活必有自由理念,真正的自由人类是个体在社会生活中充分发挥自身创造力,并促成个体至善与社会至善相统一,这是黑格尔理性国家理论与马克思共产主义学说的理想主义共识。而且,黑格尔亦表述了类似马克思批判乌托邦的两点内容:(1)理性无法认知未来;(2)理性可以总结经验与反思历史。黑格尔以理想主义调和哲学(理性)与世界(现实)的关系。他说:"概念所教导的也必然就是历史所呈示的。这就是说,直到现实成熟了,理想的东西才会对实在的东西显现出来。"①黑格尔强调,哲学不应宣断世界应该如何存在,或设计某个理想社会,而是理解人类历史、现存世界所呈现的成熟理性,这类似马克思在资本主义意识形态与空想社会主义批判中拒绝"乌托邦式的道德说教"。黑格尔于《法哲学原理》运用"事后反思"描述其心目中的理想社会即理性国家。他点明该著主旨:"不可能把国家从其应该怎样的角度来教,而是在于说明对国家这一伦理世界应该怎样来认识。"②黑格尔并不否认国家理念包含应该,但更强调要从伦理世界的现实中认识应该。黑格尔所言之现实既包括偶然与特殊的实体存在,也包括其潜在理性有待充分展开的存在;现实是理性于道德、伦理、艺术与宗教等"精神实体"中展开与积淀的历史结果。黑格尔认为哲学形式与现实内容不可分割,二者均为理性的展现;哲学智慧是理性与现实相统一的"事后反思",其主要作用是理解人类生活、社会制度与精神文化展现出来的理性。

　　黑格尔指出,柏拉图的《理想国》是哲学正确把握理性与现实、形式与内容关系的典型代表。柏拉图的"理想国"通常被认为是与现实无关的乌托邦。但黑格尔不认同这一流行论断,他指出"理想国"看似遥不可及的幻想,实乃古希腊伦理生活本质的思辨表达,它描绘了"实体性的伦理生活的理想的美和真"。黑格尔认为《理想国》的价值不在于全面准确或实证地描述古希腊城邦的政治制度与民众生活,而是抓住了一个基本事实:古希腊生活的伦理本质是公民与

---

① 黑格尔:《法哲学原理》,范扬、张企泰译,北京:商务印书馆,1979年,第14页。

② 黑格尔:《法哲学原理》,第12页。

城邦直接统一,财产与职业选择等"自由"逐渐威胁到原初伦理世界的和谐,这一和谐曾压制以苏格拉底道德反思为代表的主观自由原则。"柏拉图那时已意识到更深刻的原则正在突破而侵入希腊的伦理,这种原则还只能作为一种尚未实现的渴望,从而只能作为一种败坏的东西在希腊的伦理中直接出现。"①当古希腊伦理生活到达其生命尽头,柏拉图便能把握这一"活生生有机的全体"的本质特征及内在否定性因素。对黑格尔来说,哲学应像《理想国》那样,"是被把握在思想中的它的时代";哲学把握时代精神的前提是理性已于人类生活与社会制度中展现出来,或说历史条件"成熟了"。"正如黑格尔的密纳发的猫头鹰那样,理论只会在事实之后出现;理论从不预言未来,而是赋予当下以意义和连贯。引导未来发展的是一种非普遍、非科学的理论,但该理论是从社会现实自身当中自然产生出来的。这一点大体可以解释马克思对资产阶级伦理的批判。"②

黑格尔认为现实即真理,转瞬即逝的假象中存在永恒的普遍理性。黑格尔法哲学试图揭示理性展现出的社会结构,但这不意味它仅是描述性的,而与规范性的价值理念无关。黑格尔主张"理性主宰世界",理性创造并支配世界,现实变成有理性的。与理性相关的价值理念以各种方式嵌入,而非外在地独立于人类生活习俗、社会制度与精神文化。在黑格尔那里,历史进程中的人类理性与神圣的上帝意志在"绝对精神"中是一致的,人类生活中的伦理道德与理想信念也是神圣的。

再者,黑格尔强调,法哲学的任务不是指明国家应该如何建设,而是按照"国家应该怎样来认识"的方式进行叙述;把握现存国家中合乎理性的内容,就是把国家当作一个伦理世界的理念来认识。对黑格尔来说,哲学进入世界总是"太晚了",不应该也不能够就"世界应该是什么样"给出具体指示,这假定了人类无法获得尚未展开的理性或未来的确定知识。"哲学任务在于理解存在的东西,因为存在的东西就是理性……妄想一种哲学可以超出它那个时代,这与妄想个人可以跳出他的时代,跳出罗陀斯岛,是同样愚蠢的。"③马克思于《资本论》第一卷第二篇第四章转引为"这里是罗陀斯,就在这里跳罢"。黑格尔认为

---

① 黑格尔:《法哲学原理》,第10页。

② 乔治·麦卡锡:《马克思与古人》,王文扬译,上海:华东师范大学出版社,2011年,第360页。

③ 黑格尔:《法哲学原理》,第12页。

哲学知识之所以成为可能，只是因为理性已在人类生活的伦理世界中找到了具体表达。

黑格尔强调，人类理性对伦理世界的把握，须基于理性与现实、个人自由与伦理生活的统一。黑格尔将类似乌托邦的宣言视作带有主观想象的私人意见，并由此凸显哲学知识是理性与历史(现实)积极统一的"事后反思"成果。"事后反思"意味着当理性于社会结构中展现自身后，哲学才能把握它。因为"凡现时尚能保存的东西，可以说只是理念和符合理念的东西，并且凡能有效力的东西必然可以在识见和思想的前面获得证明"①。括而言之，黑格尔主张：(1)哲学能够超越现存的表面现象而把握真理，但这种真理必须是理性与现实的和解，而和解又基于理性对人类所处时代的社会结构的"事后反思"；(2)哲学既缺乏未来的建设性内容，亦不提供理想社会的价值预设，因为哲学知识是概念(理性)及其现实相同一的理念。从反思现实与认知未来这两方面来看，黑格尔对理性国家的"事后反思"与马克思对乌托邦的批判具有亲缘性。

三、个体至善与社会至善相统一的历史目的

就理想社会而言，马克思的共产主义学说与黑格尔关于历史进程及终点的描述具有亲缘性。黑格尔指出："哲学用以观察历史的唯一的'思想'便是理性这个简单的概念，'理性'是世界的主宰，世界历史因此是一种合理的过程。"②哲学具有理性的信念与见识，它不仅应在人类历史中发现合乎理性的生活方式，还要揭示该生活方式所实现的历史条件及最终目的。在黑格尔历史目的论中，理性创造并支配着自然界与人类社会，但只有在充满自由精神的人类社会生活中，理性才有真正的发展空间，而自由理念的实现构成人类社会发展的驱动力与最终目的。

黑格尔并未全面考察人类文明史，而是关注被"理性的狡计"纳入历史进程的民族国家生活。详言之，理性在世界历史画卷中具体展开为四个不同形态，每个形态的特质由某个共享相同社会制度与生活习俗的民族或国家主导，按理

---

① 黑格尔：《小逻辑》，贺麟译，北京：商务印书馆，1980年，第33页。

② 黑格尔：《历史哲学》，王造时译，上海：上海书店出版社，2006年，第8页。

性实现程度的高低等级依次划分为东方世界、希腊世界、罗马世界与日耳曼世界。黑格尔指出，当某一民族完成理性所赋予的特定历史使命之后，便丧失其发展动力，并从世界历史的舞台中央退出。黑格尔认为世界历史进程的最终目的是普遍自由，理性与自由的实现于日耳曼世界达到终点，历史终结于日耳曼民族的伦理生活。黑格尔历史目的论将"理性主宰世界"的主张与基督教的上帝意志关联起来，把世界历史视为上帝意志的展开，又把理性的最终实现类比为上帝意志的"最后审判"。

在理性实现自身的宏大叙事中，黑格尔注意到人类历史发展中的冲突与苦难。黑格尔把历史视作"一座屠宰场"，并指出："各民族福利，各国家智慧和各个人德性"在世界历史中都成为牺牲品①。善与恶都是理性实现自身的必要部分，理性最终与这些矛盾和解。洛维特（Karl Löwith）于《世界历史与救赎历史》中指认，黑格尔历史哲学就是基督教神正论，黑格尔试图以理性的历史运动证明上帝存在。此论断有一定合理性，但未能准确概述黑格尔历史目的论的主旨。"上帝之城"、乌托邦在基督教语境下，通常被理解为完美的理想生活。黑格尔认为历史最终目的是充分实现普遍理性，理性的人类生活历史存在着分裂、苦难与冲突等非理性因素，不完美的矛盾是有限世界的必要特征。"道成肉身"的耶稣基督（Jeshua ben Joseph）是"终有一死"的，他虽不是全知全能全善的无限存在，但却是类似人类个体生命的有限存在。黑格尔从有限存在的角度指出，日耳曼世界是尽善尽美的人类历史终点。因此，毋宁说黑格尔历史目的论表明的是：即便存在上帝意志，人类理性亦在超越世间苦难中彰显从有限趋向无限的主体性。

黑格尔认为世界历史不仅是普遍理性的产物，还是人类活动的结果。世界历史的目的只有通过个人活动才能实现，但并非任何人都自觉地推进普遍理性与自由理念展开的事业。激发人类活动的是热情冲动、私人利益与特殊需求，由此"非理性"的个人活动产生出趋向合乎普遍理性的历史结果。理性与"人类的热情"共同构成世界历史的经纬线，理性是指导个人活动遵循事物本性的力量，热情冲动是实现理性目的的工具。理性目的与人类努力方向不总是一致的，热情冲动有时反而导致人类"遭到祸殃"，但这只是"理性的狡计"。"这种理

---

① 黑格尔：《历史哲学》，第19页。

性的活动一方面让事物按照它们自己的本性,彼此互相影响,互相削弱,而它自己并不直接干预其过程,但同时却正好实现了它自己的目的。"①黑格尔强调,理性并不是外在于个人活动或"人类的热情",而是个人生命的冲动意志与人类社会生活内在本质的表达。即使人对历史目的一无所知,亦无法完全自主设计历史进程,但普遍理性仍通过人的内在意志与社会生活不断自我实现,直至历史终结。

黑格尔还指明,"世界历史个人"拥有伟大雄心,他们的历史活动被自身的热情冲动所驱使,他们的行动计划多是为了满足个人私欲,而不是实现他人利益或促进人类幸福,但又助推普遍理性于世界历史的自由展开事业,因为"世界历史个人"的特殊利益需求与理性的普遍目的于二者意志行动中重合了。"世界历史个人"的幸运在于他们能够推进理性事业,但他们不能于其所处时代完全自主控制历史进程,也未能对未来理想社会生发出具有普遍价值的自觉。"世界历史个人"与普罗大众一样,是理性最终目的的仆人,而不是自由自觉的历史设计者。黑格尔未曾批判空想社会主义或构想道德乌托邦,而是指出理性的社会秩序是个人追求自身利益、不自觉活动的历史结果。马克思表明乌托邦设计对共产主义学说是多余的,因为理想的社会解决方案将从历史进程中即资本主义社会的自我消亡中诞生,无产阶级担任的是具有自我解放能力与积极实现人的自由而全面发展的历史目的的"助产士",而非人类历史的设计者。可见,马克思的共产主义学说与黑格尔对历史主体及历史目的的论述具有亲缘性。

综上所述,在批判乌托邦与描述理想社会的相关主题探讨上,黑格尔与马克思具有三大理想主义共识:(1)人类无法拥有应当如何建设未来社会的确定知识,这表明乌托邦设计是不可能的与不必要的,"应当如何"的理想需借助"事后反思"方法。(2)理想社会从历史进程中自然产生,人并非历史的完全自主设计者,人的主体性由有限不断趋于无限。(3)历史目的是人类个体在理想社会中自由发挥创造力,并实现个体至善与社会至善的统一。马克思与黑格尔对人类历史、现实社会与未来理想生活的论述具有亲缘性,即黑格尔的"事后反思"方法与历史目的论深藏于马克思共产主义学说及其对乌托邦的批判;理性国家与共产主义皆是具有历史条件与社会现实内容的理想信念。

---

① 黑格尔:《小逻辑》,第 416 页。

The Communist Theory Critique of Utopia, and the Idealism Consensus between Marx and Hegel

Wang Youping

Abstract: Marx's communist theory is generally identified as utopia by liberalism, for Marx does not explicitly elaborate the constructive process of the ideal society. However, according to Hegel's descriptions of the ideal society, Liberalism misunderstands Marx's communist theory. Firstly, Marx's communist ideal is not a purely moral utopia, instead, Marx stresses that communism is an inevitably historical approach to the capitalist society in the view of anti-utopianism; Secondly, Marx's foundational criticisms of utopianism are enlightened by Hegelian methodology of post festum; Thirdly, Marx uses Hegel's historical teleology to describe the ideal society. There are affinities between Marx's communism and Hegel's rational state, both are the idealism rooted in human history and social life.

Keywords: Utopia, Communism, Idealism, Post Festum, Historical Teleology

中国传统哲学的多维考察

中国历名历史名物考察

人性的自然基础:朱子对程颐"性即理"命题的阐释及其哲学意蕴[*]

江求流^{**}

[摘　要]　"性即理"这一命题是程朱理学的标识所在。由于佛教批评儒学不能"穷理尽性",理学家们便自觉地将对"性与天道"的探讨作为学术工作的核心,从而兴起了"性命之学"的学术思潮。正是在这一背景下,程颐提出了"性即理"这一命题,朱子又进一步对它做了阐释。"性即理"包含两层内涵:一、性何以"即"理? 按照朱子的理解,人性以仁义礼智信为具体内容,而五常之"性"的实质内涵乃是五行之气的"理",在气化生物的过程中,气之理也就自然而然地内化为人与万物之性;二、性何以是善的? 在朱子那里,仁义礼智信并不是人文世界的道德规范,而是自然世界的生意,当其具身化到人身上时,就转化为人的先天感通能力,并能够在遇到孺子入井等相应的情境时引发道德行为,从而实现"爱人利物",因此,

* 项目基金:国家社会科学基金项目"宋代理学的佛教批判及其现代意义研究"(17XZX012)。
** 江求流(1985—　),男,安徽寿县人,哲学博士,陕西师范大学哲学学院暨关学研究院副教授,研究方向为宋明儒学。

它具有引发道德行为的功能,因此是善的。概言之,无论是人性之源还是人性之善,都来源于天道层面的自然之生意,因此,"性即理"的实质内涵即是"性与天道"的贯通,换言之,正是自然的生意为人性奠定了基础。

[关键词] 程颐;朱子;性即理;天道;人性;自然;生意

"性即理"这一命题是由程颐最先提出的。朱子对这一命题给予了极高的评价,说"伊川先生言'性即理也',此一句,自古无人敢如此道"①。在理学研究领域,"性即理"这一命题也被公认是程朱理学的根本所在。向世陵即指出:"'性即理'……是整个程朱道学最突出的标识。"②然而,前辈学者虽然对其有所讨论,但并没有对这一命题产生的历史背景与其理论内涵进行深入的分析③,因此有必要做进一步的探讨。

一、"性命之学"的兴起与"性即理"的提出

朱子曾说"'性即理也'一语……便是千万世说性之根基!"④这里的"说性"一词值得留意与玩味。如所周知,孔子罕言"性与天道",而在后孔子时代,孟子、告子、荀子,乃至扬雄、韩愈等人虽然提出了性善、性恶、性无善无恶、性三品等观点,然而,在伊川看来:"虽荀、扬亦不知性。孟子所以独出诸儒者,以能明

① 朱熹:《答徐子融三》,《晦庵先生朱文公文集》卷五八,《朱子全书》第23册,上海:上海古籍出版社、合肥:安徽教育出版社,2002年,第2767页。

② 向世陵:《宋代理学的"性即理"与"心即理"》,《哲学研究》,2014年第1期。

③ 关于"性即理"这一命题,大陆学界相关论文主要有乐爱国:《朱熹的"心即理"及其与"性即理"的关系》(《徐州工程学院学报》,2015年第2期)、吴凡明:《朱熹"性即理"思想的伦理意蕴》(《南通大学学报(社会科学版)》,2014年第4期)、向世陵:《宋代理学的"性即理"与"心即理"》(《哲学研究》,2014年第1期)、蒋国保:《"性即理"与"心即理"本义辨析》(《江南大学学报(人文社会科学版)》,2011年第5期)、郭晓东:《论程伊川"性即理"的基本内涵及其工夫论指向》(《云南大学学报(社会科学版)》,2007年第1期)。另有台湾学者陈金木的《程伊川"性即理"说析论》(《国文杂志》,2003年第7期)、韩国学者李东熙的《儒家的道德立论之特性:孟子的"性善"与朱子的"性即理"》两篇文章。但在笔者看来,这些文章都未把"性即理"这一命题历史背景与其理论内涵讲清楚。此外,陈来、蒙培元、吴震等人的专著中也都没有对这一命题展开过系统的讨论。

④ 朱熹:《朱子语类》卷九三,《朱子全书》第17册,第3107—3108页。

性也"①,而"汉国如毛苌、董仲舒,最得圣贤之意,然见道不甚分明。下此,即至扬雄……言性已错,更何所得?"②无论是荀子、董仲舒还是扬雄,都是孔子之后、宋代之前数一数二的大儒,但在程颐看来,他们"不知性""言性已错",因此根本不可能有什么真正的学问。而孟子之所以独出诸儒之表则是因为他能够"明性"。从伊川的上述论述也可以看到,他对"知性""明性""言性",即"性与天道"这一课题的重视。

事实上,程朱学派与其他宋代儒家学者的差异,首先也表现在对"性与天道"这一课题的重视程度上。二程高弟杨时曾经批评欧阳修说:"欧阳永叔却言'圣人之教人,性非所先',可谓误矣"③;而陆九渊也"不喜人说性",朱子则对他进行了激烈的批判:"怕只是自理会不曾分晓,怕人问难……然学而不论性,不知所学何事?"④可见在程朱学派那里,对"性与天道"这一课题的探讨具有非常强烈的急迫性。而从后文的分析可以看出,在周敦颐、张载等理学先驱那里,"性与天道"的问题也同样是一个核心课题。需要追问的是,**为什么在宋代理学的主流传统中,"性与天道"这一课题成为核心课题呢?** 朱子曾经以自问自答的方式对这一问题做了回应:

> 曰:然则孔子之所罕言者,孟子详言之,孟子之所言而不尽者,周、程、张子又详言之,若是何耶? 曰:性学不明,异端竞起,时变事异,不得不然也。⑤

朱子也很清楚,儒家学者不喜欢进行抽象的理论思辨,因此周、张、二程,包括他自己在内,对"性与天道"详细探讨是"不得不然"。而之所以有这种不得已,乃是因为儒学在当时遭遇了更为强劲的竞争对手。换言之,"性与天道"成为宋代理学的核心问题,有着特殊的历史背景。

简单地说,这一背景即是朱子所说的"异端竞起"。事实上,**理学的产生与**

---

① 程颢、程颐:《河南程氏遗书》卷一八,《二程集》上,北京:中华书局,2004年,第204页。

② 程颢、程颐:《河南程氏遗书》卷一,《二程集》上,第7页。

③ 转引自朱熹:《孟子序说》,《四书集注》,《朱子全书》第6册,第245页。

④ 见朱熹:《朱子语类》卷一二四,《朱子全书》第18册,第3882页。

⑤ 朱熹:《孟子或问》,《朱子全书》第6册,第938页。

佛教对传统儒学的批评密不可分，而其中最根本性的批评则是强调儒学不能"穷理尽性"，也就是对"性与天道"这一根本性问题缺乏深入的探讨。关于这一点，唐代高僧宗密最具代表性。宗密虽然一方面承认"孔、老、释迦皆是圣人"，但另一方面不无骄傲地宣称："策万行，惩恶劝善，同归于治，则三教皆可遵行；推万法，穷理尽性，至于本源，则佛教方为决了。"[①]"穷理尽性，至于本源"实质上所说的即是人性及其天道根源，也就是"性与天道"的问题。而在宗密看来，儒家在这一问题上无法像佛教一样做到"至于本源"。而佛教学者的上述批评，前理学时代的儒家学者也同样认同。作为理学思潮先驱者的李翱曾经感慨道："呜呼，性命之书虽存，学者莫能明，是故皆入于庄、列、老、释。不知者谓夫子之徒不足以穷性命之道，信之者皆是也。"[②]

这一状况直到北宋中期也没有得到实质的改变，范育也感慨道：

> 自孔孟没，学绝道丧千有余年，处士横议，异端间作，若浮屠、老子之书，天下共传，与《六经》并行。而其徒侈其说，以为大道精微之理，儒家之所不能谈，必取吾书为正。世之儒者亦自许曰："吾之《六经》未尝语也，孔孟未尝及也"，从而信其书，宗其道，天下靡然同风，无敢置疑于其间。[③]

概言之，一方面，佛教徒在"大道精微之理"层面占据着理论的制高点，以此傲视儒家，认为儒家在这一层面并无建树而"必取吾书为正"；另一方面，儒家学者也缺乏理论自信，认为那些东西"吾之《六经》未尝语也，孔孟未尝及也"。浸淫所及，在"性与天道"这一核心课题上，面对佛教的挑战，儒学已然毫无招架之力。由于儒者们不能彰明自家之义理，也自然导致"儒门淡泊，收拾不住"，所以二程才感慨："古亦有释氏，盛时尚只是崇设像教，其害至小。今日之风，便先言性命道德，先驱了知者，才愈高明，则陷溺愈深。"[④]

---

① 宗密：《华严原人论·序》，引自石峻等编：《中国佛教思想资料选编》（三），北京：中华书局，2014 年，第 387 页。

② 李翱：《复性书》（上），《李翱集》卷二，兰州：甘肃人民出版社，1992 年，第 8 页。

③ 范育：《正蒙序》，《张载集》，北京：中华书局，1978 年，第 4—5 页。

④ 程颢、程颐：《河南程氏遗书》卷二上，《二程集》上，第 23 页。

不难看到,理学家们所面对的,一方面是来自佛学的强大理论冲击,另一方面则是儒家自身在理论层面的孱弱无力。在上述背景下,从周敦颐到朱子,**理学家们都非常自觉地将对"性与天道"问题的探讨作为自己学术工作的中心,于是在宋代兴起了一种"性命之学"**①。实际上,如前文所引,朱子已经明确使用了"性学"这一概念。理学家们非常清醒地认识到,只有通过对"性学"或"性命之学"的探讨,才能够"穷理尽性",重新阐明儒家"性与天道"的根本理论,以"自明吾理"②,从而自觉承担起应对佛教理论挑战的历史使命。

那么进一步的问题则是,**"性即理"这一命题的内涵是怎样的呢?** 伊川关于"性即理"的表述集中在如下段落:

> 问:"性如何?"曰:"性即理也,所谓理,性是也。天下之理,原其所自,未有不善。喜怒哀乐未发,何尝不善?发而中节,则无往而不善。"③

蒋国保曾指出:"程颐的这段话,并不是旨在论证'性'为何是'理',而是侧重说明'性'所以是'善'的。"④然而,逻辑地看,"性即理"这一命题,首先需要论证的正是"'性'为何是'理'"。正如后文所论,朱子对"性即理"这一命题的分析,就非常明确地从两个方面展开:**一是,性何以"即"理?二是,性何以是善的?** 分析地看,前一个问题所涉及的是人性之源的问题;后一个问题所涉及的则是人性之善的问题。

二、气之理与人性之源

对"性何以'即'理"的理解离不开对"性即理"这一命题与佛教之间的关联

① 杨儒宾:《〈孟子〉的性命怎样和"天道"相贯通的?》,《从〈五经〉到〈新五经〉》,上海古籍出版社,2019 年,第188 页。

② 程颢、程颐:《河南程氏遗书》卷二上,《二程集》上,第 18 页。

③ 程颢、程颐:《河南程氏遗书》卷二三,《二程集》上,第 306 页。

④ 蒋国保:《"性即理"与"心即理"本意辨析》,《江南大学学报(人文社会科学版)》,2011 第 5 期。

的理解。张载的高足范育曾经将佛教思想概括为"以心为法,以空为真"①。佛教的这一思想根源于隋唐以来具有重大影响的《大乘起信论》所倡导的"真如缘起"思想。正如高振农所指出的:"所谓'真如缘起',是指一切诸法都是从真如派生出来的",是因为"真如不守自性,忽然念起……从而生起生灭变化的森罗万象"②。事实上,"真如缘起"理论包含两层核心内容:一是天地万物的起源问题,《起信论》认为天地万物都是真如本心幻化而生。二是天地万物的本性问题。按照《起信论》的理论,既然天地万物都是真如忽然起念、幻化而生,因此是没有自性的,也就是性空的。

佛教"性空论"对理学家造成了严重的困扰,因为理学家都接受孟子的性善论,但"性空"却是对性善论的釜底抽薪:如果人性本空,何谈性善? 朱子对这一点有清醒的认识。他曾经与李伯谏辩论道:"'天命之谓性',公以此句为空无一法耶,为万理毕具耶? 若空则浮屠胜,果实则儒者是,此亦不待两言而决矣。"③这里他试图借用《中庸》首句的"天命之谓性"作为回应佛教性空论的根本依据:"天命之谓性"这一说法,就是将"天命"作为人性的根源——人皆有来源于天所命之"性",因此,人性不是"空"的,而是"实"的。然而,由于《中庸》的这一说法建立在以"天"为人格神的前提之下,这一点是朱子所不能接受的;另一方面,如果仅仅以一句经典名言作为理论前提,也是一种经学的独断论。这就需要对《中庸》的这一命题做进一步的阐释。事实上,正是在阐释"天命之谓性"时,朱子引入了"性即理"这一命题:

> 命,犹令也。性,即理也。天以阴阳五行化生万物,气以成形,而理亦赋焉,犹命令也。于是,人、物之生,因各得其所赋之理,以为健顺五常之德,所谓性也。④

这段引文可以看作是朱子对佛教思想的集中回应:如果说"天以阴阳五行化生万物"涉及到万物的生成,从而是对"以心为法"的万物生成观的回应;那么"人、

---

① 范育:《正蒙序》,《张载集》,第 5 页。

② 参看高振农先生为《大乘起信论校释》(中华书局,1992)一书所做的序。

③ 朱熹:《答张敬夫十二》,《晦庵先生朱文公文集》卷三一,《朱子全书》第 21 册,第 1331 页。

④ 朱熹:《中庸章句》,《朱子全书》第 6 册,第 32 页。

物之生,因各得其所赋之理,以为健顺五常之德,所谓性也",则是对人与万物之性的根源的解释,从而是对性空论批判。当然,从语脉来看,"天以阴阳五行化生万物……所谓性也"这段话整个都是对"性即理"的注释。不难看到,正是伊川的这一命题,构成了朱子回应佛教的理论根基。

在朱子的思想中,作为概念的气与理有其具体内涵:就"气"而言则是"阴阳五行";就"理"而言,则是"健顺五常"。换言之,气与理之间关系实质上即是"阴阳五行"与"健顺五常"之间的关系,更为具体地说,是作为"五行"的水火木金土与作为"五常"的仁义礼智信之间的关系。于是,朱子对性空论的批判和对人性之根源的讨论,所涉及的实质问题转变为水火木金土与仁义礼智信之间的关系了。

木火金水土与仁义礼智信之间能够有什么关系? 木火金水土作为气的不同形态,从本质上说属于物理范畴,而仁义礼智信属于道德规范。前者属于自然世界,是事实性存在;后者则属于人文世界,是价值性存在。在现代哲学中,事实与价值之间的两分几乎是一个不言自明的前提,因此,追问二者之间的关系本身就是非法的。然而,如下的对话表明,在朱子思想中,仁义礼智信首先不能在道德规范的意义上加以理解:

> 问:"阴阳五行健顺五常之性。"曰:"健是禀得那阳之气,顺是禀得那阴之气,五常是禀得五行之理。人、物皆禀得健顺五常之性。"[1]

"五常是禀得五行之理"意味着,作为五常的仁义礼智信是作为五行的木火金水土之"理"。朱子也曾经明确地指出了这一点:"仁义礼智信之性,即水火木金土之理。"[2]换言之,五常之"性"的实质内涵乃是五行之气的"理"。

将"仁义礼智信之性"理解为"水火木金土之理"似乎略显怪异。但事实上,周敦颐在《太极图说》中即有"五行之生也,各一其性"[3]的说法。按照朱子的解释:"五行,谓水、火、木、金、土耳。各一其性,则为仁、义、礼、智、信之理,而五行

---

① 朱熹:《朱子语类》卷一七,《朱子全书》第 14 册,第 575 页。

② 朱熹:《答方宾王三》,《晦庵先生朱文公文集》卷五六,《朱子全书》第 23 册,第 2659 页。这一表达中仁、义、礼、智、信与木、火、水、金、土的顺序之间没有完全对应,读者可不以辞害意。

③ 周敦颐:《太极图说》,《周敦颐集》,北京:中华书局,2009 年,第 5 页。

各专其一。"①这里的仁义礼智信之性正是从水火木金土之气的内在本性或机能的角度说的。更有甚者，程颐也明确从气化生物的角度指出："天地储精，得五行之秀者为人。其本也真而静，其未发也五性具焉，曰仁义礼智信。"②程颐的这一论述虽然没有明确指出仁义礼智信是作为五行的金木水火土之性或理，但这一内涵实际上是不言自明的。

在朱子那里，一方面，性或理是内在于气之中的，另一方面，对应于气在四时运行中所展现出来的木、金、火、水、土五种形态，气之理（性）也相应地表现为仁、义、礼、智、信五种形态。进一步而言，作为经验世界中具体存在者的人与万物既不是超验心体幻化的结果，也不是具有创造权能的天或神的创造的产物，而是气化的结果。因此，在气化的过程中，气之理也就自然而然地内化为人与万物之性。正如朱子所言："佛也只是理会这个性，吾儒也只理会这个性，只是他不认许多带来底。"③换言之，《中庸》所谓的"天命之谓性"并不意味着，人与万物之性是人格神般的天主动赋予的结果，其实质不过是在气化生物的过程中从气中"带来"的。正是在这一意义上，朱子又说："盖人之性皆出于天，而天之气化必以五行为用。故仁义礼智信之性，即水火木金土之理也。"④对朱子而言，正是因为作为五行之气的木金火水土内在地具有仁义礼智信之理，因此，由气化而生的每一个存在者也自然内在地具有仁义礼智信之性。因此，朱子说"吾儒以性为实，释氏以性为空"⑤，换言之，人性具有实在性，而非如佛教所言是性空的。这也是"性即理"的首要内涵所在。

三、"生—仁—感"与人性之善

对佛教性空论的批判以及对人性实在性的论证，实际上讨论的是"性何以'即'理"这一问题，但正如前文指出的，"性即理"涉及的另一个核心问题是"性

---

① 朱熹：《答黄道夫二》，《晦庵先生朱文公文集》卷五八，《朱子全书》第23册，第2756页。

② 程颢、程颐：《河南程氏文集》卷八，《二程集》上，第577页。

③ 朱熹：《朱子语类》卷一二四，《朱子全书》第18册，第3875页。这句引文在上下文的语境中本来是说，仁义礼智之性是存在者生来就有的。然而在朱子万物都是气化所生，生来就有的自然也就是气中带来的。

④ 朱熹：《答方宾王三》，《晦庵先生朱文公文集》卷五六，《朱子全书》第23册，第2659页。

⑤ 朱熹：《朱子语类》卷四，《朱子全书》第14册，第192页。

何以是善的",而后一问题则是程朱更为关心的。如前文所引,程颐说"性即理也,所谓理,性是也",其最终落脚即是"天下之理,原其所自,未有不善";而朱子则说得更为明确:"性即是理,理无不善,孟子之言性善是也。"①但程颐除了指出"天下之理,原其所自,未有不善"外并没有进一步的解释,对性何以是善的论证则是朱子进一步展开的。

如前所述,在程朱那里,仁义礼智信并不属于道德规范,而属于金木水火土这类自然存在的属性。那么,**作为"水火木金土之理"的"仁义礼智信之性"何以是善的呢?**

对上述问题的理解必须放在前文所论的气化生物这一背景下。这就涉及到一个非常根本的问题,即:气何以能化? 在朱子思想中,气不同于那种惰性的质料而是内在地具有生机和活力的②。这种具有内在生机与活力的气,被朱子称为"生气"。正是因为气具有生机与活力,万物才得以生生不息:"生物皆能发动,死物则都不能。譬如谷种,蒸杀则不能生也。"③那种被蒸杀、煮熟的种子就是生意已绝之物,故而不再具有生机与活力。对朱子而言,"万物得这生气方生"④,正是因为充盈、弥漫于天地之间的气都是内在地具有生生之意的生气,这个世界才是一个生机勃勃而又生生不息的世界。而那种内在于生气之中的生机与活力,则被朱子称为"生意"或"生理",而前文所说的作为木火金水土之"理"的仁义礼智信实质上也就是气内在地所具有的"生意"或"生理"。如下的论述即明确体现了这一点:

> 统是个生意。四时虽异,生意则同。劈头是春生,到夏张旺,是张旺那生底;秋来成遂,是成遂那生底;冬来坚实,亦只坚实那生底。草木未华实,去摧折他,便割断了生意,便死了,如何会到成实! 如谷有两分未熟,只成七八分谷。仁义礼智都只是个生意。⑤

① 朱熹:《四书章句集注》,《朱子全书》第 6 册,第 219 页。
② 康德(Immanuel Kant)曾经指出"一个有生命的物质的可能性就连设想一下都不可能",因为在他看来"无生命、惰性[intertia]构成物质的本质特征"。见康德:《判断力批判》,邓晓芒译,杨祖陶校,北京:人民出版社,2002 年,第 246 页。
③ 朱熹:《朱子语类》卷二〇,《朱子全书》第 14 册,第 691 页。
④ 朱熹:《朱子语类》卷二〇,《朱子全书》第 14 册,第 696 页。
⑤ 朱熹:《朱子语类》卷九五,《朱子全书》第 17 册,第 3180 页。

事实上，对朱子而言，作为五行之气的水火木金土之间差异的实质内涵也就是那种通天地之一气在春、夏、秋、冬四时之间往复运行过程中生生之气的不同形态，而春生、夏长、秋收、冬藏无不是生意的具体展现，这种差异的实质不过是生意的作用方式、表现形式有所不同罢了。依朱子之见，基于气在四时中所具有的水火木金土五行之间的差异，气的生意的不同形态也具有了不同的命名，这就是仁义礼智信——这正是"仁义礼智（信）都只是个生意"的实质内涵所在。

由此可见，在朱子的理解中，仁义礼智信并不是人文世界的道德规范，而首先是自然世界的生意。正如杨儒宾所指出的，"'仁'既是道德界的语汇，但也是自然界的语汇"①。他还进一步指出："理学的新仁说，乃是从'生'或'生成'界定'仁'"②。以"生"或"生意"解"仁"构成了程朱理学的一个重要特色。明道即言"万物之生意最可观，此元者善之长也，斯所谓仁也"③，伊川亦言"心如谷种，其生之性，乃仁也"④。而最为自觉地"以生释仁"的正是朱子。朱子的学生就曾经明确地概括说，朱子是"以'生'字说仁"⑤。

从气化生物的角度说，既然气内在地具有生意，生意又具体地表现为仁义礼智信等不同的形式，那么人作为气化的产物，自然也禀有仁义礼智信作为其先天的本性。但问题的关键是，**这种作为自然属性的生意或仁为何就是善的呢？**关于这一点，朱子的如下说法值得留意：

> 仁是个温和柔软底物事。……"蔼乎若春阳之温，泛乎若醴酒之醇。"此是形容仁底意思。⑥

就自然界而言，正是因为弥漫于宇宙之中的气具有生意，整个宇宙才会充满生机。正如《易传》所言"天地之大德曰生"，宇宙之生意所展现出来的"春阳之温"正是宇宙的生生之德。在朱子哲学中，虽然宇宙间并没有一个造物主，天地也

---

① 杨儒宾：《理学的仁说》，《从〈五经〉到〈新五经〉》，第165页。

② 杨儒宾：《理学的仁说》，《从〈五经〉到〈新五经〉》，第147页。

③ 程颢、程颐：《河南程氏遗书》卷一一，《二程集》上，第120页。

④ 转引自朱熹：《朱子语类》卷二〇，《朱子全书》第14册，第696页。此条不见今本《二程集》。

⑤ 朱熹：《朱子语类》卷六，《朱子全书》第14册，第256页。

⑥ 朱熹：《朱子语类》卷六，《朱子全书》第14册，第256页。

不是人格神,但这种充满生意的宇宙,借用康德的术语,本身就展现了一种"无目的的合目的性"①,而这种合目的性具体表现就在于,自然之生意即是天地对万物的仁爱。因此,朱子不会同意老子所谓的"天地不仁",对于他而言,天地间的这种"温和柔软底物事"即是仁。他还曾经从反面论证道:"试自看一个物坚硬如顽石,成甚物事!此便是不仁。"②

这样一种自然界的生意或仁,当其具身化到具体的人身上时,也同样表现出一种"温和柔软"的倾向。而人先天所具有的这种倾向性,在人伦日用之中,就为道德奠定了基础。正如朱子所言:"试自看温和柔软时如何,此所以'孝悌为仁之本'。若如顽石,更下种不得。俗说'硬心肠'可以见。"③在类似的意义上,在注释《论语》中"子夏问孝,子曰:'色难'"时,朱子引用了《礼记·祭义》中的"孝子之有深爱者必有和气,有和气者必有愉色,有愉色者必有婉容"④。人伦世界中的爱与孝实际上是人身上的"温和柔软"的自然属性的自然展现,因此,这种"温和柔软"的自然属性,本身就具有道德的功能。

在朱子看来,人之所以能够在遇到孺子入井等情境时,产生恻隐、羞恶等道德情感,正是因为人先天地禀有作为天地生意的仁义礼智信之性:

> 仁义礼智都只是个生意。当恻隐而不恻隐,便无生意,便死了;羞恶固是义,当羞恶而无羞恶,这生意亦死了。以至当辞逊而失其辞逊,是非而失其是非,心便死,全无那活底意思。⑤

人先天禀有的仁义礼智信之性,作为人先天的生意,实际上是人身上的天机活物,如果没有这样一种先天的活力或机能,人便如槁木死灰:"若无一个动底醒底在里面,便也不知羞恶,不知辞逊,不知是非。"⑥反过来说,正是人先天地具有那么一个"动底醒底"事物,人才不会冷漠无情、麻木不仁。

---

① 这一术语借自康德,参见康德:《判断力批判》,第56页。
② 朱熹:《朱子语类》卷六,《朱子全书》第14册,第256页。
③ 朱熹:《朱子语类》卷六,《朱子全书》第14册,第256页。
④ 朱熹:《四书章句集注》,《朱子全书》第14册,第77页。
⑤ 朱熹:《朱子语类》卷九五,《朱子全书》第17册,第3180页。
⑥ 朱熹:《朱子语类》卷九五,《朱子全书》第17册,第3179—3180页。

仁义礼智信之性作为人先天所具有的"动底醒底"事物，实质上是人的先天具有的感通能力。如所周知，朱子将"仁"定义为"爱之理"①，并进一步解释道："人能事亲而孝，从兄而弟，则是吾之所谓爱之理者。"②这里的一个"能"字表明，所谓"仁者，爱之理"的实质内涵就在于"仁"作为人性是人内在的一种能力。而既然"仁者，爱之理"的实质内涵在于"仁"是人内在的感通能力，那么相应地义礼智之性的实质内涵也都是人内在的感通能力。事实上，朱子曾经指出："仁义礼智，性也。然四者有何形状，亦只是有如此道理。有如此道理，便做得许多事出来，所以**能**恻隐、羞恶、辞让、是非也。"③在这一表述中，一个"能"字也非常明确地表明以仁义礼智信为内容的人性即是人内在的先天感通能力④。

由此可见，对朱子而言，正是由于人先天地具有仁义礼智信之性这种感通能力，因此，在见到孺子入井等相应的情境时，就自然而然地会流露出恻隐等道德情感。而这种道德情感则可以引导人去采取进一步的道德行动。因此，仁义礼智信之性虽然是一种自然属性，但作为人先天的感通能力，它能够引发道德行为，从而实现"爱人利物"，因此，它是"道德"的，也就是善的。

结语

总而言之，在朱子哲学中，"性即理"这一命题的实质内涵即是"性与天道"的贯通，这种贯通的实质内涵在于，无论是人性之源还是人性之善，都来源于天道层面的自然之生意。换言之，正是自然的生意构成了人性的基础。正如梅洛-庞蒂(Maurice Merleau-Ponty)所言，"人和社会并非严格地外在于自然，外在于生物学"⑤。对于朱子而言，不仅人类的生命存在是自然气化的产物，而且人性本质上也是自然生意的展现。因此，人类虽然是整个宇宙中的特殊存在，但人类存在与自然界并非截然两分的。自然的生意既构成了整个宇宙生生不息的自然基础，也构成了人类社会道德生活的基础。

---

① 朱熹：《四书章句集注》，《朱子全书》第 6 册，第 68 页。

② 朱熹：《四书或问》，《朱子全书》第 6 册，第 615 页。

③ 朱熹：《朱子语类》卷四，《朱子全书》第 18 册，第 191—192 页。

④ 实际上，在现代汉语中的"性能"一词中仍然可以看到"仁义礼智之性"的"性"与"能"之间的隐秘关联。

⑤ 莫里斯·梅洛-庞蒂：《哲学赞词》，杨大春译，北京：商务印书馆，2000 年，第 95 页。

The Natural Basis of Human Nature: Chu Hsi's Interpretation of Cheng Yi's Proposition that "Human Nature is Reason" and its Philosophical Connotation

Jiang Qiuliu

Abstract: The proposition that "nature is reason" is the hallmark of Neo-Confucianism. Since Buddhism criticized Confucianism for not being able to "exploring the foundation of human nature", neo-confucianists consciously took this question as the core of their academic work, thus studying about human nature became an academic trend. It was under this background that Cheng Yi put forward the proposition that "nature is reason", and Zhu Zi further explained it. This proposition contains two connotations: First, why is human nature is reason? According to Zhu Zi's understanding, human nature takes benevolence, righteousness, propriety, wisdom and faith as its concrete content, while the essence of the "nature" of the five elements is the "principle" of the qi of the five elements. In the process of gasification of living things, the principle of qi naturally internalizes the nature of human and all things; Second, why human nature is good? In Zhuxi's view, benevolence, righteousness, propriety, wisdom and faith is not humanistic ethics of the world, but the capacity for life of the natural world, when it has a body to a specific person, translate their human sense of innate ability, and can meet the corresponding situation such as that the boy in the well cause moral behavior, so as to realize loving others, therefore, it is "moral", that is good. In a word, both the source of human nature and the goodness of human nature come from the capacity for life of nature. Therefore, the essence of "nature is reason" is the connection between human nature and the way of heaven. In other words, it is the capacity for life of nature that lays the foundation for human nature.

Keywords: Cheng Yi, Zhuxi, human nature, the way of heaven, the capacity for life

"言无言"以"游无穷"

——以"卮言"为中心解析《庄子》的言说观

黄子洵 *

[摘　要]　"言无言"并非弃绝言说的冥契主义或解构主义，而是使言"去隐"的尝试。言隐于世俗层面有我之私言。言隐伴随着道隐，由言-物关系的失真导致道物关系、道我关系的沉沦。道之开显有赖于言之去隐，即我见在言说中隐遁，辟出使道开显之域。言无言的愿景经由卮言而实现。庄子将卮与言合为一名，以寓抽象于具象的方式说明卮与言的双重意义相关性，以卮之盛酒况言之容物，以卮开向无穷空间说明言也应开向无限。卮言容物且开向无限，构筑起超越世俗秩序的无限域，从以我观物升华为以道观物、以道齐物，使万物皆可游无穷。

[关键词]　庄子；卮言；言无言；游无穷

* 黄子洵(1990—　)，女，广西桂林人，哲学博士，南京师范大学公共管理学院哲学系讲师，主要研究领域为先秦儒道思想、《诗经》学。

引言

在近现代学界,《庄子》中"不言""言无言"等提法常被解作一种绝对的无言境界。此观点认为,对言说采取的反省与解构态度源于他对于语言的不信任,由此庄子多被视为"中国古代最重要的语言怀疑论者"或"最接近现代的解构论者"①。首先,此立场未看到庄子很大程度上继承并发扬了《老子》"正言若反"的言说风格,诸多偏向其反处寻的提法旨在冲击并瓦解正反对立的思维窠臼。复次,此立场未能在以庄解庄的语境中把握庄子反思与批判言说的真实意图,径直将语言哲学的立场与预设植入庄学研究中。

其实,庄子是把言说置于道之隐显的问题域中来看待。《齐物论》:"道隐于小成,言隐于荣华。"言隐的过程伴随着道隐,由言-物关系(物我关系)的失真导致道物关系、道我关系的沉沦。道之开显有赖于言之去隐。由此,"言无言"不应坐实为与有言相对的不言,而是一种导向本真言说的尝试,针对于"言隐于荣华"的困境,批判的是言从己出的世俗言辩,旨在通过开启本真的言物关系实现本真的道物关系与道我关系。

在庄子那里,天倪作为自然之分,昭示的是万有本真且本然的内在秩序与关系样态。而言说则被视为从人为妄立之封畛复归于天然之分的必经之路。言说作为开启世界本真秩序的密钥,是万有实现应然的存在关系的重要依托。若专就人的生存活动而言,言说是人与自我、与他人、与万物、与世界乃至与超越性存在的关系维度得以开展的基本途径。庄子从日常言说的樊笼中唤醒本真言说,心之所系乃在于道如何开显,物何以能齐,言说如何才能实现"照之于天""和以天倪"。就此而论,言说的一大意义面向便是开向无限,由此生发出沟通天人、瓦解有限与无限之悬隔的力量。由此,言说也成为对言说者旷日持久的熬炼,开启的是对治一己之私的修行征程。

"言无言"正是言说者在言说中隐遁的无我之言、去隐之言。对此,《庄子》洋洋洒洒数万言提供了绝佳示范。庄子一直隐匿于幕后,并未强言一己之是或

---

① 对于将庄子视为解构主义的代表著作,杨儒宾先生作了一番举陈与分析。详见杨儒宾:《庄子的"卮言"论》,《中国哲学与文化》,桂林:广西师范大学出版社,2007年,第14页。

攻彼之非，而是试图使言说成为道得以开显的场域。吾人面对的并非庄子的"我见"，而是道经由庄子而开显。正是通过隐遁于言无言的"道-言"，庄子实现了不朽。

更进一步来说，庄子的"言无言"并非停留于抽象层面的空泛提法，而是通过"三言"得以落实。

> 寓言十九，重言十七，卮言日出，和以天倪。（《寓言》）

三言并非构成一种并列关系。寓言、重言都属于卮言。其中，寓言和重言的命名形式相同。"寓""重"均为动词，成玄英将其解作"寄"和"尊重"。寓言即依托其他事物来言说。重言即援引权威之言。二名直白晓畅，均指言说的具体途径。相比之下，卮言的命名方式甚为独特。历代注释多将卮解作酒器①。具象之卮与抽象之言合为一名的缘由颇为隐晦，且卮言之义也未能通过卮之为酒器义直接彰显。

部分学者虽沿用了卮之为酒器的古注②，惜乎未能在古注以卮况言的基础上考索卮、言合名的深意。亦有学者为"卮"另辟不倒翁③、漏斗④、漏卮⑤等新解，或抛开卮的物象化特征直接作出抽象训释（如浑圆⑥、支离⑦）抑或把"卮"改成他字⑧，未看到卮之为酒器义已蕴含可供探究庄子言说观的丰富资源。

本文以为，庄子凭借卮、言合一的巧妙营构沟通了具象与抽象，在卮与言的双重意义相关性中通过卮与酒、卮与无穷空间的关系来说明言与物、言与无限域的关系，昭示出言说应在容物的同时开向无限。卮言一名始于但不拘执于卮的具象义，而是能在卮所开启的意义域中启瀹对于言说之应然样态的思考，彰显出庄子如何使言说容物且如何在有限物中开出无限域，以此为契机恢复本真

---

① 郭象、成玄英、陈景元、吕惠卿、陆西星、罗勉道、王闿运、章太炎等人均从此解。
② 陈鼓应、黄克剑、章启群、王博、王葆玹等多从此解。
③ 高亨：《文史述林》，北京：清华大学出版社，2004年，第423页。
④ 张默生：《庄子新释》，济南：齐鲁书社，1993年，第15页。
⑤ 张树国：《漏卮与〈庄子〉卮言探源》，《文学遗产》，2021年第1期。
⑥ 王叔岷：《庄子校诠》，北京：中华书局，2010年，第1178页。
⑦ 钟泰：《庄子发微》，上海：上海古籍出版社，2021年，第650页。
⑧ 常森：《论〈庄子〉"卮言"乃"危言"之讹》，《安徽大学学报》，2018年第5期。

的言-物关系,进而开启本真的道物关系与道我关系。此过程本身就是言无言的彰显。可见,虽然三言均为庄子所特创,但卮言一名的创设方式才最贴合庄子别具一格的文风,也最为其匠心独运。对于卮言的探究有助于揭示庄子的言说观以及言说最终达到的"言无言以游无穷"的境界。这也成为本文的着力所在。

一、论"卮言"的歧解及其问题

卮、言合名的用意并未直接宣之于外,使其在历代庄学研究中存在诸多歧解。

一方面,卮言之意常被归为具象酒器给人带来的直接经验,多被解作"卮酒相欢言之"①"酒徒的自语"②或"酒后的话少了算计,直接从心里发出,所以多了些真实,少了些虚伪"③。此解多执于酒卮之物象,对于卮言一名融贯具象与抽象的深意则付之阙如。

另一方面,学界也出现了淡化甚至是解构卮之酒器义的做法。杨儒宾注意到庄子对具体意象的偏爱,认为"圆酒器之解读未尝没有可能是庄子的第一选择"④,但他并未就此深究,而是径直将卮解为浑圆。刘士林则认为,卮作为酒器义,与卮言作为"描述道的大言、大辩和不辩之言"扞格不入,进而为卮另辟了形上之解,"卮绝不是一种形而下的'圆酒器',也不是'支'(支离之言),而是象征着道本身"⑤。常森也看到三言中"卮言"最难索解。"《寓言》篇却只重抄了一遍卮言日出,不加任何进一步的诠释",与卮言的难解性极不相称,并据此指出"迄今所有关于卮言的解释差不多都是基于附会的想象"⑥,这从根本上源于"卮言"是"危言"之讹。

上述解法的产生,根本上还是源自卮之酒器义使卮言一名其意难知,同时

① 罗勉道:《南华真经循本》,北京:中华书局,2016 年,第 305 页。

② 王葆玹:《黄老与老庄》,北京:中国人民大学出版社,2012 年,第 212 页。

③ 王博:《庄子哲学》,北京:北京大学出版社,2004 年,第 19 页。

④ 杨儒宾:《庄子的"卮言"论》,第 20—21 页。

⑤ 刘士林:《庄子"卮言"探源》,《中州学刊》,1990 年第 5 期。

⑥ 常森:《论〈庄子〉"卮言"乃"危言"之讹》,《安徽大学学报》,2018 年第 5 期。

也在于"卮言"寓抽象于具象的命名方式在当今时代语境中逐渐失去了可理解性。

与此相较,古注往往从卮之酒器义出发,基于具象之卮与抽象之言的意义关联来解释卮言,与此类新解形成了较为鲜明的古今之别:

> 夫卮,满则倾,空则仰,非持故也。况之于言,因物随变,唯彼之从。[1]
>
> 夫卮器,满则倾,空则仰,随物而变,非执一守故者也;施之于言,而随人从变,已无常主者也。[2]

注文脉络的一致性在于:先说明卮"满则倾,空则仰"的现象,并由此引申触类,从卮随酒俯仰的经验现象中提纯出随物而变的普遍之理,以此为枢纽实现了从卮到言的意义衔接。随物而变之理并不受限于卮随酒俯仰的具体现象,而是以更自由的状态出入于万物,因此可以"况之于言"。

问题在于:其一,注文仅从随酒俯仰的现象来谈卮与言的意义衔接,远未揭示二者可能具有的意义关联;其二,注文虽着力标举庄子借助卮言一名从具象事物中生发出普遍之理的思想轨迹,但对此仅停留于一种描述性陈述,对于"卮言"何以会始于具象酒器之卮未能给出进一步解释。

二、卮与言的双重意义相关性:容物且开向无限

本节将回应上述第一个问题,从容物与开向无限两方面来阐明卮与言的双重意义相关性。

1. 卮与酒:言与物

本小节将说明卮与言的第一重意义相关性,即卮之容物与言之容物的意义关联。

其一,卮作为酒器,最主要的意义规定在于盛酒,从广义上来说即容物。在

---

① 郭庆藩:《庄子集释》,北京:中华书局,2010 年,第 947 页。

② 郭庆藩:《庄子集释》,第 948 页。

此,庄子借卮之容物说明言说应具备一种可承载性和包容性。容物的前提在于卮内中虚空,是"中虚而无积者"①。不难发现,庄子偏爱内中虚空之意象。地籁之为众窍、人籁之为箫管丝竹都是中空之物,卮也同归于其列。由此,庄子以酒卮内中虚空来说明言说应是一种至虚之言。言至虚,才能容物。"世人之言,乃机心所发。"②唯有言说者刳此机心,不以一己之是裁汰万物,才可能让言说纯任于物。《天下》篇用"曼衍"来形容卮言。成玄英将"曼衍"解为"无心"③。卮言作为至虚之言,亦即无心之言。

盛酒之后,卮经历了由内虚到内实的转化,但此种内实并不是通过拒斥内虚来实现的,而恰恰是依托于内虚得以内实。至虚与至实并非截然二分,而是共生同在。同样,当"我见"逐渐隐遁,不再用情之偏、知之狭主宰言说之时,至虚之言才可能化为至实之言,正如庄子"言无言"的至虚之言最终成就了"彼其充实不可以已"的至实之言。

其二,卮之容物并未破坏酒本身。对于酒,卮起的是"辅"的功能。卮并不是以主宰者的身份自居,而恰恰是利物而不争,其使命在于护持所盛之酒,不让它外漏、倾洒或是受到外界污染。任何程度的限定与主宰都会妨碍"辅"的实现。卮静默着,安于此种辅的功能,与所盛之酒交融为一个整体,汇成一曲无声而有力的协奏。在此整体中,所盛之酒仍旧是它自身,但同时又因酒卮之辅得以实现更为自由的存在样态,比如可以为人手所持或可以发生空间上的位移等。

同样,言之容物并不是对物的一种占有、主宰与限定,而是不敖倪于万物,在容物的过程中与物交融为一个和谐的整体,实现对于万物之辅,即《老子》所言"辅万物之自然,而不敢为"。不论是用一己之见来论断万物或是用万物来凸显一己,都是以咄咄逼人的强势姿态干扰、介入甚至是破坏万物之性,都将违背言说活动"辅万物之自然"的初衷。

其三,不问酒之品味类型,统统用清一色的酒器来装盛,会被视作不通饮酒之道。酒卮的类型、规格、材质很有讲究,一一与所盛之酒相对应,如饮汾酒当用玉杯,饮关外白酒当用犀角杯。玉杯增酒之色,犀角杯增酒之香……特定的

---

① 吕惠卿:《庄子义集校》,北京:中华书局,2020 年,第 518 页。

② 憨山:《庄子内篇注》,武汉:崇文书局,2015 年,第 29 页。

③ 郭庆藩:《庄子集释》,第 1100 页。

卮用来盛放特定的酒,二者相得益彰,更添饮酒之兴味。据此,历代注释多把卮的特质归为"因物随变,唯彼之从"①。同样,言说并非一套形式化的辞令,而是应"与物有宜"。言之容物的过程意味着言说活动应对万物具体而当下的特殊性予以充分尊重,从万物特殊与个别的情态中生发出与之相适应的言说,而不是用一套既定的言说程式去框限万物。

卮随物俯仰,并非处于恒久的静止状态,而恰恰处于时变之中。这昭示着言说活动也离不开"时"的维度。言说并非一套固化的静态话语,而应是时中之言,与时偕行,随时而变。庄子非常看重言说的时变面向。庄子认为,我们无法同时也不应该用言说构筑一个全然稳固的立足点。天地之化周流无滞,无片刻止息,这使庄子不断反思言说的方式,试图使言说与化同体。《齐物论》自述其言为"吊诡"。顾实将其解作"善变。惟善变而后奇异"②,点明了庄生之言随时而变的特质。更进一步地,《寓言》所论"卮言日出"又可与《齐物论》所论"吊诡"构成互诠关系。郭象将"日出"训为"日新",意指卮言具有"日日新,又日新"的永不执滞的生成性与更新力。

卮言作为日新之"道-言",一大作用正在于撼动日常言说的固定性。卮言若白云苍狗,穷尽造化之妙,初次读来难免使人被一种眩晕感所笼罩。世俗名言约定俗成、根深蒂固的稳定性被击得粉碎,吾人不得不在晃动感中重觅立足点。这种摇晃感与眩晕感正是庄子想要的。据此,王叔岷将庄生之言比作"以轮转地,着而不著",正突出了卮言的灵活性与变动性。

其四,关于卮言一名,林希逸注为:"卮,酒器也。人皆可饮,饮之而有味,故曰卮言"③。其中"人皆可饮"之"皆"与"饮之而有味"之"味"甚为关键。

卮中之酒,人皆可饮;庄子之言,人皆可读。这意味着《庄子》并不只是为特定的对象而设,其意义空间并非只对部分人群才敞开,亦非将读者群体划定出三六九等,而是对芸芸众生都发出了热忱而真挚的邀约。这种邀约所触发的行动并非根植于主客对立语境中的对象性观照,由此实现了从"人皆可饮"之"皆"到"饮之而有味"之"味"的过渡。卮中之酒,人饮之而有味。林氏用"有味"来形容饮酒的效验,进而借此形容言说活动应具之效。"味"意味着"人"的发生,昭

---

① 郭庆藩:《庄子集释》,第 947 页。

② 顾实:《〈庄子·天下篇〉讲疏》,载张丰乾编:《庄子天下篇注疏四种》,北京:华夏出版社,2008 年,第 54 页。

③ 林希逸:《南华真经口义》,台北:艺文印书馆,1972 年,第 1026 页。

示的是关系双方的交相融合。这时,饮者与所饮之酒并不处于一种主客相对的关系样态,而是实现了饮者与所饮之酒的交融合一。饮之而有味的过程恰恰消解了酒的对象性存在。正如卮中之酒,饮之而有味,庄生之言,人读之亦有味。对于卮言所触发的效验,林氏所用动词不是视、观、听、闻,而是"味"。两相比较,视之可见、听之可闻者仍处于形、色、声、名等"迹"的层面,而"味"这一行动则恰恰实现了对形、色、声、名的超越,已从"迹"上升到"所以迹"。视之可见、听之可闻的前提都基于观者与所观对象、听者与所听对象保持一定距离,而"味"之所以可能,其前提恰恰在于此种距离的消解。这意味着卮言具有一种化进苍生生命与心魂中的力量,是与性命之情亲密无间的生命之言。读之而有味,意味着读者被带入到《庄子》的意义世界之中并有所感发兴起,由此跨越时空之限得以与庄子"同其情"。

综上所述,本小节论证的是庄子通过卮与言的第一重意义相关性来说明言之容物。言之容物又具有四方面的意义面向(容物纳物的至虚之言;利物而不争、"辅万物之自然"之言;与物有宜、与时偕行的时中之言;"常善救人,故无弃人;常善救物,故无弃物"的至味之言、生命之言)。从表面上看,卮与言的第一重意义相关性只涉及言-物关系,也可称作物-我关系,但实际上,庄子是在借言-物关系(物我关系)迂回而间接地思考道物关系与道我关系。

《齐物论》区分出以"我见"齐物与以道齐物。其中,以我观物、以"我见"齐物是一种非本真的物我关系,而以道观物与以道齐物则是通过本真的物我关系实现真正意义上的道物关系。初看上去,此过程并未论及道我关系。但从以"我见"齐物转变为以道齐物的过程本身就是道我关系的展开。这意味着道我关系并非一个将物我关系排除在外的孤立的关系域。实际上,道我关系正是以物我关系为中介得以展开。在本真的物我关系中才能实现真正意义上的道我关系。而承前所述,言说正是物我关系的重要依托。非本真的言说反映并加剧了以"我见"齐物的错谬立场。这再次解释了缘何庄子如此重视言说问题。言看似只涉及言-物(物我关系),但实则是道物关系、道我关系得以展开的枢纽。

庄子通过卮与言的第一重意义相关性说明了言说应容物、辅物,旨在纠正以"我见"齐物的立场。下面的问题是,如何从以我见齐物转变为以道齐物?这就涉及从卮与言的第一重意义相关性向第二重意义相关性的过渡。

2. 卮与无穷空间:言与无限域

本小节将说明卮与言的第二重意义相关性,用卮开向无穷空间说明言也应开向无限。

从结构上来看,卮并非一个内在闭合的封闭空间,而是始终开向外界,并没有明确的分界线把卮与它之外的无穷空间分隔开来,因此,并不存在关于卮的内在空间和酒卮之外的空间的绝对区分。毋宁说,卮本身就在无穷空间之中并与空间之无穷相融,但却并未因这种相融而使自己被吞没,而是在敞开和相融中持守住了自己。甚至可以说,正是凭借开向无穷空间才成就了酒卮。我们需要卮以外的无穷空间作为规定它的意义背景,酒卮的功能才能获得可理解性。容物之所以可能,也是基于酒卮向无穷空间的敞开。开向无穷空间,使卮可以容物。在容物之后,卮继续保持开向无限空间的状态。

在这里,庄子用卮在空间层面对外的开放性,来说明言说也应具有一种向外的开通性。此处所论“向外”并非空间意义上与内相对之外,而是从日常言说中振拔而起,瓦解世俗言辩所立之封畛,不断推扩格局,打开言说活动应该具有的意义域。这意味着言之容物有别于一种毫无建设性的贮存。恰如卮在盛酒之后仍旧开向无穷空间,言之容物也不应执滞于物之有限,而是在有限物中开向无限。

庄子的目的并不在于晓谕某个具体之知或个别之理,并非以事类推,以理义求,从某一有限之知推衍至另一有限之知,而是经由广义上“诗兴思维”的运作,在所容之物中有所兴发,实现有限与无限的衔接与贯通,带领吾人一同看向无限。此过程便是“以明”,超越是非对错悉无定准的“我见”,通过仰望超越性维度来探求“照之于天”的可能。由此,言之容物的过程也成为了“照之于天”“和以天倪”的动态过程,所谓“卮言日出,和以天倪”。卮言构筑起超越世俗秩序与常识思维的至大场域,创辟出意义辗转衍生、靡有端崖的无穷境。

《庄子》中出现了诸多至大至远至古至久之域。论至大至远,则如北溟、南溟皆“取其溟漠无涯”“窅冥无极”,又如三千里、九万里、远而无所至极的苍苍之天、在寰海之外的姑射山、无何有之乡、广莫之野、圹埌之野……论至古至久,则有上古之大椿、楚南之冥灵,先天地生,长于上古……此类指称的共同点在于超越了时空之限,意指成玄英所言“无限域”,亦即庄子所言的“无穷”。

在庄子看来,卮言正具备一种开出无限域的力量。上述具象化的诗意描摹可视为庄子对于卮言之无穷的间接表述。此外,庄子也直接点明了卮言的无穷境,如借肩吾之口将接舆之言评点为“大而无当,往而不返……犹河汉而无极也;大有迳庭,不近人情焉"(《逍遥游》),又如庄子自陈其言为"荒唐"(谓广大无域畔者也),并将言说特质归结为"其理不竭,其来不蜕,芒乎昧乎,未之尽者"(《天下》)。家世父所言"庄生之文,注焉而不穷,引焉而不竭者是也"[1],指出了卮言具有"溥博渊泉,而时出之"般蓬勃充沛的生命力与无穷无尽的创发性。

庄子向往的境界是"游无穷"。大樽浮于江湖、鲲游于北冥、鹏徙于南冥都是对"游无穷"的诗性化描述。"游无穷"不应理解为弃绝名言、当下沉默的直观体认与神秘体验,而是一种具有中介性的行动。易言之,道我关系并非寄寓于冥契过程的一种直接型关系,而是需要深入并拥抱大千世界,容物纳物,辅物之自然,以本真的物我关系为中介得以展开。容物且开向无限的卮言作为庄子游无穷的一种尝试,最终也成为庄子游无穷的重要进路。《天下》所言"上与造物者游",便将卮言的一大效验归结为"游"。卮言是庄子面对悖乱错谬的现实秩序时的无声对抗。借此,庄子挣脱了日常思维与言说所立之封畛,打破了名利权术的樊笼,在受限的时代境遇中开出了别样的天地,在有限的人生中实现了游无穷。

游的行动预设了所游之域无滞障、无割据、无封畛,否则行动便会处处受阻,如何能游? 这意味着卮言不仅是至大至广、无穷无尽之言,同时还是不妄设悬隔与端倪的圆融浑一之言。可见,从卮之为酒器所生发的意义域也囊括了卮之为浑圆义。

浑圆之言与《天下》篇的自陈"不以觭见之"可形成互相诠释的关系。"觭,一端也"。"不以觭见之"即为"不以一端自见"[2]。具体说来,有一端则意味着有另一端。两端互相规定,相待共生。"以一端自见",其前提在于将两端视为非此即彼的互斥关系。执于一端,相当于漠视甚至是拒斥另一端,如此便成了一偏一曲之言。而卮言作为浑圆之言,应见其全体,而非执于一端,故庄子自陈其言为"不以一端以自见"。卮言是一种"不可端倪之言",故能超越两端之间妄生悬隔、见分而不见合的固化状态,把两端间的互动关系鲜活地呈现出来:

至阴肃肃,至阳赫赫;肃肃出乎天,赫赫发乎地;两者交通成和而

① 郭庆藩:《庄子集释》,第947页。

② 宣颖:《南华经解》,广州:广东人民出版社,2008年,第202页。

247

「言无言」以「游无穷」

物生焉。(《田子方》)

阴与阳并非互相隔绝的静态概念,而是处于"交通成和"的动态过程之中,二者构成切摩交感、互相规定的统一关系。《庄子》还出现了昼夜、生死、梦觉、大小、寿夭等"对概念"。在波诡云谲的卮言中,看似互斥的两端得以从对立隔阂的僵化状态中挣脱,被导向彼此过渡与转化的互动关系以及圆融抱一的一体性当中,"相反乎无端而莫知乎其所穷"(《田子方》),由此实现了由分见合、引端归体。

三、卮言:"言无言"以"游无穷"

庄子用卮与言的双重意义相关性说明,言说应容物并开向无限,在有限物中创辟出无限域,此为言无言以游无穷。然而,在阐释此言说境界时,庄子完全可以舍弃卮这一具象之名,另辟一个纯然抽象之名。由此,问题进一步变成,缘何庄子偏偏以具象酒器之卮作为起点来创发卮言概念?这种方式如何体现了庄子言无言以游无穷?

言说容物并开向无限,并不是庄子对于言说所作的一番理论说明,而是其着力践行的言说理想。《天下》篇将其言说活动描述为"独与天地精神往来而不敖倪于万物",恰恰涵容了开向无限与容物这两个意义面向。既然《庄子》数万言都可以视为对此言说愿景的践行,其中自然包括将卮、言合一的命名方式。可以说"卮言"一名的创辟过程本身就是卮言的绝佳展示,从中可以窥见庄子如何在言说中容物且如何在有限物中开出无限。

一方面,卮言一名始于卮这一具象物,恰恰展现了言说所应具有的对物的可承载性与包容性。庄子并未直接冠以抽象概念,而是从具象事物入手来创辟新名,是对言之容物的绝佳示范。

从广义上说,不独是卮言的命名方式,《庄子》全书都是卮言,都是对言之容物的尝试。庄子扎根于广阔的大千世界,以虚己的姿态拥抱天地万有,自陈其言为"万物毕罗"。对此,成氏疏曰:"包罗庶物,囊括宇内。"①大到天、地、海、川、

---

① 郭庆藩:《庄子集释》,第1099页。

鲲、鹏，小到蜩、鸠、狸牲、狙……诸多华夏元典中，除开"多识于鸟兽草木之名"的《诗经》，《庄子》可谓"尽物态之微"的另一典范。庄子对芸芸众生在世界中的在场予以了高度尊重且其叙述富于温情。庄子的对话者可以是自身，是他人，还可以是花、草、虫、鱼、鸟、兽，是天地，是神明，如其所言"上与造物者游，而下与外死生无终始者为友"（《天下》）。

正是凭借着容物、纳物，辅物之自然，作为有限、有死之个体的庄生可以超越第一人称叙述者视角的局限。卮言并非一种言从己出的"我见"，并非以我观物、以"我见"齐物，而是在容物之卮言中实现了以道观物、以道齐物。庄子尤喜"日出"意象。《齐物论》云："昔者十日并出，万物皆照。"《大宗师》中出现了"朝彻"的提法。成玄英将此解作"朝阳初启"，其效验是"惠照豁然"。"万物皆照"即为"惠照"，不偏不党，不遗一物。此为容物之照，辅物之照。卮言容物纳物，很大程度上实现了"万物皆照"。

另一方面，"卮言"虽始于卮这一具象物，但却并未停留于经验层面的酒器本身，而是通过卮开辟了广阔的意义域并由此导向对于言说之应然样态的创发。借此，《庄子》展现出言说如何在容物的同时开向无限。

从广义上而言，庄子尽物态之微，但却不是固滞于有限物本身，并未重蹈日常言说在对物的执滞中僵化的覆辙，而是以这些在常识思维看来孤立而有限、局部而细琐的个别物为起点有所兴、有所起。这是广义上"诗兴思维"的体现。由此，物得以从日常状态中振拔而起，在卮言的运作力量中参与营构了可供自由驰骋的无穷域。

在卮言构筑的无穷域中，时空之限悉皆褪去，常识思维与世俗秩序的束缚均被打破。在这里，言说不仅发生在人群之内，还遍布于人、物之间。人与物之间可以发生有形有声的对话（如栎社树进入匠石的梦中，并向其发问），也可以发生虽无形无声却同样深沉有力的"对话"，如庄周梦蝶，甚至物与物之间也可以展开对话，如罔两问景。此外，还有天地至美之大言：大风起兮，呼啸而过，驰骋于窍穴，汇成一曲天籁。

经由卮言变有限为无限的运作力量，诸多对话、发问、应答辗转抽绎，启瀹至理，以至于无穷。芸芸众生得以从人为妄设的好恶美丑、有用与否的标准中超拔出来，在天倪之分中各畅其性，得以从肝胆楚越的隔阂复归于天地一指、万物一马的天均状态。言无言以游无穷不仅是就人而言，并非单纯为人类群体而设,而是就芸芸众生而言。宇宙万有均被囊括包蕴于其中。卮言容物且开向无限。在卮言所开辟的无穷域中,苍生皆可游无穷。

四、结论

庄子看到,言隐的同时伴随着道隐。道之开显有赖于言之去隐。"言无言"针对于"言隐于荣华"的困境,批判的是"言从己出"的世俗言辩,旨在恢复言说开向无限、照之于天的作用,辟出使道开显的自由场域。卮言是"言无言"的彰显与落实。庄子将卮、言合名,借二者的意义相关性来说明言说应容物、纳物并开向无限。由此,卮言实现了从以"我见"齐物到以道齐物的转化,构筑起超越世俗秩序的无限域,使苍生皆可游无穷。

"卮言"虽始于卮这一具象酒器,但并未停留于经验层面的酒器本身,而是开辟出广阔的意义域,从卮与言的意义相关性中生发出对于本真言说的体认。就此而言,"卮言"一名的创辟过程本身就是言无言的绝佳示范,从中可窥见庄子如何在有限的具象物中开向无限,如何"言无言"以"游无穷"。庄子求一知音,如万世俟一大圣。不解庄子之卮言,则难以语乎庄子之寂寞!

Speaking with no Thought of Self and Enjoying Oneself in the Illimitable: An Interpretation for the View of Speech in Zhuangzi's Philosophy

Huang Zixun

Abstract: The "Yan Wu Yan" in Zhuang Zi should be interpreted as speaking with no thought of self, which could be realized through Zhi Yan. Zhuangzi combines Zhi and Yan into one name, using the relationship between Zhi and wine, Zhi and infinite space to clarify the relationship between words and things, words and infinite field, in order to indicate that the words should open to infinity while containing things.

Keywords: Zhuangzi, Zhiyan, Speaking with no thought of self, Enjoying oneself in the illimitable

经验与现象

齐物论的生存论意蕴：切己而在与梦-觉物化
——《庄子·齐物论》第15—16节解读

王代琴　郭美华[*]

[摘　要]　《庄子·齐物论》最后两节罔两问影与庄周梦蝶的寓言彰显了齐物论的生存论意蕴：罔两问影的寓言，拒斥认知主义的普遍取向而让切己的个体性生存得以可能；庄周梦蝶的寓言，拒斥信仰主义的超越取向而让切己的真实性生存得以可能。二者表明，齐之为齐的要义，昭示了迈向深邃而自由生存的可能。

[关键词]　切己而在；梦-觉物化；深邃；自由

从历史与现实的多样化解读而言，《庄子·齐物论》的究竟旨意，显然不能期待一个一劳永逸的终极化诠释。因为，齐之为齐的究竟意蕴，并不指向一个认知主义的清晰明白的独断论定义，也不指向一个信仰主义的坚凝不变的超越性实体，而是牵引出每一物以及所有物在其自身的切己而在与渊深浑沦之在。

* 王代琴(1994—　)，女，贵州遵义人，上海师范大学哲学与法政学院博士研究生，主要研究领域为宋明儒学。郭美华(1972—　)，男，四川富顺人，哲学博士，上海财经大学人文学院教授，华东师范大学现代思想文化研究所研究员，主要研究领域为先秦哲学与近代哲学。

情感皈依之下的信仰主义,坚执一个绝对而超越性的实体作为一切相对而具体之物存在的根据。庄子在"罔两-影-形体"之喻中,以无待而在其自身的切己之在消解了如此实体性信仰。认知视野下的理性主义,以为主体存在有一种绝对清楚明白的起点、过程与终点。庄子在梦蝶之喻中,以齐之为齐的梦-觉物化加以消解,而绽出人自身未知性的渊深生存可能性。在某种意义上,"切己而未知的渊深性与可能性"是齐物论基础性的生存论意蕴。

一、罔两问影:生存的切己性

> 罔两问景曰:"曩子行,今子止;曩子坐,今子起;何其无特操与?"景曰:"吾有待而然者邪?吾所待又有待而然者邪?吾待蛇蚹蜩翼邪?恶识所以然!恶识所以不然!"

景,即影。"罔两,景外之微阴也。"[1]形影相待、唇齿相依是经验性事实,而经验本身是流变不定的——行坐无定。理智思考的习惯,总是倾向于在经验的背后去寻找一个坚凝不变之物,以作为经验流变的基础。但是,庄子这里以罔两、影子和形体的寓言,"明有待无待之不可知也。"[2]如果经验背后之物不可知,而理智思考却给出一个作为经验之基础的不变的东西(诸如实体之类),那就是一种虚构。以虚构之物取代经验之物而陷入虚幻之中,这是理智玄思最容易坠入的误区。

罔两诘问影子何以没有独独属于自己的操行[3],亦即那种不随自身之外环境变化而变化的恒定德性。影子行坐不定,意味着什么呢? 罔两自身依赖于影子,其诘问应当是对于影子之游移不定使得自己游移不定的缘由的探究,但是,罔两对影子的诘问却是:影子何以没有恒定之德? 这是一个吊诡之问,即:罔两以诘问影子何以无恒定之德的方式,来为自己没有恒定之德作解释——似乎,只要影子有了恒定之德,罔两便也有了恒定之德;可是,问题的吊诡恰好在于——如果罔两的自身确定性需要影子才能得以确定,那么,影子自身的确定

---

① 郭象、成玄英:《南华真经注疏》,北京:中华书局,1998 年,第 56 页。

② 王夫之:《庄子解》,北京:中华书局,1981 年,第 29 页。

③ "特,独也。"(郭象、成玄英:《南华真经注疏》,第 56 页)。

性何以只能在其自身呢？而如果影子自身的确定性在其自身，罔两自身的确定性何以不能在其自身，而要诉诸影子呢？罔两之问的用意，即在于罔两"明白"其依赖于影子，希望通过领悟影子及其不变的本质，来抵达自身的不变本质。

影子的应答，彰显出了一个极端重要的问题：一个处在流变之中、并与他物相互关联的具体个体之物如何理解自身的存在？罔两不理解的是，在流变的经验之域，认知不能把握"现象的演替……不能给出过程的本质"①。"待"是依赖，它意味着某一个别物自身存在与继续存在的条件或原因。但是，条件和原因的追溯，可能会走向一个"无穷倒退"："若责其所待而寻其所由，则寻责无极。"②这也是追溯第一因的理智形而上学思辨的"无穷因倒退"，以及佛教所谓"因缘的无穷性"。为了终止原因的无穷倒退，理智形而上学诉诸作为一切原因的原因，即最后因或第一因，在信仰上也即是作为一事物原因的"神"或"上帝"。

但在庄子的思想里，原因或条件的无穷倒退，指向一个逸出理智认知之域的生存论领悟："世或谓罔两待景，景待形，形待造物者。请问：夫造物者有邪？无邪？无也则胡能造物哉！有也则不足以物众形。故明众形之自物，而后可与言造物耳！是以涉有物之域，虽复罔两，未有不独化于玄冥者也。故造物者无主，而物各自造。物各自造而无所待焉，此天地之正也。故彼我相因，形景俱生，既复玄合而非待也。明斯理也，将使万物各反所宗于体中，而不待乎外。外无所谢，而内无所矜，是以诱然皆生而不知所以生，同焉皆得而不知所以得也。今罔两之因景，犹云俱生而非待也，则万物虽聚，而共成乎天，而皆历然莫不独见矣。故罔两非景之所制，而景非形之所使，形非无之所化也。则化与不化，然与不然，从人之与由己，莫不自尔，吾安识其所以哉！故任而不助，则本末内外，畅然俱得，泯然无迹。若乃责此近因而忘其自尔，宗物于外，丧主于内，而爱尚生矣。虽欲推而齐之，然其所尚已存乎胸中，何夷之得有哉！"③如此生存论领悟，首要之处在于：对于一个存在者之超越存在根据（造物者）的寻求，必然陷入两难之悖谬，即无论一个存在者有一个超越根据还是没有一个超越根据，都会陷入自相矛盾；次之则在于：虽然不同的存在者处于相互关联彼此共生（"彼我相因、形景俱生"）之中，但每一存在者都是在其自身而无所依赖于外（物各自造

齐物论的生存论意蕴：切己而在与梦·觉·物化

---

① 尼采（Friedrich Nietzsche）：《权力意志》，孙周兴译，北京：商务印书馆，2021年，第219页。

② 郭象、成玄英：《南华真经注疏》，第57页。

③ 郭象、成玄英：《南华真经注疏》，第57—58页。

而无所待焉),其存在的意义只能在于其自身切己的展开,即"独化于玄冥之境";最后的领悟则是:每一存在者在其自身的切己之在,作为在整体性境域中的独化,既是对于整体性境域的玄冥不知,也是对于自身存在切己展开的由己而不知所以得。

于此,生存论领悟的基石之一,就是领悟于"有待无待之不可知也"①——单纯的理智认知并不彻底揭明人生的内容与实情——因为,理智认知指向对象化的把捉,而生存本身就是以未知的方式绽露自身。郭象式注解的问题在于过分以主观性心灵境界来消解现实的坚守与劳作,从而对个体与境域之间的关联以及无数个体之间的相互关联及其秩序缺乏一个捍卫的生存责任。但是,在肯定个体之物相与而在的"整体性与关系性"的前提下,强调相互关联的每一个体或整体中的每一个体,有着区别于关系或整体的自身内在性生存内容——活出自身的独一无二性,这却是生存论领悟的一个基本维度。郭象式阐释,有着放弃生存抗争的宿命论倾向,从而容易遮蔽庄子本身的生存论深意。捍卫基于相互关联或整体共在而有的秩序,这是每一个体生成其独一无二生命内容的先决条件。

郭象注拒斥了造物者。拒斥造物者的逻辑是一个由二难推理显现的自相矛盾的悖谬——无论有无造物者,都会陷入逻辑的自相矛盾。拒斥造物者的意义,当然并非纯粹逻辑上的,它有着生存论上的意义,它意味着每一个体必须自我造就、自我成就。在一个物理色彩与生物气息弥漫的世界里,一个能思的存在者无所凭借的自我造就与自我成就,是一种单纯理智认知所不能把捉的玄冥之在。

对于造物者的寻求,在认识论上是一个谬妄。在认识中,人的感觉经验虚构了自身对象,假想其为"客观独立存在的实体",并寻求其条件和原因。但是,实际上,作为经验意识的信仰——"对象具有不依赖于主观和情况的存在"②——本身就是自相矛盾的。领悟于此,便会明白基于条件与原因追问而给出的造物者,是虚妄不实的了。

罔两问影的寓言,指出一条超越理智认知的坚凝执着而迈向切己生存的通

---

① 王夫之:《庄子解》,第29页。

② 埃德蒙德·胡塞尔(Edmund Husserl):《现象学的方法》,倪梁康译,上海:上海译文出版社,1994年,第23页。

道。在孟子哲学中,自我经过反躬自省,自觉于自身,在自身奠定了不依赖于外在条件与原因的内在真实,即作为道德主体的自由存在之基,由此以在道德生存论上实现并完善自身。不过,孟子却将自身内在的个体性生命领悟,泛化为对于无数他者普遍有效的东西。但是,在庄子,他在时间性中引入了空间性,在主体间关系上,以否定自身有限认知并加以自我限制的方式,将生存的真实实现让与自身之外的他物之自性与差异性。孟子以自我自觉确认的方式,有一个实实在在的东西在自身,但它容易引向一种独断的普遍主义,强调具有实质内容的"心之所同然",从而剥夺他者之心的自性与差异性;庄子力图让自身与他物在相互关联之外各守其自性与差异性,从而对"物之所同是"做出了否定性的回答。

因此,庄子在罔两问影的寓言之中,以影子的口气,自我诘问"恶识所以然!恶识所以不然!"凸显的是这样一个寓意——罔两虽然与形俱生,但是,罔两作为罔两而不同于影子者,才是罔两之为罔两;影子与形相生,但影子作为影子,是其不同于形而成其为自身者,才是影子之为影子。这意味着,对于形、影与罔两而言,他们各自都"在我的自由的责任性中思索我自己"①。

实质上,罔两问影寓言的蕴意,与前面天籁与人籁、地籁之间的蕴意具有一致性。一物之为一物,首先不是"经验知识范围"之类的对象;其次,它有着自身区别它者的唯一性;再次,每一物都有自性,因为其不能被知识地加以把握,所以是未知的自性。让每一物保持其在经验知识范围之外的自性,这是齐物之境的重要一面。

二、庄周梦蝶:物化生存

昔者庄周梦为胡蝶,栩栩然胡蝶也,自喻适志与!不知周也。俄然觉,则蘧蘧然周也。不知周之梦为胡蝶与,胡蝶之梦为周与?周与胡蝶,则必有分矣。此之谓物化。

梦和觉相辅相成而相连一体地构成了整体人生。觉与醒一致(所谓觉醒),

---

① 埃德蒙德·胡塞尔:《现象学的方法》,第38页。

梦与睡相连(所谓睡梦),人们对觉-醒与睡-梦有着基本的区分:"对于醒着的人来说,只有一个单一而普遍的世界,而在睡眠中,每个人转向〈他〉自己私人的〈世界〉。"①觉-醒与睡-梦的区别,尽管在认知领域内是一个基础性区分,但是,二者之间的确切区别却难以遽然相判。

通常,我们对人生之觉-醒与睡-梦之分,有两种可能的"理智反思":其一,在人生整体之中划分正确与错误、是与非,以正确或是为觉-醒,以错误或非为睡-梦;而睡-梦与觉-醒的区分,根据在于标志着觉-醒的思是否能返回其自身。在睡-梦中有着某种觉悟程度的意识,但是,梦境意识无法依据其自身而返回自身,无法获得自身的确定性。但在醒-觉中,意识的觉悟程度,能根据自身而回到自身,从而获得自身的确定性。但是,意识的返回其自身的确定性,有着模棱两可之处。一方面,在庄子看来,"梦中又占其梦"也可以说为是梦境意识的返回其自身。一方面,所谓醒-觉意识的返回其自身,并没有一个终极的归宿以使得意识不再往-返,而意识的无休止返回让醒-觉与睡-梦丧失了其确定的区别。其二,以目的论的视角看待人生,以为人生过程有一个最终目的,而别的人生阶段或环节都是这个目的的手段或工具。从而,合于人生目的的阶段和环节就是觉-醒之是,悖于人生目的的阶段和环节就是睡-梦之非。然而,超越于人生历程的目的无疑消解着人生本身,"世界运动根本没有什么目标状态……生成必须理由充足地显现于每个瞬间……要不然,生成就会丧失其价值,并且径直地表现为无意义的和多余的"②。在生存论上,梦和觉分别构成生成的瞬间,它们各自在其自身而有其内在的价值与意义,"生成在每一个瞬间都是等值的"③且"生成的意义必定在每个瞬间都是已经充实了的、达到了的、完成了的"④,并没有一个未来目的或终极性价值,来消解二者的瞬间性生成意义。

其实,醒-觉与睡-梦二分的人生理解,源自两个错误的预设:一是真实的人生必须基于清楚明白的意识状态而展开,二是人生的整体能够而且必须被清楚明白地领悟。但是,这两个预设本身是不可靠的。因为,人生本身并非开启于

---

① 罗宾森(T·M·Robinson)英译、评注:《赫拉克利特著作残篇》残篇89,楚荷中译,桂林:广西师范大学出版社,2007年,第100页。

② 尼采:《权力意志》,第706—707页。

③ 尼采:《权力意志》,第707页。

④ 尼采:《权力意志》,第711页。

清楚明白的意识状态,比如,原始佛教就以"无明"作为人生与世界开启的根源。实际上,生存活动"不断地、危险地与最高的不确定性为邻。没有任何进行认知活动的人像进行哲学活动的人那样,无时无刻不必然如此严峻地处于谬误之边缘。谁如果还没有理解这一点,他就还根本没有预感到哲学活动意味着什么。最终的和最极致的东西就是最危险的和最不可靠的东西"①。

领悟生命开启于不确定性之中,并展开于不确定性之中,这反倒是生命的更为真实之处。梦境中栩栩然而自喻适志的蝴蝶,醒觉状态下俄然而觉之蘧蘧然的庄周,并没有一条清晰明白的内在连续绵延的脉络绽露。而是在梦觉相连、蝶周并生的浑然模棱整体中,"每一个瞬间都是一个开始、一次诞生","瞬间是存在的典型实现"②。

在生存之不确定性的领悟中,生存绽开在每一瞬间。每一瞬间在其自身都是当下的自行绽放,它如其自身而绽放并以此绽放为自身的实现。每一瞬间自为目的,无数瞬间以及所有瞬间都是生命整体自然而平等的构成环节。在此意义上,梦觉一如、蝶周一体所昭示的就是庄子齐之为齐的终极性意蕴。在诗性生存或诗意存在中,人生整体自身内在不同环节、不同因素之间的无差别的等而齐之,是人之存在展开于其间的天地之中差异性万物齐等的先行条件。在某种意义上,世界自身的丰富多样性的呈现,正是人自身内在的丰富多样性使之得以可能。没有人自身内在的丰富多样性、差异性,世界及其万物就不可能被"呈现为"丰富多样性、差异性。人对自身内在多样性与差异性的"齐等"而融为整体,是世界及其万物之多样性与差异性呈现为"齐等"之整体的可能性基础。

梦而为蝴蝶与觉而为庄周之间的齐一,表明在人生历程的时间性绵延中,人生目的论被消解;在世界整体的呈现中,宇宙目的论也被取消。梦觉相连无别、蝶周浑然一体难分,也表明对于人生整体的理智反思需要被搁置;而世界及其万物之整体的呈现,使得基于理智思辨而构造的宇宙图景也被废弃。就此而言,所谓"物化",首先是一种"化",是畅然灵动而相通绵延。生存的展开过程,就是一种化而无以凝然画定的过程。生命展开作为无定之化,一方面是翛然生

① 海德格尔(Martin Heidegger):《形而上学的基本概念》,赵卫国译,北京:商务印书馆,2018 年,第 29—30 页。

② 列维纳斯(Emmanuel Levinas):《从存在到存在者》,吴蕙仪译,王恒校,南京:江苏教育出版社,2006 年,第 92 页。

起于恍惚之中,一方面是眘然死归于混沌之中。天地及其万物以至于每个人自身,都处身于生-死转瞬即"逝"中,无法暂停。化就是"永恒流逝"本身。在永恒流逝之化中,某种流经自我之内的物,捎带着逸出自我的信息。流经自我总是某种明觉,而其逸出总是体现出某种幽冥。而化之为"物",则是自然自在的气息,摒弃了将畅然流通之化加以凝然坚固的抽象性价值与情绪性信仰:"求假象、求幻想、求欺骗、求生成和变化的意志比求真理、求现实性、求存在的意志更深刻、更原始。"①简言之,物化就是让天地万物返回自身自在自然的畅然流通本身,跃入其更为原始更为幽深的自由生存之中。

在庄子的诗意生存之境,人生是明觉与幽冥的统一,是白昼与黑夜的统一,是清醒与梦境的统一。幽冥之梦境,在白昼之醒觉之中被"再现";白昼之醒觉,在幽冥之梦境中被"重铸"。就其实际而言,人生之中幽冥与明觉、梦境与清醒的浑然相融,不是一种"虚妄之境",更不是一种"生物性现象",而是一种生存的本然之境——诗意的、深邃的、广袤的家园。

梦境中蝴蝶的"专题化"凸显,彰示出一个更为广袤的可能性之域——人生命的无限绽放可能之中,一只蜻蜓、一棵小树、一朵鲜花、一条小鱼……蓝天、白云、鲲鹏、蜩鸠、丽姬与猿猴、尧与胥敖……缤纷多样、差异万千乃至彼此对峙之物,厘然相分而混融并处。在无限多样性中,人获得诗性自由而美的生存:"动物只是按照它所属的那个种的尺度和需要来构造,而人懂得按照任何一个种的尺度来进行生产,并且懂得处处都把内在的尺度运用于对象;因此,人也按照美的规律来构造。"②诗意而美的生存,万物与自身在幽冥之中相融相谐。

对于梦境的深沉探求,不断逼显着一个源潜无尽的人生。每一段人生环节的展开,都牵引出无穷的人生可能。每一环节人生的实现,都将人生拽进一个幽深的无限。有所实现的人生,就是有所遗漏的人生。仅仅注目于既有人生可能的实现与既存之物的持续,我们便遗失了人生的广袤与博厚,丧失了无尽未知之物降临与绽放的可能。

梦与觉之相分而统一,牵引出自我与世界及其万物厘然相异与浑然齐一。生命存在并不是如数学化式的公理或定义那样清晰明白、确切无疑。齐之为齐

---

① 尼采:《权力意志》,第945页。

② 马克思(Karl Marx):《1844经济学哲学手稿》,北京:人民出版社,2016年,第53页。

的追问者是自由的,其生存展开的"可能性、变化和境况都是模糊的,它立于它事先不可预见的可能性面前,它被卷入到某种它认识不到的变化之中,它不断地活动于某种它无法掌控的境况之中"①。梦觉的浑然,将齐物之境昭示为一种诗性的生存状态,在那里,"一切可能之物都将被允许和承认,每一种植物赖以生长的潮湿而温暖的空气,那就是一切细小的茂盛植物的天堂"②。

三、迈向深邃而自由的生存

罔两问影的寓言,拒斥认知主义的普遍取向而让切己的个体性生存得以可能;庄周梦蝶的寓言,拒斥信仰主义的超越取向而让切己的真实性生存得以可能。因此,齐之为齐的生存论领悟是:"事情并不在于,您带着一个无聊的定义回家,而是您要学着领会,自己活动于此在之深度中。"③不为定义或概念所束缚,是对自由生存的揭示。自由的生存,一方面是切己生存的独一无二性:"人作为具体存在要求被看作个体,而不仅仅是类的分子和一个社会细胞,也不只是许多'殊相'的集合。人作为独立存在的个体是'单一'的,而殊相是指一般的特殊化。具有本体论意义上的实体(entity)是个体,而不是殊相的集合。这样的个体是个有机整体,是生动发展着的生命,是具有绵延的同一性的精神。它作为自我,是意识和无意识的统一,是理性与非理性的统一,这种统一要凭理性的直觉来把握。"④一方面是个体性生存及其真实内容的非名言性(不可言说性):"一个生活中的我,作为具体的存在,却总是有难以用语言表达的情况。对于一个个的'我',我自己、亲人、朋友,总要把他看作有血有肉、有自我意识的具体存在,要诉诸体验、诉诸理性的直觉。因为语言总是要进行抽象,要真正把握作为具体存在的个体需用艺术的手法,诉诸形象思维与理性的直觉。"⑤独一无二的个体性生存本身之不能为名言(概念)所表达,但其生存的切己展开,又在其自身的领悟之中。如此领悟,不是一种理智认识,而是一种理性直觉。如此

---

① 海德格尔:《形而上学的基本概念》,第29页。

② 尼采:《权力意志》,第11页。

③ 海德格尔:《形而上学的基本概念》,第197页。

④ 冯契:《人的自由与真善美》,上海:华东师范大学出版社,1996年,第202页。

⑤ 冯契:《人的自由与真善美》,第188页。

理性知觉,不是概念式的确切无疑的知识性把握,而是明悟于自身不可认知预定的未来可能性与深邃性:"知不能规乎其始者。"(《庄子·德充符》)

理智认知不能先行规定的切己生存,其展开就是一个不断的自我改变:"只有那改变自己的人才与我同源。"[1]对于齐物之思而言,也就是不断自行否定:"上面若干文,推倒物论者十居二三,连自己齐物论一并推倒者,十居七八。至末忽现身一譬,乃见己原是绝无我相、一丝不挂人。"[2]如此自身改变与自我否定,是齐之为齐的基本内容之一:"丽之姬,艾封人之子也。晋国之始得之也,涕泣沾襟;及其至于王所,与王同筐床,食刍豢,而后悔其泣也。予恶乎知夫死者不悔其始之蕲生乎!"(《庄子·齐物论》)丽姬之以后续生活经历否定其先行的情绪偏见,这是社会生存的常见情形。但是,丽姬之否定,以流俗之悔的方式表现出来,尚未抵达生存之改变与否定的本真之处,即她并未将生存活动的展开理解为一种间断性,并未理解成一种不断跃入深邃性的生存活动本身。在生存论意义上,庄子以蘧伯玉和孔子贯穿一生的自行否定,将人生理解为不断迈向自由与不断跃入深邃的生存之旅:"蘧伯玉行年六十而六十化[3],未尝不始于是之而卒诎之以非也,未知今之所谓是之非五十九非也。"(《庄子·则阳》)"孔子行年六十而六十化[4],始时所是,卒而非之,未知今之所谓是之非五十九非也。"(《庄子·寓言》)化作为自由而通达的生存活动,以后续生命环节对于前行生命环节的不断否定为其实际的样式,这绽露出生命的深邃性——后续生命环节不断否定前行生命环节的生存活动自身构成一个整体,而否定者与被否定者之间的间断性恰好构成自由而通达的生存活动本身。

就梦-觉关系而言,似乎梦与觉彼此互相否定构成生命存在活动的真实展开。实际上,即如在梦境之中,也有着对自身的不断否定:"梦饮酒者,旦而哭泣;梦哭泣者,旦而田猎。方其梦也,不知其梦也。梦之中又占其梦焉,觉而后知其梦也。且有大觉而后知此其大梦也,而愚者自以为觉,窃窃然知之。君乎,

---

① 海德格尔:《形而上学的基本概念》,第 107 页。

② 宣颖:《南华经解》,广州:广东人民出版社,2008 年,第 24 页。

③ 郭象说:"顺物而畅,物情之变然也。"成玄英说:"能与日俱新,随年变化。"(郭象、成玄英:《南华真经注疏》,第 510 页)

④ 郭象说:"与时俱化也。"成玄英说:"夫运运不停,新新流谢,是以行年流逝而与年俱变者也。"(郭象、成玄英:《南华真经注疏》,第 541 页)

牧乎,固哉!丘也与女,皆梦也;予谓女梦,亦梦也。是其言也,其名为吊诡。万世之后而一遇大圣,知其解者,是旦暮遇之也。"(《庄子·齐物论》)这里有五重梦-觉关系:一是梦中有梦;二是对于梦中之梦的觉;三是将觉作为梦的觉;四是将知的自以为觉视为梦;五是对梦觉浑然难分的吊诡之觉。如此五重梦-觉,内蕴着我-你的主体间关系,并展开在时间性的绵延之中(万世犹旦暮)。

如果将"梦(夢)"视为"寱"之省,根据《说文解字》其意为"寐而觉者"[①]。那么,梦觉关系就是梦中有觉,而觉中有梦,二者就是"寐中之觉"与"寤中之迷"的交织。由此,寤而迷与昧而觉交融的梦-觉一体,其在人之生存活动的展开中,将人生显露为一种吊诡式的实情与深邃——在梦-觉相续相连中,内蕴着"以梦为觉反为梦"与"以觉为梦反为觉"两种对立的领悟,从而觉与梦之间的区别就在生命不断绵延中消融而交织。梦境有梦境的某种梦境之真,比如梦中有乐的笑意与苦的哭意并体现为笑纹和眼泪;觉醒有觉醒的某种觉醒之实,比如觉醒中有醉的乐意与醒的决意并体现为手舞足蹈和攥拳握掌。梦境与觉醒即真与假交织,并非单纯地就是真实在觉醒之中,虚假在梦境之中。所谓觉醒状态常常有其假,当其以意必固我的方式表现出来之际,觉醒就陷入其反面之中。尤其是,当觉醒自以为能克服自身的意必固我等缺陷之时,觉醒之真就在最大的程度上丧失自身而滑入绝对的假。所谓梦寐状态常常有其真,当其能领悟梦之为梦的恍惚性之际,梦就在其梦之为梦的真实性之中。然而,如果不能领悟其恍惚性而自为明晰确定性,梦就丧失其梦之为梦的本质而在其虚假之中。

在生存活动的自我领悟中,吊诡而深刻的是:梦丧失自身而虚假,并不就是觉而真实;觉丧失自身而虚假,也并不就是梦之真实。由此,梦-觉与真-假的晦暗纠缠昭示,自由而深邃的诗意生存,拒斥绝对性的认识与领悟,拒斥那种直接与绝对真理相合一的"无梦大觉"。"无梦大觉"作为绝对性的领悟,导向单向度与逼仄的生命存在。庄子在《齐物论》中对于齐的专题化思考,当他作为思齐之思者将"梦饮酒"作为其思之所思之际,牵引出生存的梦觉之化——个体生存超越了真假是非的囚禁,在其绵延展开中,不断跃入纯粹的深邃,不断沉入奥妙的自由。

---

① 马叙伦:《庄子义证》,杭州:浙江古籍出版社,2019年,第93页。

One's-own-existence and Undifferentiation of Dream-Awake as the Existential Implications of *Qi-Wu-Lun*: An Interpretation of Sections 15 – 16 of *Qi-Wu-Lun* in *Zhuangzi*

Wang Daiqin, Guo Meihua

Abstract: The last two sections of *Qi-Wu-Lun* in *Zhuangzi* show the existential implication of what means Qi as it is: the fable of Wang-Liang-Asked-the-Shadow rejects the general orientation of cognitivism and lets one's own individualistic existence be possible; the fable of Zhuangzhou-Dreamt-of-Butterflies rejects the transcendent orientation of fideism and makes one's own authentic existence possible. Both of them show that the essentials of Qi as it is is that they guide away which have moved towards the possibility of a deep and free existence.

Keywords: One's-Own-Existence, Undifferentiation of Dream — Awake, Profundity, Freedom

262

经验与现象

听觉的超越与超越听觉
——论《庄子》中的听觉经验

王晋卿 *

[摘　要]　作为生存的基本要素，听觉经验塑造着文明的特质。在道家思想中，《庄子》自觉地展开了对听觉经验的讨论，鲜明地以听觉超越视觉，并进一步立足于感通以超越听觉。在何所听的层面，《庄子》通过对以协调应和为特征的"地籁"的描绘，表达了对带有视觉性建制的"人籁"的拒斥，同时，以无声之"天籁"为最终归依的旨趣又展现了对表现为具体声音的"地籁"的超越。在何以听的层面，《庄子》通过对"听之以耳""听之以心""听之以气"三种方法论层次上的"听"的刻画，同样展现了拒斥视觉、扬弃听觉以达至感通的思想进路。《庄子》对听觉经验的讨论以及展现的对听觉的态度为反思现代听觉景观提供了丰富的资源与积极的启示。

[关键词]　庄子；听觉；三籁；听之以气

　　听觉经验在文明塑造中扮演着重要角色。在中国传统思想中，儒家以礼乐

＊　王晋卿（1995—　　），男，河北威县人，华东师范大学哲学系博士研究生，主要研究领域为中国古代哲学。

为根基,礼主要指向视觉,乐主要侧重听觉,不同儒者对礼乐有不同侧重,但大体都强调以礼来规范乐,以乐来调和礼,礼乐配合而化成万物。相比于儒家,道家由于其不同的视听经验而自觉地批判礼乐。《老子》云:"五色令人目盲,五音令人耳聋,五味令人口爽。"(12章)《老子》鲜明地批判"五色""五音""五味"所体现的以分为特征的视觉性。与此同时,《老子》对听觉表现出了一定程度的保留。例如,虽然《老子》认为道"听之不足闻"(35章),但"上士闻道"(41章)等说法表现了对"闻"的重视。再如,《老子》云:"大音希声,大象无形。"(41章)"希"有稀少之义而不能等同于"无",因此,在存在论地位上,作为听觉现象的"音""声"与作为视觉现象的"象""形"有所区别。不过,虽然《老子》对听觉有一定程度的重视,但是听觉问题在《老子》中尚未完全展开。在道家思想中,真正对听觉经验进行系统分析的是《庄子》。今本《庄子》多处涉及听觉问题,而且不少章节是对听觉经验的专题分析。本文将结合《庄子》全书,以《齐物论》"南郭子綦隐几而坐"章、《人间世》"颜回见仲尼请行"章、《天运》"北门成问于黄帝"章为核心,系统探究《庄子》中独特的听觉经验及其背后的思想旨趣。

一、何所听中的声音秩序

在对"吾丧我"的讨论中,《庄子》提出了"人籁""地籁""天籁"三种声音形态,并认为三者在生存论上有高低之别,这一何所听层次上的声音秩序彰显着《庄子》对听觉的基本态度。

"人籁"指比竹之声,即乐声。对乐声,《庄子》一贯地持拒斥态度,《骈拇》云:"多于聪者,乱五声,淫六律……属其性乎五声,虽通如师旷,非吾所谓聪也。"《在宥》云:"说聪邪,是淫于声也。"《天地》云:"失性有五……二曰五声乱耳。"拒斥由"五声""六律"所构成的乐声并不意味着拒斥抒发自然情态的歌声,《山木》云:"孔子穷于陈蔡之间……而歌焱氏之风,有其具而无其数,有其声而无宫角,木声与人声,犁然有当于人心。"孔子困于陈蔡,以歌声表达自己的精神状态,《至乐》同样载庄子"箕踞鼓盆而歌",亦以歌声传达自己的心境。由此可见,《庄子》并不宽泛地拒斥歌声,歌声具有通达人心的功能,所谓"犁然有当于人心"。《庄子》自觉拒斥的是"数"与"宫角",亦即"五声""六律"。在乐声中,声音被音高、音长、音强、音色等要素所规范,整全性的声音遭遇了对象性分化,于是有了现成性的"数"与"宫角",而人为创制的"五声""六律"等现成性的音乐律则以及演奏音乐的器具超出了自然之声的范畴,呈现出"多""淫"的状态,沉浸于此,便会损伤素朴之性。从感官的角度来说,对象性、现成性都超出了听觉的范畴,而属于视觉的特征。就此而言,乐声是被视觉所规范的声音形态,其中包含着视觉性建制,而这正是《庄子》拒斥乐声的要点①。

"地籁"指众窍之声,即风声。揆诸常理,乐声与风声都极易听闻,而且,风声比乐声更为常见,但《庄子》却认为"女闻人籁而未闻地籁",即"地籁"比"人籁"更为难闻。究其质,"地籁"难以听闻不是说难以获得,而是指俗人逗留于礼乐庙堂之上,在沉浸于乐声之际遗忘了日常山林的风声。于是《庄子》试图通过南郭子綦之口唤醒人们对于风声的经验,根据《庄子》的描绘,风声有激、謞、叱等不同形态,但这种差异不同于乐声之中"数"与"宫角"的差异,后者是人为创制的视觉性建制,前者是在对风声的直接聆听中所感知到的自然差异。

在风声中,声音不仅展现出差异,而且也展示出非人为的应和与协调,其有两个层次。其一是大地众窍对流动之风的应和,地窍如鼻、口、耳等各有不同,不同之窍在同一风的流动中,发出不同的应和之声,故而有激、謞、叱诸形态之别。此外,风声有小大之别,相应地,地窍应和之声也有所不同,所谓"泠风则小和,飘风则大和"。其二是众窍所发声音之间的应和,所谓"前者唱于而随者唱喁",王敔云:"唱于,相引也;唱喁,相应也。"②对于这种相互应和的风声,《庄子》以"而独不见之调调、之刁刁乎"加以刻画。"刁刁"或作"刀刀",其与"调调"大多被理解为草木摇动之貌,这种解释应是受"见"字影响,认为"调调""刁刁"所描述的是视觉景象,但这里的"之"字很明显指代上文的风声,因此"调调""刁刁"仍应指声音的状态。"见"字义同于"知",《老子》第 47 章"见天道",帛书本便作"知天道"。"调"应取其调和、协调之本义,"刁"应为"匀"之坏字,朱桂曜云:"刀、刁盖皆匀之坏字。《一切经音义》引《说文》'匀,调匀也'。"③由此,"调调""刁刁"意近,指相互应和的风声处于协调、和谐的状态。

① 《养生主》载庖丁解牛之时"莫不中音",彰显的是听觉随着对视觉的拒斥而出场,而非对乐声本身的赞赏,参见贡华南:《道家的视觉抑制与中国思想史取向》,《南京大学学报(哲学·人文科学·社会科学)》,2022 年第 4 期。
② 王夫之:《庄子解》,《船山全书》第十三册,长沙:岳麓书社,1988 年,第 95 页。
③ 朱桂曜:《庄子内篇证补》,上海:商务印书馆,1935 年,第 44 页。

春秋战国之时，不少思想家认为圣王基于风声而创制音乐①。结合这一思潮，《齐物论》从"人籁"向"地籁"的转进是在向奠基者追问，该转进如同一次减法，减去了乐声之中人为创制的视觉性要素，从而呈现出声音的本然的形态，亦即风声。从感官角度来看，风声所体现的交互应和属于听觉范畴，听觉的功能在于通过声音的中介消弭对象性的距离，以倾听的方式理解他人、他物，并以应和的方式来传达自己的心意，实现交互领会。在《庄子》所刻画的何所听的声音秩序中，"地籁"高于"人籁"，这一生存论上的高低之别彰显的是以听觉性的在世方式来超越视觉性的在世方式，以交互应和来超越对象性的视觉建制，简言之，即以听觉来超越视觉。

不过，《庄子》并没有停留于"地籁"，"天籁"才是终极意义上的何所听。钟泰云："首云'是唯无作'，终云'众窍为虚'，皆极有关系所在。而读者往往忽之，所以疑子綦始终未谈及天籁也，不知地籁有作止，而天籁无作止，能于无作无止处着眼，天籁固不在地籁外，亦且不在人籁外也。"②如同"地籁"为"人籁"奠基一般，作为更根本的"天籁"理应为"地籁"奠基，因此，对"天籁"的领会仍要回到"地籁"上来，尤其要关注"地籁"之何所来与何所归。诚如钟泰所说，"是唯无作，作则万窍怒号""厉风济则众窍为虚"是理解"天籁"的关键文字，"地籁"由无声处而起，又终归于无声。同时，在"地籁"展现自身之时，无声并没有退场，它以不触目的方式在场，正因为无声的在场，"地籁"方能展现为协调的应和，而非一阵喧嚣。同理，"人籁"也是由无声处起而归于无声，并在无声之中展现着自身的音律。因此，这个能"无作无止"，并使得"地籁""人籁"成为可能的"天籁"应被理解为无声。

从风声向无声的转进也是向奠基者探寻，同样是一次减法，这次减去的是一切具体可闻的声音，目的在于实现对自然静默的领会。对"天籁"的推崇是对声音的超越，亦即对听觉的超越。《庄子》所推崇的在静默中实现的交互领会的共在，不需要通过倾听的方式来消弭距离，不需要作为中介的声音，唯有如此，才能达至"丧我"之"吾"的生存境界。根据学者的研究，"我"所代表的是不平等

---

① 参见王小盾:《上古中国人的用耳之道——兼论若干音乐学概念和哲学概念的起源》,《中国社会科学》,
2017 年第 4 期。

② 钟泰:《庄子发微》,上海:上海古籍出版社,2002 年,第 30 页。

的对待性生存，"吾"所体现的是与他者"自由相遇、平等转化与浑然一体"的状态①，后者正是超越视觉、听觉之后所具有的感通式的存在样态。《在宥》云："至道之精，窈窈冥冥；至道之极，昏昏默默。无视无听，抱神以静，形将自正。"《知北游》云："夫体道者，天下之君子所系焉。……视之无形，听之无声，于人之论者，谓之冥冥，所以论道，而非道也。""丧我"之"吾"就是"抱神""体道"式的存在者，由于大道具有无形、无声的特质，因此视觉性、听觉性的方式都不能达道，唯有通过"抱""体"等感通性的方式才能领会至道，与道同在。

二、何以听的三个层次

何所听总与何以听相关联，《庄子》进而在方法论上刻画了不同层次的听觉经验以及诸层次间的关联，《人间世》云："若一志，无听之以耳而听之以心，无听之以心而听之以气。听止于耳，心止于符。气也者，虚而待物者也。唯道集虚。虚者，心斋也。"

"听之以耳"的特征是"听止于耳"，即"听"被"耳"所规范，在《庄子》中，"耳"以"聪"为特征，"聪"有两种类型，《骈拇》云："属其性乎五声，虽通如师旷，非吾所谓聪也。……吾所谓聪者，非谓其闻彼也，自闻而已矣。"第一种"聪"以师旷为代表，表现为精通乐声、善辨音律，究其本质，这种善于"闻彼"的"聪"乃是被视觉规范的"聪"，在《庄子》看来实为"不聪"，所谓"五声乱耳，使耳不聪"（《天地》）。第二种"聪"是超越了视觉性的善于"自闻"的"聪"，"自闻"意味着从对外在声音的察察分辨中回归自身，从而倾听自身。要注意，"自闻"并不意味着将心灵之声对象化，而是拒斥以对象化的方式来倾听，正因为这种非对象化的倾听方式，耳才不会向外追逐。不过，还应该注意的是，这里的"自闻"之"聪"不能简单等同于下文"听之以心""听之以气"，后者所表达的意涵比"自闻"更为丰富。《人间世》强调"无听之以耳"，这里的"耳"亦是《大宗师》"遗其耳目"之"耳"，所反对的是"闻彼"的视觉性的"聪"，所拒斥的是倾听之中的视觉性建制，在这个意义上，《庄子》对"听之以耳"的拒斥正与对"人籁"的拒斥一致。

"听之以心"居于"听之以耳"与"听之以气"之间，这与"地籁"的居间性相

---

① 孟琢：《〈庄子〉"吾丧我"思想新诠——以汉语词源学为方法》，《中国哲学史》，2020 年第 5 期。

同,在义理上,何以听层面的"听之以心"与何所听层面的"地籁"也可相互发明。"地籁"以应和为特征,"心止于符"的"符"亦是指倾听者与所听者之间的相应、相和。从超越"听之以耳"的角度讲,"听之以心"不再是单向接受式的倾听,也不再是对象性地察辩式的倾听,它拒斥了"听之以耳"中的视觉性,回到了以倾听、应和为特征的听觉,从而成为交互领会式的倾听。因此,以心听能实现与所听者的相符合,亦即产生心灵上的应和。王敔云:"符,合也,不与物相隔。"①概而言之,"无听之以耳而听之以心"所表达的是以交互领会、相互应和的倾听来超越日常听闻中的视觉性,其目的在于达到应和双方的相符。但另一方面,虽然"听之以心"能消除自我与他者的距离,使得"不与物相隔",但此时不仅声音成了消除距离的不可或缺的中介,而且仅仅以心听仍然预设着存在之初自我与他者的对立。林希逸云:"听以心,则外物必有与我相符合者,便是物我对立也。"②这一与王敔相反的解释实则是注意到了"听之以心"的不彻底性,就"心斋"主旨来讲,"听之以心"必然要被最终扬弃,这就意味着要在存在论的根源处消除自我与他者的距离,并且取消声音这一消弭距离的中介。

"听之以气"是《人间世》提出的最高层次的何以听。在《庄子》中,气是构成万物的质料,《至乐》云:"杂乎芒芴之间,变而有气,气变而有形,形变而有生。"《知北游》云:"人之生,气之聚也,聚则为生,散则为死。"又云:"通天下一气耳。"万物都由气构成,故而万物之间可以相互感知、通达。气具有使万物相通的功能,因此,作为质料的气并不具有惰性,反而带有灵性、神性,《田子方》云:"夫至人者,上窥青天,下潜黄泉,挥斥八极,神气不变。""神气"即气之中所包含的精神。《大宗师》云:"彼方且与造物者为人,而游乎天地之一气。"正是气这种灵性的质料保证了人与万物能够无间隙地相通、相游。在《人间世》的语境中,"听之以气"的"气"应具体理解为带有灵性的身体,"听"不再是听觉意义上的听,而是指感知、感通③,"听之以气"即以带有灵性的身体感知万物。因此,"听之以气"不仅超越了"听之以耳"所具有的对象性倾听的视觉性,而且超越了"听之以心"层次上的凭借声音实现沟通的应和式的倾听,"听之以气"的本质是依据身体实

---

① 王夫之:《庄子解》,《船山全书》第十三册,第 132 页。

② 林希逸:《庄子鬳斋口义校注》,周启成校注,北京:中华书局,1997 年,第 63 页。

③ 傅修延曾指出:"汉语中的听,或者说中国文化中的听,在很多情况下并非只与耳朵有关,而是诉诸人体所有感官的全身心感应。"参见傅修延:《物感与"万物自生听"》,《中国社会科学》,2020 年第 6 期。

现与他人、他物相互感通。

在"听之以气"的相感相应中，自我与他者的距离在存在论根源处被取消了，从而能回归于源初意义上无距离的相感共在之一体中，所谓"旁礴万物以为一"(《逍遥游》)"乃入于寥天一"(《大宗师》)。《人间世》借颜回之口描述这种状态："回之未始得使，实自回也；得使之也，未始有回也。"王叔岷说："使与事通……自、有互文，自犹有也。'自回'犹'有回'。此谓回未始从事于心斋之时，实有回，即有我也。从事于心斋之后，未始有回，即忘我也。"[①]这里的"忘我"同于《齐物论》的"吾丧我"，皆指超越视觉与听觉之后的以相感共在为特征的生存样态。进而言之，在相感共在中，声音的中介作用也被取消了。《大宗师》"子祀"章云："四人相视而笑，莫逆于心，遂相与为友。"同篇"子桑户"章云："三人相视而笑，莫逆于心，遂相与为友。……二人相视而笑，曰：'是恶知礼意！'"在《庄子》中，朋友是人与人相感共在的最佳体现，朋友之间的交流不需要声音的中介，一个眼神、一个动作足以传达心意。《田子方》更明确指出"目击而道存矣，亦不可以容声矣"，宣颖云："目触之而已，知道在其身，何处复着言语。"[②]唯有与他者相感相通，才可以目击道存。在相感共在的状态中，声音、言语均被消解掉了。

三、声音与政教

《天运》"北门成问于黄帝"章是《庄子》讨论听觉经验的又一重要章节，此章不仅再次彰显了以听觉超越视觉并最终超越听觉回归感通的主旨，而且将声音问题与政教问题相联系，深化了对听觉经验的讨论。根据《天运》的叙述，北门成听闻了黄帝所演奏的音乐，"始闻之惧，复闻之怠，卒闻之而惑，荡荡默默，乃不自得"，于是黄帝解释了这一现象，其云：

> 吾奏之以人，征之以天，行之以礼义，建之以太清[③]。四时迭起，

---

① 王叔岷：《庄子校诠》，北京：中华书局，2007年，第132—133页。

② 宣颖：《南华经解》，曹础基校点，广州：广东人民出版社，2008年，第143页。

③ 覆宋本、合璧本此下有"夫至乐者，先应之以人事，顺之以天理，行之以五德，应之以自然，然后调理四时，太和万物"数句，应是成疏混入，参见王叔岷：《庄子校诠》，第512页。

万物循生。一盛一衰，文武伦经，一清一浊，阴阳调和，流光其声。蛰虫始作，吾惊之以雷霆。其卒无尾，其始无首，一死一生，一偾一起，所常无穷，而一不可待。汝故惧也。

　　吾又奏之以阴阳之和，烛之以日月之明。其声能短能长，能柔能刚；变化齐一，不主故常；在谷满谷，在阬满阬，涂郤守神，以物为量。其声挥绰，其名高明。是故鬼神守其幽，日月星辰行其纪。吾止之于有穷，流之于无止。子欲虑之而不能知也，望之而不能见也，逐之而不能及也。傥然立于四虚之道，倚于槁梧而吟。目知穷乎所欲见，力屈乎所欲逐，吾既不及已夫！形充空虚，乃至委蛇。汝委蛇，故怠。

　　吾又奏之以无怠之声，调之以自然之命。故若混逐丛生，林乐而无形；布挥而不曳，幽昏而无声。动于无方，居于窈冥；或谓之死，或谓之生；或谓之实，或谓之荣；行流散徙，不主常声。世疑之，稽于圣人。圣也者，达于情而遂于命也。天机不张而五官皆备，此之谓天乐，无言而心说。故有焱氏为之颂曰："听之不闻其声，视之不见其形，充满天地，苞裹六极。"汝欲听之而无接焉，而故惑也。

黄帝分别以"流光""高明""幽昏"来形容三个阶段的声音形态，这三个词都是视觉词，但从"流光"向"幽昏"的转进是对视觉性的渐次超越。

　　"流光"即流动的光芒，其功能是无所遗失地普照天地万物，使万物在光亮中被看见，即在视觉的意义上被呈现出来。这一阶段的声音"奏之以人，征之以天"，这意味着此时的声音虽然对天道有所依托，却根基于人事而演奏，即"流光"之声显现出较强的人为创制的色彩，其以确定的律则、度数展现自身，呈现出盛衰相次、清浊相间的特征。这种表现为"一盛一衰""一清一浊"的"流光"之声与含有视觉性建制的"人籁"内在地相一致。

　　"高明"不同于"流光"，从思想史背景来看，"光"与"明"有别，《国语·晋语三》云："光，明之曜也。"《老子》亦云："用其光，复归其明。"(52章)《天运》以"流光"和"高明"来刻画两个演奏阶段的差异，可见对"光"与"明"的自觉区分。大体来说，相比于"光"的外在性、视觉性，"明"更多指内在精神状态并表现出非视觉性特征。在此章的语境中，第二阶段的声音失去了以往的常则，没有固定的长短、刚柔，始终处于变化之中，并在变化中表现为协调。这种表现为"齐一"的声音与"地籁"相一致,而"在谷满谷,在阬满阬"之"谷""阬"更与《齐物论》之众窍直接呼应,表现出了两者的内在相关。此时的声音超越了"流光"之声的视觉性,因此黄帝强调"望之而不能见也""目知穷乎所欲见",即视觉性的方式无法领会这种超越视觉的声音。面对"高明"之声,要采取听与应的方式,即聆听、应和其自然的存在样态,所谓"傥然立于四虚之道,倚于槁梧而吟",这里的"吟"乃是听者对所听之声的自然应和。

"幽昏"既不同于"流光"也不同于"高明",是对两者的共同超越。"幽昏"之声即是寂静,所谓"幽昏而无声",这种声音状态被黄帝称为"天乐"亦即"天籁",由此更可佐证"天籁"实为无声。不过,在这一章中,黄帝同时强调了"天乐"具有"无形""无声"两个特征,"无形"表明"天乐"中不再有"数""宫角"式的视觉性建制,"无声"表明"天乐"超越了一切具体的声音,表现为一种纯然的静默。这种"无形""无声"的静默潜藏着一切声音的可能,所谓"若混逐丛生",即所有的声音形态都潜藏于寂静之中。"林乐"一词同样意指于此,《广雅》云:"林,聚也。"① 这是说"无形""无声"的寂静之中,聚集着一切声音,正因为"无声"之"无",亦即所谓"行流散徙,不主常声",所以一切具体之"有"即各种具体的声音都能潜藏其中,亦即"充满天地,苞裹六极"。由于"天乐"不再是任何一种具体的声音,所以无法以倾听的方式通达,黄帝明确指出"听之不闻其声,视之不见其形",正因为在第三阶段演奏中已经无声可闻,所以当北门成意图去听的时候,只能感到"疑"与"惑"。

在上述北门成与黄帝的问答中,《庄子》进一步将声音问题与政教问题联系了起来。在第一阶段,黄帝"奏之以人"并"行之以礼义",这表明此时的音乐依据礼义而展开,彰显的是政治、教化领域的礼义之维。礼义尤其是礼以形式来规范人事,从感官的角度来看,这是视觉在政教领域的体现。进而言之,"流光"之声就是政教系统中内含着视觉性建制的乐声。"蛰虫始作,吾惊之以雷霆"则进而传达了音乐的教化功能。古人认为万物的运作与自然声音相匹配,如《吕氏春秋》载"开春始雷则蛰虫动矣",就万物自在状态而言,雷声作而蛰虫动,但在黄帝的叙述中,圣王在"蛰虫始作"之际奏之以雷霆之声,代天施教以配合万物的运作,鲜明地表现了乐声的教化功能。这种具有教化功能的乐声使普通民

---

① 参见王叔岷:《庄子校诠》,第 517 页。

众惊惧,在惊惧之中,听者服从于教化者的意志。

"高明"之声拒斥了"流光"之声的礼义之维,拒斥以形式化、视觉化的方式来规范人事,主张人的行动依其自然而展开,"涂郤守神,以物为量"即意味着不再试图通过声音来改变万物,而是让万物在相互应和中各守其身,如其所是地展开,正所谓"鬼神守其幽,日月星辰行其纪"。在"高明"之声中,万物各依其素朴之性展开,此时的声音不再使人感到政教之中的惊惧、戒慎,而是拒斥礼义对人的充塞,使万物从政教的惧慎中松懈下来,从而回到"空虚""委蛇"即从容、宽裕之境。

相较于第一阶段所展现的以礼为表现形式的规范性的视觉秩序,第二阶段展现出了一种相互应和而非单向干预的听任万物自然生长的听觉秩序。听觉秩序是《庄子》在拒斥视觉秩序的基础上对万物存在状态的构想,其以确定一种世间秩序为出发点,具有建构的意义。相对而言,第三阶段表现为"无形""无声"的"天乐"在政教层面更多展现出解构的意义。"天乐"的解构性表现为其给世人带来了疑惑,疑惑是解构一切既定秩序的起点,也是探入根基性问题进而闻道的起点,《大宗师》记载女偊闻道之序,最终说"闻之疑始","疑始"即由疑惑所打开的起始。"天乐"所带来的疑惑使得世人从对外在万物秩序的思考转向对内在个体性情与命运的思考,因此,第三阶段不再关注蛰虫的生长、日月星辰的运行,其所关注的是世人的存在以及圣人的在世方式。《庄子》最终所描绘的圣人"达于情""遂于命",这种"天机不张"的在世方式着眼于个体式的存在,其中潜藏着对一切世间政教秩序的解构。

四、结语

在何所听与何以听两个层次上,《庄子》都表现出了对听觉的基本态度:以听觉超越视觉,并以感通超越听觉。这一态度对反思现代社会的听觉景观甚有助益。现代社会对听觉的态度几乎与《庄子》完全相反。就"人籁"而言,编码是现代音乐的本质性要素,借助于新媒介,被编码的音乐得到无限的复制与传播,无差别的同质化成为了现代音乐的显著表现形式。就"地籁"而言,被平整的大地早已不再含有众窍,风声成为噪声,并被努力地驱逐出人类的生存环境。就"天籁"而言,人类忙于制造各种声音,并借助各种喇叭无限制地扩大自己的声音,片刻的寂静都成为了奢望。就何以听而言,不仅"听之以心""听之以气"杳然难寻,而且"听之以耳"中的视觉性建制被极度地扩展了,借助于技术,越来越多的人都在趋向《庄子》所批评的"聪者"。究其质,现代社会的听觉高度视觉化了,同时,视觉又以科学的名义拒斥着各种感知要素。正由于我们身处这种听觉景观中,《庄子》中的听觉经验以及对听觉的态度为现代人重新理解听觉提供了一条独特的思想进路。对我们而言,重新审视听觉之中的视觉性建制,守护以消弭距离、交互倾听、协调应和为特征的听觉经验,并通过听觉向相感相应的共在生存回归,显得格外重要与紧迫。

The Transcendence of Listening and Transcending Listening: Auditory Experience in the *Zhuangzi*

Wang Jinqing

Abstract: As an essential element of survival, auditory experience shapes the character of civilization. In Daoist thought, the *Zhuangzi* consciously discusses auditory experience, including clearly transcending vision with listening, and further transcending listening with empathy. In terms of what is heard, *Zhuangzi* surpasses "pipes of humans" (*ren lai* 人籁) with "pipes of the earth" (*di lai* 地籁). The former is characterized by coordination and response, while the latter has visual structures. At the same time, *Zhuangzi* surpasses "pipes of the earth" with "pipes of heaven" (*tian lai* 天籁), which reflects on the sound of natural silence. On the methodological level of how to listen, through the depiction of "listening with the ears" (*ting zhi yi er* 听之以耳), "listening with the heart" (*ting zhi yi xin* 听之以心) and "listening with Qi" (*ting zhi yi qi* 听之以气), *Zhuangzi* also shows the ideological path of rejecting vision and sublating hearing and finally returning to empathy. The discussion of auditory experience in the *Zhuangzi* and its attitude towards hearing provide abundant resources and positive enlightenment for reflecting on the current auditory landscape.

Keywords: *Zhuangzi*, hearing, three sounds, listening with Qi

存在论差异还是存在论同一
——论海德格尔与罗姆巴赫对《老子·十一章》的不同解读

蒋周伟 *

[摘　要]　海德格尔(Martin Heidegger)与罗姆巴赫(Heinrich Rombach)都对《老子·十一章》做了解读。"存在论差异"是海德格尔读入老子的欧洲视角。虽然他以发生性的存在解"道"甚契合老子,但其中存在与存在者之间的不平等与道物之间、有无之间非主宰且玄同的和谐关系相悖。罗姆巴赫的"存在论同一"则致力于消解存在论中的不平等。在"存在论同一"的道论中,"道"或"无"不再是优先于个别的"物"或"有"的整全性存在,而是内在于个别的整全性发生。其中,生养万物的"道"与"自己而然"的万物内在地相即,作为内在的绝对同一的无与"各得其所"的独一之有内在地相即。从"存在论同一"出发,《老子》的"玄同"可以表达为:道生而不有(物),而物有道,如此的"道生"即"物化"(物有道)的关系亦可言之为"道有道"。

[关键词]　存在论差异;存在论同一;道物;有无

* 蒋周伟(1995—),男,江苏南通人,华东师范大学哲学系博士研究生,主要研究领域为中西比较哲学。

一、从海德格尔到罗姆巴赫

马丁·海德格尔对老子的主动靠近似乎呈现出两者之间一种"心有灵犀"的通达。[①] 但海氏对老子的解读带有某种独断性和强制性。海氏对老子诠释的独断视角和边界是海氏思想中的返乡情切。海氏关注老子是以迂回的方式发现和转化西方。

"返回步伐"把海氏带向作为"西方的命运"且有待思的东西是"存在论差异"(die ontologische Differenz)。海氏说:"存在与存在者之差异乃是一个区域,在此区域范围内,形而上学,即西方思想,能够在其本质之整体中成为其所是。"[②]他在1943年的《诗人的独特性》一文中就写道:"老子在他的《道德经》的第十一章格言中提到了在这个区分之中的存在。"[③]海氏在《诗人的独特性》之中也给出颇具海氏韵味的《老子·十一章》的德译和解读。援海入老的东方学者一般忽视了存在论差异的西方色彩,而将其作为解释道家思想的起点。

海因里希·罗姆巴赫可以帮助我们看到海氏如何从存在论差异出发强制照亮老子,进而探赜海氏与老子的隐微差异。作为受业于海氏的第三代现象学家,罗氏沿着海氏的道路,提出结构现象学,将现象学拓展和深化为"一门无等级的形而上学",并以更加自由的姿态朝向人与自然共创的起源处。而且,罗氏比海氏对跨文化更加自觉。如罗氏的中文译介者王俊认为:"如果说海德格尔(尤其是后期)的存在现象学为现象学的东方化提供了一个入口的契机,那么罗姆巴赫的结构现象学则将这个入口往深处延伸并最终指向了目的地……(他)直接切中东亚传统整体上的思想本质——对于东亚文化世界整体的'重演'。"[④]罗氏对海氏批判的中心之一,即存在论差异。他以"存在论同一"置换海氏在存在论上给出的基本规定。他还认为同一性存在论的基本特征包含在欧洲之外的伟大文化传统中。[⑤]

① 张祥龙:《海德格尔思想与中国天道:终极视域的开启与交融》(修订版),北京:生活·读书·新知三联书店,2012年,第2页。

② 海德格尔:《同一与差异》,孙周兴、陈小文、余明锋译,北京:商务印书馆,2014年,第202页。

③ Martin Heidegger, *Zu Hölderlin: Griechenlandreisen*, Frankfurt: Vittorio Klostermann, 2000, S.43.

④ 王俊:《重建世界形而上学:从胡塞尔到罗姆巴赫》,杭州:浙江大学出版社,2015年,第90—91页。

⑤ 海因里希·罗姆巴赫:《作为生活结构的世界——结构存在论的问题与解答》,王俊译,上海:上海书店出版社,2009年,第174—175页。

在《结构存在论》一书中，从存在论同一出发，罗氏也对《老子·十一章》进行相应的解读，其中所给出的翻译和解读也渗入了罗氏的哲学风格。《老子·十一章》在两位现象学家那里呈现出截然对立的存在论品格。通过罗氏的存在论同一，可以为我们提供一条有效的通道，平等地与海氏对话，厘清海氏与老子之间更深层的差异，也为我们在新的境域中"重演"老子提供契机。

二、道与物的存在论地位

海氏和罗氏对《老子·十一章》乃至道家思想的理解的差异主要是经过现象学修正后存在论内部的差异，其表现为存在与存在者之间关系如何的问题。这转换为道家的语境即是道物关系的问题。它呈现为存在是高于、多于、先于存在者，还是存在与存在者处于同一性的相即之中。前者表现为存在论差异，后者表现为存在论同一。

存在论同一指向一门无等级的形而上学，诸存在者各得其性是核心取向。它拒斥任何优先之物，如先验性、内在确定的本质之物、高级概念、绝对规则等等。这些优先之物提供了一种阿波罗学的可能，即诸物被强行安置入由至高的强光作为中心的现成等级之内。[1] 优先者作为普遍的、外在的、客观的标准，提供了可比较和度量的向度。现成的绝对正确性也是海氏首要克服的对象。这与道家思想相一致，如拒绝"恃""大伪"的仁义，主张"不尚贤"等。

海氏对现成秩序的拒绝并不意味无等级的形而上学。罗氏认为，前期海氏找到的是在"此在"中的"在世之在"，而非"在世之在"之中的"此在"，其中"此在"成了一切存在者的先验性基础。[2] 由此，海氏陷入一种此在中心主义。这是单一存在论视域的排他性外溢，它是具有衰败意义的极权化。后期海氏哲学中的存在"不再是为了自在的'实际状态的'存在者的（空洞）'视域'，而是一种完满的'丰富变化'般的基本真理的纯粹生成"，但罗氏认为他又面临着一种客观主义的诘难，即存在本身作为预先给予之物通过以从高处"遣送"（schicken）

---

① H. ロムバッハ：『世界と反世界——ヘルメス智の哲学』，大橋良介、谷村义一尺，リブロポート，1987，第138页。

② Heinrich Rombach, *Phänomenologie des gegenwärtigen Bewußtseins*, Freiburg/München: Karl Alber, 1980, SS. 109 - 112.

为隐喻的方式被理解，而且作为"疏朗处"（Lichtung）的存在之真理总是以某种方式优先照亮存在者，而后使其显现。[1] 在海氏的各个阶段之中，优先之物虽有所不同，但都可归于存在论差异中的存在之名下。存在在海氏哲学里总优先于、多于、高于存在者。

  海氏对《老子·十一章》的解读主要立足于他转向之后。"当其无有其用"被译为"它们之间的空允诺（gewähren）了 x 的存在"。其中，允诺无疑是关键概念。允诺与存在论差异有着密切关联："只有当存在者着眼于其存在而被称呼之际，'它是'（es ist）和'是'（ist）才被允诺给存在者。"[2]海氏诠解《老子·十一章》，还使用了一些与允诺相关的重要概念，如"命运"（Geschick）、"遣送"及"遗赠"（Vermächtnis）。这些概念透露出存在作为一种客观主义的预先给予之物。在遣送的隐喻之下，海氏所谓的道路不仅仅是"开辟道路"，更指向了一种"给……指点道路"。[3] 存在者皆从命运的遣送中被允诺其"本质"。故而自然就成为自命运而然，而非自己而然。此命运具有主宰韵味，它与老子的"万物归焉而不为主"相悖。

  存在论的客观主义与万物自化、正、朴而各得其所的独一性也相距甚远。王弼《老子注》："天地任自然，无为无造，万物自相治理……无为于万物而万物各适其用。"[4]即使有所功成皆是"顺物性""因物之用"。反观海氏所谓存在层面的非"可用性"之"用"，它作为存在本身的现身方式，它是**发送着**的（zuschickende）**接合**"，它在一种接合着、保持着的聚集之中"把在场者交到它的在场中""给予在场者以其逗留的份额"。[5] 此用是先在于诸物的存在境域，诸物在这种预先给予的用中才能成诸物之用，而非辅自然、因顺诸物的自我生成过程。

  罗氏认为："存在之历史对我们来说，并不是从存在出发而发生，并不是从一种'有……'（Es gibt）出发而作为完全不可理解的'秉性'（Gabe）以及不可追问的'命运'（Geschick）而发生，而是在存在者之中并且通过存在者而发生。"[6]

---

[1] Rombach, *Phänomenologie des gegenwärtigen Bewußtseins*, SS. 159 – 167.

[2] 海德格尔：《同一与差异》，第 117 页。

[3] 海德格尔：《演讲与论文集》，孙周兴译，北京：生活·读书·新知三联书店，2005 年，第 23—24 页。

[4] 楼宇烈：《老子道德经注校释》，北京：中华书局，2008 年，第 13 页。

[5] 海德格尔：《林中路》，孙周兴译，北京：商务印书馆，2016 年，第 420—421 页。

[6] 罗姆巴赫：《作为生活结构的世界》，第 138 页。

罗氏对《老子·十一章》诠解中说道,酒杯聚合出酒文化世界,酒文化世界"各自属我"地内在于酒杯之中。酒的世界和酒杯的同一是在彻底的存在论中抵达。道生、长、育、亭、毒之的过程,同时即万物自生、济、长的过程。整体之道与个别之物的协调一致出于道与物源初同一。

道并非作为一种绝对的超越视域,以至于让万物内在于其中,而是作为"各自属我"(其)的起源内立于诸物。同时万物都有"各自属我"的存在论视域、有其世界、有其道,方如此才有万物的自己而然。整体内立于部分的存在论形态还可见于《老子》对"有道"的讨论。《老子》中道生之,但道"生而不有"。道不占有物也不主宰物,而是把自性的所有权放归给诸物自身,顺自性、尽自性、圆满地自我生成的物亦可称之为"有道者"。"自化"之物"有道"就是整体内立于个别。物形之而有道的过程即是道生物的过程,此亦罗氏所谓的存在论同一。

三、道物之间的有无问题

存在与存在者、整体与部分之间如何关联的支配性机制在海氏哲学之中主要依靠"无化""不化"来展现。"无是对存在者的不,因而是从存在者方面被经验的存在。存在学差异则是存在者与存在之间的不。"[1]无关联起了存在与存在者。无在存在论中如何被思考,决定了海氏是否贯彻存在论差异。这个问题也适用于罗氏。

海氏以"非-存在者"(Nicht-Seiende)对译"无之以为用"之中的无。无是存在对存在者的否定。无"作为对脱落着的存在者整体的有所拒绝的指引,它把这个存在者整体从其完全的、迄今一直遮蔽着的奇异状态(Befremdlichkrit)中启示出来"。[2] 存在是在对存在者的否定中昭示自身。存在论差异构成了存在之显现的必要条件。存在"作为具有不之性质者而本现之际,存有同时使他者性(Andersheit)成为可能又强求这种他者性"。[3] 存在显示自身为拒绝给予的它者。但"拒予乃是一种最高贵的赠予和自行遮蔽的基本特征,这种自行遮蔽

---

① 海德格尔:《路标》,孙周兴译,北京:商务印书馆,2014 年,第 144 页。

② 海德格尔:《路标》,第 133 页。

③ 海德格尔:《哲学论稿》,孙周兴译,北京:商务印书馆,2016 年,第 317 页。

的敞开状态构成存有之真理的原始本质现身。"①无也拥有使存在者之为存在者的敞开状态的可能性。因此,海氏才会对另一条箴言格外关注,即"知其白、守其黑"。

拒予之无与伊曼纽尔·列维纳斯(Emmanuel Levinas)所谓的无限他者如出一辙,即在他者面容中昭示的无穷的不在场性。面容中瞳孔的黑点即是这种哲学的具体境象(Bild)。罗氏批评这种哲学只是在眼睛之上而看,而非内在于眼睛而看。瞳孔作为功能微点就是绝对之物的展现。绝对之物在意义整体内在给予的欣喜之中昭示自身,而绝对的不在场性只是显示为沮丧之类否定性情调,这在海氏哲学中则显示为畏惧、无聊、惊恐、痛苦等等。② 否定情调及其所适配的存在论已触及存在论同一的边缘,只不过个体是在自身抽离中体验到同一的整体。以陌生化方式呈出的无化活动经一种回程道路才抵达存在论同一。存在(Sein)在不"存在"(ist)中彰显同一的整体之后,还需要在一种更彻底的二阶否定中让整体内立于个体之中,此即达乎"存在是存在"(Sein ist Sein)的同一。同一整体内立于个体之中成为独一整体。

罗氏的无不只是功能化的促使发生,而是最内的绝对同一。"无显现着,并显现为丰盈和生活,它直接出现在每个人之中;我们认识到我们所有都作为同一个,彼此之间的区别只是外部的、偶然的;尽管它在任何地方都是'相同的',但它也给予了每个人以自性、真如(Soheit)和独特性。"③无跳脱在场与不在场的区分,而只是各个存在者自身的那种具体行为、生活和现实性。④ 作为绝对之物的无不再是它者或者与它者并列,高于或低于某物的东西,而是作为独一又同一的"非它"(das Nicht-andere),它让诸存在者都按照各自类型地显现为属己的独一世界。

无处不在的无与万有各自足其性的同一是彻底的有无玄同。玄同意味着"无"既是最广大的整体同一,又是归属于万有的各自独一。此种有无玄同也见于诸多《老子》的注家,如释德清注:"全虚无之道体,既全成了有名之万物,是则

---

① 海德格尔:《哲学论稿》,第482页。

② 罗姆巴赫:《作为生活结构的世界》,第37—43页。

③ Heinrich Rombach, *Drachenkampf: der philosophische Hintergrund der Blutigen Bürgerkriege*, Freiburg: Rombach, 1996, S.53.

④ 罗姆巴赫:《作为生活结构的世界》,第146页。

物物皆道之全体所在,正谓一物一太极,是则只在日用目前,事事物物上就要见道之实际,所遇无往而非道之所在。"①又如马一浮对"混成"的注解也可见此"玄同",即"有实非有,生亦非生,然非无物,故日混成。一入一切,一切入一,故言混;一切不坏一,一不坏一切,故言成"。②

从海氏哲学之中也可看到一种有无相隶属的有无玄同。通过莱茵哈德·梅依(Reinhard May)的文献整理工作,我们看到在海氏哲学之中也有大量有无同一的表述。③ 有无同一在此只是一种在区分之中的相互隶属。有无只是在可关联意味上的同一。即便存在一种共属一体的有无相生,但是有无在互为对待甚至对立的共属一体中只能各自是一种整体中的部分,而取消了整体的不可区分性,不能在彻底意义上满足有无玄同的"同出而异名"。

关联共属依靠存在论区分,其中存在与存在者常处于争执(Streit)中。争执经常被表述为澄明与遮蔽之间的对抗、世界与大地之间的对抗。海氏认为只有争执才能让存在者从其失落状态开设入存在之中。这种争执是海氏对赫拉克利特(Heraclitus)所说的"战争(polemos)是万物之父、万物之王"的"重演"。"Polemos 是一种**先于**一切神与人而起**主宰作用**的抗争⋯⋯这样的斗争不仅让在者出现,而且惟独这样的斗争也把在者保持于其常住中。凡此斗争中断之处,在者并不消失,但世界转身而去。"④此争执在政治领域会变为哲学家与民众之间的斗争。⑤ 而且存在论的不平等是海氏把不平等作为纲领的核心表现,这种不平等一定程度上也影响了他的政治抉择。⑥ 即便在战后他大讲泰然任之的和谐,这更多的是在一种抗争性的英雄主义悲剧之后,不得已对政治的放弃,但不平等仍得到了一以贯之,活跃于他对存在之命运的期待中。

争执也是一种破坏性的创造。海氏说:"创造根本上包含着摧毁的必要

① 释德清:《道德经解》,黄曙辉校,上海:华东师范大学出版社,2009 年,第 34 页。
② 马一浮:《老子注》,虞万里校,武汉:崇文书局,2016 年,第 44 页。
③ 莱茵哈德·梅依:《海德格尔与东亚思想》,张志强译,北京:中国社会科学出版社,2003 年,第 52—54 页。
④ 海德格尔:《形而上学导论》,熊伟、王庆节译,北京:商务印书馆,2015 年,第 62—63 页。
⑤ 参见海德格尔:《形而上学导论》,第 134—137 页。Gregory Fried 认为海德格尔在 polemos 中表达的是一种精英政治的诉求,从而影响了他的政治选择,参见 Gregory Fried, *Heidegger's Polemos: From Being to Politics*, New Haven/London: Yale University Press, 2000, pp. 246 - 256。
⑥ 汉斯·艾柏林:《自由、平等、必死性——海德格尔以后的哲学》,蒋芒、张宪译,上海:华东师范大学出版社,2006 年,第 28—31 页。

性⋯⋯存在之本质包含着不之性质,后者并非空虚的纯粹虚无,而是具有强大作用的否定。"①存在论差异以及无在此彰显为对存在者的摧毁。但这与《老子》中的不争、和谐等无不相悖。在罗氏的存在论同一中一切都在适当、自足、和谐的独一之中,其所表达的品格与《老子》更接近。而且其中的创造不是无化式摧毁,而是人与自然之间不再有存在论的界限地共创,以达致宇宙的和谐一致性。至于海氏在四重整体中也讲一种天地人神相互映射、引发的游戏式创造,但这种创造源出于天地人神之间不可逾越的裂缝、间隙带来的内在紧张,而非老子所讲的道天地人的微妙和谐。②

四、道论的衍化:物与物的平等关系

存在论同一关乎一门无等级的形而上学,由此反观海氏的道论,不仅存在着整体与个别的等级化,个别之间亦存在着不平等关系。存在论差异在道论之中向内衍化为物之间的不平等。

首要的仍是人的优先。虽然后期海氏走出此在中心主义,但他仍给予人相当优先的地位。物之物化就必须定位于人的世界之中。无论是在一种主动还是被动的意义上,唯独能死的人才具有使可能的东西自行开放的敞开能力,也就是使得存在与存在者之差别真正发生。海氏因而认为人是建立着世界,动物缺乏世界,而石头是无世界的。意义的创建只出于人类对某物的聚集活动中,动物尚且还能迷醉在排除障碍的环围中,而石头只能在人的活动中成为人之物,而没有以石头自身为回溯中心的意义世界。这种理路与老子的"万物为刍狗"相抵触。

相应的,罗氏会关注石头的世界。③ 在无等级的形而上学中以诸个别皆有权利作为某个世界的回溯中心并拥有世界的署名权。而且诸世界的秩序是向内的,它们相互之间不可比较。个别之物及其世界的秩序都是独一无二的。无须人的世界秩序给石头的世界赋义。同时诸个别的创造物又在一种生活的总体关联之中,寻找到最内在的同一物(创造性的无)时,"同一之物(将)与自身相

---

① 海德格尔:《尼采》,孙周兴译,北京:商务印书馆,2003 年,第 65 页。
② 王庆节:《解释学、海德格尔与儒道今释》,北京:中国人民大学出版社,2004 年,第 193 页。
③ 罗姆巴赫:《作为生活结构的世界》,第 277—281 页;Rombach, *Drachenkampf*, SS. 42 - 51。

合,出现在一个提升事件中,通过这个提升事件每个创造物才成长为它自身的一个完整的存在并实现它难以想象的尊严。如果宇宙是如此被理解,那么它就显现为一个巨大的和平的节日,作为'和平庆典'。①

海氏不仅认为命运不可还原地预先给予,时间在一定程度上也是如此。历来注重海老比较的学者都能够洞察到海氏和老子似乎对时间的偏重点差异。海氏更侧重将来性的向死而生,而老子则更注意以婴儿为境象的由生而来。②生的主题在罗氏处也得到贯彻,结构之中没有作为绝对终结的死亡,只有生命的中断。死亡是对某一存在区域的"涌离",同时也是另一区域的"突破",而死亡总是与繁衍或处在内在连续之中,或者间接关联之中。③ 死亡作为生命和扩展的条件,完全在秩序之内。对单纯死亡的拒斥直观地体现在罗氏对赫耳墨斯的阐述里,在《世界与反世界》中作为道路之神的赫耳墨斯同时也就是丰产、生育、增殖之神,即便作为冥界的引渡人,他也只是将一个世界的死过渡为另一个世界的生。④ 抽象地谈论生死以及时间并不被罗氏所接受。

抽象地谈论生死亦不被老子接受。如汉斯-格奥尔格·梅勒(Hans-Georg Moeller)所言,在老子那里"人们所惧怕的事物并不是一般的死亡,而是不得其时而死,即发生过早的不自然的死亡"⑤。畏不朝向抽象的死亡,而是"不得其死",不能尽性以至"老死"。死总在具体的生长过程中被定时。如"死而不亡者寿""民至老死"等意义上的死并不具有海氏意义上的否定性情调。时间在老子处是在一种彻底质料意义上在生长过程中定调着的。

海氏虽也把时间从纯形式之物拉回到人的生存,但他将时间终结处普遍地定调为可畏的,从中可见他所谓的时间仍不是依靠纯发生的具体过程而给予意义。张祥龙也提到:"海德格尔的时间观迈入纯构成的时间境域视野之后,已显得有些'筋疲力尽',远没有达到时机化的天道时间观那种出神入化的境地",海氏的时间观尚未达到一种彻底的活泼机变。⑥

---

① 罗姆巴赫:《作为生活结构的世界》,第 276 页。

② 王庆节:《解释学、海德格尔与儒道今释》,第 206—230 页;杨国荣:《面向存在之思——〈老子〉哲学的内蕴》,《哲学研究》,1998 年第 5 期。

③ 罗姆巴赫:《结构存在论》,第 238—259 页。

④ H. ロムバッハ:『世界と反世界——ヘルメス智の哲学』,第 35—82 页。

⑤ 汉斯-格奥尔格·梅勒:《〈道德经〉的哲学》,刘增光译,北京:人民出版社,2010 年,第 159 页。

⑥ 张祥龙:《海德格尔思想与中国天道:终极视域的开启与交融》(修订版),第 370—378 页。

罗氏认为时间总是具体现象自身的时间,时间对于不同的世界,总是定调于诸世界自身,即时间总是"它的时间"。彻底自身被给予的时间甚至连过去-现在-未来的三项关联都需要被还原,从而向着发生的诸阶段适配其时间形式。罗氏和老子的时间观有这样的活泼性源出于他们在彻底自由的意义上考虑道。

五、结语

海氏以他的存在论解读老子,这的确有助于我们走出近代西方的思维范式。我们也不能盲目地以海解老,忽视海氏思想中的欧洲思乡情结。存在论差异作为海氏判摄老子的基本概念,其中所表达的道是作为道路创建、以存在不"存在"为纲领的无化运动、使物之为物的缘构发生。这些对于老子来说是可以接受的。但存在论差异并没有将发生性的道路之思彻底化,而保留了众多预先给予之物。预先给予之物也作为优先者成为起源性差异的发起点,如命运相对于非命运、存在相对于存在者、世界相对于物的差异与优先。同时这种差异也要求着双方处于争执式的张力之中。存在论差异的核心是整体与个别之间的对峙关系。即便海氏所提及的亲密性也是个别嵌合入于整体之中,整体需要预先设置才有个别之物被照亮的可能,但个别的照亮又总在无化中遮蔽整体。存在论差异与《老子》中道物、有无之间非主宰且彻底意义上的玄同和微妙和谐的哲学品格无不相悖。相形之下,罗氏从存在论同一出发的"道论"则是彻底的道路之思,一切都在道之发生之中,道发生在一切之中。没有什么是预先给予且陌生的剩余之物,一切都是具体的自身被给予之物。道也不是从某处遣送过来的具有支配性的被给予性,而是纯粹地归属于被给予之物的自身被给予性。"从自身而来"让个别之物与大全之道处于相即的同一。这种同一并非个别内在于整体中的同一,而是整体内在于个别中的独一式同一。这种道论既确认了道作为生养万物的绝对同一,同时又保证了万物的"自己而然"的独一,亦即作为绝对同一的"道生"与"自己而然"、独一的"物化"(物有道)处于相即的关系中。同一与独一的相即在有无关系上呈现为不落有无而即有即无,即作为最内在的绝对之无与"各得其所"的有之间相即的同一,也就是彻底意义上的有无玄同。相应地这种纯粹生成意义上的整体内立于个别的玄同、存在论同一在《老子》中可获得如是的表达:道生而不有(物),而物有道,亦可言之为"道有道"。

Ontological Difference or Ontological Identity: On Heidegger and Rombach' Interpretations of Chapter 11 of *Laozi*

Jiang Zhouwei

Abstract: Both Heidegger and Rombach interpret Chapter 11 of *Laozi*. "Ontological difference" is the European perspective that Heidegger reads into Laozi. Although his interpreting the *Dao* with the ontology of occurrence fits Laozi well, the inequality between Sein and Seiende would be contrary to the non-dominating and harmonious relationship between the *Dao* and things, and that between being and non-being. Rombach's "ontological identity" is dedicated to dissolving the ontological inequality. In the Daoism of "ontological identity", the *Dao* or non-being is no longer a kind of holistic existence that takes precedence over individual things or being; on the contrary, the *Dao* or non-being is holistic becoming within the individual. The *Dao*, which bears all things, is immanently in all things, which naturally become themselves, and the non-being, which functions as the absolute intrinsic identity, is immanently in any unique being, which takes its own place respectively. From the perspective of "ontological identity", the "mysterious identity" can be expressed in such a way: The *Dao* gives birth things without possession, and everything possesses the *Dao*-to put it more radically, the *Dao* has the *Dao*.

Keywords: ontological difference, ontological identity, the Dao and things, being and non-being

经验与现象

中国现代哲学的进路

"理"与时间

——试论冯友兰的时间之思

方 用*

[摘 要] 冯友兰以"别共殊"为基本视角思考"时间",主张"共相"是超时间的,只有"殊相"在时间中;时间之"共相"即事与事之间各类关系之"共类"。他认为工业革命是中西文化由古代走向现代的"共相",也是中国的"现在"之事。冯友兰对"中国时间"的探讨,既有哲学的思辨性、超越性,又兼具强烈的现实性、时代感。

[关键词] 共相;殊相;时间;现代

"共相"与"殊相"的关系被冯友兰视作哲学的重要问题,亦是其思考"时间"的特殊视角。"新理学"以"理"为"共相",主张"共相"是超时间的,只有"殊相"在时间中;时间之"共相"即事与事之间"在先""在后""同时"等类关系之"共类"。他以"鬼""神"论过去与将来,认为历史是"无极而太极"、渐趋合"理"的进化过程。冯氏关注"共相"与"殊相"的关系问题并非只是理论兴趣,其时间之思不仅重"理"重中西文化之"共相",更关注中国之"事"、中国之"殊相"。

---

* 方用(1971—),女,安徽歙县人,哲学博士,同济大学人文学院副教授,主要研究领域为中国现代哲学。

一、"共相"与"殊相"

冯友兰晚年以"三史释今古,六书纪贞元"概括其毕生学问,"今古""贞元"均是与"时间"观念密切相关的名词。他始终将"共相"(universal)与"殊相"(particular)的关系视作哲学的重要问题。以"别共殊"为基本视角,探讨中国时间,是其时间之思的重要内容和特征。

"共相"与"殊相"是贯穿西方哲学史的重要问题,冯友兰求学时接触了美国新实在论代表蒙塔古(W. P. Montague,冯氏译作孟特叩)的思想。后来他也以此据反观中国传统哲学,并认为朱子哲学"近于现代之新实在论",其"所以然""形而上"的"理",就是西方哲学中的"共相";程朱虽然没有用"共相""殊相"这些名词,但他们有关"理气""理事"关系的讨论,要解决的就是此哲学问题。20世纪三四十年代,标志其"新理学"体系的贞元六书陆续完成,他说:

> "新理学"的自然观的主要内容,是共相和殊相的关系的问题。共相就是一般,殊相就是特殊或个别。这二者之间,是怎样区别,又怎样联系呢?……这个问题的讨论,是程、朱理学的主要内容。"新理学"所要"接着讲"的,也就是关于这个问题的讨论。①

"新理学"就是要以"讲理"即更逻辑的方式阐释作为"共相"的"理"及其与"殊相"即"事"的关系。他还指出:

> 在30、40年代,关于共相的讨论是中国哲学界都感到有兴趣的问题,特别是共相存在的问题。②

冯氏在30年代初曾著《新对话》四篇,反映了时人在共相、理之存在等问题上的论争。哲学家们对此问题情有独钟,并非只是单纯的理论兴趣,他们的思考更

① 冯友兰:《三松堂自序》,《三松堂全集》第一卷,郑州:河南人民出版社,2001年,第211页。
② 冯友兰:《中国哲学史新编》,《三松堂全集》第十卷,第609页。

是为了在古今中西之争中为中国定"时"、探索中国之"现在"和"将来";换而言之,即以某种哲学的方式理解中国的现代性。

二、"共相"之"永恒"与"道中庸"

孟特叩主张"共相先于特殊的物或事而独立暗存(subsist)""共相虽独立暗存但并不于时空中与殊相并肩存在"①。冯友兰认为孟特叩是从本体论的地位来讨论"共相",他基本承续了这些观点,将"新理学"体系概括为"理""气""道体""大全"等四个"空底""形式底"观念,并指出这些观念都不是在时空中的"物",都是超越时间的"永在"。

不在时间中的"共相",亦即"真际"或"理"的世界是"一片空灵"的,但这并不意味着"真际"和"实际"、"共相"和"殊相"是互不相干的。与金岳霖一样,冯友兰也将时空与"个体"联系起来,他说,"物就是在时空中占地位底个体"②。"个体"的确立,"人"之为"个体"的自觉,这是 20 世纪中国哲学之要事。但个体总是有限的,"人"这种特殊的"个体"是否可能以及如何超越生命的有限性?他说:

> 对于真际之理智底了解,可以作为讲"人道"之根据。对于真际之同情底了解,可以作为入"圣域"之门路。③

冯友兰指出,中国哲学的思想主流和主要传统是"极高明而道中庸",即求一种最高的、但又不离乎人伦日用底境界,"即世间而出世间"。他将"新理学"视作自觉承续此传统的"新道统"。在《新原人》中,他以"觉解"论人与人生,指出人若能通过哲学的反思觉解"大全"并自托于"大全",然后"以诚敬存之",就能进入乃至常住"天地境界",成为充分发展"真我"的"圣人",超越"我"的时空性:"于其能觉时,亦自觉其是永有",即实现个体生命之永恒。

可见,在"新理学"体系中,"永恒"并非是死后或来生之不朽,亦非在隔绝现

---

① 孟特叩(W. P. Montague):《孟特叩论共相》,冯友兰译,《三松堂全集》第十四卷,第914页。

② 冯友兰:《新原道》,《三松堂全集》第五卷,第42页。

③ 冯友兰:《新理学》,《三松堂全集》第四卷,第13页。

实的宗教生活中,而就在个体有限的人生、在此世间之日常生活中,因其有"觉解"而能在精神上超越身体的制约,超越生死的限度。更重要的是,"宇宙是静底道,道是动底宇宙",冯氏承续《周易》思想,指出"共相"之永恒是在流行、日新的"变通"中实现的。个体之"觉解"即穷神知化,进至"天地境界"之圣人,能与天地参,事天乐天,与天地同流。因此,"新理学"所论之"永恒",不仅与西方传统不同,亦有别于耽空溺寂的中国佛老之学。"极高明"的共相是"永恒"的,但又不离"殊相"即个体有觉解的庸言庸行,超时间实现于不离日常生活的时间之中。这样,个体存在于时间之中,亦可超越时间,其关键即在人是有"觉解"的存在。"觉解"程度决定了个体的"境界","境界"不同,时间经验亦有别。尽管冯友兰、贺麟、唐君毅等的境界论各具风采,但就"境界"而论时间经验、在个体"境界"的提升中实现"永恒"的观点却并无二致。

三、"共相"之"在先"与"极高明"

按照新实在论,"共相""先于特殊的物或事而独立暗存"。如何理解此"先于"? 冯友兰区分了"逻辑在先"和"时间在先",并尝试厘清旧理学在"理-气"或"理-事"关系中的矛盾。

朱熹既讲理气不可分,也论理先气后。但"新理学"主张,"依事实言",任何实际存在即"殊相"都必须依照"理"且依据"气"(绝对底料、真元之气),"理""气"不可分且都不在时间中,因而无所谓时间上的先后关系;但"就逻辑言",又必须确认"共相"即"超时空"的"理"先于"殊相"即"在时空而变化"的"气"(相对底料、实际的气),新实在论所谓共相之"先于"即"就逻辑言"。晚年冯友兰明确提出了"逻辑的在先"的概念:

> 逻辑的在先,它不是时间的在先,它与时间的先后毫无关系。……用这种哲学方法讲宇宙,那就叫本体论,用时间先后的讲法讲宇宙,那就叫宇宙发生论或宇宙形成论。它不是科学,但类似科学,因为它所用的方法也就是科学所用的方法。[①]

---

① 冯友兰:《三松堂自序》,《三松堂全集》第一卷,第245页。

他指出，朱子未区分两种气，也未辨析本体论和宇宙形成论。宇宙形成论所涉"种子"及其所生之物之间是"殊相"关系；而就本体论而言，"共相"是"殊相"的根本、"共相"比"殊相"更重要，此为"逻辑的在先"，"理先气后"即以理为本为重，以气为末为轻。从时间上说，"理先气后"实为一讲不通的命题。

在理事之辨上，新、旧理学都坚持"理在事先"。在《新原道》的最后一章"新统"中，冯友兰再次声明："某种事物之所以为某种事物者，在逻辑上先某种事物而有"或"理世界在逻辑上先于实际底世界"。① 可见，他仍是就共相之"逻辑在先"而言"理在事先"。

当时，金岳霖主张"理"之有是"超任何时空，离任何个体"，同时又"在一切时空，不离一切个体"。换而言之，共相超越于（transcendent）个体，又内在（immanent）于个体。张岱年主张"理在事中"，强调理只能"超越某一特殊的空时位置"但不可超越"整个空间时间之域"，并指出理在事先、以理为本必然导致世界的疏离，"崇理之论必不免于二本"。② 此批评切中肯綮。冯友兰一方面力图从实际的事物而知实际、由实际而知真际，这个思路与亚里士多德更相应；另一方面又强调从抽象的、超验的理世界出发解释具体的、实际的世界，这则更近于柏拉图的理念论。他凸显"共相"的重要性，宣称"理世界""真际"是经虚涉旷、一片空灵的，如此，超越于"实际"的"理""共相"虽很"高明"，却难能"中庸"。冯氏晚年自陈"新理学"的根本失误在于"没有分别清楚'有'与'存在'的区别"，并坦承"理在事中"、"理""超任何时空"又"在一切时空"是唯一正确的观点。

事实上，两种"在先"之论在西方哲学中由来已久，冯友兰的援引和阐释在中国也引起了较多的关注和争议。但他区分哲学和科学的方法、本体论和宇宙形成论，主张从"逻辑的在先"理解共相与殊相之关系、阐释理先气后、理在事先；将"时间的在先"限定于殊相。这些辨析确实为澄清旧理学某些含糊说法做出了有益的努力。

四、"时间"之"共相"与"殊相"

冯友兰敏锐地发现旧理学在"时间"问题上的缺位：

---

① 冯友兰：《新原道》，《三松堂全集》第五卷，第128、129页。
② 张岱年：《事理论》，《张岱年全集》第三卷，石家庄：河北人民出版社，1996年，第197、199—200页。

旧理学之讲理,对于理与时空有无关系之问题未有讨论。盖旧日中国哲学,未尝离事物而分别看时空,因亦未将时空单独作讨论之对象。旧理学未看出理系超时空者,所以他们说理常用关于时间之观念。①

他认为旧理学未能真正意识到把"时空"作为独立观念而思之的重要性,并因此在"理-气""理-事"关系上陷入了时间性的困顿。"新理学"则自觉反思各种西方时空观念,并结合中国传统尤其是《周易》,讨论了时空之"共相"与"殊相"。

　　按照"新理学"体系"有物必有则"的命题,有时空则必有时空之"理"、时空之"共相"。冯友兰说:

　　　　时间空间是两种关系之类,……物与物之间,可有在上、在下、并排等类关系。此等类关系之共类,即是空间。事与事之间,可有在先、在后、同时等类关系。此等类关系之共类,即是时间。……在上、在下、并排等类关系俱有空间性,所以俱属于空间关系之共类。在先、在后、同时等类关系俱有时间性,所以俱属于时间关系之共类。②

"关系"呈现于两类或以上的"事"或"物"之间,冯氏批评牛顿、康德和柏格森等的时间观,认为虽有主客内外之别,但共同特征是以时间为某种"实际底物"。"关系"说侧重于运动中"事"之次序或"物"之位置的变化,但时间并非运动本身。他从"类""理""宇宙""个体"四种观点,区分了四种"道体之日新",故时间的流逝不仅体现为"量"的变化("损益底"),还有"永远相续"或"不死"的"仿本"("循环底")、趋向或有违"理"("进退底")以及是否有根本性质的变化("变通底")等各种情况。可见他注意到"时间"的复杂性,突破了仅以量化或线性等方式处理时间的成见。

　　总之,具体的事与事之间有着先后、同时等实际关系,这是"时间"之"殊

---

① 冯友兰:《新理学》,《三松堂全集》第四卷,第51—52页。
② 冯友兰:《新理学》,《三松堂全集》第四卷,第52页。

相";但"在先"等关系各有相应的关系之理;这些"关系之理",才是"时间"之所以然、"共相"。"空间"亦然。"在先之理"在时间上并不在先,"在上之理"在空间上并不在上,"新理学"主张即使没有任何实际的"事"与"物"之关系的存在,这种时间性或空间性的"关系之理"也是"逻辑在先"地独立暗存的,而实际事物之时空的实现必依照此"关系之理"。因为"理"作为共相,本不在时空中,而是永恒和逻辑在先的。

诚然,以"关系"论时空并非冯友兰的独创。西方亚里士多德等早有此说,而中国《周易》有"变通配四时"之言,即将变易万端的事物与具有稳定、明确、有序的季节递嬗相匹配,以便于在"在先""在后"或"同时"等关系中确定事物之存在及其变化的"道"。冯氏深谙《周易》的时间观,他将"新理学"体系称为"贞元六书"即与此有关。他以逻辑的方式重释"阴阳""四象"等概念,指出阴极必有一阳来复,这就是春在冬"之后"的"所以然",有此"理",即可预知冬尽必然春来,贞下定能起元。他屡屡申明:

> 贞元者,纪时也。当我国家复兴之际,所谓贞下起元之时也。①
> 所谓"贞元之际",就是说,抗战时期是中华民族复兴的时期。②

作为"共相"的时间并非四季交替的变化过程,而是其中蕴涵的阴阳变化的"关系之理"。以"贞元"纪时,以"贞下起元"论抗战与中华民族复兴这一殊相之"事",表现了冯氏对中国抗战之阴阳关系的分析,以及由此而确立的中国必胜、民族复兴的坚定信念。"贞下起元"为当时中国之时间"殊相",这一时间定位,号召国人顺应时势、积极处事,非常振奋斗志鼓舞人心。但他又认为,作为"纯真际底"形式观念,这时间之"理"或"共相"本是"我们所不能答,或不必答"的。这种超越时间的"时间",难免沦为抽象的哲学思辨,远不如毛泽东《论持久战》的具体分析有实际的理论力量。

与莱布尼兹将时间关系视作主观相对的或康德作为"想象力之先验的综合"的时间图型等观点不同,冯友兰则明确主张"纯客观论"。他不仅延续了朱

---

① 冯友兰:《新世训》,《三松堂全集》第四卷,第337页。
② 冯友兰:《三松堂自序》,《三松堂全集》第一卷,第235页。

子之理的客观性,也承接了美国新实在论的客观立场,肯定包括时间之理在内的各种"理"即"共相"都是客观的,而非心灵的主观逻辑或作用。但这种与"事"相联系的客观性时间,不只是匀质的、量化的、可以钟表显示的物理时间。世界各国可以用同样的数字纪年,但这并不意味着中西处于相同的"时间",比如早期他在讨论历史分期时曾说:

> 直至最近,中国无论在何方面,皆尚在中古时代。中国在许多方面,不如西洋,盖中国历史缺一近古时代。哲学方面,特其一端而已。①

全世界都进入了 20 世纪,处于统一的钟表时间,但从每个历史时期的"共相"来看,中国实际都还处于西方中古时期的状态,中国的时间殊相是落后的。"贞下起元"之时的中国,该如何才能进入"近古",实现民族的复兴?

五、"鬼""神"与时间之流逝

冯友兰以关系定义时间,无疑更注重事物变化的秩序与时间之流逝。他进而以"鬼""神"论"过去""将来",主张从过去到将来是一个"无极而太极"、渐趋合理化的过程,强调时间的本质是进化的、发展的日新。

《周易》通过阴阳之气的"消"与"息"来讲天地万物的变化,"天地盈虚,与时消息"。宋儒张载、朱熹都以"伸"和"神"论"息",以"屈"和"鬼"言"消"。冯友兰继承并改造了他们的鬼神论:

> 过去底事物是鬼,将来底事物是神,现在底事物是事物。……所谓现在、过去、将来,都是相对于一事物说者。现在之为现在,是相对于一事物说,而不是一事物之为事物,是相对于现在说。过去、将来,又是相对于现在说。所以过去、将来、现在,均是相对底。②

---

① 冯友兰:《中国哲学史》(下),《三松堂全集》第三卷,第 9 页。
② 冯友兰:《新理学》,《三松堂全集》第四卷,第 171 页。

一方面，"鬼"言"过去"、"神"表"将来"，这样就将"鬼""神"与时间之流逝及其向度联系起来了；另一方面，宋儒之"鬼""神"所论是同一具体事物变化的两个阶段，比如就某人而言，活着为"神"、死去为"鬼"，他的"神"与"鬼"构成了此人有生有死的生命历程，且"神"在时间上先于"鬼"。但冯友兰以实际事物之存在为"现在"，过去的"鬼"、现在的"事物"、将来的"神"就是道体之"大化流行"中有着先后时间秩序的不同事物，三者各有其"理"。这是他赋予"鬼""神"的新义。

冯友兰又以"尝然"与"或然"来辨析"鬼"与"神"之特征。"鬼"、过去已成既往，是"一定而不可变"的。"鬼"能"不朽"："不朽即表示尝然不可无之义，既不表示生，亦不表示死，既不表示永生，亦不表示永死。"①"神"之"或然"意味着将来有各种可能，某一事物在将来出现，有偶然之成分。"现在"一端连着过去，一端通向将来。在大化流行中，所有"现在"都会不断成为"鬼"或"过去"，一切"神"或"将来"都会来到"现在"。所以鬼神之论、过去现在将来之别，是相对的、流动的，也是有实际内容、与具体事物相关的。

过去的事，就是历史。冯友兰反对"空底时间"，"事物之过去者，皆成为历史中之事物，……整个底历史即是一整个底鬼窟，整个底写底历史即是整本底点鬼簿。"②他秉持"将史料融会贯通"的"释古"主张，区分了"本来的历史"与"写的历史"，指出后者作为前者的"影子"，难免带有主观性，应该通过"永远重写"，力求写出与客观历史相合的"信史"。冯氏的时间关系论不仅反对将时间主观化，也反对将其与具体事物相分离的形式化、绝对化。

"理"与"势"是中国传统哲学中的重要概念，冯友兰一方面认为历史是"合理"的，另一方面强调历史是"有力"的，"鬼"能"作祟"，"过去"会影响现在和将来，此历史的"力"即"势"。历史有其"理"，"理有固然"；但"势所必至""随势改变"，某类事物之实际存在和变化还需要"势"之力："凡存在者都是合理底，而且又都是合势底。若只合理而不合势者，亦不能存在。"③"理"是永恒的，"势"则随时来去，只有理势合一，才有过去之灭，现在之生。理势合一的历史观既强调历史的连续性和规律性，又反对将历史视作机械更迭，承认历史进程中充满了偶然性。

冯友兰还论及"以鬼为神"的情况：

① 冯友兰：《新理学》，《三松堂全集》第四卷，第169页。
② 冯友兰：《新理学》，《三松堂全集》第四卷，第168页。
③ 冯友兰：《新理学》，《三松堂全集》第四卷，第126页。

一般人总希望完全合乎其理之事物，是事实上有底而且是已有底。一般人虽已将理作实际底个体而想像之，但若不以之为已有，则仍觉它是空底。必需在实际中已有完全合乎其理之事物，一般人方觉有所抓着而不至于落空。于是有以鬼为神之事。世俗所谓神，即以鬼为神之神。[1]

日常生活并不满足或拘限于实际的"现在"，人会追求一个"完全合乎其理"的将来；但将来并不存在，对其"想像"往往落入过去之事，有了这样一个实实在在的"神"，生活才有寄托，精神才有安慰，但这本质上是"以鬼为神"，是过去对现在或将来的某种之"力"。

经验与现象

冯友兰指出中国传统哲学，包括《周易》，往往将一切宇宙人事之变视作"循环"的日新。他将黑格尔"圆圈"之喻、否定之否定规律与《周易》互相阐发，以十二辟卦圆图表示周期，阐明道体流行之"无极而太极"的程序本质上是"变通的日新"，其周期性中总包含着进步和发展。"神"不仅指时间关系上在"现在"之后，同时也表示一类事物之典型或"理"的渐趋实现；所以事物的变化、时间的流逝，在其程序上呈现为一个越来越接近典型、越来越合理化的过程。如此，"神""将来"就有了某种确定的方向性：

近来哲学家所以有进步的观念，……自哲学方面说，近来底哲学家，既以为在事物之转变中，一否定之后，其否定此否定者，与原来之肯定，虽有相似而可非一类。所谓否极泰来，其新来之泰，与原来之泰，虽有关联而可异其性。一事物于其否极泰来之后，此事物即可入于一新类，得一新性，此新性虽为旧性之继续，而实比其较高。依此则宇宙间事物之变化，虽若为循环底，而实为进步底。[2]

冯友兰以鬼神论时间之流逝，辩证地理解了时间的间断性与持续性、历史的偶

---

① 冯友兰：《新理学》，《三松堂全集》第四卷，第175页。

② 冯友兰：《新理学》，《三松堂全集》第四卷，第77—78页。

然性与必然性，论证了理势合一的历史进程是以发展、进步为特征的"变通的日新"。他强调时间的客观性，坚持写"信史"，主张"释古"。"鬼"之作祟与"以鬼为神"，显示了过去对现在和将来的巨大影响，但他对现在以及将来之于过去、或"神"之于"鬼"的特殊意义论之不多。其实，"神"虽不能有，却并非"无力"，因为"理"不仅是"式因"，也是"终因"，既是事物变化的方向和归宿，又是可以指引现在的内在动力。以现在为根据、或基于对未来的谋划，过去常被再次唤醒、重新阐发、赋予新义；不仅有"以鬼为神"，亦可"以神释鬼"。

六、"鬼神之际"与"旧邦新命"

"鬼"与"神"在"现在"这一时间都是"不存在"的。何为"现在"？"现在"有多长？

> 现在底事物，可以说是正在鬼神之际。
> 但如我们就一事物之整个说，则此整个事物存在之时，即是其现在。①

冯友兰强调，必须将"现在"与"事物"相联系。虽然事物时时变化，但其主要性质未变，仍依照此类事物之"理"存在，则该事物尚不成"鬼"，亦不及"神"。因此，该事物就是"鬼神之际"，其存在的时间就是"现在"，"现在"囊括该事物成住坏灭的一生。

当然，不同的事物，其"现在"长短不齐，但任何事物都有成有毁，所以"现在"既不是刹那，也并非永恒。"相对于一事以说过去、现在、将来，其事愈大，则其现在愈长。"②当然，冯友兰最为关心的是中国的"现在"。他指出，从"古代"发展到"近代"或"现代"是东西方文化的"共相"；"古代"的共相是"以家为本位底生产方法"，"近代"或"现代"的共相是"以社会为本位底生产方法"。不问东西，都必须依照此"理"，这个"共相"也是当时中国能够自救自存、从古代过渡到近

---

① 冯友兰：《新理学》，《三松堂全集》第四卷，第171、172页。
② 冯友兰：《新理学》，《三松堂全集》第四卷，第172页。

代或现代的必经之路：

> 中国现在所经之时代，是生产家庭化底文化，转入生产社会化底
> 文化之时代，是一个转变时代，是一个过渡时代。①

现代化是中国的旧邦新命。就"殊相"而言，中国的现代化起步比西方世界迟了许多，"但是迟化总比不化好"，"要生存在现代世界中，中国就必须现代化"。在他看来，对当时的中国而言，学习西方的实质是告别古代，走向近代或现代，具体途径即工业革命。

在冯友兰有关近代文化的具体分析中，"城市"是一个他用力甚多的近代"共相"。他认为马克思有一句"最精警底话"，即"工业革命的结果使乡下靠城里，使东方靠西方"。高扬工业化、重视城市，冯友兰的中国之路与倡导"恢复古风""乡村建设"的梁漱溟几乎背道而驰。但他同时颇有洞见地指出，产业革命是生产方式而非生产对象的变革，工业化并非放弃农业，而是农业也要现代化，乡下也应有生产方式的革命。就时间而言，工厂、城里更依赖统一的、外在的、精确的钟表时间；中国过去那种贴近自然、看日头、闲散的农业、乡下时间也将成为渐行渐远的"鬼"，以生产社会化为特征的西方时间也将成为支配中国人生活世界的普遍力量。

冯友兰以"生产方式"为"共相"区分古代与近代，以产业革命或工业革命为实现近代化或现代化的主要动力，这些都超越了黑格尔历史哲学绝对精神的运动，而带有马克思主义历史唯物论的成分。事实上，他此时确实吸纳了马克思主义，并认识到"所谓古今之分，其实就是社会各种类型的不同"②。在《新事论》中，他还指出：

> 生产社会化底社会亦有两类：一是生产社会化而支配家庭化者，
> 一是生产社会化支配亦社会化者。前者是普通所谓资本主义底社会，
> 后者是普通所谓社会主义底社会。③

---

① 冯友兰：《新事论》，《三松堂全集》第四卷，第239页。

② 冯友兰：《三松堂自序》，《三松堂全集》第一卷，第219页。

③ 冯友兰：《新事论》，《三松堂全集》第四卷，第239页。

新中国建立后,他才明确意识到"社会主义工业化",是真正的"以社会为本位"的制度。新中国的现代化不仅是生产方式的社会化,而且在分配方式等方面与西方资本主义国家有别。

作为一个哲学家,冯友兰亦关注着中国哲学的现代化之路。"三史"与"六书"即是通过学习"近代"哲学之"共相"的努力。耄耋之年再作《中国哲学史新编》,他说:

> 我的中国哲学史新编有一项新的任务。他应当不仅是过去的历史的叙述。而且是未来的哲学的营养。①

"中国之事"乃一大事,他将目光投向遥远的未来,为中国和中国哲学的现代化寻找方向、开辟道路。他在"别共殊"的视角中探讨"中国时间",既有哲学的思辨性、超越性,又兼具强烈的现实性、时代感。

Universal and Time

Fang Yong

Abstract:Fung Yu-Lan thinks about "time" from the basic perspective of "universal and particular". He maintains that universals transcend time, and only particulars are in time. The universal of time is commonness of all kinds of relations between events. In his opinion, the Industrial Revolution is the universal of Chinese and Western cultures from ancient times to modern times, and is also the "present" of China. Fung's discussion of Chinese time is both philosophical and transcendent, and has a strong sense of reality and modern.

Keywords:universal, particular, time, modern

---

① 冯友兰:《三松堂自序》,《三松堂全集》第一卷,第311页。

接受了马克思主义的金岳霖对《论道》的反思和批判

文碧方　李宝达 *

[摘　要] 《论道》是金岳霖的形而上学著作,金岳霖接受了马克思主义后对《论道》作了深入的反思和批判。《论道》的核心概念是"式"与"能"以及"理"与"势",金岳霖对《论道》的反思和批判也就主要围绕着"式"与"能"以及"理"与"势"展开。金岳霖的这一反思和批判,既揭示了《论道》中存在的问题,也反映出马克思主义对后期金岳霖的重要影响。

[关键词] 式;能;论道;马克思主义

金岳霖思想存在着前后两个不同时期的区分,他后期的思想可以说与其前期思想迥然有别。前期的金岳霖接受的是逻辑经验主义,逻辑经验主义在他成名作《论道》中有着最为集中的体现,后期的金岳霖接受了马克思主义,他从马克思主义出发对自己的《论道》作了深刻的反省和自我批判。下面先对金岳霖前期《论道》中的形而上学建构作一说明和讨论,然后再对后期金岳霖在《论道》

* 文碧方(1965—　),男,湖南岳阳人,哲学博士,武汉大学哲学院教授,博士生导师,主要研究领域为宋明理学。李宝达(1987—　),男,河南鹤壁人,武汉大学哲学院博士研究生,主要研究领域为现代中国哲学。

上所做的反省和批判作一分析和探讨。

一、金岳霖《论道》中的形而上学建构

《论道》是金岳霖的形而上学著作,金岳霖通过《论道》建构了一个形而上学体系。金岳霖的形而上学体系与以往的形而上学体系之不同在于:金岳霖用逻辑的视角来看待世界,用逻辑来建构他的形而上学体系。

金岳霖之所以用逻辑来建构形而上学体系,可谓与逻辑经验主义关联甚深。金岳霖所处的时代是逻辑经验主义盛行的时代,逻辑经验主义反对形而上学,因为在逻辑经验主义者看来,形而上学是对世界的一种断言,这一断言是与事实有关的,而在逻辑经验主义那里,事实的反面都是可能的,所以这种断言也就没有必然性。对逻辑经验主义者而言,拥有必然性的是逻辑和数学这类命题,这类命题具有必然性,是因为其与事实无涉,是分析命题。

面对逻辑经验主义的这一二分,金岳霖如果想要建构形而上学的话,就面临着一种内在的困难,这一困难表现在:如果形而上学要对世界有所断言,那么这一断言就不具必然性,如果形而上学要具必然性,则须与事实无涉。面对这一两难,金岳霖选择运用逻辑经验主义对逻辑的看法来建构形而上学。在逻辑经验主义那里,逻辑具有必然性,但逻辑经验主义对逻辑的解释跟传统的解释则有所不同,那就是逻辑对具体的事实没有断定,只承认所有的可能,而穷尽可能即为必然。金岳霖《论道》中运用逻辑所建构的形而上学,采用的正是逻辑经验主义对逻辑的这一解释。《论道》的核心概念“式”就是无所不包的可能,“式”对世界中具体的事实不作断定,只是承认所有的可能。这里的“可能”是指逻辑意义上的可能,凡是没有逻辑矛盾的即为可能。

金岳霖形而上学的另一个核心概念是“能”,对金岳霖来说,“能”类似于西方形而上学中的“质料”,但却更接近中国哲学中具有活动性的“气”,因为《论道》中的“能”是能动的,不是死的。

那么,“式”与“能”的关系又如何呢? 由于“式”是无所不包的可能,“能”出入于可能,故“能”所有的出入也就必然在“式”之中,因此,“能”在“式”中,“式”外无“能”。“能”出入“式”如同孙悟空在如来佛的手掌心跳来跳去但又跳不出佛的手掌心一般。

相较于传统的形而上学,金岳霖所建构的形而上学既有对传统形而上学的继承,也有对传统形而上学的突破和创新。其继承之处例如,金岳霖的"式"类似于西方哲学中的形式和中国哲学中的理,金岳霖的"能"类似于西方哲学中的质料或中国哲学中的气;其创新之处例如,金岳霖将西方哲学中的形式和中国哲学中的理逻辑化,将形式和理分解为所有的可能。在金岳霖的形而上学建构中,"可能"具有至关重要的地位,"可能"一方面构成了"式",一方面接纳了"能","可能"就是可以有"能","可能"成为了金岳霖形而上学体系建构的枢纽。

在对可能与可能之间关系的探讨上,对金岳霖而言,如果可能与可能之间满足逻辑的秩序,形成某种逻辑关联,那么可能与可能之间的这种逻辑秩序逻辑关联就是一种因果联系。金岳霖非常注重可能与可能之间的这种逻辑秩序逻辑关联,这对他解释因果问题至关重要。因为他实际上就是用逻辑秩序逻辑关联去解释事物之间的因果关系的。

金岳霖正是以此去反对休谟因果观:"休谟曾表示他找不出因果之间靠得住的关系来。……A—B 靠不住问题相当的严重。说 A—B 靠不住,当然就是说普遍的因果靠不住。普遍的因果靠不住,一方面表示事实上没有因果那样的秩序,另一方面我们也不能利用因果……他碰着这一困难之后,他觉得不能打住,绕了一个大弯之后,把这问题移到心理和习惯上去。"①休谟认为无法从印象的恒常相继中推出事物之间拥有必然的因果关系,将其归结为主观的心理习惯,金岳霖反对休谟的这种因果观,并主张事物之间存在着普遍的因果关系。当然,金岳霖所主张的事物之间的因果关系是一种逻辑秩序逻辑关联。由此可见,如果说休谟是以一种后天的、经验的角度去看待因果关系的话,那么,金岳霖则可以说是从先天的、逻辑的角度去看待因果关系的。在金岳霖看来,只有从先天的、逻辑的角度去谈因果关系,才能说明因果关系的必然性。他认为休谟的问题就在于缺乏一种玄学,而要解决休谟的因果问题则必须要建构一种玄学。

尽管金岳霖主张因果关系是必然的,但他又认为,因果关系的实现则是偶然的。为何因果关系是必然的而其实现却是偶然的?这与金岳霖所建构的形而上学有关,在金岳霖所建构的形而上学体系中,因果关系的实现取决于"能"的出入,而"能"的出入"除能本身底活动外,没有什么预兆,也没有超乎此活动

---

① 金岳霖:《知识论》,《金岳霖全集》第 3 卷(下),北京:人民出版社,2013 年,第 745 页。

之外的根据,既然如此,则自知识而言之,有知识的个体无从知道究竟如何"①。在金岳霖看来,任何因果关系都是必然的,至于何种因果关系发生则是偶然的,因为因果关系的发生属于"能"的出入,而"能"的出入既没有预兆又无根据,出入于何种因果关系也就完全成了偶然,所以因果关系的发生是偶然的。正是基于这样一种看法,金岳霖又将因果关系本身视为理,将因果关系的实现视为势,并且,他将这种具必然性之理和具有偶然性之势之间的关系总结概括为"理有固然,势无必至"。

　　从"理有固然,势无必至"的看法出发,金岳霖认为,休谟之所以否定因果关系及其必然性,是因为休谟是从势无必至去反对理有固然。例如,生火可以提高室内的温度,在休谟看来,假如出现室内生火后温度却没有升高的情况,那么,室内生火和温度升高之间根本就没有因果关系。金岳霖则认为,这种情况的出现,要么是二者本来没有因果关系却误认为有因果关系,要么是二者本来有因果关系,但这一因果关系的发生所需要的条件没有满足,故这一因果关系没有实现出来。当因果关系所需要的条件得到满足时,因果关系的发生是必然的,假如出现室内生火后的温度没有升高的情况,这并不能说生火可以提高室内的温度这一因果关系不成立,而是这个因果关系所需要的条件没有满足,例如窗户打开了。有鉴于此,金岳霖在谈论因果关系问题时,特别强调因果关系的条件问题,认为因果关系的必然性是建立在一定的条件之上的。金岳霖之所以将因果关系的必然性称为固然而不称为必然,是因为在他看来,"固然"作为一种必然性,是一种建立在一定条件之上的必然性。

二、后期金岳霖对"式"与"能"的批判

　　金岳霖后期接受了马克思主义以后,对前期的《论道》展开了批判。由于《论道》的核心概念是"式"与"能",故金岳霖对《论道》的批判也主要围绕着"式"与"能"展开。下面分别讨论之。

　　先看金岳霖是如何来对"式"进行反思和批判的。"式"是所有的可能,对"式"的反思和批判显然也就落实在对"可能"的反思与批判上。金岳霖在《论

---

① 金岳霖:《论道》,《金岳霖全集》第 2 卷,第 220 页。

道》中认为，凡是没有矛盾的都是可能的，可能就是可以有能，可以有能就是可以实现，所以可能的也是可以实现的。后期的金岳霖在接受了马克思主义后，他主张对可能和实现的讨论不能脱离具体的条件。从这一看法出发，金岳霖认为自己在《论道》中所讨论的可能是脱离了具体条件的可能。当脱离具体的条件去谈论可能时，就会出现一些问题。金岳霖曾举粮食亩产量的例子说明道："例如我们前些时要破除迷信，推翻条件论，否定亩产有限论，来提高亩产量。事实上，我们做出了惊人的空前的成绩。这成绩是全世界劳动人民所欢欣鼓舞的。我们能不能容忍一个形而上学的资产阶级的哲学家在推翻条件论的借口下取消任何条件，在否定亩产量有限论的借口下要求亩产量达到只有数学意义的无穷斤呢？我们能不能容忍他要求'现实'这样荒谬的'可能'？显然不能。"①按照金岳霖《论道》中对可能的定义，粮食亩产万斤是可能的，因为概念上没有矛盾；若要求将粮食亩产提高到无穷斤，也是可能的，因为概念上仍然没有矛盾。但是，这种可能显然是荒谬的。

金岳霖对可能的这一反思具有重要的方法论意义，我们可以举物理学中的一个例子来印证金岳霖的这一反思。物理学认为，物体的运动速度也是存在极限的，而如果按照概念上没有矛盾的即是可能的看法，那么，我们也无法否认将物体的运动速度增加到无穷大的可能。这就类似于将粮食的亩产增加到无穷大的可能一样。但是，物理学认为，物体的运动速度不能超过光速。因为当物体的运动速度越来越大时，物体的质量也会越来越大，质量越大给物体加速所需要的力也就越大。而按照相对论的质量公式，当物体的运动速度逼近光速时，物体的质量则会趋向无穷大，此时，给这个物体加速所需要的力也会趋向无穷大，这就是物体的运动速度无法超过光速的原因。

金岳霖后期从马克思主义的方法论出发，对自己《论道》中所谓的"可能"批判道："总起来说，可能是在具体的条件下可以实现的。在这里具体的条件是头等重要的东西。但是《论道》书中所说的可能是脱离了具体条件的，是没有时间地点限制的。因此，也是绝对了的可能。"②金岳霖认为自己《论道》中所谈论的可能是脱离具体条件的可能，是不受时间地点限制的可能，故是一种抽象化、绝

---

① 金岳霖：《〈论道〉一书的总批判》，《金岳霖全集》第4卷（下），第680页。

② 金岳霖：《〈论道〉一书的总批判》，《金岳霖全集》第4卷（下），第679页。

对化的可能。

　　金岳霖在《论道》中之所以会对可能有抽象化、绝对化的看法，跟他前期接受了逻辑经验主义的框架有关。在逻辑经验主义的框架下，凡是概念上不矛盾的就是可能的，这种对可能的看法在西方哲学史上有着深远的渊源。在经验主义的代表休谟那里，凡是概念上没有矛盾的就是可能的，休谟在反对事实没有必然性的时候，就跟事实的反面并不会引起矛盾有关。后来的逻辑经验主义者继承和发展了休谟的这一观点，金岳霖的《论道》接受了逻辑经验主义的框架，所以在讨论可能时也不可避免地受到逻辑经验主义的影响。金岳霖在《论道》中从概念上是否存在矛盾出发去定义可能，如此就导致了："凡是胡思乱想所能想到的，没有这种形式逻辑矛盾的'概念'都代表一个这样的'可能'，说'代表'的意思一方面表示可能是'客观的'，另一方面表示'可能'不是已有的'概念'所能尽的。'概念'底数目，无论怎样胡思乱想，总是有穷的。这种绝对化了的'可能'的数目则是无穷的……这样的'可能'是荒谬的，也是有毒的，因为它对正确说法的歪曲，在实践中是有害的。"①那些胡思乱想的可能是绝对化的可能，人们所想象的永动机就是典型例子，在想象中永动机可能存在，但如果有人真正去着手永动机制造的话，那么，在实践中既荒诞又有害。

　　既然金岳霖对可能的看法受逻辑经验主义的影响，那么，如果金岳霖要反驳逻辑经验主义者对可能的看法，就必须对逻辑经验主义进行批判。后期的金岳霖确实做了这方面的工作，在《罗素哲学》中，金岳霖运用马克思主义对罗素展开了批判，罗素是逻辑经验主义的主要代表，对罗素的批判其实也就是对逻辑经验主义展开的批判。

　　在对金岳霖在"式"上的反思和批判有所讨论后，金岳霖又是如何对"能"进行反思和批判的呢？金岳霖在《论道》中称："在这里我要特别地补充一下。因为照现在的说法无论什么东西都是电子底集合体。也许有人以为这里所说的能就是电子。能不是电子。能是任何事物底材料，无论电子如何小，它总是一类的事物，每一电子有它底能。即令以后发现比电子小到几万倍的东西，那东西依然有它底能以为它底材料。小东西如电子有能，大东西如世界也有能，可见能本身无所谓大小。它不仅无所谓大小，我们根本就不能以任何谓词引用到

---

① 金岳霖：《〈论道〉一书的总批判》，《金岳霖全集》第 4 卷（下），第 679—680 页。

它身上去。它不是思议底对象，也不是想象底对象。"①按照金岳霖的看法，尽管电子是至今所知的构成物质的最小单位，但作为最小物质单位的电子不是能，能是不能以大小来论的，"能"是电子背后的材料，是任何事物背后的材料，"能"是不能用任何谓词来描述的，是不可思议不可想象的对象。

在《论道》中，能类似于气，"能"唯一的性质就是出入于可能，能是动的，式是静的，式是所有的可能，能进入可能，可能就成为了现实。接受了马克思主义的金岳霖认为："总起来说，整个《论道》是充满神秘主义、蒙昧主义的。这些东西是如何搞出来的呢？一句话，通过'能'这个怪物和关于这个怪物所说的怪话。最主要的怪话就是'能有出入'。'能'好像是淘气而又顽皮的小孩子，没有事做，成天成夜底蹦蹦跳跳底在那里出出进进。蹦跳似乎是小事，其实它是《论道》书里的大事。这本书所捏造出来的宇宙好像是活的，是有运动变化的，是发展的，并且在发展中就整个无外的宇宙说是自己推动自己的。但是推动的力量是什么呢？就是这个说不得的'能'，这个莫名其妙的怪物。这就是说，这个宇宙中的活因素的总根源是说不得的，不在名言范围之内的，不可以理解的，因此，也是不可以认识的。"②"事实上就有一位同事当时就提出'能'就是《论道》中的'上帝'。……在《论道》那本书中实在给了'能'以无所不能的能力。"③

在后期的金岳霖看来，前期的《论道》之所以充满了神秘主义与蒙昧主义，正是那个不可思议不可想象出入于可能的"能"所造成的，因为"能"在《论道》所描述的宇宙中是活因素的总根源，也就是说，"能"是这个运动变化发展的宇宙的源泉，是无所不能的上帝，然而，这个宇宙的活因素的总根源这个无所不能的上帝是说不得的、不可理解的。《论道》中的命门和要害可谓被金岳霖自己一语道破，金岳霖对自己的反思不可不谓深刻。

在上述反思的基础上，金岳霖对《论道》中所谓的能进一步批判道："我实在是要把'能'说成有无穷的权力的。我虽然不赞成任何传统的'上帝鬼神'，然而我还是搞出带'上帝'性质的东西来了。一个带'上帝'性质的绝对光溜溜的材料岂不是怪物？一个光溜溜的、没有性质也是头等矛盾吗？"④"它确实把'能'当

---

① 金岳霖：《论道》，《金岳霖全集》第 2 卷，第 19 页。

② 金岳霖：《〈论道〉一书的总批判》，《金岳霖全集》第 4 卷（下），第 710 页。

③ 金岳霖：《〈论道〉一书的总批判》，《金岳霖全集》第 4 卷（下），第 700 页。

④ 金岳霖：《〈论道〉一书的总批判》，《金岳霖全集》第 4 卷（下），第 700 页。

做绝对的完全光溜溜的材料看待的,而所谓绝对的材料,给人以物质的印象而又是对物质的歪曲。但是绝对的材料,完全光溜溜的材料的说法本身就是形而上学。"[1]金岳霖认为,在《论道》中,"能"既有着上帝般无穷的权力,又是光溜溜不具任何性质的绝对材料,似物非物,故《论道》中的能是一种荒谬而矛盾的怪物,是一种形而上学的臆想。"世界上哪有绝对的材料呢?……我们说木头是桌子的材料,显然木头不是什么绝对的材料,它也有其他的材料例如某些化合物。就是到了电子、质子、中子等等,也不是绝对的材料。这些东西只是我们在向细微那个方向分析的过程中,根据现有的知识水平而打住我们分析时的事物而已。将来知识向前推进,我们也不会在这些东西上打住。"[2]在金岳霖看来,对材料的分析是无止境的,无论进到哪一个层次,也不能得到一种绝对的材料,根本就不存在一种没有任何规定性的绝对的材料。

为什么会在《论道》中出现绝对的材料呢? 金岳霖称:"我当时的手法实在是用'能'的名义把具体的材料和具体的事物割裂开来,然后又把'能'套进'式'里面去。耍了这一手法后,我就可以道貌岸然地念经似的肯定了'道无无,无无能的式,无无式的能'。"[3]在《论道》中,金岳霖之所以能够把具体的材料和具体的事物割裂开来,是因为采取了式与能的建构框架,于是就导致了一个无任何规定性的绝对的材料即能的产生。金岳霖认为,传统的形而上学中的形式不能没有质料,理不能无气,虽然是个事实,但却无法给出逻辑上的论证。为了给出逻辑上的论证,金岳霖将所有的形式名之为"式",把无任何规定性的绝对的材料称之为"能",所有的事物都是把"能"套进"式"里面,从而得出"道无无,无无能的式,无无式的能"的说法。可见,绝对的材料说法的出现与《论道》所建构的形而上学关联甚深。

三、后期金岳霖对"理"与"势"的批判

由前述所知,在《论道》中,因果关系为理,因果关系的实现为势,因果关系是必然的,因果关系的发生是偶然的,理有固然,势无必至。对于金岳霖《论道》

---

① 金岳霖:《〈论道〉一书的总批判》,《金岳霖全集》第4卷(下),第698页。

② 金岳霖:《〈论道〉一书的总批判》,《金岳霖全集》第4卷(下),第698页。

③ 金岳霖:《〈论道〉一书的总批判》,《金岳霖全集》第4卷(下),第699页。

中的理与势以及必然性与偶然性问题,学界曾对此有过讨论与批评。王中江认为:"'理有固然,势无必至'是具有科学意义的命题,它高度概括了普遍与特殊,共相与殊相,必然性与偶然性的真实关系。"[①]胡军则认为,金岳霖的这一思想虽然区分了必然性和偶然性,但"他的这些思想中也有割裂必然性和偶然性倾向"[②]。徐水生认为,金岳霖对"偶然与必然之间的相互转化也没有给与应有的重视"[③]。贺麟更是反对道:"以理势脱节的办法去解决休谟的问题,而反对势有必至,理有固然的健康常识。"[④]那么,《论道》中的理与势以及必然性与偶然性问题,在金岳霖接受马克思主义之后,他自己又是怎样来处理和看待的呢?

针对《论道》中理与势以及必然性与偶然性等一系列说法,后期的金岳霖批判道:"这一整套的胡思乱想是典型的形而上学。基本方法就是把'理'和'势'割裂开来,把共相和殊相割裂开来,也就是把一般和个别割裂开来。"[⑤]金岳霖认为,《论道》中有关理与势以及必然性与偶然性等一整套说法,是典型的形而上学。之所以导致在理势以及必然性偶然性上这样一套说法,在金岳霖看来,其原因就在于割裂了理与势,割裂了共相与殊相,割裂了一般与个别,也就是说属于理的必然性、共相、一般与属于势的偶然性的、殊相、个别是割裂开来的。故他主张:"必然不限制到一般,偶然也不限制到个别,它们本身都是一般和个别相结合的。"[⑥]可见,后期的金岳霖已经抛弃了《论道》中的那套形而上学,接受了马克思主义关于普遍性与特殊性以及必然性与偶然性的观点。并且,后期的金岳霖曾屡屡举例来对他所接受的马克思主义方法论大加阐发。例如,一棵树的倒下,一棵树迟早要倒是必然的,属于理,属于共相,属于一般,但这棵树何时倒下是偶然的,属于势,属于殊相,属于个别。对前期的金岳霖而言,这种必然性是可以理解的,这种偶然性是不可理解的;在后期的金岳霖看来,不仅这种必然性可以理解,这种偶然性也可以理解,不应该存在一般可以理解而个别不可理解的情况。又例如资本主义社会的消亡:"如果马克思主义者坚持资本主

---

① 王中江:《论金岳霖的"理有固然,势无必至"》,载中国社会科学院哲学研究所编:《金岳霖学术思想研究》,成都:四川人民出版社,1987年,第155页。

② 胡军:《道与真——金岳霖思想研究》,北京:人民出版社,2002年,第131页。

③ 徐水生:《金岳霖〈论道〉管窥》,《武汉大学学报》,1989年第3期。

④ 贺麟:《当代中国哲学》,南京:胜利出版公司,1945年,第24页。

⑤ 金岳霖:《〈论道〉一书的总批判》,《金岳霖全集》第4卷(下),第707—708页。

⑥ 金岳霖:《〈论道〉一书的总批判》,《金岳霖全集》第4卷(下),第709页。

义社会一定会灭亡，但是它在 1967 年还是在 1973 年灭亡完全是另外一种事。显然我们不能把必然灭亡这样一件事限制在哪一年发生。这当然正确，……肯定资本主义社会必然灭亡是从一般的社会发展规律来提的。资本主义社会究竟在哪一年灭亡要靠现阶段两个阵营力量的对比……前者更一般些，后者比较特殊些，但是，即令资本主义社会在 1967 年灭亡的话，这也仍然是可以理解的。"①金岳霖认为，从马克思主义的社会发展规律来看，资本主义灭亡的必然性可以理解，至于哪一年灭亡所具偶然性也可以理解，因为每一种偶然性背后都具有必然性。

究竟是什么原因导致《论道》中的理可以理解而势不可以理解？必然性可以理解而偶然性无法理解？一般可以理解而个别无法理解？在金岳霖的后期，他不仅对《论道》中自己割裂理与势、割裂必然性与偶然性、割裂一般与个别做了批判，而且对自己割裂理与势、割裂必然性偶然性、割裂一般与个别的原因做了深刻的反思。金岳霖称："《论道》所捏造出来的宇宙是不是有规律的呢？答案是有。我不是说个体的变动理有固然吗？但是就规律这一问题上，我也是在那里滋长迷信。在我的整个哲学中，一般是脱离了个别的，因此共相与殊相也是脱节的。了解完全属于一般这一方面，不是属于个别这一方面的，属于共相这一方面的，不是属于殊相这一方面的。上面已经提到过，我从前对于具体的特殊的（我当时所谓特殊也就是个别）东西毫无办法。"②金岳霖认为，在《论道》中，尽管自己承认宇宙有其规律理有其固然有其必然性，但他所谈论和说明的理、规律与必然性又是与个别、殊相脱节的。为何造成这种割裂和脱节？金岳霖称："个体的殊相有名言所不能及的那一方面，这也就是说有'能'那一方面的情形。"③金岳霖认为，自己之所以对个别、特殊的东西毫无办法，是因为个体、殊相有名言所不能及的方面。个体、殊相为名言所不能及的方面显然又与《论道》中"能"的不可思议不可想象相关，故后期的金岳霖对《论道》中理势、必然性偶然性的反思不得不从能的批判着手。"《论道》一书是承认宇宙的规律的，但是就认识说，就理解思维说，它只承认了一半。《论道》可以说是半个世界的不可知论。推销这个不可知论的工具是'能'和关于'能'的许多话，特别是'能有

接受了马克思主义的金岳霖对《论道》的反思和批判

---

① 金岳霖：《〈论道〉一书的总批判》，《金岳霖全集》第 4 卷（下），第 709 页。

② 金岳霖：《〈论道〉一书的总批判》，《金岳霖全集》第 4 卷（下），第 704 页。

③ 金岳霖：《〈论道〉一书的总批判》，《金岳霖全集》第 4 卷（下），第 705 页。

出入'。"①金岳霖认为,《论道》虽承认了世界的规律,也就是说承认理、承认必然性,但却不承认势可以理解、偶然性可以理解、个别可以理解,导致这种不可知论的原因则在于"能"。"物质是可以认识的,世界既根本就没有名言之所不能及的东西,物质当然在名言范围之内。'能'既是名言范围之外的东西,把'能'当作物质看待,也就是把物质当做神秘的东西看待。这是极其重要的一点,是应该着重批判的一点。"②金岳霖从马克思主义的物质观出发,物质是可以认识的,可认识的物质是名言可以把握的,如果《论道》中的能是物质,那么,能也就可以认识可以名言把握。金岳霖在《论道》中既把能作为一种物质性的材料,又把能视为一种神秘不可认识的东西。为什么《论道》中会出现能这种不可认识的材料呢? 金岳霖将导致这一系列问题的根源归结于《论道》的形而上学建构:"通过'式'和'能'《论道》干了什么呢? 它把可以名言的东西都划归到'式'里面去了,把'不可名言'的东西(根本没有这样的东西,这一点此处不赘)都划到'能'里面去了;……它把'式'与'能'不可分离底结合起来,来统一形式逻辑和客观的宇宙,可是他又把'能'和一般的可能割裂开来,来割裂具体事物的形式与材料。"③尽管《论道》中的式与能是不可分割地结合在一起,但这种结合只是为了获得一种逻辑上的统一性,实际上,论道中的"能"是一种脱离具体事物的"能",是一种脱离具体形式的材料。当脱离了具体的形式后,就出现了一种不可认识的材料。其作为一种纯活动既无自身以外的根据又不可测,故也就成了一种令人无法理解的偶然性。这表明在《论道》中"能"的这种偶然性背后并没有什么必然性的因素,是一种脱离了必然性的偶然性。

当《论道》中的"能"成了一种脱离具体事物的"绝对的材料"时,接受了马克思主义的金岳霖认为,《论道》中式也成了一种脱离具体事物的光溜溜的式。《论道》中的必然性也成了一种脱离具体条件的光溜溜的必然性。"整本书是要排除具体的事物的。它所提出的必然的'式'正是排除了具体事物的。它所提出的必然的'式'正是排除了具体事物的、正是光溜溜的'式'。"④"客观事物的和客观事物间的必然性是有时间地点和别的条件的。它就存在于这些具体的情

① 金岳霖:《〈论道〉一书的总批判》,《金岳霖全集》第4卷(下),第705页。

② 金岳霖:《〈论道〉一书的总批判》,《金岳霖全集》第4卷(下),第698页。

③ 金岳霖:《〈论道〉一书的总批判》,《金岳霖全集》第4卷(下),第710—711页。

④ 金岳霖:《〈论道〉一书的总批判》,《金岳霖全集》第4卷(下),第719页。

况中,它不能脱离这些具体的情况而单独地存在。把这些具体的条件排除掉,去肯定光溜溜的必然性,就是把本来有的必然性片面夸大了,绝对化了,而绝对化了的必然性是本来没有的。我们可以单独地肯定必然性。……但是我们决不能肯定单独的必然性。这样的必然性在客观世界是没有的。"①可见,在后期接受了马克思主义的金岳霖看来,并不存在《论道》中那种脱离具体事物的绝对化了的式、能和必然性,式只是具体事物的式,能只是具体事物的能,必然性只是具体事物的必然性。

结语

尽管后期接受了马克思主义的金岳霖对自己前期的《论道》有着深入而又尖锐的批判,但这并不意味着《论道》是一本毫无意义和价值的著作。《论道》从逻辑的视角来看世界,可谓与西方维特根斯坦的《逻辑哲学论》从逻辑的视角来看待世界遥相呼应,并且,金岳霖的《论道》也可以说是对中国哲学中的形而上学的一种推进,一种发展,一种"接着讲"。因此,乔清举曾认为:"金岳霖的式,可能与能的思想是对宋明理学理气观的发展。"②

接受了马克思主义后的金岳霖对自己前期的《论道》进行了自我反思和批判,从金岳霖的这一自我反思和批判来看,金岳霖的自我反思和批判是真诚的,是有道理的,是讲逻辑的,金岳霖是深知自己《论道》中最为致命的弊端和要害的,其认识之清楚,反思之深刻,批判之精准,可谓有的放矢、一语中的非他人之所能及,故学界在此问题上的看法和批评显然还远远没有达到金岳霖自己所反思的深度和高度。金岳霖从马克思主义出发对《论道》的这些反思和批判,也充分显示出马克思主义对后期的金岳霖产生了极为重要的影响。

---

① 金岳霖:《〈论道〉一书的总批判》,《金岳霖全集》第 4 卷(下),第 718 页。

② 乔清举:《论金岳霖对理学理气观的发展——为什么说金岳霖是儒家系列之一》,《新乡师范高等专科学校学报》,2007 年第 1 期。

Jin Yuelin's Criticism of the *On the Tao* after Accepting Marxism

Wen Bifang, li Baoda

Abstract: *On the Tao* is a metaphysical work of Jin Yuelin, who accepted Marxism and criticized the *On the Tao*. Jin Yuelin's criticism of *On the Tao* not only reveals the problems existing in the *On the Tao*, but also reflects the important influence of Marxism on the later Period of Jin Yuelin.

Keywords: logic, energy, *On the Tao*, Marxism

312

经验与现象

物自身的"非对象性"与智的直觉的"去视觉化"
——论牟宗三消化康德哲学背后的感知逻辑

徐 昇 *

[摘　要]　智的直觉与物自身是牟宗三消化康德(Imma-nuel Kant)哲学的概念桥梁,对其进行感官隐喻解读能够一窥牟宗三消化康德哲学背后的感知范式转换。牟宗三否定物自身是事实概念的深层原因在于它不能在与主体的对偶性结构中作为"对象"身份出现,这背后的理论关切指向非视觉性认知何以可能。与对物自身"非对象性"刻画相配合的,是牟宗三对智的直觉的"去视觉化"理解。通过对智的直觉背后不同感官感知结构的剖析,可以发现牟宗三与康德在此处的分歧,是由于支撑康德立论的是视觉性思维,而在牟宗三那里智的直觉是听觉性与味觉性的。自觉地压制视觉、凸显听觉、归于味觉,既是牟宗三本人思想发展的内在线索,也是其消化康德哲学背后的感知逻辑。

[关键词]　对象性;视觉;智的直觉;听觉;味觉

---

* 徐昇(1989—　),男,河南信阳人,哲学博士,中共重庆市委党校(重庆行政学院)哲学教研部讲师,主要研究领域为中国现代哲学。

从形式上看,哲学需要运用概念展开思维把握世界。但概念本身并不实在,对概念意义的理解既离不开其在系统中的逻辑位置,也离不开生成概念的感知经验。这其中具有切身性的感官感知活动发挥着重要作用。感知活动参与塑造了理知方式,感官感知结构会以隐喻的形式积淀在概念中,成为解读思想的钥匙。这启示我们,可以通过对概念语词感官隐喻的剖析还原其背后的感知经验,再通过对感官感知结构的刻画更清晰地展示出思维的深层结构。本文就试图通过剖析物自身与智的直觉概念,去呈现牟宗三与康德思想背后感知范式的差异,展示出牟宗三消化康德哲学背后的感知逻辑。

一、物自身的"非对象性"

物自身是康德提出的对其整个理论体系具有决定性意义的概念。对此,牟宗三给出了十分具有特色的诠释:"康德所说的物自身自应是一个价值意味底概念,而不是一个事实底概念。"①所谓事实底概念,是指完全不与主体发生任何关系的纯粹而绝对的客观性,而非以主体建立的普遍性所代替的客观性;所谓价值意味底概念,特指与人的自由本性相应的道德意涵,在这种理解下,物自身就完全进入了人化之域。

邓晓芒教授认为牟宗三将物自身视作价值意味概念完全是对康德思想的误读,并指出康德划分现象和物自身的理由:"……我们的认识虽然被看作只是现象,但却必须承认底下有物自身作为这些现象的承担者,因为否则就会导致逻辑上的自相矛盾:有现象(又译'显现'),却没有显现者。可见物自身就是显现(现象)后面的显现者,它是按照逻辑的不矛盾律从'现象'这个概念中推出来的,即显现必须有显现者。"②然而,仅依有显现必定有显现者这一前提未必能推出显现者具有纯粹而绝对的客观性这一结论。唯识学就曾设想作为显现的相分是由和主体活动紧密相关的阿赖耶识变现而来的。若要使这一推理成立,还需要再加一个前提——物自身具有对象性,即将物自身设定为与观察显现者对面而立的东西。加上这一条,作为显现者的物自身就能必然地推知是纯粹客

---

① 牟宗三:《现象与物自身》,《牟宗三先生全集 21》,台北:联经出版事业公司,2003 年,第 14 页。
② 邓晓芒:《康德哲学诸问题》(增订本),北京:文津出版社,2019 年,第 430 页。

观性的事实概念了。

这种将物自身视为对象的看法在康德那里是有依据的。因为物自身虽然不能被经验认识，但却可以被思维。在康德看来，人类作为有限理性的存在者只有一套思维模式，那就是知性范畴。范畴本不能有先验的运用，但当我们试图去思考物自身时，又不得不依助于它们。而范畴有提供先验对象概念的能力，这种能力来源于先验自我意识之统觉的本源的综合统一。知性及其诸范畴在其经验性的使用中，必须首先以先验的方式设定一个对象才能发生作用。这个设定的对象本身并不实在，而只是一个对象概念，它完全由知性给出，"只能作为统觉的统一性的相关物而充当感性直观中杂多的统一"①。这个相关物虽与先验自我有关，但在存在结构上表现为与主体拉开距离的对偶格局。这种由知性建立起对象的思路，被称作对象意识（李泽厚语）。正是由于受到对象意识的笼罩，物自身才被思考为主体之外的纯粹客体，进而被当成了事实概念。

牟宗三同样认识到了这一点，他说："然则统思统觉底自发活动实在即是一种'对象化'（objectification）底活动"②，并认为物自身应该摆脱这种知性对象意识的笼罩。"因为物自体是自在体（e-ject），根本不能为对象（ob-ject）故，即使勉强说为对象，亦是纯智直觉底对象，而在纯智直觉上则是对象而亦非对象，即亦无对象义。"③如果物自身不能被对象化，就根本不能与心拉开距离成为外于我的、与我无关的东西，也就不可能是事实概念。但同时，它也不与感性主体发生关系。一面要求与我不可分离，一面要求不能与感性发生关系。在这种夹逼状态下，若我们不拒绝承认人有道德主体，那么就只能推出物自身是与道德主体不可分离的东西，也就必然具有道德意味。可以说，一旦确认了物自身的非对象性，承认物自身是一个价值意味的概念就顺理成章了。

对象性思维在西方有着深久传统，并与视觉活动相关联。柏拉图（Plato）奠定了这种视觉主义认识传统，他以视觉作为模本来理解理智④，并将理念（相⑤）作

---

① 康德：《纯粹理性批判》，邓晓芒译，杨祖陶校，北京：人民出版社，2004年，第229页。

② 牟宗三：《智的直觉与中国哲学》，《牟宗三先生全集20》，台北：联经出版事业公司，2003年，第30页。

③ 牟宗三：《智的直觉与中国哲学》，《牟宗三先生全集20》，第120页。

④ 参见柏拉图：《理想国》，《柏拉图全集（增订版）6》，王晓朝译，北京：人民出版社，2017年，第219—220页。

⑤ "相"是取自陈康先生的翻译。参见柏拉图：《巴曼尼得斯篇》，陈康译注，北京：商务印书馆，1982年，第43—45页。

为心灵之眼的对象。亚里士多德(Aristotle)则在《形而上学》开篇就强调:"和其他相比,我们也更愿意观看。"①视觉之所以被古希腊哲人重视是由于其要求与对象保持距离,从而以静观、客观的态度对待事物。这种距离性意味着主体对对象的干扰被降至最低,也就最大程度上保证了认识的客观性。同时,视觉优先也促使人们以"形"来规定事物,逐渐形成了"形式即本质"观念。牟宗三"也"注意到了西方认识传统与视觉的勾连,指出"爱智"即"是由智以观解与其所观解出之理型而规定"②,并将理论理性直译为"观解理性",而其一生哲思其实就是试图超越这种由视觉支配的思考方式。

质言之,牟宗三否定物自身是个事实概念的真正原因在于物自身不能在与主体的对偶性结构中作为"对象"身份出现。若想在该问题上与牟宗三进行实质性的争辩,其焦点应该落在:人是否具有非对象性的思考方式,抑或非视觉性思维如何可能。

二、"对偶性"结构与视觉性思维

关于牟宗三对物自身概念的理解,杨泽波教授的评论同样值得关注。他认为,在牟宗三看来"是否为物自身关键看有没有时空和范畴。如果有时空和范畴,其对象即为现相;反之,其对象即为物自身"③,其实"牟宗三所说的价值意味的物自身其实并不是什么物自身,仍然是一种现相,当然不是一般的现相,是一种特殊的现相,而这种特殊的现相我称之为'善相'"④。

有没有时间和空间是否是牟宗三区分现象与物自身的标准? 牟宗三认为,现象与物自身的区分是主观义的,"主观只是执与不执的主体所显的主观:对执的主体而言为现象,对不执的主体而言为物自身。如是,主观义乃得极成"⑤。对于执,牟宗三解释说:"识心之执既是由知体明觉之自觉地自我坎陷而成,则

① 亚里士多德:《亚里士多德全集》第7卷,北京:中国人民大学出版社,1997年,第27页。

② 牟宗三:《历史哲学》,《牟宗三先生全集9》,台北:联经出版事业公司,2003年,第195页。

③ 杨泽波:《贡献与终结:牟宗三儒学思想研究(第三卷·存有论)》,上海:上海人民出版社,2014年,第363页。

④ 杨泽波:《贡献与终结:牟宗三儒学思想研究(第三卷·存有论)》,第318页。

⑤ 牟宗三:《现象与物自身》,第18页。

一成识心之执即与物为对,即把明觉感应之物推出去而为其所面对之对象,而其本身即偏处一边而为认知的主体,因此,其本身遂与外物成为主客之对偶,此曰认识论的对偶性,此是识心之执底一个基本结构。"①就是说,执的基本特征是对偶性(epistemological duality),这种对偶性不仅造成了主客如何相符的认识论话题,而且造成了主客二分的存在论架构。"现象"正是识心在自执其自己的同时,把原本与自己非分别的物自身推出去,与自身拉开距离,视之为"对象"而得来的。"现象之所以为现象即在它们在'对他'的相互关系中可以被表象为有生有灭,有常有断,有一有异,有来有去。"②显然,有没有时空和范畴只是在是否具有对偶性结构的基础上生发出来的次一级表象特征,以有没有时空和范畴作为判断现象与物自身的标准,并没有抓住区分的关键。

事实上,由于忽视了是否具有对偶性这个判断现象与物自身的最本质特征,致使杨教授对无执存有论的解读全都落在主客二分框架中。例如,他认为牟宗三所说的智的直觉之觉他其实是道德心对外部对象进行意义和价值的赋予。这种赋予说其实和人为自然立法一样,都预设了主客二分的存在结构。而牟宗三自己的说法却是:"于智的直觉处,物既是内生的自在相,则是摄物归心,不与心对,物只是知体之著见,即知体之显发而明通:物处即知体流行处,知体流行处即物处,故冥冥而为一也。因此之故,物无对象义。"③又如,杨教授认为牟宗三所说的物自身其实是善相,并特别辨析了"相"与"象"概念的不同,指出"'现相'则强调对象在人视觉之下的那个样子、那个形象"④。但视觉作为一种"距离的感官",其基本特征就在于"将事物保持在一定距离之外"⑤,具有明显的与对象拉开距离的对偶性结构,以善相解读物自身其实就是将物自身对象化了。这与牟宗三强调不能以知性之对偶性结构思考物自身也不相符。

要言之,视觉作为一种距离化、客观化的感知活动,要求把主体与所看分开,进而把所看推出去作为非我的、外部的存在者来对待。因此,只要我们以视觉方式去思考对象,就会不由自主地把对象设想成某种客观实在的东西。这是

---

① 牟宗三:《现象与物自身》,第 187 页。

② 牟宗三:《现象与物自身》,第 177 页。

③ 牟宗三:《现象与物自身》,第 104 页。

④ 杨泽波:《贡献与终结:牟宗三儒学思想研究(第三卷·存有论)》,第 319 页。

⑤ 沃尔夫冈·韦尔施:《重构美学》,陆扬、张岩冰译,上海:上海译文出版社,2002 年,第 222 页。

视觉性思维所自应得出的。同时,视觉又具有表面性的特点,只能将目光停留在对象表面,总会觉得对象"下面"还有我们没法看到的东西。一方面将物对象化,一方面将对象表面化(层次化),这就是在视觉性思维主导下成立具有外在客观性的物自身概念的深层原因。

三、智的直觉的"去视觉化"

与牟宗三对物自身概念的非对象性刻画相配合的,是他对智的直觉概念的去视觉化理解。

康德讨论智性直观是在柏拉图传统下进行的。柏拉图作为视觉中心论的奠定者,强调要用"心眼看"代替"肉眼看",指出"要探求任何事物的真相,我们得甩掉肉体,全靠灵魂用心眼儿去观看"①。这种"肉眼看"与"心眼看"的分离,在近代哲学中就表现为经验论与唯理论的对立。康德则更加全面地提炼了视觉活动的特点,认识到"理智看"只是表示对"看"的一般特点的抽象。理智看到理型,只表明"看"关注的是对象形式(即本质)方面的东西,至于具体看到些什么,还得用肉眼去看。于是,康德把"所看"的一般特征,如一定是在时间和空间中被看到,称之为先天的直观形式;看到的必然是某种关系中的"形",称之为先验的知性范畴。这些都是在现实的看之先(逻辑义)对视觉活动条件与结果进行的模拟,是为现实的看作准备。知性(理智看)并不能真正看到实在对象,不能真正形成经验知识,知性范畴只是对"所看"必然特征的提炼。康德的知识论是对西方视觉主义认识传统的一次重审。至于智性直观,无非是基于视觉情境的一种设想,设想有一种看可以直接创造出所看对象。但是,这也只是基于视觉活动特征的一种设想而已。

超越观解理性,肯定人有智的直觉,牟宗三找到了两条路:一是从自律道德入手走向听觉性思维;一是从依他圆教、明觉感应入手走向味觉性思维。

康德哲学不仅内含古希腊视觉传统,还有希伯来听觉传统②,后者体现在他的道德哲学中。阿伦特(Hannah Arendt)指出,实践理性是在"以命令的口气

---

① 柏拉图:《斐多》,杨绛译,北京:生活·读书·新知三联书店,2015年,第22页。

② 见叶秀山:《哲学的希望与希望的哲学》,《叶秀山文集》,上海:上海辞书出版社,2005年,第55页。

说话"①,康德自己也说:"实践理性的声音甚至使最大胆的恶棍也感到战栗。"②
无论是命令还是声音,这些听觉性词汇的使用暴露了康德在成立道德律时背后
起支撑作用的是听觉性思维。道德律作为无条件的绝对命令,显然是需要心灵
之耳去倾听的。且这命令不是从外在他者处听来的,而是从意志自身即纯粹实
践理性那里听到的,其本质是意志的自律,是"自我"对"本我"的听从。牟宗三
称之为逆觉体证,即智的直觉之自觉。

这种听内心独白式的自律,在儒学中同样有体现。杨泽波教授在研究孟子
性善论时,曾转引一段关于倾听的描述后说道:"'内部的呼声',不就是良心本
心的呼声吗?'倾听自己内部的呼声',不就是'反身而求'吗?'为了让自己被
铸造,被引导,被指引而倾听',不就是听从本心本体的指挥吗? 虽然马斯诺讲
的是'道家的倾听',但他所表达的正是儒家心学最基本的东西。"③这种最基本
的东西,正是这种听觉性思维塑造下的纵贯结构。

将听内心独白这一意象套在儒家心性结构上,性体即是道德命令的发布
者,心即是声音的听从者,这样,性心似乎有一定的距离,不能是一,犹如程朱一
系的心性结构。但当我们意识到,内心声音的发声者与倾听者其实是同一个主
体时,我们就可以将心提升至与性体通而为一的地步,也就是将我们现实的意
志从绝对命令的听从者提升为自身就是绝对命令的颁布者,成为心体、本心,犹
如心学一系,只是一心之伸展。因为听内心独白意象体现的本身就是同一主体
在自说自听④。所以,智的直觉之自觉只是道德主体的自知自证。开始好像是
有能、所,有命令者与听从者的差别,但此命令者与听从者终是同一主体。这一
过程即是所谓"以心著性"。这种先性心分设,再通过工夫(逆觉体证)将其合二
为一的结构,就是被牟宗三视为承继北宋三家理学之正宗的五峰—蕺山系的心
性结构。

智的直觉还有着不同于此纵贯系统的另一结构。以道家为例,牟宗三认为

① 汉娜·阿伦特:《精神生活·意志》,姜宇辉译,南京:江苏教育出版社,2006年,第256页。
② 康德:《实践理性批判》,邓晓芒译、杨祖陶校,北京:人民出版社,2003年,第109页。
③ 杨泽波:《孟子性善论研究》(再修订版),上海:上海人民出版社,2016年,第297页。
④ 听内心独白与听他者声音在发生结构上最大的不同在于,前者中发声者与倾听者必然能是一,因为这是
同一主体自己对自己发声,而后者中发声者与倾听者必然是两个主体。这也是道德自律与道德他律最大
的不同处。

道家圆教中智的直觉不同于儒家与康德,后两者是"向一方向而创造的","此若就判断说,即康德所谓'决定判断'……而道家之创生性却类乎康德所谓'反身判断'(reflective judgement),审美判断是反身判断,是无所事事,无所指向的品味判断(judgement of taste)。故决定判断亦可曰有指向的判断,反身判断亦可曰无指向的判断。"①这里透露出我们得以追踪智的直觉背后另一感官范式的关键线索,即"judgement of taste","taste"既是"审美"也是"味觉"。

在康德那里,反思的判断力最典型的代表就是审美,又称之为鉴赏力。鉴赏力的德文"Geschmack"在日常用语中的含义是口味,审美鉴赏力其实也就是一种高级的品味。对此,阿伦特追问:"为什么味觉——不仅仅在康德那里,而且自格拉西安以来——应该被提高到和成为心理判断能力的手段? 而判断力……为什么应该基于这种感觉?"②在她看来,味觉的特点是"提供内部感觉,这些内部感觉是纯属个人的和不可交流的……是个人感觉"③,而且味觉感知中"感觉到的东西不是一个客体,而是一种感觉,这种感觉不与客体密切相关,不能被回忆起来……这种感觉是直接的,没有经过任何思维或反思"④。单就味觉本身而言,它是个人性的,似乎是不可交流的。但反思性的判断力正是要为被给予的特殊寻求普遍性,走的是从特殊到普遍之路。于是,作为反思的判断力的品味判断的为他性、普遍性维度就与味觉本身的私人性、主观性特点背道而驰。阿伦特对此矛盾的解决是述之于共通感,但在其遗稿中没来得及就共通感与味觉的关系给出答案。

我们认为,味觉得以可能的前提就在于感官与外物完全无距离地融合在一起,而不同食物进入口中后其界限也会被打碎,进而相互融合。因此,由味觉塑造的思维就指向一种自身与他者、万物之间相互作用、相互融合的思考方式。界限的突破意味着自身与他者之间相即不分成为"同体"。这种同体共在的特质,就是康德视之为审美共通感的原则——即"在每个别人的地位上思维"⑤——得以可能的存在论根据。因此,味觉活动虽是主观性的,又内在地包

---

① 牟宗三:《智的直觉与中国哲学》,第268—269页。

② 汉娜·阿伦特:《精神生活·意志》,第264—265页。

③ 汉娜·阿伦特:《精神生活·意志》,第264页。

④ 汉娜·阿伦特:《精神生活·意志》,第265页。

⑤ 康德:《判断力批判》,邓晓芒译,杨祖陶校,北京:人民出版社,2002年,第136页。

含着成为反思判断的契机。这就回答了阿伦特之问。

味觉结构的智的直觉，显然不同于视觉结构中所预设的主客二分的存在论架构，也有别于听觉结构中所预设的先分设主客、再合二为一的功夫进路，而是基于一种"同体论"的共在存在论，它强调存在的非分别性。这种每一法都不能离开一切法，都"具一切法"的特点，必然含着"色心不二""心意知物浑是一事"等"不二"理境。这是对对象性思维的完全破除，也是对视觉性思维的超越。

天台圆教以"一念无明法性心即具三千世间法"表现智的直觉，此中关键在"即"字。《说文解字》云："即，食也"，以"近前就食"表示即之本义，后引申为靠近、接触。这种由靠近到接触再到消化的与物打交道的方式，推其极便是融为一体、通而为一。故即字后来发展出"就是"义。"即具三千世间法"便是与一切法同为一体。牟宗三又以儒家明觉之感应表现智的直觉。"感"从词源看源于咸，金文的咸从戈从人从口，表示咸作为五味之首，其作用于物时，既以水浸润之也以坚硬的盐粒切入之[①]。《咸象》以感解咸，将人以口融化、切入对象的模式扩展为人与万物交互融合作用的一般结构[②]。感应即是味物。

通过上述剖析，我们发现，牟宗三以智的直觉作为中国哲学区别于西方哲学的根本方法论，其实蕴涵着这么一个判断：中国传统哲学的思维方式倾向于听觉性（独白式）与味觉性，而西方哲学的思维方式更倾向于视觉性。

四、"视—听—味"的思想演化脉络

面对以科学为形态出现的西方视觉文化，牟宗三早年专研逻辑学、认识论，自觉接受视觉性思维训练，集中于对认识心的考察。但他并没有止步于此，在时代的感受与其师熊十力的启发下，牟宗三自觉地抵制科学主义对人生命的平面化、封限化，肯定生命的纵贯与立体。表现在理论上，他在肯定人有主观面的道德心的同时，也肯定人具有超越性的、客观面的性体。这样，作为超越根据的性体就与心拉开了距离。然而，此心乃是自定方向、自作主宰的道德本心，本身

---

① 关于"感"与"味"的联系，参见贡华南：《味与味道》，桂林：广西师范大学出版社，2015年，第三章第一节。

② 同体论在伦理领域表现为"始终将自我放在由他人构成的社会之中……'己'始终不能脱离'人'而存在，'己'不仅身处'人'中，而且'人'构成'己'生存发展的条件"。参见吴先伍：《"己欲立而立人"——儒学中"立己"与"立人"关系辨正》，《管子学刊》，2022年第2期。

亦有其超越性、绝对性。故此心充其极(需要一种工夫),心即是体,可与性体、道体合而为一,心性之间距离亦随之敉平。这种以心著性的"闻"的结构,在其中年时期的作品中特别地凸显。后来,牟宗三干脆直接捻出无限心概念,将心性先分再合的结构直接约化为一心之遍润,还在疏解天台宗思想中,发现了一种至始便在非分别的(味觉性的)结构中进行思考的理论形态,并将其称之为圆教模式。可以看到,在牟宗三思想发展过程中,存在一条从"视觉—认知心"到"听觉—修行心"再到"味觉—同体心"的线索。

牟宗三这种思想发展又是配合着对康德哲学的消化来实现的。对于康德的知识论,牟宗三以学习为主,吸收里面为中国主流思维传统所缺失的视觉性成分,如注重客观性、形式性。对于康德的道德哲学,凡是符合听觉性思维的成分,如讲意志自律、绝对命令等,牟宗三都是赞许的;凡是不符合听觉性思维的成分,掺杂视觉性思维于其中的观点,如规避质料(道德之觉情)的影响而凸出绝对命令形式上的普遍性的观点,以及由此造成的视自由意志为悬设、将道德法则与道德情感分离等,都是牟宗三所批评的。剔除掉其中的视觉性因素,使其完全听觉化,是牟宗三吸收、衡定康德道德哲学的内在标准。从整体上看,牟宗三消化康德哲学的基本思路是:将康德道德哲学中的听觉因素提纯、完善,再通过"坎陷"方式,将康德知识论中的视觉性思维吸纳进来。后期,牟宗三更是在对智的直觉的味觉化理解中,完全跳出了康德哲学,回归了中国传统的味觉思想①。

自觉地压制视觉、凸显听觉、归于味觉,这既是牟宗三思想发展的内在线索,也是其消化康德哲学背后的感官逻辑。

———

① 关于中国思想史演变中的"见-闻-味"逻辑脉络,参见贡华南:《从见、闻到味:中国思想史演变的感觉逻辑》,《四川大学学报(哲学社会科学版)》,2018年第6期。

The "Non-objectiveness" of Thing-in-itself and the "Non-vision Property" of Intellectual Intuition: On the Perceptual Logic Behind Mou Zongsan's Digestion of Kant's Philosophy

Xu Sheng

Abstract: As the conceptual bridge of Mou Zongsan to digest Immanuel Kant's philosophy, "intelligence intuition" and "thing-in-itself" which are made the interpretation of sensory metaphor can give us a perception paradigm behind Mou's digestion of Kant's philosophy. "Thing-in-itself" cannot appear as "objects" in the dual structure with the subject, so Mou denied it is the concept of fact which is the deep reason. The theoretical concern points "how is non-object cognition possible". In coordination with the "non objectiveness" of thing-in-itself, it is understanding of Mou's "Non-vision Property" of intelligence intuition. Through the analysis of the different perceptual structures behind intelligence intuition, it can be found the difference between Mou and Kant. Kant supports visual thinking, while Mou holds that "Intelligence intuition" is auditory and gustatory. Consciously resisting vision, highlighting hearing and attributing to taste are not only the internal clues of Mou's ideological development, but also the perceptual evolution logic behind his digestion of Kant's philosophy.

Keywords: Objectivity, Vision, Intelligence intuition, Hearing, Taste

物自身的「非对象性」与智的直觉的「去视觉化」

酒文化解析

中国思想中的醉拳[*]

金玉柱，李晨然[**]

[摘　要]　在"醉者神全"思想的影响下，中国武术形成了一种以"醉"为风格特征的醉拳。醉拳仿醉之神态，进而由酒而起，在斟酒、初饮、微醉、颠醉、狂醉、烂醉以及醒酒的身体运行过程中，醉酒不断移易武者之身心与万物，惟妙惟肖展现了醉拳之醉的形与意，势与道。醉拳以醉为象，因醉而起，以醉之形显拳之意，体现了"立象以尽意"的内在行为逻辑。拳之"醉"，意在技击之"醒"，似醉非醉、似醒非醒的"形醉意不醉、步醉心不醉"为其显著的技法特征。醉拳以醉放纵拳，以醉美化拳，醉者神全在武术思想中逐渐扎根，生成了一种与身心感通、与内外感通、与他者感通的超越性身体意识。醉拳中醉醒对立与醉醒交融的身体辩证法不仅彰显了一种中国式的身妙乎其心、游刃而有余的功夫境界，更是揭示了一种中国思想的深沉与精微。

* 基金项目：国家社会科学基金项目"近代以来著名武术家美育思想研究"（21BTY043）。

** 金玉柱（1984—　），男，山东菏泽人，哲学博士，西安电子科技大学终南山武术研究中心教授，主要研究
领域为武术文化与身体哲学。李晨然（2000—　），女，山西灵丘人，西安电子科技大学体育学硕士研究
生，主要研究领域为武术与民族传统体育。

[**关键词**]　中国武术;醉拳;酒;身心合一;中国思想

引言

中国武术以"源流有序、拳理明晰、风格独特、自成体系"作为拳种认定的基本标准。它们当中有以"佛圣道仙"命名的拳种,有以"姓氏""门"命名的拳种,有以"人名""地名"命名的拳种,有以"手法""步法""腿法"命名的拳种,还有以"动物"等命名的拳种,可谓是琳琅满目、风格迥异。在这些具有高度文化标识性的拳种里,有一类拳因其独特的演练形态和内在神韵一直备受人们广泛关注,它就是以"酒"为媒介,以"醉"为逻辑,以"形醉意不醉,步醉心不醉"为风格特征的醉拳。醉拳取"醉"之象,以"醉"之形展现拳之"意",看似"烂醉如泥",实则"内醒如初",其魅力体现在"藏技击之法、寓技击之理"于醉态之中。据《今壁事类》载,"周朝卫武公刺幽王时,就有了模仿酒醉后跌跌撞撞的醉舞。民间流传着'八仙'创醉拳的传说,也有'太白醉酒''鲁智深醉打山门''武松醉跌''醉八仙'等不同称谓"[1]。醉拳源头虽有争议,但自古有之是不争的历史事实。

对于醉,通常以"酒"为媒介,其最大的魅力在于酒不仅可以直接作用于人的身体而移易人之身心,而且可以令人发热、迷狂而超越现实世界,进而达到神异状态。贡华南指出:"饮酒而醉,醉可以全身,可以遂性,可以保真,为一价值自足的独立世界。"[2]在"醉"思想的影响下,醉拳从形式到内容日渐丰盈,形成了一种风格迥异的技击训练方法和套路动作。以"醉"命名的拳主要有八仙醉、水游醉、醉八仙拳、醉罗汉拳、少林醉拳、罗汉醉酒拳、武松醉跌拳、燕青醉跌拳、石秀醉酒拳等。相对于丰富多彩的醉拳技法而言,学术理论的挖掘、整理与阐释相对较少。有代表性的著作《醉拳》(蔡龙云、邵善康,1984),《邵善康专辑·醉拳》(邵善康,1994);代表性论文《古代醉舞与醉拳》(周伟良,1985),《醉拳与审美》(柯向荣,1989)。这以后虽有部分醉拳书籍出版和相关论文刊出,但并未

---

① 赵国庆、张克俭:《中国武术史话》,武汉:湖北人民出版社,2000年,第193页。

② 贡华南:《论酒的精神——从中国思想史出发》,《江海学刊》,2018年第3期。

超越前期研究成果的理论深度。研究以醉拳"形醉意不醉,步醉心不醉"的风格特征为切入点,以中国哲学的"酒精神"为理论依据,期许在"醉"与"醒"之间建构出醉拳的文化内涵。

一、酒与醉——移易人之身心与万物的自由律

醉拳以"醉"命名,自然要以"醉"展开,进而回到"由酒而醉"的思想史之中。文明之初的圣贤们对酒的原初体验是震撼的,但"贤能立身"的品格,又使得圣贤们在对待酒上,往往以"堵""封"的态度加以限制。如孟子云:"乐酒无厌谓之亡。"(《孟子·梁惠王下》)以及"禹恶旨酒而好善言"(《孟子·离娄下》)。意思是讲,民乐酒无厌会亡身,王乐酒无厌会亡国。后来,为了防止过度的饮酒、过度的享乐而无所节制,代殷而起的大周则以"礼乐"治理天下,在"礼"的统摄下,"乐"被进一步约束与防范。虽然对"酒"进行了控制,但"酒"所具有的为热、为刚、为进的不断向上的势能,总是被人不断呈现出来。在"礼"的制约与"乐"的需求中,"酒"似乎总是保持着随时出场的可能,虽被限制却又能始终处于一种"一张一弛,一文一武"似的动态平衡中。所谓"惟酒无量,不及乱"(《论语·乡党》),这是孔子对这种以"礼"控制"酒"既规范、约束,又宽容、尊重的最好印证。意思是讲,饮酒应以个人的酒量作为尺度的根据,既隐含着个人的自制工夫,也体现了对"礼"的尊重,以"不及乱"为伦理底线和道德遵守。

"热"无疑是"酒"最显著的性味。如"酒味甘辛,大热"(《北山酒经》),如"其性热,独冠群物"(窦苹《酒谱》)。以"热"独冠群物,酒精神就是"热"之精神的具体表现,酒入口、入身、再入心,不仅使人的身体产生身体之"热",更会由身而心,进而产生心灵之"热"、精神之"热",身与心、形与神因热而聚、因热而合、因热而成。这时彼之性味投合我之情味,实现了性味与情味的叠加与交织。"酒以热力带动血脉,活化僵化的手脚与五官,舒畅且耳聪目明。由酒而醉,醉者的生命融在酒中。醉首先敞开了人的有限性,触及到了身体的边际,逐渐消融身心之界限,实现人自身魂魄的化而通。"①酒醉之道合乎自然,在醒-酒-醉的身心

中国思想中的醉拳

---

① 贡华南:《从醉狂到醉卧——中国酒精神的演变脉络》,《华东师范大学学报(哲学社会科学版)》,2022 年第 4 期。

循环中会逐渐进入一个非常独特的意义世界。进入这个意义世界，一方面可以价值自足，不必外求；另一方面还可以护持与反哺精神，可以更为彻底地激活和释放想象力与创造力。

古代醉酒者在迷狂中创造出了那么多的伟大作品，借酒成名，道出了缕缕酒魂，令人叹为观止。我们看"诗仙"李白，"少年酒豪"杜甫，"醉吟先生"白居易，他们无不是在醉中将诗与酒结合，情感狂潮一发而不可收，自然精神与生命精神交融于酒中，激发出了他们无限的诗情、诗意与诗趣，创造出了千百首难以复制的天成之作。酒可以"调神气""长精神"，构成了醉者的生命，酒在醉者的身体中存在，在醉者的身体中流动，所充实的身体与酒一样充满着力气与勇气。醉者的眼神虽不清澈，但却能映照出比海市蜃楼更美的图景，有着远离尘俗之境的自觉与可能，可以进入一种独立、洒脱与飘逸的精神世界。

二、醉与形：醉拳"立象以尽意"的行为逻辑

醉拳取"醉"之形，演"醉"之态，以"醉形"进行着象形化生产。如醉拳以"瞄、藐、瞟、痴"等眼法，演绎酒醉的神情状态，形成了"形醉意不醉，步醉心不醉"的眼法特征；以"点、掐、刁、采"等手法，展现"上盘百枝摇"的醉汉姿态，形成了"变幻莫测，丰富多样"的手法特征；以"扭、挨、撞、挤"等身法，展现醉态中乘隙而入的技击特点，形成了"中盘如铜鼓"的形醉意清的身法特征；以"撇步、碎步、击步、辗转步"等步法，表现醉态中以倒取势的多变特征，形成了"下盘似生根"的闪摆进身、跌撞齐发的灵敏、活泼与矫健的步法特征；以"沾、贴、引、提"等发力形式，表现醉态中"虚守实发、逢击而避"的技击逻辑，形成了一种处处有刚柔，处处有攻防的拳法特征。

醉拳既有对醉形、醉态等身体活动的动态仿生，也有对功力性锻炼的静态仿生。动态仿生有以"象形取意"的钟离大醉、手抱壶瓶、提壶斟酒、醉汉抛杯等招式动作。静态仿生则有以"拔离地面、脚掌撑地"的开立桩、马步桩、提膝桩等功法练习。醉拳除了仿醉态的动作进行身体上的动力性训练之外，还仿醉态的形态特征和静态姿势，对身体进行静力性的定型化锻炼。总之，掌握好了动作仿生，拳以醉显、醉以拳美的意象表达也就自然而然了。为"醉"设置条件，为

"拳"预设立意,那种"言不尽意,立象以尽意"的心思和手段在醉拳特有的手、眼、身法、步、精神、气、力、功中就会得到充分的发挥与表达。它既暗合了一种将饮酒作为助拳之兴的应有之义,也彰显了一种饮酒合道、以通自然的形上追求。

另外,醉拳在对"形似"醉态动作进行象形化生产时,也对醉态之"神"进行着"以形写神"的会意性生产。首先是对武术动作的醉态化命名,如少林醉拳里的李仙独饮、钟离暴饮、太白贪杯、吕仙让酒、醉汉挑灯、醉仙踏浪、举杯邀月等,这些名称在武术动作与醉态之间建构起了一种富有联想性的意象桥梁;其次是技术技法的醉态化表征,将醉态行为特征泛化为武术技术动作的要求,建立新的武术身体,这一醉态化最为鲜明的技术特征可以总结为"手法强调敏捷到位,步法追求乱而有章,身法注重变化莫测"。这里的"醉"摆脱了外在的纠缠、束缚,而直接投合其内在意趣和精神需求。醉拳之醉赋予人以性味,性味勾连起意味,意味反触着性味,二者相互触发、相互联动,性味与意味共显。醉拳以"醉"为旨,在连接"形似"与"神似"的同时,将拳契合了自然之道,进而走向了醉得有意象、醉得有精神的功夫境界。

三、醉与意:醉拳"形醉意不醉"的内在张力

醉拳仿人醉酒后跌撞摇摆、前俯后仰的神态,这不仅仅是为了仿醉形、取醉态,更为真实的用意是为了技击。邱丕相指出,醉拳之为醉,关键在于"醉拳借醉酒的想象,离纵飘忽,闪展游击,似醉非醉地表现出令人神往的功夫和拳法。如不能'寓拳法于醉形''藏机关于跌扑',那就只能是醉舞或醉戏了"[1]。作为技击之术,醉拳遵循的路线依然是"取位用势",它和一切武术的技击要义一样,解决敌我关系的基本原则同样是"防身护体、制人取胜"。从外部看,虽似手舞足蹈、毫无章法,而其内部却暗含攻防进退之法,需要对时机、运势进行合理把握和运用。拳谚云:"不按常规不入套,各施各法显其能,引进落空乘隙进,避开正中取斜中,上下相随正当位,因应就便巧得宜。"[2]醉拳似醉非醉、东倒西歪,最

① 邱丕相:《武术初阶》,上海:上海教育出版社,2012年,第138页。
② 阮纪正:《至武为文》,广州:广州出版社,2015年,第112页。

能说明这种"不按常规不入套"的技击理念。不按常规,才能做到眼观六路、耳听八方、见机而作、应机而动,步步合乎攻防的逻辑。

《狂颠踉跄话醉拳》一文中指出:"醉拳以醉形、醉态,迷惑对手,并在技击中要求形醉意不醉,步醉心不醉,手捷眼快,步法身变,刚柔相济。讲求虚守实发,逢击而避,乘隙而入,指东打西。"①攻与守之间,关键是对掌握虚实的妙用,而虚实的精髓又在于,一要奇正并用,奇用来防守,正用来进攻;二要示形动敌,迷惑敌人、欺骗敌人、扰乱敌人;三是要守意,善守者,藏于九地之下即是此意。醉拳看似前仰后合、左歪右斜、踉踉跄跄、毫无规矩,实则不然,醉拳正是在借用重心失势间的变化动作,来迷惑与欺骗对手的,最终在跌跌撞撞的瞬息之间完成有效的防守与攻击。所谓"行千里而不劳者,行于无人之地也。攻而必取者,攻其所不守也;守而必固者,守其所不攻也。故善攻者,敌不知其所守;善守者,敌不知其所攻。"(《孙子》)孙子兵法中的攻守之道,最能揭示醉拳之形与态中"不知其所守"与"不知其所攻"的意义和作用。

醉拳"形醉意不醉"实际上就是为了虚实之变化。形之醉,意在迷惑对手、扰乱对手、欺骗对手。意不醉是技击之醒,是为了在奇正变化中攻击对手,在那千钧一发之际给予对手有效一击。醉拳看似"醉"为主导,其实不然,"醒"才是其本义所在,如果没有"醉"中之"醒"的存在,如若醉拳者已经真的烂醉如泥,那么,哪里还会有技击、攻防、虚实所在。醉是我之"形"醉,醒是我之"意"醒。"我"醉而忘我之"形"、无我之"形";"我"醒则是存我之"意"、在我之"意",醉拳之醉在于"醉而醒",即存意而忘形。当然,醉拳中"醒"是为了利用酒对认知的干扰与蒙蔽,醒的标志是能够分辨的,醒者能够区分出醒与醉、物与我、我与人,能够感知和明晰身体所在的场域、情景以及周遭世界,以便于在瞬息万变的技击中捕捉到有利的信息,做出恰当的判断,占据对决的主动性,做到以醉示敌,以醒制胜,这就是醉"意"的真实所在。

蔡龙云指出:"练醉拳要心动形随。醉拳既要表现出技击的意义,又要有酒醉的意味。形体动作一定要由心志来指挥,心动形随,在内外合一的活动下醉拳才能做到醉中有拳,拳法似醉,形神兼备。"②相应的由醉至醒,无疑是一场

---

① 武兵:《狂颠踉跄话醉拳》,《中华武术》,1996年第3期。

② 蔡龙云、邵善康:《醉拳》,北京:人民体育出版社,1984年,第2页。

"形而下"的运动,"形"逐渐恢复,并成为主导。因此,醉拳之"形"只有做到"攻守有度、进退得宜",醉拳的行为逻辑才能呈现出"进不离粘,退不忘撑"。看似"上盘百枝摇",实则"中盘如铜鼓,下盘似生根"。总之,醒寓醉之中,醒在醉中得到了放大,醉在醒中得到延伸。醒首先表现的是生命活力从潜藏处的闪然绽露与开放,即由虚柔之处、隐微之处,瞬间得以真实与显露。所以,"醒"藏于酒醉之中,以酒藏身、以醉藏意,以至于"意不在醉、意不离醉",只待时机出现,便猝然升腾、突破,时机一过又陡然复归于醉。所以说,醉中藏着醒,醒而复醉,在酒与醉中成就着醒,这就是醉拳"形醉意不醉"的内在张力。

四、醉与势:醉拳"身妙乎其心"的审美境界

醉的深度与醒的厚度在不断叠加的同时也会不断被突破,形愈醉而意愈醒,在醉与醒之间,其势更加迷人。技击也好,演练也罢,"意"植根于醉,醒绝不是饮酒前意识的简单恢复,它呈现的是对醉中的自我、醉中的人我、醉中的物我等关系的意会认知与身心感悟,追求的是一种"身妙乎其心"的游艺状态。虽醉象万千,而其拳势无穷,屈如伏虎伸比腾龙,行若无迹停似潜踪。醉拳"或卧而似倒,或立而似颠;斜而复正,断而还连"的醉态表现,从操作上来看,它与劲力所追求的"化劲之妙在于变,引劲之妙在于灵,拿劲之妙在于堵,发劲之妙在于随"的内在势理是密不可分的。

从演练体势来看,醉拳可以分为斟酒、初饮、微醉、颠醉、狂醉、烂醉及醒酒等几种醉形、醉态。随着醉酒的加深,一些跌、扑、滚、翻等动作,如栽碑、头翻、后空翻、摔盘、转体、鲤鱼打挺、乌龙绞柱也愈来愈多,一些不断升腾的醉形、醉态也愈加恍惚。所谓"夫情动而言形,理发而文见,盖沿隐以至显,因内而符外者也"(《体性篇》)。武者因情而动,发而为拳,随醉游走,随醉宛转,虽看似无我,实则身心自如,因情而异,理势合一,二者构成了心灵与身体的双向交流,实现了审美主体真正的"心与物游"。蔡龙云指出:"醉拳中的一切醉形、醉态都是由迎东击西、指西打东、随击而化、乘隙而入的那些闪展腾挪的拳势所形成,因之在练醉拳时,首先要理解动作的技击意义,是闪是避,是靠是化,是沾是随,是刁是拿,都需一一掌握。技击意义是动作的内在精神,醉形、醉态是动作的外表形象,这两者要有机地融合在一起,不可一味地去追求酩酊大醉的形态而忽略

了技击意义。要使醉中有拳、拳法似醉才好。"①"意不在醉、意不离醉"的动作之势,其实就是醉拳最为真实的味道,就是可见的与不可见的合一。

笔者在与赵长军交流醉之"势"时,他谈道:"醉拳要造型生动、乱中有序,动作要能做到动静分明、洒脱不羁、若即若离,要能在急缓自如的交替中变化节奏。酒入拳意,拳寓醉势,只有将它们二者表现得恰到好处才能把醉汉的醉形、醉态表现得惟妙惟肖。所以,只有将醉意处理好,醉拳的意境美才能得以显现。整套拳演练下来,才能表现出各种酒仙的不同形象,栩栩如生,呈现出一种极富想象力和充满趣味性的身体图景。不过,醉拳也是诸多拳术中要求功夫最为深厚的拳种之一,它对运动员的身体素质与基本功要求非常高,不但要有形似,要有神似,更要有技击之真,只有这样才能将醉拳的风格特征寓于动作之中,演练出'势'来,才能有味道,否则就会弄巧成拙。"(2021年10月)可以肯定,习练者唯有反复体会醉拳的架势、体势、理势与情势,才能真正演绎出"意不在醉,意不离醉"的功夫境界。

五、醉与道:醉拳"游刃而有余"的自由之境

如果说,文人墨客之醉的目的不是饮酒之乐,而是"山水之乐"的话,那么醉拳同样适用于此,也即在乎招式之间也,在乎攻防之间也,在乎技击之间也。如少林醉拳歌诀中所描写的那样:"何仙姑鸾颠凤倒,侧进身偏;铁拐李左跌右撞,身倒脚掀;吕洞宾披手披脚,两手如矢;韩湘子插掌填拳,来若翩跹;曹国舅身步齐进,臂膊浑坚;蓝采和上踮下挽,骨反筋偏;张果老蜻蜓点水,挽脚挽拳;汉钟离颠来倒去,玉山颓墙。"②醉拳者之意亦不在酒,不在醉,其在乎的是招式之间也,攻防之间也,技击之间也。醉拳在这些之间施展攻防技法,将技击得之心而寓之醉。心无思虑,却陶然、秩然而不死寂③,这种技击与演练之道在酒与醉、醉与醒、形与意之间游刃而有余,如入无人之境。

《少林拳经》所载《孔昭拳谱》中的一节"醉八仙歌",从名称上看似乎与武术无关,但从其内容而论,却实实在在是古代拳论中唯一一篇关于"醉八仙拳"的

① 蔡龙云、邵善康:《醉拳》,第1页。
② 李建新:《中华醉拳》,北京:人民体育出版社,2010年,第430页。
③ 贡华南:《20世纪中国思想中的酒》,《贵州大学学报(哲学社会科学版)》,2022年第4期。

珍贵史料。"醉者,醉也,号八仙。头颈儿,曾触北周巅;两肩谁敢与周旋;臂膊儿,铁样坚;手肘儿,如雷电;拳似砥柱,掌为风烟;膝儿起将人掀,脚儿勾将人损。披削爪掌肩头当先;身范儿,如狂如颠;步趋儿,东扯西牵,好叫人难留恋。八洞仙踪,打成个锦冠顾天。"[1]从歌词内容上来看,"按照文序先后共说到了6个相关部位的功能,即头颅、两肩、臂膊、手肘、拳掌、膝脚等,讲述的皆是人体各部所具有的攻击功能,如臂膊儿,铁样坚;手肘儿,如雷电,说的都是发劲之刚实与肘击之快捷。"[2]从"醉八仙歌"来看,醉拳看似如狂如癫,但其意并不在酒与醉,而是强调招式的技击之法,追求攻防的技击之道。

值得一提的是,《少林武功·醉拳》一文中少林妙兴大师的遗墨这样写道:"头如波浪,手似流星。身如杨柳,脚似醉汉。出于心灵,发于性能。似刚非刚,似实而虚。久练自化,熟极自神。"[3]意思为醉拳演练时,看似时斟时饮,步法踉跄,摇摆跌撞,身形歪斜,醉跌无常,实则寓拳法于醉形,藏机关于跌扑;看似东倒西歪,前俯后仰,步碎身活,实则似醉非醉,形醉意不醉,步醉心不醉,心随意变,神传意发。动作运行的轨迹中一招一式皆含刁、搂、点、扣的手法;弹、蹬、勾、挂的腿法;挨、傍、挤、靠的身法;翻、绞、剪、扑等地躺技法。以至于可以说,醉拳至微至精的动静之变皆暗含技击之道,其魅力体现在"藏技击之法、寓技击之理"的醉态之中,如"醉拳的体势虽呈柔绵,但其动作势式在柔绵中还需要有筋骨、有遒劲,一招一式都要善于运用身躯和四肢肌腱韧带的极力伸缩而处在绷劲状况之下,使动作势式暗持剑拔弩张的遒劲。而这种遒劲又和一般的拳术不同,它只需内敛,不宜外扬,柔中含刚,绵里裹针"[4]。质言之,不论是从"意"的"意不在醉,意不离醉"的内在逻辑来看,还是从"势"的架势、体势、理势与情势的运行轨迹来看,都需要武者在不断保持身体醉形、醉态的平衡与劲力完整协调的基础上,努力做到全体一气、周身一体的内在逻辑。这些精湛的技理、技法需要武者在动静、刚柔、虚实等方面的行为变化中达到一种身体的技艺自组织和自动化状态,即"身道"是也。

中国思想中的醉拳

---

① 马国兴:《古拳论阐释续编》,太原:山西科学技术出版社,2004年,第112页。

② 江百龙:《明清武术古籍拳学论析》,北京:人民体育出版社,2008年,第217页。

③ 武兵:《中国醉武》,太原:山西科学技术出版社,2015年,第225页。

④ 邱丕相:《武术初阶》,第1页。

六、结语

醉拳是一种奇特的身体艺术。这种奇特源于仿醉之形、立醉之象、显拳之意、尽拳之势,达致"造化功夫用酒传"的超越之境。"造化功夫"①何以需要"用酒传",酒在这里担当起了灵感的媒介。被酒温暖的武者身体与灵魂自由舒展,在"意不在醉,意不离醉"的行为自觉下,做到化有招于无形之中,身体在严格的功夫训练中获得"随心所欲"的自由,以致意动身随、从心所欲、出神入化。它体现了一种天地氤氲而创生万物的过程与结果,也是特定条件下一种技术上高度熟练后所形成的技艺自组织和自动化状态,一种人作为生命体的自由发挥。这个由身体演绎出的生意世界不再是那种空间布局的徒具形式的表象符号,而是在时间与空间中展开的一种生机盎然的气象万千的美学映照。

The Interpret Zuiquan in Chinese thought

Jin Yuzhu, Li Chenran

Abstract: Under the influence of the thought of "drunk people are full of spirit", Chinese wushu has formed Zuiquan characterized by "drunk". Zuiquan imitates the appearance of drunkenness, and then starts from wine. In the process of pouring wine, drinking at the beginning, slightly drunk, tipsy, crazy drunk, dead drunk and sober up, drunkenness constantly changes the body, mind and everything of the martial artist, vividly showing the shape and meaning, movement and Tao of Zuiquan. Zuiquan imitates the form of drunkenness, and then starts from drunkenness. In "drunkenness", it takes "establishing the image to fulfill the meaning" as its internal behavior logic. The "drunken" of Zuiquan is intended to "wake up" in the technical attack. The "drunk form but not drunk consciousness, drunk footwork but not drunk heart", which seems to be drunk but not drunk, are its distinctive style characteristics. Zuiquan uses drunkenness to indulge boxing, and use drunkenness to beautify boxing. Drunken in martial arts thought has taken root and gradually formed a transcendental

---

① 贡华南:《从醉到闲饮——中国酒精神演进的一条脉络》,《贵州大学学报(社会科学版)》,2020年第3期。

body consciousness that is connected with body and mind, internal and external, and others. From the opposition between drunkenness and wakefulness to the blending of drunkenness and wakefulness, this body dialectic of Zuiquan not only reveals a Chinese style of body and mind, the realm of kung fu, but also reveals the depth and subtlety of a Chinese thought.

Keywords: Chinese wushu, Zuiquan, Wine, Unity of mind and body, Chinese thought

337

中国思想中的醉拳

酒与《红楼梦》的四重意境[*]

高瑞杰[**]

[摘　要]　曹雪芹嗜酒如命,其将酒的意象亦贯穿于《红楼梦》始终,使之成为联结故事脉络、丰富人物性格、暗示人物命运及故事走向的重要载体。书中所描述的众多酒宴,有前期展现饮酒之乐的情状的;有体现饮酒之醉境,以醉酒抒发、展现其性情深处之情感的;有体现酒之悲境,呈现"千红一窟,万艳同杯"的情感基调的;有体现酒之空灵之境、表现其至情至性的主旨格调的。凡此种种,共同形塑了《红楼梦》因酒而成的四重境界,丰富了《红楼梦》的思想内涵。

[关键词]　《红楼梦》;酒之乐;酒之醉;酒之悲;酒之情

　　《红楼梦》全书描写了七十多处酒宴,包括年节酒、祝寿酒、贺喜酒、祭奠酒、治丧酒、待客酒、接风酒、践行酒、中秋赏月酒、赏花酒、赏雪酒、赏灯酒、看戏酒、家常饮酒等,出现"酒"字达六百余个,酒在《红楼梦》中所起的作用举足轻重。其中描写的酒类也非常多,譬如有太虚幻境的"万艳同杯"酒、惠泉酒、金谷酒、

＊　基金项目:贵州省哲学社会科学规划国学单列重大课题"中国酒精神研究"(20GZGX04)。

＊＊　高瑞杰(1989—　　),男,山西吕梁人,历史学博士,上海师范大学哲学系副教授,主要研究领域为中国思想史、经学史研究。

御酒、黄酒、烧酒、合欢花酒、菊花酒、屠苏酒、西洋葡萄酒、绍兴酒、桂花酒、果子酒等。饮酒必得持酒器，书中提到的酒器也令人目不暇接，如材质包括金、银、铜、锡、陶、瓷、竹、木、兽角、玻璃、冻石、珐琅等；酒具有乌银梅花自斟壶、海棠冻石蕉叶杯、乌银洋錾自斟壶、十锦珐琅杯、黄杨银套杯、金蟾彝、汝窑美人觚、玻璃盏、琥珀杯、金银爵、瓠瓟斝、杏犀盉、竹根套杯、台盏、旋子、镀金执壶等等，充分体现了贾府作为钟鸣鼎食之家的繁华与奢靡。在曹雪芹的笔下，并没有把酒单纯当作一种叙事的媒介或可有可无的点缀，而是通过对酒的描写，将人物性格、命运走向、思想主题皆寓于其中；且正是因为酒的参与，许多大事才可以顺理成章地发生，由此体现出酒自身的丰富意蕴对《红楼梦》思想抉发的重要推动作用。

从现存的曹雪芹生平佚事可以看出其是一个嗜酒如命的人，好友敦诚、敦敏兄弟曾记录过他们与曹雪芹把酒言欢的诸多故事，二人诗集中有十二首诗与曹雪芹有关，而其中八首又与饮酒有关。如最著名的"残杯冷炙有德色，不如著书黄叶村"（《寄怀曹雪芹》），"满径蓬蒿老不华，举家食粥酒常赊"（赠曹雪芹》），①等等，指出了曹雪芹虽处于穷困潦倒之中，却常常赊酒的情状。其《佩刀质酒歌》序又载："秋晓遇雪芹于槐园，风雨淋涔，朝寒袭袂。时主人未出，雪芹**酒渴如狂**。余因解佩刀沽酒而饮之。雪芹欢甚，作长歌以谢余，余亦作此答之。"②皆可见曹雪芹本人确实对酒情有独钟，也难怪在其笔下可以写出如此之多活灵活现的饮酒场景。

而且，曹雪芹确实对酒的特性及功用如数家珍。如第八回讲到，大冬天下雪，众人要给宝玉温热酒，宝玉说自己爱吃冷的，作者借宝钗之口指出："宝兄弟，亏你每日家杂学旁收的，难道就不知道酒性最热，若热吃下去，发散的就快，若冷吃下去，便凝结在内，以五脏去暖他，岂不受害？从此还不快不要吃那冷的了。"③唬得宝玉乖乖地"放下冷酒，命人暖来方饮"④，此言深得饮酒养生三昧。又如第三十八回载众人相约吃螃蟹，因螃蟹性寒，而黛玉体虚，因此其在食用螃

① 敦诚、敦敏：《四松堂集》卷一，上海：上海古籍出版社，1984 年，第 146 页。

② 敦诚、郭敏：《四松堂集》卷一，第 171 页。

③ 曹雪芹著，脂砚斋评：《红楼梦脂批本》，长沙：岳麓书社，2011 年，第 102—103 页。

④ 曹雪芹著，脂砚斋评：《红楼梦脂批本》，第 103 页。

蟹后"须得热热的喝口烧酒",烧酒也是宝玉命人"将那合欢花浸的酒烫一壶"①来;大家又作螃蟹诗,宝玉有诗"饕餮王孙应有酒,横行公子却无肠",宝钗有"酒未敌腥还用菊,性防积冷定须姜"②,读来既生动,又可增长见闻。又如第五十回中宝玉去栊翠庵折梅,黛玉也说外面天冷,让宝玉"吃杯热酒再去"③,喝酒对暖脾胃大有裨益,因此也成为贾府上下颇受欢迎的饮品。除暖脾胃之外,酒还有别的功能,如第四十四回中,凤姐因捉奸贾琏和鲍二家的,而迁怒于平儿身上,平儿衣衫不整地跑到怡红院,贾宝玉见此状,命人将衣服"拿些烧酒喷了熨一熨",待酒干后,"便使熨斗熨了叠好"④,亦可见曹雪芹对酒的功效的熟悉程度。

经验与现象

一、至乐之酒

《礼记·乐记》载:"酒食,所以合欢也。"在《红楼梦》众多饮酒场合中,以酒助兴、以酒为乐的场景应该最为普遍。其中,在酒宴中行酒令便是调剂气氛的首选,如第二十八回中,宝玉在冯紫英家提议喝酒当行酒令,否则"如此滥饮,易醉而无味",可见酒令也是饮酒助兴的绝好调剂。其具体游戏有很多,如有掷骰子、划拳、击鼓传花、占花名、射覆、对诗词曲、拇战等种类。一般在酒门、酒面、酒底等环节都需饮酒,若对不出,也要罚酒,这样一局下来,便会饮下好几海酒,十分有趣。如此回中,正是在蒋玉菡的酒令中提到"花气袭人知昼暖",暗含了袭人最终的命运归宿。第六十三回众人玩占花名,探春抽到"得此签者,必得贵婿"的签注,被众人打趣"我们家已有了个王妃,难道你也是王妃不成"⑤,暗示其将来远嫁藩王的命运。而且,即使大家一同饮酒作乐,但每个人的表现又各有不同,颇能通过酒乐展现大家的性格特征与情趣。

譬如有低俗之乐者,如薛蟠行酒令,其语言尽是风言浪语,不堪入目,如"女

---

① 此亦曹雪芹自况,己卯本批注即云:"伤哉,作者犹记矮䫉坊前,以合欢花酿酒壶?屈指十二年矣。"见曹雪芹著,脂砚斋评:《红楼梦脂批本》,第432页。

② 曹雪芹著,脂砚斋评:《红楼梦脂批本》,第435—436页。

③ 曹雪芹著,脂砚斋评:《红楼梦脂批本》,第548页。

④ 曹雪芹著,脂砚斋评:《红楼梦脂批本》,第492页。

⑤ 曹雪芹著,脂砚斋评:《红楼梦脂批本》,第686页。

儿悲,嫁了个男人是乌龟",惹得众人哄堂大笑,这样的乐颇为低俗,但薛蟠却不以为意。又如邢夫人胞弟邢德全,也是整日以"吃酒赌钱,眠花宿柳为乐"①,人称"傻大舅",与"呆大爷"薛蟠可谓难兄难弟。

不过更多的其实是高雅之乐,如大观园的几次起社联诗,皆有酒的参与,此间其乐融融,众人虽然插科打诨,却都颇为雅致,而且也能反映出人物性格。如第六十二回提到因宝玉、宝琴、平儿、邢岫烟四人同一天生日,大家命人"收拾两桌酒席"为四人过寿,本来因为王夫人不在家显得有些冷清,但因为大家饮酒作乐,"该对点的对点,划拳的划拳","没了管束,便任意取乐",好不热闹,书中载:

宝玉便说:"雅坐无趣,须要行令才好。"众人有的说行这个令好,那个又说行那个令好。黛玉道:"依我说,拿了笔砚将各色全都写了,拈成阄儿,咱们抓出那个来,就是那个。"众人都道妙。即拿了一副笔砚花笺。香菱近日学了诗,又天天学写字,见了笔砚便图不得,连忙起座说:"我写。"大家想了一回,共得了十来个,念着,香菱一一的写了,搓成阄儿,掷在一个瓶中间。探春便命平儿拣,平儿向内搅了一搅,用箸拈了一个出来,打开看,上写着"射覆"二字。宝钗笑道:"把个酒令的祖宗拈出来。'射覆'从古有的,如今失了传,这是后人纂的,比一切的令都难。这里头倒有一半是不会的,不如毁了,另拈一个雅俗共赏的。"探春笑道:"既拈了出来,如何又毁。如今再拈一个,若是雅俗共赏的,便叫他们行去。咱们行这个。"说着又着袭人拈了一个,却是"拇战"。史湘云笑着说:"这个简断爽利,合了我的脾气。我不行这个'射覆',没的垂头丧气闷人,我只划拳去了。"探春道:"惟有他乱令,宝姐姐快罚他一钟。"宝钗不容分说,便灌湘云一杯。②

从上面这段有关酒令的记载中,已可见宝玉顽皮有趣、黛玉机灵古怪、香菱天真活泼、宝钗温润随和、探春果决干练、湘云爽利大气等性格特点。尤其对于湘云,脂砚斋确实说过"湘云喜饮酒,何等疏爽"③,即其爽朗旷达的性格常常是通

① 曹雪芹著,脂砚斋评:《红楼梦脂批本》,第815页。

② 曹雪芹著,脂砚斋评:《红楼梦脂批本》,第672页。

③ 曹雪芹著,脂砚斋评:《红楼梦脂批本》,第667页。

过饮酒的习性体现出来的。①

此回晚上宝玉又和袭人商议在怡红院内继续摆酒过寿，宝玉提议须行个酒令，袭人觉得应该玩个斯文点的游戏，麝月沉闷，因此想拿骰子抢红，被宝玉否决，觉得占花名好玩，晴雯对此表示赞同。为了热闹，大家又请了众姑娘前来，这一夜一直玩到四更天才歇下。从此处提议中也能看出袭人做事温和稳重，麝月沉闷简单，晴雯与宝玉性情相契，也是爱玩。可以说，《红楼梦》中描写的众人对于饮酒、酒令游戏的反应，都无比贴合其人物个性，也使得人物更加鲜活生动。

通观全书，可以看到，饮酒之乐境大部分出现在抄检大观园之前，以见"烈火烹油，繁花似锦"之盛况；不过正如秦可卿所言"月满则亏，水满则溢"，"盛宴必散"，伴随着贾府的没落，饮酒之乐也渐渐隐匿了。

二、至醉之酒

若饮酒兴致很高，又酒力不胜，往往容易致醉，因人物性情不同，情境不同，又会呈现不同醉态。如有呈现世俗之醉者，第一回甄士隐与贾雨村于中秋聚饮，二人谈兴正浓，"不觉飞觥献斝"，"雨村此时已有七八分酒意，狂兴不禁，乃对月寓怀，口号一绝云：'时逢三五便团圆，满把晴光护玉栏。天上一轮才捧出，人间万姓仰头看。'"贾雨村于醉酒之时所作之诗，当出自肺腑，一股追名逐利之气息扑面而来，甲戌本批注便道"奸雄心事，不觉露出"②，可谓精辟。又如邢德全因酒醉而勾起往事，"醉露真情"，便借着骂娈童而说道"怨不得他们视钱如命，多少世宦出身的，若提起'钱势'二字，连骨肉都不认了"③。通过邢氏之口，对于世俗趋炎附势之现状，作出辛辣讽刺。

这种批判因人而异，同样是以酒醉揭露世事百态的，邢德全的批判带着一种气急败坏、狗急跳墙的谩骂口吻；而焦大的批判，则带着一种怒其不争的刚勇之气。第七回中他当着凤姐、贾蓉的面骂道："我要往祠堂里哭太爷去。那里承

---

① 又如第四十九回讲到湘云等一众姊妹一起饮酒啖肉，湘云便边吃边说道："我吃这个方爱吃酒，吃了酒才有诗。"亦可见其性情豪迈的一面。见曹雪芹著，脂砚斋评：《红楼梦脂批本》，第543页。

② 曹雪芹著，脂砚斋评：《红楼梦脂批本》，第11页。

③ 曹雪芹著，脂砚斋评：《红楼梦脂批本》，第816页。

望到如今生下这些畜牲来！每日家偷狗戏鸡，爬灰的爬灰，养小叔子的养小叔子，我什么不知道？咱们‘胳膊折了往袖子里藏’！”[①]这里焦大的醉骂，既隐隐揭露了凤姐与蓉哥儿的不堪，也暗讽了贾珍与秦可卿的私情，即戚序本批注所谓“焦大之醉，伏可卿之病至死”[②]，而这些丑事，隐藏在礼法森严的簪缨世家的包裹之下，更显得惊心骇目。与柳湘莲所言贾府“除了那两个石头狮子干净，只怕连猫儿狗儿都不干净”，适成呼应。

同样有刚勇之醉骂的，尤三姐差可比拟。如第六十五回，尤三姐面对贾琏、贾珍宁荣两府有名的一对“风月场”上的高手，带着醉意痛快淋漓地骂了两人：“我有本事先把你两个的牛黄狗宝掏了出来，再和那泼妇拼了这命，也不算是尤三姑奶奶！喝酒怕什么，咱们就喝！”其是以一种玉石俱焚的撒泼方式向贾琏、贾珍施压，竟让二人“垂涎落魄，欲近不能，欲远不舍，迷离颠倒”，她则以此为乐。其实，尤三姐也并非真的乐于通过“饧涩淫浪”之状去勾引男人，只是惯用以彼之道还施彼身之法去整治一些无赖轻薄之徒，说到底，其实是对现实际遇有着深刻的绝望，但又并没有完全失去对幸福的追寻，反而以一种肆情刚勇的方式抗争罢了。事实上，对比焦大和尤三姐的醉骂，一个从家族入手，另一个从自身着眼，也凸显了曹氏塑造人物，在面对近似情节时“特犯不犯”的艺术匠心。

再次，还有呈现“自然之醉”者，如第四十一回刘姥姥二进大观园时，因为王熙凤、鸳鸯等人的捉弄，她不禁多吃了几杯酒，在如厕之后，因酒醉情志恍惚而迷路，无意中竟然闯进怡红院在宝玉床上睡熟了。书中写其“此时又带了七八分醉，又走乏了，便一屁股坐在床上，只说歇歇，不承望身不由己，前仰后合的，朦胧着两眼，一歪身就睡熟在床上”，“扎手舞脚的仰卧在床上”，且“酒屁臭气”“鼾齁如雷”，让循声找过来的袭人大吃一惊，亦可见刘姥姥天性自然淳朴的一面。

当然，还有醉后而有义气之举的。我们都知道贾宝玉虽然善良纯真，但性格里又有怯懦软弱的一面，比如他面对王夫人撵走晴雯、四儿、芳官等怡红院里的丫头的行为时，完全不敢出头，展现出其软弱无能的一面；对于大观园里的一些不公或不敬的事情，也往往采取息事宁人的态度。不过第八回，宝玉也因李

---

① 曹雪芹著，脂砚斋评：《红楼梦脂批本》，第 95 页。

② 曹雪芹著，脂砚斋评：《红楼梦脂批本》，第 95 页。

嬷嬷无端拿了其给晴雯带的包子、喝掉了早上特地沏好的枫露茶,于是大发雷霆,发狠要将李嬷嬷撵出去,从中体现出其对晴雯等丫鬟的怜惜之情。而这也是通过醉酒①,透露出其性格刚强的一面。

最后,还有一种洒脱之醉,史湘云可谓当仁不让。如第六十二回因宝玉等人过生日,湘云高兴,忍不住喝醉了,之后竟醉卧到一块大石凳上,众人连忙扶她起来,而"湘云口内犹作睡语说酒令,唧唧嘟嘟说:'泉香而酒冽,玉盏盛来琥珀光,直饮到梅梢月上,醉扶归,却为宜会亲友。'"②在露天的青石板上睡梦沉酣时仍然念念有词,生动反映了其率真旷达的性格特征。正如胡文彬称:"世间醉态种种,独湘云最美。"③看湘云醉卧青石,满身花影,这种空灵之境或许确实只能凭借酒醉才能表达出来。

三、至悲之酒

《红楼梦》中也处处体现出一种"盛席华筵终散场"、"三春去后诸芳尽"、"乐极悲生"的悲剧基调。对于《红楼梦》由盛而衰的转变过程,有两件标志性事件:一件是第五回,即贾宝玉梦游太虚幻境一节;一件是第七十八回,这是贾府最后一次中秋夜宴,已经呈现出山雨欲来风满楼的肃杀之气,而这两次事件,皆与酒的推动密不可分。

酒可以营造一种朦胧恍惚之境,以酒来渲染太虚幻境,再合适不过。第五回宝玉进入秦可卿闺房,随即就被秦氏接引至太虚幻境警幻仙姑处。仙姑称"有自采仙茗一盏,亲酿美酒一瓮",待让其看完金陵十二钗正册、副册、又副册等群艳之后,又用"万艳同杯"招待宝玉:

> 少刻,有小丫鬟来调桌安椅,设摆酒馔。真是:琼浆满泛玻璃盏,玉液浓斟琥珀杯。更不用再说那肴馔之盛。宝玉因闻得此酒清香甘冽,异乎寻常,又不禁相问。警幻道:"此酒乃以百花之蕊,万木之汁,

---

① 脂批于此处即多次写道宝玉"真醉了""真大醉""实实大醉""真真大醉了"等语。参曹雪芹著,脂砚斋评:《红楼梦脂批本》,第107页。

② 曹雪芹著,脂砚斋评:《红楼梦脂批本》,第675页。

③ 胡文彬:《酒香茶浓说红楼》,太原:山西教育出版社,1998年,第72页。

加以麟髓之醅,凤乳之麹酿成,因名为'万艳同杯'。"①

如警幻所言,此酒制作集天地万物灵秀之气,可谓造化之菁华所在,故称"万艳同杯",亦隐含形容闺门女子之灵秀,与宝玉所言"女儿是水作的骨肉"也相称。不过正如甲戌本批注此名"与'千红一窟'一对,隐'悲'字"②,即"万艳"如何光彩夺目,终究免不了"同悲"的命运,警幻仙姑所示的大观园女子判词中,几乎没有得以善终之谶语,亦所谓其受"宁、荣二公之灵"所托,希望能"先以情欲声色等事警其痴顽,或能使彼跳出迷人圈子,然后入于正路"③,使宝玉不再寄情于儿女情长,而是发愤于功业,从而可以使宁荣二府复振繁华。不过此一回太虚幻境之游所见,几乎囊括了《红楼梦》群芳的日后命运,且曲子最后又道"好一似食尽鸟投林,落了片白茫茫大地真干净",预示了"盛宴必散"的悲剧命运。而宝玉从太虚幻境醒来后,依然我行我素,并没有真正如两位太爷所愿"迷途知返",贾府的命运没有因此而得到改变。

又如第七十五、六回,宁国公贾敬刚刚薨逝,贾珍作为孝子,本应居丧守制,然而却借以习射为由,日日斗鸡走狗、烹猪割羊。因至中秋,贾府上下又摆桌饮酒,贾珍也带领妻妾众人,先饭后酒,开怀享乐,突然于祠堂内传来长叹之声,风气森森,月色惨淡,此即回目所谓"开夜宴异兆发悲音",此祠堂悲音也预示着贾府无可挽回地衰败的命运。④ 此一天,贾母等人也一起进了大观园赏月,贾母兴致颇浓,至四更方散。书中写道:

> 因命再斟酒来。一面戴上兜巾,披了斗篷,大家陪着又饮,说些笑话。只听桂花阴里,呜呜咽咽,袅袅悠悠,又发出一缕笛音来,果真比先越发凄凉。大家都寂然而坐。夜静月明,且笛声悲怨,贾母年老带酒之人,听此声音,不免有触于心,禁不住堕下泪来。⑤

① 曹雪芹著,脂砚斋评:《红楼梦脂批本》,第64—65页。

② 曹雪芹著,脂砚斋评:《红楼梦脂批本》,第65页。

③ 曹雪芹著,脂砚斋评:《红楼梦脂批本》,第64页。

④ 按:庚辰本脂批写到:"盖宁乃家之宅,凡有关于吉凶者,故必先示之。且列祖祠在此,岂无得而警乎?凡人先人虽远,然气运相关,必有之理也。非宁府之祖独有感应也。"可见此异兆,在脂砚斋等人看来,即是贾氏先人的哀叹与警示。参曹雪芹著,脂砚斋评:《红楼梦脂批本》,第818页。

⑤ 曹雪芹著,脂砚斋评:《红楼梦脂批本》,第825页。

此处聚宴已经在王熙凤抄检大观园之后,贾府的颓势已然呈现,在酒意阑珊中忽闻笛声,让人体味到一种大厦将倾的凄凉之感,贾母亦因此不免堕泪。结合前面宁国府的"异兆悲音",可以说,贾府衰败的步伐,从此次闻笛与堕泪中,开始加快了。

我们进一步联想到,尼采以日神阿波罗与酒神迪奥尼索斯的精神作对比,强调以日神为代表的追求幸福的境界,终究会让位于以酒神迪奥尼索斯为代表的直面痛苦的悲剧精神。[①] 酒神的本质是对人生的无可奈何,对人生虚无感和永远痛苦的洞彻领悟,以借助癫狂及非理性的力量来试图理解人生的悲剧性,而这一点在《红楼梦》所渲染的主题中表达得淋漓尽致。事实上,唯有悲剧的命运,而且是一种无可奈何的悲剧命运,才更能让人体会到生命的无常与幻灭。

四、至情之酒

虽然《红楼梦》整体上展现出由盛转衰、由有到无、由色即空的主旨脉络,但又不同于传统的世情小说,泛泛地将主题归入虚空,而呈现出以情主导色空的独特的主旨境界,这既是一种抵抗流俗、追求自然的境界,也是追求至情至性的"钟情"境界[②],体现了《红楼梦》"云空未必空"的美学意蕴。尤其对于主人公贾宝玉而言,其至情至性,既不同于"情既相逢必主淫"的轻薄好色,也不同于绝情弃欲般的空灵旷达[③],而是体现出一种对宇宙万物天然的亲近与悲悯之感。这样一种情愫,使其迥异于流俗的轻浮散漫;也与佛禅的空灵寂寥相隔,而有其独特的至情之状,此亦可从酒中抉发出来。

《红楼梦》中贾宝玉初次露面,作者就用词牌《西江月》表达了世俗人对贾宝玉"怪诞"行为的不解,但同时也将其纵情任性、洒脱自由的性格展现得淋漓尽致。第二十一回中,宝玉刚信誓旦旦地答应了袭人的约法三章之后,便又开始

---

① 尼采:《悲剧的诞生》,孙周兴译,北京:商务印书馆,2012 年。

② 参孙逊:《论〈红楼梦〉的三重主题》,《文学评论》,1990 年第 4 期。

③ 按:因此续作中宝玉回归青埂峰最后一次和贾政告别时,作歌云"我所居兮,青埂之峰。我所游兮,鸿濛太空。谁与我游兮,吾谁与从?渺渺茫茫兮,归彼大荒",此种看破风尘的旷达抒写,虽然符合传统小说由情入空的叙事框架,但却与曹雪芹本身所要宣扬的主题有所扞格。

"好姐姐好妹妹"的"未尝暂离口角"①，引起了袭人强烈不满，不得已宝玉只好安分起来。晚饭后，**又吃了两杯酒，便有了一些醉意，"眼饧耳热之际"**，便翻开《庄子》看了一会：

> 正看至《外篇·胠箧》一则，其文曰："故绝圣弃知，大盗乃止；擿玉毁珠，小盗不起；焚符破玺，而民朴鄙；掊斗折衡，而民不争；殚残天下之圣法，而民始可与论议。擢乱六律，铄绝竽瑟，塞瞽旷之耳，而天下始人含其聪矣；灭文章，散五采，胶离朱之目，而天下始人含其明矣；毁绝钩绳而弃规矩，攦工倕之指，而天下始人有其巧矣。"**看至此，意趣洋洋，趁着酒兴**，不禁提笔续曰："焚花散麝，而闺阁始人含其劝矣；戕宝钗之仙姿，灰黛玉之灵窍，丧减情意，而闺阁之美恶始相类矣。彼含其劝，则无参商之虞矣；戕其仙姿，无恋爱之心矣；灰其灵窍，无才思之情矣。彼钗、玉、花、麝者，皆张其罗而穴其隧，所以迷眩缠陷天下者也。"续毕，掷笔就寝。头刚着枕便忽睡去，一夜竟不知所之，直至天明方醒。②

我们都知道，《庄子·胠箧篇》充满了对人类主观建构的秩序和规则的警惕与不屑。在庄子看来，自然素朴的世界才是最真实自由的状态，人力的参与造作往往会破坏本然的美好。我们还记得第十七回中，宝玉随同父亲诸人一同赏玩大观园，便对大观园里"人力穿凿扭捏而成"的田庄抱有辛辣的讽刺③，宝玉向来对于人为与自然的张力保持高度的警惕。在他看来，人力造作之景显然违背自然之真，他平常极厌的就是拘泥于礼法规则秩序，而丧失天然本真的情趣和美好。宝玉向往率真自然、与物同化，也喜欢与这样志同道合的人交往，所以他宁愿与闺阁里天真无邪的女儿们厮混，结社作诗，割腥啖膻；也不愿"与士大夫诸男人接谈，又最厌峨冠礼服贺吊往还等事"，显然在宝玉的性别意识中，男性大多是礼法秩序的代表，而黛玉、湘云等闺阁女儿才是自然本真的尤物，因此格外青睐后者，亦无可厚非。

---

① 曹雪芹著，脂砚斋评：《红楼梦脂批本》，第226页。
② 曹雪芹著，脂砚斋评：《红楼梦脂批本》，第246—247页。
③ 参曹雪芹著，脂砚斋评：《红楼梦脂批本》，第192页。

回到此回,宝玉受到袭人训斥后独钟意于此篇,明显暗含了对"约法三章"这类人为约束的不满。而且庄子又进一步启发他,当前的秩序建构也许就是一种毁灭,而毁灭反而是一种回归自然的方式,故而信笔写下"焚花散麝、戕宝灰黛"之语。其实无论是建构还是毁灭,宝玉最终想要达到的实则是一种"齐物"境界,自然的背后必然是自由,一种超越规则与秩序的逍遥。"戕宝灰黛"也并非真的想要毁灭,而是达到一种无待的自由之境,即《齐物论》所谓"凡物无成与毁,复通为一"的境地。然而,宝玉在情中缠陷太深,于世俗中压迫太紧,故而只有在饮酒读庄后才会有这样的感发和释放,此间既有其对闺阁仙姿灵窍之激赏,又隐含出其对闺阁女儿亦不免沾溉世俗秩序教化的深深忧惧,且这种矛盾心态促使其打破以己观物的窠臼,而能在"以道观之"的视野中关照万物,此一思索的驱动力正在其至情之性。正如王国维所言:"彼(宝玉)于缠陷最深之中,而已伏解脱之种子;故听《寄生草》之曲,而悟立足之境;读《胠箧》之篇,而作焚花散麝之想。"①可见庄子哲学对宝玉人格形成的影响之大,而这种情愫,也只有在酒后才能酣畅倒出。

事实上,"焚花散麝"的庄子情怀,看似无情,却又是至情。胡文英便指出"庄子眼极冷而心肠极热","最是深情"②。《德充符》中庄子称:"吾所谓无情者,言人之不以好恶内伤其身,常因自然而不益生也。"庄子的"无情"只是希望我们不要被人为规训的是非好恶之情损害自己的心神,而应顺应自然之状。因此他是个极脆弱的人,怕自己也怕别人受到伤害,然而这样一种怕伤害而显露的"无情"本身不也具有"温馨的一面"③吗? 庄子看似冷寂而"无情",一如那个最后万念俱灰、绝尘而归的神瑛侍者;但在庄子冰冷的笔下,也有这样一番对"真"的理解:"真者,精诚之至也。不精不诚,不能动人。故强哭者,虽悲不哀;强怒者,虽严不威;强亲者,虽笑不和。真悲无声而哀,真怒未发而威,真亲未笑而和。真在内者,神动于外。是所以贵真也。"(《杂篇·渔父》)他注重形骸之内的本真,而忽视形骸之外的形式,看似不动声色,无欲无求,但若精诚所至,亦得性情之真。庄子的无情,实则是真正的至情,在《红楼梦》佚文"红楼情榜"中宝玉称之

---

① 王国维:《红楼梦评论》,上海:上海古籍出版社,2011 年,第 8 页。

② 胡文英:《庄子独见》,上海:华东师范大学出版社,2011 年,第 8 页。

③ 王博:《庄子哲学》,北京:北京大学出版社,2004 年,第 73 页。

为"情不情",甲戌本第八回脂批释为"凡世间之无知无识,彼俱有一痴情去体贴"①,就是对世间一切不情之事,皆以情动之感之,使若有情。这样一种"道通为一""与物同化"的无差等的痴情,与庄子所追求的"齐物"的至人境界若合符节。

小结

综上所述,《红楼梦》中所描述的诸多重大事件,几乎都有酒的参与,酒可以助兴、可以撒泼、可以调情、可以说理,真是描摹人世百态的绝佳尤物。不过正如探春说过"将酒作个引子"②,酒可以"兴观群怨",其核心即在于酒本身只是媒介,且可以通过酒将人真实的情性表露无遗,是人宣泄真实情感的绝佳介质,或可称其为"正邪两赋",而酒本身与善恶无关。如贾敬虽然"素不茹酒",但其行事又"总属虚诞",史湘云偏爱喝酒,但行事却善良大方。可以说,饮酒与否与其说是判断一个人或一件事是非善恶的标准,不如说是衡量、判断一个人品性是否良善的镜鉴。

一般而言,酒确实是宴会助兴的绝好媒介,因酒而可以行酒令、划酒拳、说浑话、开玩笑等等,使得宴会气氛往往更为活跃欢乐。但正如同样是乐,既有贾母与众人吃酒的天伦之乐,也有贾赦花天酒地的淫逸之乐,看似皆是饮酒之乐,却有雅俗、高下之别③,曹雪芹对此可谓洞若观火。

同样,酒既可以愉情,也可以浇愁,通过酒来呈现、渲染悲境更是不胜枚举。酒或许不能真正化解或消除悲剧命运或事件,却可以成为悲剧事件的隐喻或征兆,一定程度上也可以增添直面悲剧的勇气与胆魄,至少可以成为暂时躲避厄难的避风港湾,因此酒便成为渲染悲境、浇筑块垒的绝佳道具。

若饮酒至醉,又可展现诸多众生性情百态,有展现世俗之醉者,有展现自然之醉者,有展现刚勇之醉者,有展现义气之醉者,有展现洒脱之醉者,令人目不暇接,也颇能通过酒醉反映人物特性及其深层次的性格基因。

---

① 曹雪芹著,脂砚斋评:《红楼梦脂批本》,第 107 页。

② 曹雪芹著,脂砚斋评:《红楼梦脂批本》,第 675 页。

③ 第五十三回写到"贾赦自到家中与众门客赏灯吃酒,自然是笙歌聒耳,锦绣盈眸,其取便快乐另与这边不同的"。见曹雪芹著,脂砚斋评:《红楼梦脂批本》,第 584 页。

若从哲学思想层面而言,通过酒的参与,《红楼梦》也呈现出一副至情至性的性灵境界,此一境界,既反传统,又没有完全脱离于传统,呈现出一种"云空未必空"的至情意境。也是借助酒兴,曹雪芹可以将一些有悖常理而又不吐不快的思想表达出来,从而达到远迈于传统艳情小说的思想高度,成为旷世持久的千古奇书。

Wine and the Fourfold Artistic Conception of
A Dream of Red Mansions

Gao Ruijie

Abstract: Cao Xueqin regarded wine as important as his life, and the image of wine also runs throughout the Dream of Red Mansions, making it an important carrier to link the story, enrich the characters' personalities, and suggest the fate of the characters and the trend of the story. Generally speaking, among the numerous banquets described in the book, some show the joy of drinking situation, some embody the drunkenness of drinking, express and show the deep emotions of his temperament by drunkenness, some reflect the sad state of wine, presenting "a thousand red caves, ten thousand Yan with the cup" emotional tone, and some show the spirit of the wine, the performance of the mood to the nature of the theme style. All these together constitute the four-fold realm formed by wine in Dream of Red Mansions, which enrich the ideological connotation of Dream of Red Mansions.

Keywords: *A Dream of Red Mansions*, The joy of wine, The drunkenness of wine, The sorrow of wine; The mood of wine

中医的文化之维

必要的张力:中医百年发展变迁中的科学与非科学之辩[*]

龚　鹏　何裕民^{**}

[摘　要]　中医的百年变迁中,中西古今之争贯穿始终,而科学与非科学之辩则是冲突的核心。文化名人、科学家、西医学者、政治家纷纷登场,展开激辩。在科学与非科学的辩论中,中医学适应形势不断变形,推进科学实验,提出了汇通、改革、革命、科学化等主张,在维持传统与反对偶像崇拜之间保持必要的张力,在科学与非科学之间寻找第三种路线,完成了向现代的转型。

[关键词]　中医学;近代;中西汇通;科学化;现代化

中国的近现代化历史进程,是传统经历现代化的过程,中医的近现代发展是这一历程的典型代表。自五四运动以来中医遭遇了以"科学"为代表的文明

*　基金项目:教育部人文社会科学基金项目"张力与动力——中医学的百年传承与演变研究"(20YJAZH029)。

**　龚鹏(1975—　),男,四川遂宁人,中医学博士,上海中医药大学附属曙光医院副研究员,主要研究领域为医学哲学、卫生管理。何裕民(1952—　),男,浙江义乌人,中医学硕士,上海中医药大学基础医学院教授,主要研究领域为中医基础理论、中医肿瘤学。

性焦虑①,中国医学的"传统"被以西方为主导的"现代医学"话语构建,带来了西方入侵历史场域下民族文化危机意识和文化自觉的产生②。尽管如此,百年以来中医已然在走向现代的路途之中,在科学已然成为发展的核心内涵之一的现代化过程中磨砺前进。然而,近代科学之于中医,是否仅仅表现为单一的诘问和怀疑? 由西方主导的现代医学同质化进程是否仅仅是一种否定性力量? 历史地看,中医传统必然会同人类社会一道进入现代,进行发展。正因为如此,中医发展进程中由"科学"带来的辩争值得现代化进程已然百年的今天进行更客观、更理性、更全面的再思考。

一、对中医的"不科学"批判

"科学"一词由倡导"维新运动"的知识先驱康有为先生从日本引入,之后以所向披靡之势在现代进程中的中国漫延开来③。胡适则在《科学与人生观》中把"科学"称为有无上尊严地位的名词。可以说,"科学"是伴随着现代在中国的发生而出现和引入的。

1. 新文化运动文化名人的科学观与反中医

陈独秀是新文化运动的旗手,其标志性成就之一是举办了《新青年》杂志,告别旧迎接新是《新青年》的历史使命。在创刊号上,陈独秀认为科学是"对于事物之概念,综合客观之现象,诉之主观之理性,而不矛盾之谓也"。与此对应,想象是"既超脱客观之现象,复抛弃主观之理性,凭空构造,有假定而无实证,不可以人间已有之智灵,明其理由,道其法则者也"。陈独秀批评中国社会的士农工商医对科学的无知,常凭想象办事,对中医,直接批判道:"医不知科学,既不解人身之构造,复不事药性之分析,菌毒传染,更无闻焉……其想象之最神奇者,莫如'气'之一说……"④可见,陈独秀之意,已是把中医划入了陈腐朽败一列,当利刃断铁,快刀理麻,迅速抛弃,再以科学之医学代替之。

---

① 赖立里:《当代中医的历史生成与科学化焦虑》,《文化纵横》,2017 年第 1 期。

② 王明强:《中医文化自觉的历史演进与当下新特点、新趋势》,《南京中医药大学学报(社会科学版)》,2018 年第 1 期。

③ 周程:《"科学"的起源及其在近代中国的传播》,《科学学研究》,2010 年第 4 期。

④ 陈独秀:《敬告青年》,《青年杂志》,1915 年第 1 卷。

陈独秀在《今日中国之政治问题》一文中把"东西""新旧"看成水火不相容,而区分的标准就是"科学":"若相信科学是发明真理的指南针,像那和科学相反的鬼神……都是一派妖言胡说,万万不足相信的。因为新旧两种法子,好像水火冰炭,断然不能相容;要想两样并行,必至弄得非牛非马,一样不成……。一方面提倡西洋实验的医学,一方面又相信三焦、丹田、静坐、运气的卫生,我国民的神经颠倒错乱,怎样到了这等地步?"①在陈独秀看来,来自西方的科学体系明显和中医学在理论体系存在内在的冲突和不可通约性。陈独秀的看法代表了当时一众知名学者的意见,指责最多的是中医以阴阳五行为理论基础,没有解剖学、生理学、病理学的基础,没有实证的方法,是臆想、臆造的结果。这些文化人开启了对中医不科学的直接批判,在社会上造成了强烈反响。

2. 近代科学家眼中的中医

中国近代最早的一批科学家对中医始终保持着一定距离,认为中医可能有其效验,但机理不明,其前途取决于和科学的融合程度,化学家虞和钦说:"理科与医学,在泰西各国,本一姊妹学科……其为学也,尊观察、重实验,而又首重夫生理。盖必明人身之构造、人体之组织,而后可与言医,其秩序固如是也……凡医学界有所进步,皆受影响于理科焉。汉医俱无是也。"他还说:"夫惟无化学,故药剂纷杂,群方混淆,知海藻之医瘰疬也,而不知功之在爱阿靛;知罂粟之治湿泻也,而不知力之在莫尔非。"②可以看到,这里用的是以西医为主导的新医学名词和药学名词。虞和钦认为中医和科学之间存在一层难以逾越的隔膜,但同时也认为有用科学改造中医的空间。在他眼里,中医是一个来自本土的怪物,科学则是一个外来的有神奇魔力的怪物,可以"外来之怪物消长自产之怪物"。即用西方科学知识、科学方法纠偏和补汉医之不足。怪物这一说法,颇为形象,其指科学时描绘的是科学的"陌生"和"新鲜",而形容中医时却表达的是不合理和落后。"怪物"是时间的漩涡,纠缠的是历史传统的不合时宜和新生事物的所向披靡。

3. 行政法令中科学名义下的中医政策

文化界科学界对中医的态度很快也反映在了政府政策法令中,科学的道具

---

① 陈独秀:《今日中国之政治问题》,《新青年》,1918年第5卷。

② 王细荣:《清末民初新型知识分子科学中国化实践研究》,上海交通大学博士学位论文,2012年,第142页。

信手拈来，屡试不爽。1913年1月，北洋政府教育部公布了《大学规程》，医学、药学两门中完全没有中医药学方面的规定，这就是所谓教育部漏列中医案。教育部长汪大燮公开表示："吾国医毫无科学概要根据"，上海神州医药总会进行请愿，教育部对质询做了答复，答复中除了以"科学"为标准来说明缘由外，还有一个突出的特点就是"进化"和"普世化"。该答复的具体所言为："唯现在世界大同，科学日精，凡讲授专门科学，须以最新学说为衡……本部对于医学，只求学术完备，合于世界进化之大势……并非于中医，西医有所歧视也。所请另颁中医医药专门学校规程之外，应勿庸议。"①可以看到对于当时的卫生行政管理层面而言，从更高层次把握"以最新学说为衡"、"只求学术完备，合于世界进化之大势"等全球现代趋势是其决策的考量。

中央国医馆在1933年6月在国民党中央执行委员会会议上提出《制定国医条例，拟责中央国医馆管理国医以资整理而利民生案》。该提议遭到行政院长汪精卫的强烈反对，理由是"国医言阴阳五行，不重解剖，在科学上实无根据，至国药全无分析，治病效能，殊为渺茫"，他对传统医药的主张为："纯采西医西药，根本废除国医国药，凡属中医，不准执业。全国中药店，限令歇业。"可以看到他对以"阴阳五行"等传统知识体系建构起来的"无科学根据"的中医学否定得十分彻底。

4. 西医界用科学工具对中医的批判

西医界的领袖人物在浩浩荡荡的新文化运动背景下，从更加专业的角度对中医展开了批判，其主要工具也是科学。从20世纪10年代到新中国建立之初，余云岫都没有放弃对中医学的敲打。他认为中医的理论和事实分离，主要是哲学式的空想，缺乏实验和实证的依据。1920年他撰文《科学的国产药物研究之第一步》，文章历数了自己对中医期望破灭的思想转变过程，他从解剖学入手批判中医的基础理论，继而否认中医的生理、病理学说，认为中医似无本之木，无源之水，生存尚且难说，更遑论未来的发展。"那阴阳五行的话，是古代哲学家的一种空想，到了今日科学的时代，还有立脚的地方吗？"②余云岫是一位西医造诣颇高，又精研过中医的大专家，而且和当时的卫生行政部门关系密切，

---

① 陈邦贤：《中国医学史》，上海：上海书店，1984年，第287—288页。

② 余云岫：《科学的国产药物研究之第一步》，《学艺杂志》，1920年第4期。

因此他的批评不可等闲视之。

二、基于"科学"的中医正当性辩护

然而,随着近代格局的明朗化,科学稳稳地扎根于中国。"不科学"不仅是外部对中医的批评,中医内部和支持中医的人也开始意识到中医是否科学这一问题无法回避。科学时而和中医剑拔弩张对峙,时而成为反思和思考中医的主题,甚至还成为了中医正当性辩护的工具。

1. 新文化人为中医辩护

在受过西方科技和人文训练的新文化人中也不乏有支持中医、积极为中医的科学性进行辩护的人士。近代早期著名维新思想家郑观应在《医道》对比道:"窃谓中西医学,各有短长。中医失于虚,西医泥于实。中医程其效,西医贵其功。"杜亚泉在 1920 年的《学艺》上发表了《中国医学的研究方法》,与余云岫《科学的国产药物研究之第一步》一文针锋相对,为中医辩护。杜亚泉指出:"庸俗的医生,把中国医学的理论弃去精华,取了糟粕,满口阴阳五行,一切都用他来附会,真是可恶……若是有科学知识的人,肯把中国医学的理论细心研究……还有许多地方比西洋医学高些呢。"除此之外,杜亚泉还对余云岫论及的中医无病理、药理学进行了批评,并明确指出"应该把中国的医学,可以用科学说明的,就用科学的方法来说明,归纳到科学的范围以内。不能用科学说明的,以'君子盖网'之义,留着将来研究"①。力挺中医者们很早就意识到反中医人士片面放大中医中的糟粕而进行攻击的方法,他们用各种方式揭露反中医者的虚伪和以偏概全。在中医的捍卫者看来,中医药经过数千年的变迁,受历史条件限制会掺杂一些错误的认知比如谶纬实乃情有可原,但中医主体知识是有切实效验的知识,这些只占小部分的错误认知不能掩盖中医学知识的有效性。中医知识可能因为其表述方式和现代的科技语言有距离,而其内核是科学的,假以时日,必然能得到科学的解释。

---

① 杜亚泉:《科学的国产药物研究之第一步》,许纪霖、田建业编:《杜亚泉文存》,上海:上海教育出版社,2003年,第431页。

2. 中医界对中医科学性的辩护

中医界人士对"不科学"的中医批判也进行了积极的回应。回应中,不少学者也并不否定科学的精良性。比如南京中医药大学的创校校长承淡安先生,他认为中医是类科学——另外一种和科学平行的学术。他旗帜鲜明地指出:"东方学术,自有其江河不可废之故。何也?凡能持之有故,言之成理者,即成一种学术。"①沈经钟也在《国粹学报》上发表《医科应用论》,他认为,中西医的内容具有相通性,在名称上也可以对照,西医的脑筋类似于中医的宗气,血管类似于脉络等,西方医学的定性定量是其优势,但解剖学拘于"形迹"而不能解释作为整体的生命体表现。"彼(西医)之治病,犹长于治外而短于治内。"②学医出身的文人陆士谔则直言中医的精良性优于科学。他在《小闲话》里称:"中医制药之精良,远胜皮毛科学。"尹任直接用科学来诠释中医。他曾对张锡纯所撰之《金匮硝石矾石散中药品及治女痨疸之理由》③予以点评。尹任肯定了此文,并从西医实验角度论证了硝石矾石方治疗黄疸症的原理,用西医理论从另一个侧面佐证了张锡纯气化角度的理论④。

三、中医百年发展的变形与调适

中医是否科学的论战一百年来从未间断,在新中国建立前,中医的科学地位无疑是被严重质疑的。

当科学越来越成为社会现代进程中不可扭转之势时,科学施与中医的压力便越来越大。然而,压力与拉力越大时张力便也越大。无疑,科学成为中医近现代发展进程中最不可避免的变数。在科学与非科学张力下,中医学的近现代发展也是中医传统的变形与调适过程。

1. 中西平等的"汇通"调适

中西医汇通在当时形成了一股潮流。1916 年杜亚泉针辑成《中西验方新

---

① 郑观应:《盛世危言》,北京:华夏出版社,2002 年,168 页。

② 沈经钟:《医科应用论》,《国粹学报》,1907 年第 4 期。

③ 张锡纯:《金匮硝石矾石散中药品及治女痨疸之理由》,《医学杂志》,1921 年第 2 期。

④ 尹任:《论张锡纯所撰〈金匮硝石矾石散中药品及治女痨疸之理由〉书后》,《医学杂志》,1922 年第 4 期。

编》,欲使医者由此"通中西之邮"①。唐宗海、张锡纯、恽铁樵也都各自提出了中西汇通的见解,并身体力行地进行推动。恽铁樵在 1923 年著《伤寒论研究》,主张"中医而有演进之价值,必能吸收西医之长与之合化以新生新中医",也在《群经见智录》中以水肿病为例来说明中西医学理上的汇通。张锡纯在《衷中参西录》中发明了阿司匹林石膏汤,用以治疗外感邪热入阳明胃府。他认为"石膏之性,又最宜与西药阿司匹林并用"。汇通并非是固守传统,当然也绝非是抛弃传统,而是在历史发展背景下将中医知识体系与时代中的认知思维相结合的行动选择。汇通派是一种两全意味的调适,他们既愿意用中医来定义西医药,也不排斥接受科学方法,愿意借力科学技术开展中医药的有关研究,在诊治疾病的时候也有意识地引入西医的视角和技术。汇通派对中医仍然充满自信,对自己能够与西医抗衡的能力深信不疑,认为中医基础理论的正当性不言而喻。历史现实进程中的中西医汇通的调适,最终没有形成大的气候。不少中医最终还是屈从于现代科技和医学的压力,承认中医的科学性和合法性不足的问题,认为中医的出路在于革新而汇入科学的洪流。

2. 中医革命、改造与改良

20 世纪 20 年代的国民革命取得了成功,革命的风暴席卷全国,也影响到各个行业。中医的革命,也是医学界提出的方案之一。西医界推动中医革命的意图更为明显,究其实质概为废止中医铺路。余云岫就曾专门编辑《医学革命论集》,收编的皆为批评中医的论文。与此同时,中医界也在推行中医学的革命,但含义却决然两样。其革命主要目标之一是争取与西医一样的平等地位,希望偏重外医的政策得到调整。"革命予我以自由平等之机,苟不自求发展,是直自杀。"②中医学革命的第二个主要目标是希望激发自身的"生生之气",学者江广智将中医革命定义为:"革命者,铲除一切恶现状,而使人人得享幸福者也……我中医革命为何? 无他,亦即铲除一切恶现状而使其有生生之气焉。"③在革命的氛围下素有"中医界之喉舌"之称的《医界春秋》社成立了"中医革命团",以开展"中医在学术上之革命工作"。④ 革命一词,包含着破坏、颠覆、翻转

---

① 杜亚泉:《杜亚泉文选》,上海:华东师范大学出版社,1993 年,第 143—266 页。

② 杨志一:《国医发展之时机至矣》,《医界春秋》,1927 年第 11 期。

③ 江广智:《中医为何须亟亟革命》,《医界春秋》,1927 年第 11 期。

④ 佚名:《本社组织中医革命团大纲》,《医界春秋》,1927 年第 13 期。

等意思,在当时的时代背景下,有振聋发聩的警醒意义,对中医界的触动甚大,有正面的效果,特别是给故步自封不思变革的顽固守旧派一记重拳,让他们正视中医的危亡处境,激发出壮士断腕的热情,自觉抛弃一些迂腐不堪的、迷信的甚至是错误的中医学说。但这场自我革命本质上并不彻底,有些所谓的革命就是在中医的原文中加上几个穿凿附会的西医学名词,有革命之名而无革命之实,不涉及事关中医走向的重大问题。因此余云岫把中医所谓的革命称为伪革命也并非空穴来风。和社会革命不同,中医学的革命总体上并没有得到开展,更遑论完成。

不久,中医改良、中医改进等思潮很快淹没了中医革命论,成为民国时期的主基调。值得注意的是,中医改良主张是一种主体性的改良主张,并不是纯粹用科学理论进行改造。1907 年上海著名中医蔡小香创立"中国医学会",明确提出以"改良医学,博采东西国医理,发明新理新法,取集思广益之效"为办会宗旨。中央国医馆馆长焦易堂就认为系统的,有条理的,有实验的,便是中医科学方法的改良,而"中央国医馆即抱定以科学方法改良国医为宗旨"[①]。可见,其所主张的是对中医进行理性的改良,而非纯粹的科学化。陆渊雷也在 1928 年发表了"改造中医之商榷"的言论,谭次仲则自称是"主张中医科学改造最力之人",认定"中医实质与科学必有同化的可能"。改良虽不及革命激进,但在不少中医人眼里,改良的力度并不逊于再造一种新中医。《医学报》的发起人周雪樵在《论中国医学急宜改良》一文中说:"中国科学所宜改良者,不仅在医,而惟医泽尤为当务之急,不容不改良者也。以今日而论,中国医学之腐败可称极点矣。"

3. 中医科学化的时代主体性

如果说,近现代的核心内涵之一就是科学的话,那么中医的近现代发展进程也就是一种科学化的进程。当然,中医之所以需要科学化,其背后有着科学作为现代标准的隐喻,意味着中医还不够科学,要通过"化"来解决中医现代身份的正当性问题。"科学化"是一个历史时段的共同主题,在学科后加上一个"科学化"是当时的时髦用语。最早 1921 年在《民国日报》"觉悟"副刊连载了夏丏尊、李继桢翻译的日本人高畠素之《社会主义与进化论:哲学的科学化》,哲学

---

① 佚名:《本校欢迎焦易堂馆长》,《广东中医药学校校刊》,1937 年第 9 期。

科学化之后,教育科学化、农业科学化、外交科学化等表述逐一登场。可见"科学化"实际上是进化论的一个副产物,是科学作为现代正当的必然,是历史发展的必然。

　　1929年,褚民谊发表《什么叫做科学化的新医》,认为新医(西医)是"将医学科学化了"。西医是接近完成科学化的医学,那么中医按理也可以走科学化之路。时任卫生部长薛笃弼也在记者会上表示:"余极力提倡中医",但前提是中医"须要科学化",要求中医"悉心研究,加以改良,不受天然淘汰"[①]。卫生部复电上海全国商联会时言:"惟中医拟设法改进,以期其科学化。中央卫生委员会议决案,并无废除中医中药之说。"[②]可见,中医科学化在一定意义上是对中医时代化、普世化的要求和主张,也是进化论在中医学发展中的一种体现形式。张赞臣在《医界春秋》第81期发表的《统一病名与改进医学》中说:"方今欧美各国换其科学之潮流,澎湃奔腾而演进,国医若不努力本身而创化,适应环境而进化,处此竞优角胜之世界,其能免于自然淘汰之例乎? 欲创化,则须应用科学方法以立新说;欲进化,则应批指古书之错误以改旧说,舍此别无途径也。"[③]这再次证明以世界历史和时代发展的眼光提出中医科学化是大多学者、官员开展中医科学化设想的背景。

　　然而,西医界及卫生行政部门所讲的"中医科学化"仅是缓兵之计,是解决中医抗议的一个托词,是预设的"伪命题"。他们对如何科学化没有路线图,更没有实际举措,暗地里甚至还推动废止中医。在当时的历史条件下,中医界可选择的空间有限,要摆脱被废止的命运只能被迫接受一些不公平的对待。在对手提出中医科学化之后,正好顺水推舟,与卫生行政部门达成妥协,正式接受了中医科学化的提法。1929年,丁仲英在全国医药团体总联会会议上提出"中医之改进,责在中医自身,若不自己奋发,必无好果"[④]。此时的中医科学化也推动了以中医为主体的对中医发展的反省。1931年《医界春秋》连载朱松的文章《中医科学化是什么》,将中医科学化定义为"用科学方法整理和研究中国旧有

---

① 薛笃弼:《不主张废中医,但希望科学化》,《大公报》,1929年3月24日。

② 佚名:《全国医药请愿团报告结束》,《申报》,1929年3月26日。

③ 张赞臣:《小言论》,《医界春秋》,1933年第81期。

④ 佚名:《医药团体总联会执常会议纪要》,《新闻报》,1929年3月30日。

的医与药使中医中药成为一系统的科学"①。某种意义上,中医科学化是中医体制化的前提,不少中医正是因为对加入体制充满期待才助推中医科学化,"中医不科学化,就永远不能与卫生行政融合"。② 值得一提的是,这个阶段的中医科学化的主体性还体现在中医内部对中医科学化的警惕性。近代中医学家谢观就认为:"欲以科学方法整理医籍,未始非迎合潮流之举,然成绩未著,而嚣嚣然有人主出奴之象,此中医之一大变局也。"③

　　新中国成立以后的一段时间,中医科学化仍然主导着中医发展的进程。事实上,中国共产党的卫生行政部门很早就关注过"中医科学化"问题。1940 年,陕甘宁边区政府召开国医代表大会,不但讨论了如何改进中医中药,还决定成立国医研究会。其宗旨中就有"使国医科学化"的内容。④ 1944 年,医学出身的左派文人郭沫若在《新华日报》发表《中医科学化的拟议》提出"应该科学化的不仅是固有的'国医'或'中医',就是自认为科学化了的中国'西医',也是非彻底科学化不行的"。⑤ 显然,郭沫若所针对的是中国医学的现代问题,而不仅仅是中医的科学性不足问题。新中国成立以后,中央人民政府卫生部的医政司下的医政处设中医科。1950 年,中央人民政府卫生部 124 号文件提出:建立中医进修学校,"计划……,而使他们逐步向预防医学和中医科学化方面发展"。由此,开始了新中国政府引领的中医科学化发展规划。继中医科学化举措之后,提出了中西医结合。遗憾的是,50 年代初,在贺诚、王斌等人的错误方针路线引导下,中医实际上被动地接受改造,走向了"中医西医化"。毛泽东及时察觉到这一矛头,并进行了拨乱反正,医学体制中开始推广"西学中"运动。此时,中西医之间的互相学习成为实现中医科学化的手段。不同于新文化运动时期科学对中医所带来的冲击,该阶段中医与科学、西医之间的对立形式已发生重大转变,在统筹发展的要求下呈现出更具交互性的张力,即更表现为一种公共卫生健康手段的交互性,而非文化的冲突性。

　　到 70 年代末,"中医现代化"开启,完成了对中医科学化的替代。台湾学者

---

① 朱松:《中医科学化是什么?》,《医界春秋》,1931 年第 66 期。

② 谭次仲:《中医科学化之必要》,《中医科学》,1937 年第 1 期。

③ 谢观著、余永燕点校:《中国医学源流论》,福州:福建科学技术出版社,2003 年,第 113 页。

④ 卢希谦、李忠全:《陕甘宁边区医药卫生史稿》,西安:陕西人民出版社,1994 年,第 223 页。

⑤ 郭沫若:《中医科学化的拟议》,《中国医药月刊》,1945 年第 4 期。

皮国立认为国医的科学化运动是一种"失败的'成功'转型"，"保留了珍贵的传统与未来发展的一线生机,仍属于不折不扣的成功"①。中医学在传统与现代的张力面前,显现了一条充分发挥主体性的中国式足迹。

科学与非科学的张力,是中医学近现代发展进程中的矛盾动力。有学者认为近代中国整体知识的转型都围绕着"现代"与"传统"的两极范畴②,而"科学"是镶嵌在近代以来历史天空中的不变主题之一。科学并不仅仅消极地阻滞了中医,反者道之动也,科学某种程度上促进了中医的现代进程和文化自觉。历史证明,我们既要大力推动科学方法的技术在中医药研究中的应用,又不屈从全面科学化的压力,发挥和保持发展的主体性,坚定维护自己的核心优势和特色,中医学的发展就不会停滞,也不会变质。

The Essential Tension：Scientific Debate on the Development and Transition of Traditional Chinese Medicine in the Last about Hundred Years

Gong Peng, He Yumin

Abstract：In the hundred years' change of Traditional Chinese medicine（TCM）, the dispute between ancient and modern, west and east runs through the whole process, furthermore science and non-science's conflict is the core of the debate. Cultural celebrities, scientists, western medicine scholars, politicians appeared and launched a heated debate. In the debate, TCM adjust to deformation. Not only promotes scientific experiments, but put forward such propositions as convergence, reform, revolution and scientization. Science maintained the essential tension for TCM to seek a third route between science and non-science. It is owing to science, TCM had completed the transformation to modernity.

Keywords：Chinese medicine, modern, Sino-West integration, Scientific, modernization

---

① 皮国立：《所谓"国医"的内涵——略论中国医学之近代转型与再造》,《中山大学学报（社会科学版）》,2009年第1期。

② 桑兵：《近代中国的知识与转型》,北京：经济科学出版社,2012年,第7页。

论心"在志为喜"*

薛 辉**

[摘 要] 在中国文化中,心既指血肉之心,也指神明之心。以《黄帝内经》为代表的中医学著作,将"喜"志归属于心,并最终将"喜"与心关联起来,逐渐与医学理论体系相融合。本文从喜、乐之内涵及其所蕴含的生命精神,以及喜、乐淫溢而与生命的悖离的角度,探索喜、乐与心之间的内在联系。就个体而言,喜、乐动荡血脉,调动生命机能,使生命节奏更加协调。进而,在心理层面调和自身的诸种情绪,在精神层面陶冶性情、修养德性。就个体间言,喜、乐主"和",弥合差异与争斗,调和人与人之间的关系,使人心凝聚。弄清楚喜、乐与心的内在关联,无疑有助于深度了解中国的生命文化。

[关键词] 黄帝内经;心;喜;乐

* 基金项目:上海市社科规划一般项目"秦汉乐思想与中医学的关系研究"(2019JG022 - BZX804);国家中医药管理局第五批中医临床优秀人才项目(国中医药任教函[2022]239号)。

** 薛辉(1979—),女,河北邢台人,医学博士,上海中医药大学基础医学院暨《黄帝内经》国际研究院副教授,主要研究领域为内经理论、中国哲学。

一、导言

　　心虽然是中国传统哲学范畴系统最普遍、最基本的范畴,却也是意蕴丰富、演变较为错综复杂的范畴之一。先秦时期,心范畴的发展,从心脏之心逐渐到心思之心,孟子说:"心之官则思",认为心是思维器官,是感觉、精神之舍。《黄帝内经》提到:"心者,君主之官,神明出焉,……主明则下安,主不明则十二官危",认为心为精神意识的中心,又为诸脏腑之主宰,具有统领调和全身脏腑器官的作用。

　　《黄帝内经》谈到人有喜、怒、悲、忧、恐五志,分别对应心、肝、脾、肺、肾五脏,认为心"在志为喜":

> 　　南方生热,热生火,火生苦,苦生心,心生血,血生脾,心主舌。其在天为热,在地为火,在体为脉,在藏为心,在色为赤,在音为徵,在声为笑,在变动为忧,在窍为舌,在味为苦,在志为喜。喜伤心,恐胜喜;热伤气,寒胜热;苦伤气,咸胜苦。[①]

依据功能、行为相应或相似的原则,《黄帝内经》将自然界以及人体各个领域中的事物和现象进行归类,分属于木火土金水五个系统,提出了以五脏为中心的内外相应整体观的系统结构。单就"志"而言,肝"在志为怒,怒伤肝",心"在志为喜,喜伤心",脾"在志为思,思伤脾",肺"在志为忧,忧伤肺",肾"在志为恐,恐伤肾"[②]。五脏所对应的这种变化,后世称为五志。志的内涵甚为丰富,然而《内经》五志之志,应特指情志、心情而言。如《礼记·曲礼上》说:"志不可满,乐不可极。"《素问·四气调神大论》说:"使志无怒。"《灵枢·本脏》云:"愿闻人之有不可病者,至尽天寿,虽有深忧大恐,怵惕之志,犹不能减也。"皆属此义。肝、心、脾、肺、肾与怒、喜、思、忧、恐逐一对应。

　　纵观《黄帝内经》全书,多以"喜怒"二字概指怒喜思忧恐五志,《素问·阴阳

---

① 王冰:《黄帝内经素问》,高保衡、林亿等校正,北京:人民卫生出版社,1963年,第38页。因《黄帝内经》流传后世分为《素问》《灵枢》两部,故下文皆以《素问》《灵枢》称之。

② 王冰:《黄帝内经素问》,第38页。

应象大论》说:"天有四时五行,以生长收藏,以生寒暑燥湿风。人有五藏化五气,以生喜怒悲忧恐。故喜怒伤气,寒暑伤形。"《新校正》云:"按《天元纪大论》,'悲'作思。"①正常情况下,自然界有不同的气候变化,人体也有喜怒悲忧恐等五志不同的情绪变化;若气候(寒暑)变化异常,会对人的形体造成损伤;"喜怒"波动太过,就会损害人的气机。此处以寒暑代指诸种气候,五志则以"喜怒"来概括。《黄帝内经》文本同时提到"喜怒"二字的有 42 处,且多以其指代五志,如《灵枢·邪客》篇:"天有风雨,人有喜怒。"《灵枢·百病始生》:"夫百病之始生也,皆生于风雨寒暑,清湿喜怒。"认为喜怒(五志)不节是引起疾病的主要原因之一,相似论述还见于《灵枢·顺气一日分为四时》:"夫百病之所始生者,必起于燥湿寒暑风雨阴阳喜怒饮食居处。"《灵枢·玉版》:"病之生时,有喜怒不测,饮食不节,阴气不足,阳气有余,营气不行,乃发为痈疽。"《灵枢·口问》:"夫百病之始生也,皆生于风雨寒暑,阴阳喜怒,饮食居处,大惊卒恐。"五志不加节制,失于约束会引发诸多病症,《黄帝内经》提出了养生非常重要的一条法则就是"和喜怒",《灵枢·本神》说:"故智者之养生也,必顺四时而适寒暑,和喜怒而安居处。"在顺应自然界气候变化调摄保养身体的同时,保持五志的调畅稳定安和,是养生非常重要的一条法则。

从《黄帝内经》对五志的相关描述可以看出,以喜、怒、思、忧、恐为代表的五志,其范围应该局限于情志的范畴,主要是集中于情绪变化的层面。其中,心"在志为喜",喜,指的是喜悦、快乐、高兴的情绪。膻中作为"心主之宫城"②(《灵枢·胀论》),是"臣使之官,喜乐出焉"(《素问·灵兰秘典论》)。清代的陈修园称膻中有"代君主行事"③的作用,即喜乐出于心。适度喜乐可以让人"气和志达,荣卫通利"(《素问·举痛论》),过度的喜乐则会对心造成损伤,导致精气相并,引起"喜"的异常变化,"精气并于心则喜"(《素问·宣明五气》)。从以上论述看出,不论是从人的生理角度、心理变化,抑或是病理改变,《黄帝内经》都将喜乐与心关联起来,并逐渐融入医学理论体系。

① 王冰:《黄帝内经素问》,第 34 页。

②《灵枢经》,北京:人民卫生出版社,1963 年,第 75 页。

③ 陈修园:《医学实在易》,北京:中国中医药出版社,2016 年,第 8 页。

二、喜、乐与生命精神

"喜"字出现于商代,甲骨文写作"喜"。其后历经篆—隶—楷数千年的演变,形体结构变化不大。东汉许慎的《说文解字》说:"喜,乐也。从壴,从口。"上半部分"壴",是"鼓"的象形初文,其意与鼓同,"壴"是一只立面鼓的象形,下面有支架,上面系带,中间一点表示所击部位。从"鼓""彭"二字亦可佐证"壴"之初义,在"壴"边加一手执木棒(鼓槌)击之即为鼓,象形为"鼓",许慎说"彭,鼓声也。从壴彡声。""彡"乃"壴"所发之声,非常形象。

鼓的产生可以追溯至上古时期,《玉篇》说鼓"为群音长"[①]。试想远古时期,先人首先应是感知到自己的存在,具备最初的自我意识,才有可能产生表达诸种情感之各种乐器,没有存在感,所有的情感则无从谈起。而对自身存在的感知,最为直接的莫过于心脏有节奏的跳动,今之人骤遇应激事件,事后也常抚胸以心脏是否搏动来判定自身生命存在与否。心字甲骨文写作"心",其本始意义为人和动物的心脏。先人发现心脏跳动,是为生命之征,心脏停跳,则生命终止,人类乃至于禽兽虫蛇,莫不如此,女子怀妊四月即可贴腹闻及心律,生命的诞生首先也是以心跳来判定其是否存活。可以说心脏有节奏的搏动,是天地间所有动物乃至于人存活之明证。

上古时期,人首先要解决的是生存以及延续生命的问题,对生命脆弱的认识,对生老病死的迷惑,恰是主体心灵深处的忧患意识,亦是主体生命意识的体现。捕猎饱腹、治水抗洪等,无不是为了延续生命,当这种保全生命的愿望得到满足时,人们认识到自身乃至群体的生命得以继续,强烈的喜悦感油然而生,先民庆祝的方式很多,《隋书·何妥传》说:"上古之时,未有音乐,鼓腹击壤,乐在其间。"即是其一,以手拍击系在腹上的兽皮来表达喜悦快乐之情,此即"鼓腹",此种习俗在神话传说亦有载,帝颛顼令"鳝先为乐倡",鳝"以其尾鼓其腹,其音英英"(《吕氏春秋·古乐》)。先民"鼓腹击壤",鼓腹节奏感强烈,恰似对心脏节奏性跳动的模仿,以"鼓腹"的形式模仿之,作击打动作以庆祝,这是对以心律为征的生命价值的崇高敬意;"乐在其间"则是喜悦快乐之情最直接的表达。就乐

---

① 乐器鼓以"瓦为椌,革为面,可以击也","所以枰乐,为群音长"(《玉篇》)。

器史的发展规律而言,也应该是以节奏为主的打击乐器较早出现。

乐器之鼓当是由"鼓腹"演变而来,随着彩陶工艺的出现,人们创制了"土鼓",《周礼·籥章》说"掌土鼓幽籥"。郑玄注引杜子春云:"土鼓,以瓦为匡,以革为两面,可击也。"①鼓腔为泥坯或陶所制,其两面蒙皮革,敲出的声音更为响亮。《礼记·明堂位》说:"土鼓、蒉桴、苇籥,伊耆氏之乐也。"可以说,古人的喜乐,始终是围绕着生命价值的体现而展开的。早期人类通过"鼓腹"的形式来表达生命的喜悦,包括捕获猎物、战胜自然灾害和病魔之后的庆祝活动,实际上也是对生命价值的延伸和拓展。《山海经·大荒东经》一则鼓的神话:

> 东海中有流波山,入海七千里。其上有兽,状如牛,苍身而无角,一足,出入水则必风雨。其光如日月,其声如雷,其名曰夔。黄帝得之,以其皮为鼓,撅之以雷兽之骨,声闻五百里,以威天下。②

莫不是通过鼓"声闻五百里"之意象,彰显世间生命个体背后神秘力量的崇拜,强大的生命力,以及族群繁茂昌盛的浩大声势。商周时期甚至认为击鼓可以恢复生命乃至宇宙的正常秩序,从而达到消除灾异的目的,在《春秋》《左传》《国语》等书中,有数则击鼓救日的记载,用乐的内容均为击鼓③。"日月交会谓之日辰",人们认为发生日食,是因日月交会不入其正常位置,节奏运行失常所致,所以想通过击鼓的方式来建立日月运行的正常秩序,从中也可以看出,古人认为人体生命乃至宇宙日月都有其固有的节奏和秩序,并且想借由击鼓而恢复其正常之序。鼓之所以在原始时代人们心目中的地位如此突出,并被奉为"群音之长",其实质乃是对心跳、生命律动的模仿,对生命的尊重与膜拜,今日钟、磬敲击部位仍称为鼓部,弹奏、吹奏、打奏某种乐器(如琴)之动作亦称"鼓",足可证明鼓之久远历史和重要地位。

鼓之生命意蕴,在战场上有很生动的体现。从群体繁衍的角度来讲,战斗是为了生命群体的进一步扩展和壮大,延续群体的生命力。先民最早开始作战

---

① 郑玄注:《周礼注疏》,上海:上海古籍出版社,2010年,第905页。

② 周明初校注:《大荒东经》,《山海经》卷十四,杭州:浙江文艺出版社,2016年,第151页。

③ 古人见"日有食之"则击鼓,"用牲于社"以救之(分别见于《左传·庄公二十五年》《庄公三十年》《文公十五年》《昭公十七年》以及《周礼·夏官·太仆》等处)。

的历史,应该是从狩猎追捕野兽开始的,《吴越春秋》记载了一首据传是黄帝时期的歌谣:"断竹、续竹、飞土、逐宍。"①生动描绘了远古时期狩猎的场面,《中国民间歌曲集成》收录的《斫竹歌》曲谱②,有学者认为极有可能是《吴越春秋》所载的《弹歌》③。

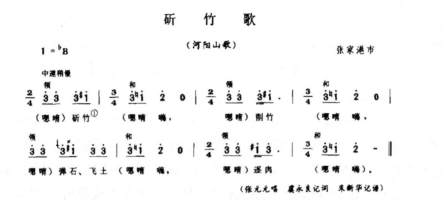

（张元元唱 虞永良记词 朱新华记谱）

观其曲谱节奏感强,其韵律与心脏之节奏极为相似,心脏有节奏地跳动,是人体生理活动的原始动力,人们在制作工具、狩猎的过程中,配合以有节奏的歌谣或口号,有节奏的歌谣号子与心跳融合为一体,此时的歌谣恰似一种生命的能量,带动整个劳动群体的活力,歌谣号子往往与生命力被提高关联起来。在战场上,鼓为军队之耳目,"师之耳目,在吾旗鼓",此时的鼓不单纯是一件乐器,更是一种生命能量的象征,心脏有节奏地跳动,为生理活动提供原始的动力,战场上击鼓,有节奏的鼓点与心跳融合为一体,使得军士士气大振,甚至反败为胜④,瞬时生命力被增强。通过有节奏的鼓音,带动整个军队的活力,群体战斗力增强,就是一个很好的说明。

先民娱神祈福经常会用到鼓,《商颂·那》说:"置我鞉鼓。"《毛传》:"夏后氏

① 范蠡向越王勾践推荐善射术的楚人陈音,陈音唱:"断竹、续竹、飞土、逐宍(古"肉"字)",据传为古之神农、黄帝"弦木为弧,剡木为矢"狩猎之《弹歌》。(《吴越春秋·勾践阴谋外传第九》)

② 张元元唱:《斫竹歌》,载《中国民间歌曲集成·江苏卷》,北京:中国 ISBN 中心,1998 年,第 602 页。

③ 易人:《一首极具史学价值的〈斫竹歌〉》,《人民音乐》,1999 年第 7 期。

④ 齐晋鞌之战,晋主帅受伤,击不动鼓,眼见要败,驭手"左并辔,右援枹而鼓",军心大振,反败为胜。(《左传·成公二年》)

足鼓,殷人置鼓,周人悬鼓。"①《礼记·明堂位》:"夏后氏之鼓足,殷楹鼓,周悬鼓。"足以看出,鼓在夏商周时期的祭祀活动中必不可少。《诗经》中的"颂"主要是周天子和诸侯用以祭祀宗庙的舞乐,除了单纯歌颂祖先功德以外,还有一部分为春夏之际向神祈求丰年或秋冬之际酬谢神的乐歌,或通过钟鼓、磬筦、乐舞等方式以娱神祈福,"钟鼓喤喤,磬筦将将,降福穰穰,降福简简"(《诗经·周颂·执竞》)。《周礼·春官》上记载:"籥章,掌土鼓、豳籥。中春,昼击土鼓。龡豳诗,以逆暑。中秋夜迎寒,亦如之。凡国祈年于田祖,龡豳雅,击土鼓以乐田畯。"②人们以敲打土鼓,吹奏豳诗的方式仲春迎夏(阳),仲秋迎冬(阴)。向田祖(司农事之神,神农氏)祈求丰年,也要吹奏豳雅,击打土鼓。《易经·系辞》曰:"鼓之舞之以尽神",远古时代先民借由祭祀、娱神等活动,取悦神灵,向上天、万物或先祖,表达内心欲求,期许生活美好,祈求国家繁荣安定。多与集体劳动、跳舞等有关,让不单是一个生命,而是整个生命群体一起欢乐,以体现群体生命价值及律动。康德(Immanuel Kant)说:"快乐是生命力被提高的感情。"③此言不虚。

段玉裁注"喜"曰:"壴象陈乐立而上见。从口者,笑下曰喜也。闻乐则笑。"为了与鼓作区分,在"壴"下加一口,以表示喜悦之情绪。"喜"之最初涵义,与生命律动的模仿,生命价值的体现以及由此而生的喜悦有关,直至今日,民间仍常以"有喜",指代新生命的降临,以及由此而带来的喜悦之情。与喜类似的情感还有"笑""乐(le)"。段氏认为耳闻外来令人欢乐之事或愉悦的音乐,则张口而笑,由此而内生喜的情绪,笑为喜的外在表现形式。《素问·阴阳应象大论》说:"在声为笑",王冰注:"笑,喜声也。"认为笑是结果,是喜乐具体的表现形式。《郭店楚简·性自命出》说:"笑,喜之浅泽也;乐,喜之深泽也。"④《逸周书·度训解》说:"小得其所好则喜,大得其所好则乐。"⑤认为"笑""乐"是"喜"的不同表现形式,"笑""乐""喜"为同义词,"喜"为统称,"笑"为程度较浅的"喜","乐"则是

① 毛亨传,郑玄笺,孔颖达疏:《毛诗正义》,阮元校刻:《十三经注疏》,北京:中华书局,1980 年,第 620 页。

② 崔高维校点:《周礼·仪礼》,沈阳:辽宁教育出版社,1997 年,第 43 页。

③ 伊曼努尔·康德:《实用人类学》,邓晓芒译,上海:上海人民出版社,2012 年,第 106 页。

④ 裘锡圭认为《郭简》读"惪"为"禮",文义难通,相应之字应为"喜"。参见裘锡圭:《谈谈上博简和郭店简中的错别字》,《裘锡圭学术文集·简牍帛书卷》,上海:复旦大学出版社,2012 年,第 375 页。

⑤ 袁宏点校:《逸周书》,《帝王世纪 世本 逸周书 古本竹书纪年》,济南:齐鲁书社,2010 年,第 1 页。

程度较深的"喜"。

从字源角度而言,喜的字义读音一直没有太大的变化。而"乐(樂)"则不同,今之《汉语大词典》记录其有"(音)乐(yuè)""(快)乐 lè""喜好(yào)""疗(liáo)""落(luo)"五音①。其中最常见者当属"乐(yuè)"与"乐(lè)"。不论是因快乐而鼓之、歌之、舞之所生的"乐(yuè)",还是因"乐(yuè)"而生的喜乐情绪,"乐(yuè)"与"乐(lè)"关系密切。对于"乐"的本义,有学者认为是先民围着树木在舞蹈,口中发出欢呼声②。亦有学者认为"乐"之本义为古人对耕种、收获的不易自然而然产生出来的一种喜悦心情③。此二说都是从情感的角度(快乐)来阐述的。

古人所说的乐(yuè),并非单指音乐,而是把诗歌、舞蹈、音乐视为一个结合体——乐。《礼记·乐记》:"诗,言其志也;歌,咏其声也;舞,动其容也;三者本于心,然后乐器从之。"当然蒙昧时期的人们还没有认识到自身的作用和价值,从原始之乐的内容来看,多为歌颂祖先或图腾,或为刀耕火种、或为祈福五谷丰登、或为禽畜繁殖旺盛,如《吕氏春秋·古乐》所载的反映原始农牧的《葛天氏之乐》,由"八阕"组成:

> 昔葛天氏之乐:三人操牛尾,投足以歌八阕,一曰《载民》;二曰《玄鸟》;三曰《遂草木》;四曰《奋五谷》;五曰《敬天常》;六曰《达帝功》;七曰《依地德》;八曰《总禽兽之极》。④

这种"投足以歌"踏脚歌舞的形式,说明原始之乐特别强调节拍和节奏。以唱歌跳舞的形式,祭祀天、地、祖,祈祷草、木、谷、人、畜的丰茂和兴旺,希望更好地生存,使个体以及本族群的生命力更加旺盛。人们通过"鼓腹"、踏足、乐、歌、舞等多种形式,激发和调动生命的节奏,让个体生命和群祖整体之生命一同而乐,足见原始之乐本身就与喜乐、欢乐情绪密切关联。

---

① 《汉语大词典》第四卷,汉语大词典编辑委员会、汉语大词典编纂处编纂,汉语大词典出版社,2001 年,第1284 页。

② 冯浩轩:《"乐"字析疑》,《音乐研究》,1986 年第 1 期。

③ 修海林:《"乐"之初义及其历史沿革》,《人民音乐》,1986 年第 3 期。

④ 冀昀主编:《吕氏春秋》,北京:线装书局,2007 年,第 101 页。

节奏感显著的鼓音,配合乐舞、诗歌等多种方式,恰如生命之节奏、韵律,体现出古代先民对生命的礼赞、惊异,是他们生命价值观的诗性表达,是主体对生命体验的直观感受和形象表述,因而更为形象化、直接化,也更为灵动、鲜活、多样。

三、喜、乐淫溢与生命节奏之悖离

先民对生命的崇拜,以及发自内心对生命快乐的需求,到了夏商表现得尤为突出,随着生产水平的提高,物质产品日益丰富,上层的奢靡使"乐"迅速走向专业化,专职乐师和乐伎出现。乐器的数量种类以及乐舞规模得到空前发展。夏乐在历史上又称为"奢乐"。夏朝第一位君主启,就把"乐"作为狂欢的工具,"淫溢康乐,野于饮食。锵锵锽锽,筦磬以力。湛浊于酒,渝食于野。万舞翼翼,章闻于天。"①被墨子视为丧失了天神的保佑。

值得一提的是,夏启与有扈战于甘泽而不胜,于是"处不重席,食不贰味,琴瑟不张,钟鼓不修,子女不饬,亲亲长长,尊贤使能,期年而有扈氏服。"②启初夺王位,为巩固地位而作战,开始没能取得胜利,于是节制自己在音乐、饮食等方面享乐侈糜之性,任用贤能,最终打败有扈氏。节制享乐是启取得胜利的原因之一,这和上文所述启平日享乐之甚形成鲜明对比,足见启平日享乐之甚。过分的享乐意味着对下层的剥削,此种喜、乐不再像原始之乐那样与生命群体欢乐有关,而是转为专属服务于上层,这也是原始社会向文明过渡时期喜、乐发展的重要特征之一,且此种趋势日趋明显。

启的儿子们为了贪图这种享受,争夺继位权,最后酿成五子之乱,屈原《离骚》说:"启《九辩》与《九歌》兮,夏康娱以自纵。不顾难以图后兮,五子用失乎家衖。"《尚书·五子之歌》也提到:"内作色荒,外作禽荒,甘酒嗜音,峻宇雕墙。有一于此,未或不亡。"③认为"嗜音"是"未或不亡"的主要原因之一。尽管五子之歌的可信度如何不得而知,但有一点是肯定的,其时对"乐"的追捧已达到乐此不疲,喜而忘返的程度。到了夏末,桀淫溢嗜乐之程度更甚,《管子》记载其有

① 余欣然校订:《墨子》,武汉:崇文书局,2014 年,第 92 页。

② 冀昀主编:《吕氏春秋》,第 58 页。

③ 冀昀主编:《尚书》,北京:线装书局,2007 年,第 52 页。

"女乐三万人,端谑晨乐,闻于三衢……桀无天下忧,饰妇女钟鼓之乐。"①专门从事歌舞音乐表演的音乐女奴就有三万人之多,每天一早即开始娱乐,歌乐声响彻数条街。晋代的皇甫谧说他"大进侏儒倡优,为烂漫之乐,设奇伟之戏,纵靡靡之声"②。固然后人难免有附会夸大之处,然则异口同声亦当有所依据。商王朝鉴于纵声色是夏桀亡国的一个重要原因,为防患于未然而定《官刑》,《墨子》有载"其恒舞于宫,是谓巫风,其刑,君子出丝二卫,小人倍以二伯黄经"③。对纵声享乐加以节制。然而商代统治者对声色之纵,至帝辛(即纣)发展到极期。《史记》说:

> (纣)好酒淫乐,嬖于妇人。爱妲己,妲己之言是从。于是使师涓④作新淫声,北里之舞,靡靡之乐。厚赋税以实鹿台之钱,而盈钜桥之粟。益收狗马奇物,充仞宫室。益广沙丘苑台,多取野兽蜚鸟置其中。慢于鬼神。大冣(聚)乐戏于沙丘,以酒为池,县(悬)肉为林,使男女倮相逐其间,为长夜之饮。⑤

此种"好酒淫乐""厚赋税"济私欲"收奇物"、酒池肉林诸种行为,与最初"喜""乐"的本意早已相去甚远。《吕氏春秋·侈乐》批评夏商之乐舞阵容奢华,崇尚享乐,"夏桀殷纣作为侈乐,大鼓钟磬管箫之音,以巨为美,以众为观;俶诡殊瑰,耳所未尝闻,目所未尝见,务以相过,不用度量"⑥。因于生产力的逐渐提高和物质资料的日趋丰富,不论是由启到桀,还是汤到纣,越来越纵情于喜乐享受,似乎是一种合乎历史发展的现象。

人在基本需求满足之后,都有享乐的需求,若喜乐之情绪不加控制,则成为欲,所谓"欲者,情之应也"。因纵情享乐而产生的欲,某种程度展现了生命的强大能量,却也是个人私欲膨胀到极致的产物,如果个体为了满足追求享乐与权

---

① 黎翔凤:《管子校注》,北京,中华书局,2004年,第1398页。

② 皇甫谧:《帝王世纪》,陆吉点校,《帝王世纪 世本 逸周书 古本竹书纪年》,第26页。

③ 余欣然校订:《墨子》,第92页。

④ 梁玉绳《史记志疑》卷二谓师涓当作师延。

⑤ 司马迁:《殷本纪第三》,《史记》卷三,北京:中华书局,2009年,第15页。

⑥ 冀昀主编:《吕氏春秋》,第94页。

势之"欲",而牺牲他人或是群体,不论对于个体还是群体所产生的危害都是极大的。从人体生理角度而言,"俶诡殊瑰",超出常规范围的享乐,与血肉之心的固有节奏也是相违背的,以"欲"养"乐"必然会"攻其心""危其形",对身体产生损害。《素问·上古天真论》说:

> 以酒为浆,以妄为常,醉以入房,以欲竭其精,以耗散其真,不知持
> 满,不时御神,务快其心,逆于生乐,起居无节,故半百而衰也。

若只以追求内心之喜乐为务,而对各种欲望不加控制,其结果必然是"半百而衰"。长时耽于喜乐对生命有损,而短时喜乐过度,同样会打乱生命的节拍,"暴喜"容易损伤心阳。反之,心有病变又经常伴随着与喜有关的异常情绪改变,心气太盛或心包络经脉病变,会出现"喜笑不休"的异常情绪;心热病,则表现为"先不乐"。① 从精神的角度而言,《内经》认为神藏于心,喜乐太过,会导致"神惮散而不藏";短时的喜乐过度会造成喜笑无常的狂证。② 大喜使个体的生命机能被一过性地激发,个体生命处于失序、节奏失调的状态,恣意放纵之喜乐,恰是对生命节奏的极大悖离。就个体间而言,喜乐泛滥使人欲膨胀、狂妄,渐尔迷失,人与人之间的距离和差异增大,比如桀纣等王最终弄得"百姓怨、诸侯叛",其结果必然是"身死国亡,为天下戮"(《说苑·反质篇》)。在此意义上,喜、乐只具有负的价值。

四、喜、乐与和

喜乐(le)同义,而有程度深浅的不同,先民通过擂鼓模仿心跳的节奏来体现生命的价值,表达内心的欢乐情绪,可以说鼓是喜外在的表现形式,笑是对内心喜悦之情的生动表达,段玉裁注喜曰:"笑下曰喜也。闻乐则笑。"此处的乐(yue)应当包含鼓在内的所有外在的娱乐形式,如乐舞、乐器、诗歌等,"情动于

---

① "暴喜伤阳。"(《素问·阴阳应象大论》)"心热病者,先不乐。"(《素问·刺热篇》)"心主手厥阴心包络经脉……心中憺憺大动,喜笑不休。"(《灵枢·经脉》)

② "心藏脉,脉舍神。""喜乐者,神惮散而不藏。"(《灵枢·本神》)"狂者……善笑而不发于外者,得之有所大喜。"(《灵枢·癫狂病》)

中而形于言,言之不足故嗟叹之,嗟叹之不足故永歌之,永歌之不足,不知手之舞之,足之蹈之也"①。

　　既然喜乐淫溢与生命节奏相悖,对于让人心生喜悦而不至太过的乐(yuè)似乎应有一定的规定性。如何让喜乐与个体生命协调有序地融合在一起,古人做了很多探索。最具代表性的,当属西周初年,周公在总结殷商典章制度的基础上,经过选择"制礼做乐",历经百年时间而渐趋成熟和完善。其范围涉及政教、经济、兵戎、农耕、文化、教育等各个领域,包括了郊祀、祫禘、朝期、盟会、聘问、飨食、燕礼、丧葬、军旅、田猎、马政、冠婚、乐章、宫室、车舆、饮食、衣饰等诸多方面,这些仪礼在贵族阶层内部举行,用来明确和维护等级秩序,礼乐制度其实就是以礼乐为核心的等级制度,是针对统治层内部而言的。

　　就礼的角度,上层社会中的人分天子、诸侯、卿大夫、士四个等级,再依其地位高低规定不同的礼乐活动,并根据音乐在礼仪中的不同应用,按不同等级作严格规定,如八佾制度,即为典型例证。平民百姓如果违反规定享用礼乐,便被认为是"僭越"或者"非礼"。《荀子·富国》云:"礼者,贵贱有等,长幼有差,贫富轻重皆有称者也。"②礼的制定之初,即带有不同的现实目的和具有不同的实际用途,故《礼记·经解》说:"故朝觐之礼,所以明君臣之义也;聘问之礼,所以使诸侯相尊敬也;丧祭之礼,所以明臣子之恩也;乡饮酒之礼,所以明长幼之序也;昏姻之礼,所以明男女之别也。"③礼具有外在性、形式性等明确的规定性特征,也意味着规定了不同阶层的差异性,从某种程度上拉大了人与人之间的距离。

　　所谓"乐",就是与礼相配合的乐队编制、音乐歌舞等。乐可以分为乐义、乐仪两个方面,乐仪为外在表现,如诗歌舞乐等不同形式;乐义为乐之内在规定性,即德性。孔颖达认为德为乐之本,器物为乐之末④。"本贵而末贱"。孔子《论语·阳货》说:"礼云礼云,玉帛云乎哉? 乐云乐云,钟鼓云乎哉?"其更加看重礼仪乐舞仪式背后所包含的思想、德行。

　　自然宇宙因其和谐之乐,固有之规律、节奏而成天地万物:

---

① 毛亨传,郑玄笺,孔颖达疏:《毛诗正义》,阮元校刻:《十三经注疏》,第270页。

② 王先谦:《荀子集解》,北京:中华书局,1988年,第178页。

③ 崔高维校点:《礼记》,沈阳:辽宁教育出版社,1997年,第172页。

④ 《乐记》说:"乐者,非谓黄钟、大吕、弦歌、干扬也,乐之末节也。"孔颖达释云:"此等之物,唯是乐器,播扬乐声,非乐之本。"《乐记》"穷本知变,乐之情也",孔颖达释云:"其本在于人君之德。"

夫天地合德,万物资生,寒暑代往,五行以成,章为五色,发为五音。音声之作,其犹臭味在于天地之间,其善与不善,虽遭浊乱,其体自若而无变也,岂以爱憎易操,哀乐改度哉![1]

圣人法天则地,仿效宇宙之礼乐而制礼作乐,二者虽表现不尽相同,然而其义理为一。乐是古人沟通天人的一种独特方式,乐的和同功能,是万物生长之道:

经验与现象

是故大人举礼乐,则天地将为昭焉。天地诉合,阴阳相得,煦妪覆育万物,然后草木茂,区萌达,羽翼奋,角骼生,蛰虫昭苏,羽者妪伏,毛者孕鬻,胎生者不殰,而卵生者不殈,则乐之道归焉耳。[2]

虽然天人有别,但天人是相通的,《史记·乐书》说:"天之与人有以相通,如景之象形,响之应声。"[3]"天"之节律与人之节律相通,依此行事,则万物和谐,人心安泰。

从个体生理角度而言,《吕氏春秋·适音》认为,乐应该具备的特点是"大不出钧,重不过石,小大轻重之衷"[4],符合人生理、心理能够承受的恰当的节奏、音高、音律,与人体生命节拍相协调,如此则"以适听适则和矣",对于人生命节奏的调和非常重要。符合生命节奏的乐(舞、琴等),也称为和乐,具有宣气、导气的作用,被用来治疗"郁阏滞着""筋骨瑟缩不达""阳气蓄积"等病症[5]。《史记·乐书》认为"上古明王举乐者,非以娱心自乐,……故音乐者,所以动荡血脉,通流精神而和正心也"[6]。喜、乐能够动荡血脉,调动生命机能,使生命节奏更加协调,使"气和志达,荣卫通利"(《素问·举痛论》)。

和乐入耳传于心,使心得到满足,《左传·昭公二十一年》说"和声入于耳而

① 嵇康:《声无哀乐论》,《嵇康集译注》,哈尔滨:黑龙江人民出版社,1987年,第85页。

② 崔高维校点:《礼记》,第131页。

③ 司马迁:《乐书第二》,《史记》卷二四,第133页。

④ 冀昀主编:《吕氏春秋》,第98页。

⑤ 昔朱康氏针对"阳气蓄积,万物散解,果实不成",令士达奏五弦瑟调和阴阳;陶唐氏针对"阴多滞伏而湛积"引起的"郁阏滞着""筋骨瑟缩不达",制乐舞以"宣导之"。(《吕氏春秋·古乐》)

⑥ 司马迁:《乐书第二》,《史记》卷二四,第134页。

藏于心,心亿则乐",作为主体的心是众窍之君,诸感官都受制于心。《管子·心术下》说:"治也者,心也;安也者,心也。""心之在体,君之位也。"《乐本篇》言:

> 凡音之起,由人心生也。……感于物而动,故形于声。声相应,故生变;变成方,谓之音。比音而乐之,及干戚羽旄,谓之乐。乐者,音之所由生也,其本在人心之感于物也。①

人心之动是产生喜、乐的基础。人心之动,物使之然也。心的动态决定于客观事物的影响。《吕氏春秋》说:"耳之情欲声,心不乐,五音在前弗听;……欲之者,耳目鼻口也,乐之弗乐者,心也,心必和平然后乐,……故乐之务在于和心,和心在于行适。"②喜乐与否首先在于自己的内心,而非耳、目、鼻、口。心如果不喜乐,人的各种感觉器官就很难被调动起来。心保持平和是喜乐的前提,行适是和心的重要方法。《素问·上古天真论》说:

> 是以志闲而少欲,心安而不惧,形劳而不倦,气从以顺,各从其欲,皆得所愿……
>
> 外不劳形于事,内无思想之患。以恬愉为务,以自得为功,形体不敝,精神不散,亦可以百数。

此即是生命一种喜的状态,也是一种乐(yue)和的状态,强调精神平和,内心宁静是生命和谐和健康的前提。③ 荀子说乐是出于人快乐的本性:"夫乐者,乐也,人情之所必不免也。故人不能无乐,乐则必发于声音,形于动静,而人之道,声音动静,性术之变尽是矣。"④但是如果仅仅是借由钟鼓、管弦等外在形式"以外乐内",乐作而喜,曲终而悲,"悲喜转而相生",就会造成心不平和,靠外在的刺激只能带来短暂的乐,喜乐过后则易陷入悲哀,人为了获取快乐又会寻求更大的外在刺激,以期获得快乐,这样循环往复,精神不得平和,反而会给身体带

---

① 崔高维校点:《礼记》,第 125 页。
② 冀昀主编:《吕氏春秋》,第 96 页。
③ 王庆其:《〈黄帝内经〉的核心理念》,《中医药文化》,2018 年第 6 期。
④ 王先谦:《荀子集解》,第 379 页。

来伤害,"精神乱营,不得须臾平。"①因此内心喜乐才是恒久稳定的,外在的喜乐刺激是不长久的。从情绪的角度而言,喜(和乐)恰是一种符合生命节拍的、内心平和的一种状态,是有节制、有引导、有包容性的快乐,对于怒、悲、恐等其他情志均有调和作用。

乐(yue)对人的影响深,对人的感化也很快,感人至深,《荀子·乐论》称其"入人也深,其化人也速"。像春雨一样能够润心,具有润物细无声之效。荀子指出,"齐衰之服、哭泣之声""带甲婴轴、歌于行伍""姚冶之容、郑卫之音"皆是与生命之节奏不相协调之乐的形式,容易使人心悲、心伤、心淫;而"绅端章甫,舞韶歌武",则"使人之心庄"②,《论语·述而》说:"子在齐闻韶,三月不知肉味,曰:'不图为乐之至于斯也。'"孔子也认为《韶》等正乐能给人带来莫大的喜乐,乃是一种与人生命节奏相协调的"乐"。《荀子·乐论》说:

> 凡奸声感人而逆气应之,逆气成象而乱生焉;正声感人而顺气应之,顺气成象而治生焉……故乐行而志清,礼修而行成,耳目聪明,血气和平,移风易俗,天下皆宁,美善相乐。③

音乐与人的内在之"气"相感应,邪恶的音乐招致叛逆的性情来应和,形成风气,则产生混乱世道;纯正的音乐(即符合生命节奏的喜乐)感染人,则和顺的性情来应和,形成风气,人心和泰,天下安宁,即"乐行而志清",正乐推行了,人们的志趣纯洁了,人们的德行也随之高尚,进而使耳目聪明,气血和平,生命节奏更加协调,美德相得益彰,从中得到无穷之乐。孔子"恶郑声之乱雅乐也"(《论语·阳货》)亦属此意。"音声足以动耳,诗语足以感心。故闻其音而德和,省其诗而志正,论其数而法立。"③可以调和人的情感,陶冶人的性情。

乐对个体的调和功能,不仅表现在生理、心理以及精神层面,更表现在个体与个体之间差异性之弥合。荀子说:"调和,乐也。"并认为:

> 乐在宗庙之中,君臣上下同听之,则莫不和敬;闺门之内,父子兄

---

① 何宁:《淮南子集释》,北京:中华书局,1998 年,第 70 页。

② 王先谦:《荀子集解》,第 381 页。

③ 班固:《礼乐志第二》,《汉书》卷二二,罗文军主编,西安:太白文艺出版社,2006 年,第 100 页。

弟同听之,则莫不和亲;乡里族长之中,长少同听之,则莫不和顺。故乐者,审一以定和者也,比物以饰节者也,合奏以成文者也。足以率一道,足以治万变,是先王立乐之术也。①

乐以听为主,天子与庶人,长少老幼,因同一种声音而和在一起,将君臣、上下、父子、兄弟、少长等不同的人团结在一起,让原本有差异的人,通过乐暂时回到统一,用符合生命节奏的喜乐来调和人内在的精神,表现人的共同本性,消除差异,使心统一起来,这即是乐(yue)和的功能,此乐(yue)恰是一种与生命节奏相协调的喜的状态,即和乐(le)。人作为一种社会动物,"生而有欲,欲而不得,则不能无求,求而无度量分界,则不能不争。争则乱,乱则穷。"如果没有乐,世间将充满差异与争斗,个体应"乐得其道",并且"以道制欲",才会"乐而不乱"②,以和生命节奏协调的正乐提高道德修养,并用道德来约束欲望,就能获得喜乐而不至陷入迷乱。通过乐将有差异的不同阶层重新凝聚在一起,让不单个体生命,而是整个生命群体一起欢乐,使人心凝聚,调动生命的能量。这种乐是无道放纵,而是建立在符合生命节律基础上的乐。

结语

不论是血肉之心、情感之心还是心思之心,"喜"始终以其自身所具有的蓬勃生命精神,围绕其左右。作为生理性器官,血肉之心以其节奏性的跳动显示生命之征,也是个体感知到自身存在的,生命意识的体现。古人以鼓之意象模仿生命律动,是对以心律为征的生命价值最崇高的敬意,是主体对生命体验的直观感受和形象表述。古人的喜乐,始终围绕生命精神的体现而展开。喜、乐淫溢的结果是与生命节奏的悖离,喜乐的泛滥与放纵使人欲膨胀、狂妄、迷失;喜乐之"和",使自然宇宙循其固有之规律节奏而覆育万物;于个体生命,则调动生命机能,调和自身的诸种情绪,修性养德而"和正心"。于个体间则弥合人与人之间的差异;从天地宇宙,到社会群体,再到个体生命,以及每个生命的生理、

---

① 王先谦:《荀子集解》,第379—380页。

② 王先谦:《荀子集解》,第382页。

心理、精神,都因于其所具有的"喜"的特性而焕发出勃勃生机。

Comments on the Relationship between Heart and Joy

Xue Hui

Abstract: In Chinese culture, the heart not only refers to the heart of flesh and blood, but also to the heart of spiritual consciousnes. The traditional Chinese medicine works represented by "Huangdi Neijing" attribute "xi"(joy) ambition to the heart, and finally associate "xi" with the heart, and gradually integrate with the medical theory system. This paper explores the internal connection between joy and the heart from the perspective of the connotation of joy and the spirit of life contained in it. Excessive joy damages life. As far as the individual is concerned, the joy unobstructed vessel, mobilize the life function, and make the rhythm of life more coordinated. Then, in the psychological level to reconcile emotions, in the spiritual level edify temperament, cultivation of virtue. In terms of individual words, happiness and joy are mainly "harmony", to bridge the differences and struggle, to reconcile the relationship between people, and to make people unite. Understanding the internal connection between joy and heart will undoubtedly conducive to a deep understanding of Chinese life culture.

Keywords: Huangdi Neijing, heart, Xi, joy

380

经验与现象

会议综述

世界与中国：从哲学的视域出发
——第 22 届国际中国哲学大会会议综述

蔡添阳 *

　　[摘　要]　当代中国哲学的研究折射出世界与中国的相遇，对此加以省思，一方面有助于为世界哲学的建构和发展提供理论资源，另一方面也有助于廓清中国哲学研究的基本视域。本文综述了由国际中国哲学学会与华东师范大学联合主办的第 22 届中国哲学大会研讨成果，并从会议议题、思考进路与问题探索三个方面对大会内容进行回溯性整理：大会议题丰富，体现出哲学理论的深度与研究过程的曲折；思考进路多样化，反映了史思结合与哲学理论和哲学史间的紧密关联；哲学方法的拓展，也折射出学术范式的种种变迁。

　　[关键词]　第 22 届国际中国哲学大会；中国哲学；世界哲学；"古今中西"之争

　　"我们期待在会议闭幕之后，以不同方式在不同空间彼此相遇，继续展开学术层面的交流切磋。"2022 年 7 月 1 日上午，随着 ISCP(国际中国哲学学会)现

＊　蔡添阳(2000—　　)，男，上海人，华东师范大学哲学系博士研究生，主要研究领域为方以智哲学。

任会长杨国荣教授的闭幕致辞,为期五日的第 22 届国际中国哲学大会落下了帷幕。本次会议主题为"世界哲学视域中的中国哲学",共邀请到国内外 620 位学者参会。受疫情影响,会议以线上线下结合的方式开展,其规模之大,形式之多样,可称空前,为今后的会议研讨提供了新的范式。

"世界哲学视域中的中国哲学"这一主题分别从"中国"与"世界"、"哲学的视域"和"视域中的哲学"两个方面展现出多重意蕴:

就前者而言,一方面,中国哲学向世界敞开自身,作为一种代表中国文化的哲学形态,几千年来积累的思维成果和学术传统能够为世界哲学的建构与发展提供丰富的理论资源;另一方面,世界范围内的其他诸多哲学传统,当然首先是西方哲学传统,也构成了中国哲学的背景。"中国哲学"一词,就其构成而言,本身就已经是"中国"与"世界"相遇的结果。因此,"敞开"就不仅仅是中国哲学能够为世界做出的贡献,而且从更根本的意义上说也是中国哲学的题中应有之义。可以说,世界哲学与中国哲学的相遇,如同一面镜子,折射出内在于中国哲学的生成性与开放性,并使其获得充分展现,这同时也成就了中国哲学,使其得以在更加广阔的舞台之上不断突破自身,取得新的形态。

就后者而言,中国与世界的相遇促逼着我们对哲学的视域加以追问,继而突破一直以来将"西方哲学"直接等同于"世界哲学",以西方哲学的视角和思维方式展开哲学探究的传统范式,扩大了哲学的视域。这种自我否定的力量也使得哲学探索能够超越日趋固化的意识形态,重归本源并激活自身,从而在哲学的视域发生扩展的同时也令处在古今中西视域交融之下的哲学作为一种"智慧求索"之学,重焕生机。

世界哲学与中国哲学的相遇已然是不可改变也不需改变的既成事实。由此,中国哲学研究便面临两个无法回避的问题:其一,如何在对其他哲学传统与智慧资源予以关注和接纳的同时,保留并呈现自身在当今时代下、世界舞台中所具有的独特意味;其二,如何在表达智慧之普遍性的同时保留探索进路的丰富性与多样性。有鉴于此,本次大会一方面力图向大众更直观地呈现上述问题,更清晰地勾画中国与世界的相遇为中国哲学带来的机遇和挑战;另一方面也旨在积极地尝试对该问题加以回应,推进该方面的思考。由此,本文分别从会议议题、思考进路、问题探索三个方面对大会内容进行回溯。

经验与现象

一、多元性的议题设置

大会的议题丰富而全面：从人物考察方面看，会议囊括了自先秦到近现代的不同哲学家；从学派的分析方面看，会议涉及儒、道、释、名家、墨家、法家等各个哲学流派，在比较研究方面既有中西哲学对照，也有中国、印度思想的分殊，在问题探讨方面则涉及宇宙论、本体论、政治哲学、认识论、伦理学、宗教哲学，等等。大会对于相关问题的讨论既体现了哲学理论层面的深度，也展现了哲学研究的过程，更折射出古今中西诸多思想交错融通的时代背景与几代学人在这一背景下对智慧孜孜以求的追索。

就"古今之争"而言，本次大会一方面超出传统研究的视野，将"十六字心传"、清华简《五纪》与《洪范》等更为早期也更为生僻的文本材料纳入考察范围；另一方面也逐步将近代哲学研究领域中往往被边缘化的人物引向诠释的焦点。

大会特邀学者专场第四场"回溯儒家的精神谱系"着重于"古"的面向，力求返本溯源，以资当世。浙江大学董平教授对"十六字心传"的政治意蕴予以抉发。宋代以降，道统之争至今未息。古文《尚书》虽有"伪书"之嫌疑，但其中观点却未必是伪作。董教授认可张舜徽先生的观点："十六字心传"实际上是一种政治术。"危"和"微"并不是像朱熹和王阳明那样解释为危殆与微妙，而是构成一种对文关系，"危"便是"微"的显著，隐微的道心通过日常生活展现自身，人心只不过是道心的显化状态。这种人心与道心保持同一性的境界，就是"惟精惟一，允执厥中"。而所谓"中"，正是人们所朝向的事实本身。

中国人民大学曹峰教授则对清华简《五纪》所具有的思想史价值予以格外关注。其中，通过"五纪"等天道、"五德"等人道体现出来的"中"是最为重要的概念。作为政治的最高原则与治理的最佳状态，"中"的意涵超出了人伦意义上的忠信之义。就其地位而言，《五纪》的"中"居于统摄、主宰之位，其内涵与中正、公平、无私、宽裕相应，具有绝对的、神圣的特点。从行为的角度看，"中"指向有待实现的目标，表现为一种最佳的行动方案。从《五纪》的"中"出发，有助于重新审视《逸周书》《论语》《管子》《中庸》《鹖冠子》等传世文献和清华简《保训》《殷高宗问于三寿》《心是谓中》，马王堆帛书《黄帝四经》，郭店简《忠信之道》等出土文献。同时，在概念层面上，"中"可以将"忠""信""诚""和""一"串联为一个概念簇，将读者引向古代天道论的源头所在。

中国人民大学梁涛老师试图结合春秋战国时期的历史发展与学术脉络演进，重新梳理孔子的诸多弟子及儒门学派发展之间的关联，以此重探孔-荀之间的儒学发展与演变。学界此前，对孔子、曾子、子思再到孟子的传承线索加以过多的关注，而孔子、子夏、子贡、荀子的线索则往往遭到遮蔽。在梁老师看来，《逸周书》和清华简相关文献的发掘，为孔-荀之间的儒学发展提供了重要的佐证材料。据此，可在内圣一脉之外，对儒家外王的进路加以更多关注，重新思索孔-荀之间的传承问题。

武汉大学丁四新教授从修身角度切入《尚书·洪范》，并从五个方面出发，详细梳理了"五事畴"的修身意蕴。在丁教授看来，《洪范》"敬用五事"的思想，是中国古代修身哲学，特别是儒家修身哲学的源头。这种被称为"五事畴"的修身哲学，内涵丰富且系统。通过汉宋儒者的诠释，《洪范》"敬用五事"的修身哲学不仅得到了充实与彰显，其重要意义也不断得到肯定与提高。就《洪范》的文本而言，"敬用五事"的"敬"是工夫，"事"则兼含整饬、修养和事情义。"五事"具体指向包括"貌事""言事""视事"和"听事"的在体"四事"与居于体中的思事。"敬用五事"意指君王以此五事敬慎其身。汉儒对洪范九畴进行系统性重构，借助灾异谴告之说，以"咎征之应"以及五行思维的方式，特别凸显了人君修身与"敬用五事"的重要性。汉代经学大旨在于以灾异之说抑制皇权，并以人君之惧慎修省呈现其积极意义。相较于王安石与朱熹为代表的宋儒诠释，汉儒对"敬用五事"之诠与《洪范》文本旨趣更为一致。

在关注古代的同时，另一些同仁们则将目光更多地投向近现代，力图揭示儒学"今"的面向，赓续前志，开出新途。在小组会议"唐君毅与中国哲学的现代发展"中，上海交通大学刘妮老师抓住唐氏对孟子"恻隐之心"的诠释，从文本分析入手，对"乍见孺子将入于井"和"以羊易牛"两个故事加以解读。在前者中，情感的发动是援救行动的原因；在后者中，无辜受罪是救援的必要条件。在双重制约中，唐君毅洞见了情感、恻隐与礼之间的复杂交织，人的情感有时会受到天然限制而无法付诸行动。东南大学张星老师则对唐君毅的师道观加以探析，指出后者主张一种平等的师道，肯定师生关系是纯粹的人与人精神在道中的相遇，而真正平等的师友之道是对人之性情心的肯定，从而对传统师道观的局限有所克服。

中国社会科学院陈霞老师从贺麟对中国哲学的创新性研究谈起。她以中西哲学比较参证、融会贯通的特点为抓手，讨论传统文化的新展开。陈老师指出，贺麟的中国哲学研究有着清晰的时代问题意识，体现出其面对现实，应对危机；立足传统，改革道德；贯通中西，转向现代以及深入论证和缜密分析等特点。贺麟通过吸收诸子百家及西方哲学，将中西有关"心"的理论有机结合，创建了新的心学体系；对"理""知"和"知行关系"等问题进行了新的阐释，提出了全新的体用观和自利利他，遵守法律，尊重信仰，崇尚艺术的新道德。为了适应现代社会的需要，他赋予中国传统哲学概念以新的内涵，重新激活和丰富了传统哲学的内容和表达形式，增强了传统命题的论证性，在保持民族性的基础上发展了其思辨性。这是对中国哲学的创造性转化和创新性发展，对于构建当代的中国哲学、推动中国的现代化事业具有启发意义。

就"中西之争"而言，本次大会基于现代中国的视角，强调中西交融，文明互鉴。来自不同文化背景的同仁们共聚于此，在智识的对话与碰撞间，哲学得以突破笛卡尔以来作为"个人沉思"的传统，进而走向一种合作的事业。在特邀会议第一场"中国哲学如何走向世界"中，华东师范大学杨国荣教授便从中西哲学的关系出发，加以考察。杨教授指出，尽管 Philosophy 的表述源于西方世界，但作为一种"爱-智慧"，即对智慧的追求，在中国传统的性与天道之学中，实质上业已涵盖了"哲学"的内容。通过回溯中西文化交流和中国哲学演化的历史，杨教授强调，中西哲学的差异正是智慧具体展开的不同形态之体现。他援引王国维"中西二学，盛则俱盛，衰则俱衰"语，认为在今天从事哲学运思，需要站在世界性的高度对不同传统加以回视，在"世界哲学"的整体性视域之下，无论中国哲学抑或西方哲学，对于今日之哲学探索都是必需的资源。

成中英教授则对中西哲学的相互诠释加以关注。在他看来，中西哲学的诠释，其实质首先表现为中西文化的互学、互仿、互鉴，而文化的互通、互动和互融正是在这一过程中逐步展开，文化的转化与创新也由此得以可能。在成教授看来，这也是中国哲学走向世界并世界化的基本途径。基于这一判断，成教授提出"本体诠释圆环"，指出西释中和西译中需要借助反向的中释西或中译西来进行意义的矫正与平衡。

清华大学陈来教授则从"哲学史"出发，在具体的案例比较间展现中西互鉴之精义。陈教授以"朱子的理气学"为讨论对象，指出其很早就被置于比较哲学的视域进行探讨。尽管未必总是达成一致，但这种比较扩大了视野，也增加了思辨的深度。陈教授以希腊哲学为比较对象，将柏拉图的理型论与朱子理一分殊的思想，亚里士多德的本体论与朱子学理气关系中的先后、动静等问题加以比较。尽管此前已不乏相关研究，陈教授更进一步表明，理作为推动气运作的原因，自身并不运动，虽无物理位移，却对事物起到推动与调节的作用。理构成万物之性，气构成万物之形，一个事物兼秉理气，才能够称之为一个现实事物。据此，总体而论，与柏拉图相比朱子哲学更接近亚里士多德的哲学立场。

　　既是中西对话，在代表中国的话语之外，西方的声音也不可或缺。其中最响亮的，莫过于美国当代伦理学的旗手人物之一，迈阿密大学 UST 讲席教授迈克尔·斯洛特。在大会演讲第三场，斯洛特教授以"世界哲学：冯契与超越"为题进行论述。在他看来，中国传统中的"阴阳"概念有助于弥补西方哲学情感论的不足。中国传统的思维方式提示出这样一点：推理、事实信念以及认知过程不能离开情感的参与。相应地，斯洛特主张西方哲学家设想的纯粹理性根本不存在。通过将"阴""阳"分别理解为"接应性"和"有指向的主动目的"，斯洛特发掘了移情式同情中蕴含的感觉他人痛楚的接受性与意图助人的能动性，二者构成兼有"阴""阳"的心灵状态。这种心灵状态一方面指向美德，另一方面更拓展至物理学领域。北京师范大学李景林教授、中国社科院刘悦笛研究员对斯洛特的主张加以评论和回应，李教授特别指出这样一种"阴阳哲学"表现出对中国哲学如何参与当代世界哲学创造进程的"回馈性"思考，刘老师则认为斯洛特对于"阴"的关注在当代西方道德情感主义的研究范式之外，打开了崭新的视域。

　　比利时鲁汶大学汉学系教授戴卡琳则以中西方哲学交流为背景，从《庄子》出发探讨"争辩"的问题。戴卡琳教授首先围绕《庄子·则阳》中"魏莹与田侯牟约"一则故事展开分析，指出其中存在"是"与"非是"的二元对立。是非背后指向了各自不同的立场，寓言中戴晋人这一角色则代表了一种"超越"。随后，戴卡琳教授分析了"辩"对墨子和后期墨家的重要性，而庄子认为"辩"只基于某一种具体立场而忽视其他，有其局限性。庄子的"无辩"并非一种理论而是一种态度。借由上述分析，可以分梳中国哲学合法性问题的三个层次，分别是"理性的辩论"、"回溯立场"以及"超越合法性辩论"，前两种是非之辩充斥现今的讨论，而庄子则启发我们可以从中间地带观之，与之共存。

　　不仅如此，本次大会的参与者们也对现当代的哲学学者予以充分关注，分别设立"中西视域中的李泽厚哲学思想"与"返本开新:张祥龙先生与中国哲学"专场会议以缅怀两位过世不久的哲学前辈,旨在对他们开创性的工作予以消化吸收。

华东师范大学杨国荣教授以"当代中国思想史中的李泽厚"为题,回溯李泽厚"积淀说""两德论"和"情本体"等具有代表性的几个思想。在他看来,李泽厚的"人类学本体论"分别从哲学史、政治哲学与伦理学方面做出重要推进。"两德论"区分宗教性道德与社会性道德,其中涉及公共理性和个体道德的关系,在此基础上,杨国荣教授指出,需要进一步公共领域的法理意识和个体内在的良知意识的统一。"情本体"说则从人的本质规定出发,反对强制性理性的压抑,安顿人的精神并最终回归理性指导;中国社科院刘悦笛研究员则从"情本伦理学"观与当代道德情感主义的争锋谈起,依据李泽厚对迈克尔·斯洛特的批判,指出李泽厚的"情本伦理学"绝非唯情是举,相反对理性和情感做了主次区分并以理性为主导。与此同时,他也回应了斯洛特"西方哲学一直几乎是阳,几乎没有阴"的问题,在理性主导的"属阳"的伦理学中增加了"属阴"的情感力量,体现了阴阳互补的智慧。

清华大学唐文明教授以"张祥龙思想中的神秘体验论"为题进行报告,在他看来,张祥龙对中国思想中神秘体验向度的关注令其得以实现从"现象学"到"孔夫子"的转向,也正是其思想中的神秘体验论使我们可以充分理解他的精神归宿与学术思想海纳百川之开放性之间的协调关系;中山大学的朱刚教授则着重关注张祥龙先生最后一本出版著作《中西印哲学导论》,在他看来这部著作从三个方面实现了对于主流哲学导论的范式突破。首先,他把哲学所要应对的问题理解为"边缘问题",在哲学问题的层次上形成了对既有哲学导论范式的突破;其次,该书所确立的"中西印"这一"三体"式的哲学"基底结构"突破了既有哲学导论范式;最后,该书的"导论"方式也对主流的哲学导论形成了突破:该书通过回到中西印三家哲学原典,借助若干可理解的,但又是非概念理性的方式显示或通达哲学所追寻的本原或终极实在,并以此方式阐发其他相关的哲学问题。

大会演讲第六场,中山大学冯达文教授以"儒家哲学的开展及其价值"为题进行报告。他以李泽厚、王庆节等学者聚焦于"情"的研究以及张祥龙、杨国荣、陈少明等学者聚焦于"事""人"的研究为例,说明近年来中国哲学研究存在"回归生活世界"的趋势。冯达文教授认为这一转向其实在早期儒家那里有其源头,孔子初创儒学就是从"原事"、"原情"、"原人"出发的。就孔子立足于人世间而言,其思想是理性的;但就其关切并非知识建构而是追求善良、美好而言,其思想也是一种信仰,因此孔子哲学从根本上说是在信仰与理性之间保持平衡与维系张力的思想体系。就儒学在信仰方面的开展而言,孟子致力于张扬孔子信仰思想的一面,以"性善论"宣称"善"的先验性和绝对性,但"善"的普遍有效性则有待宇宙论的证取。《中庸》和《易传》最早开启儒家宇宙论,直到董仲舒才完整建构起儒家宇宙论。儒家宇宙论不仅具有认知价值,还基于敬畏与感恩而证取儒家的价值论。就儒学在理性方面的开展而言,《大学》以"格物致知"为价值求取的基始,荀子则建构了以分析为入路的知识论,并且把价值建构诉诸理性。宋代的二程与朱子进一步开展了儒学的理性向度,把儒家的形上学框架从宇宙论转向本体论。程朱将仁义礼智作为"道""理"的内容,不仅使仁义礼智获得由理性认知给出的客观普遍性,也使之获得先验绝对性而具有价值信仰意义。陆九渊、王阳明则把情感心视为天然-本然的,回归到价值由先验性确保的作为信仰的绝对性。明末清初的两大思潮则把信仰与理性、绝对性与普遍性加以区隔:泰州学把"情"作为个体-主体价值信仰的绝对性,经世致用之学则把"理"从形上本体降格为客观社会的一种公共理性工具。信仰与理性、绝对性与普遍性的区分实际上就是内圣与外王之分,二者仍然具有永恒的张力。

古今中西,风云际会。本次大会最大限度地涵盖当代中国哲学研究丰富多样的议题,同时也在整体上以宏阔的笔调勾勒出一代又一代学人们接续合作、书写智慧的历程,在返本开新中隐隐提示出中国哲学未来的发展方向。

二、殊途百虑的哲思进路

与多样的议题相应,本次大会也体现了思考进路的多样化:从切入角度上看,会议囊括时下热门的女性主义、历史哲学、政治哲学、生态哲学和美德伦理学;从思考对象上看,大会涉及"宽容""酒""天学""教育哲学""德福一致"等内容;而从更广义的层面上看,思与史密不可分,相应地,哲学与哲学史、思想史也总是相互关联。在本次大会中,具体表现为思想史的考察与哲学史的梳理。

在特邀会议第二场"中国哲学的话语和形态"中,中国社会科学院哲学研究所所长张志强老师从哲学、宗教和义理三个角度切入中国哲学的特质。通过对章太炎、张东荪、钱穆等前辈观点的梳理,张老师指出,中国哲学通过与道应和的义理性方式确立自身,不是任何一个从希腊开端以后的哲学体系可以叙述和裁剪的。中国哲学以其独有的非宗教非哲学、亦宗教亦哲学的特点,形成讲道理的信仰,这避免了任何一种以自己独断的教义作为普遍绝对真理的霸权。义理性从来都是向道开放的,它建立在依它而起的意义上,通过返身而诚的方式获得。

中国台湾“中央研究院”何乏笔教授将女性主义与道家相联系。他首先探讨被卫礼贤译为 das Ewig-Weibliche(永恒的女性/阴性)“玄牝”的“永恒的女性/阴性”一义源于何处,指出其中隐含着著名的典故——歌德《浮士德》末端的标题为 Bergschlushten(山谷),整部悲剧倒数的二行出现 Das Ewig-Weibliche/ Zieht uns hinan(永恒的阴性/引我们扬升)。歌德不仅将山谷与阴性/女性相连接,同时也透过溪谷的意向来凸显阴性对阳性/男性的批判和拯救。法国女性主义学者 Luce Irigaray(伊瑞葛来)的思想基础为她对柏拉图洞穴意象所进行的精神分析解读:洞穴(la caverne, l'antre)解读为腹部(le ventre),由此可知,道家与阴性/女性思维的关系于此深刻呼应,还可由此敞开老子的溪谷(“谷神不死”)与柏拉图的洞穴之间来回往复的跨文化交织。

在小组会议“儒家政治哲学”中,中国人民大学宫志翀老师指出,近代儒家政治哲学的构造必须面对人文史坐标的天崩地裂,后者使近代政治哲学的讨论最终表现为一种历史哲学的面貌。康有为作为这一潮流的开端,对文明史的坐标变化已有明确的自觉,并据此构造出“三世说”理论,从而在近代史上产生了深远的理想。在宫老师看来,未来儒家政治哲学的发展可能需要对这一坐标加以超越。中央社会主义学院邵磊老师则研究了荀子对“人”的理解,就“人生不能无群”,应当包含社会和政治的双重含义。相应地,邵老师指出,对荀子“人”的理解必须放在群与道的概念下展开分析。

南开大学乔清举教授以“儒学与当代生态哲学的对话”切入讨论。在他看来,哲学研究的生态维度可谓国内外儒学研究的新路向。这一方面源于国外的影响,另一方面则与中国社会的发展,与学术研究的逻辑进程相关。儒家哲学将“自然”理解为动物、植物、土地、山川,并从宗教、道德、政治法律三个维度提出生态性的对待态度,最终发展出一套由气、通、和、生、时、道、仁等概念构成的生态哲学范畴体系。乔教授将其称为"儒家生态哲学观"，指出其核心是生态本体论、生态功夫论、生态境界论。通过生态哲学的考察，可以推进儒学本身的发展，推动"主体"概念和主客关系的重建，对世界哲学有所启发。

在小组会议"伦理学与实践智慧"中，美国肯庸学院萧阳教授辨析了两种不同的"实践智慧"，主要回答了"什么是真正的'实践智慧'？""今天为什么应该关心真正的实践智慧？""如何表达真正的'实践智慧'？"以及"为什么真正的实践智慧只可能表达为格言式的句子？"等问题。指出"可以还原为理论"以及"不可还原为理论"的实践智慧两种概念，并提出理由。清华大学唐文明教授对其加以回应，指出萧教授聚焦于理论与美德的关系，区分实践智慧的真假，强调化理论为美德可以，但不能化美德为理论。

香港中文大学黄勇教授以"宽容有什么问题？《庄子》对不同生活方式的尊重"为题发表演讲。黄教授围绕"宽容"展开论述，廓清"宽容"这一概念的哲学内核，运用《庄子》中的思想资源，说明"尊敬"比"宽容"更合宜，更进一步检讨西方语境与《庄子》语境下的"尊敬"之别。哲学上对"宽容"的定义包括"接受"、"反对"和"能力"，三者缺一不可，其中"反对"并非偏见，而应有理由证明。由是反观联合国宣言的对宽容的表述，强调"对待少数族群、移民、弱势群体等应当宽容"的内容实为概念运用不当。《庄子》提供了另一种可能——尊重，即要求我们不干涉其他人不同的生活方式。但《庄子》中的"尊重"不包含反对成分，同时要求"应当"做什么的有为。

在小组会议"世界哲学视域下的酒哲学"中，华东师范大学贡华南教授以"从醉狂到醉卧"为题进行报告。贡教授介绍了"醉"的观念的成型：商周至汉，醉狂是常态，醉酒从神圣性剥落为单纯的欲望嗜好；汉以后，醉卧成为主流。在醉狂而迷、醉乱而治、醉乡淳寂、从"醉乡"到《醉乡日月》四个部分的解读中，贡教授指出，"醉"在中国思想史中被塑造成为具有鲜明品格的精神物，作为自觉的思想方法与精神境界，回归了神圣性。醉的内涵由含混的无序、趋向虚无的莽动转向平等有序、意味深长的精神家园。

在小组会议"中国文明中的天学与郊天礼"中，北京大学吴飞教授对"六天说"展开再思考，指出王肃的理论相较于郑玄，更像一种"六天说"，因为其否认了五帝与天五而一、一而五的"体-德"关系，而仅为天之下的独立的天佐。清华大学陈壁生教授则对郑玄学说中天的四重含义（己情所求之天、生成之天、天文之天、主宰之天)以及由此建构出的六天说与郊丘礼加以条分缕析,并由此延伸讨论了文明史中的郑学礼制实践。

在小组会议"面向儿童的中国哲学教育"中,台湾辅仁大学潘小慧教授通过对顾敷、朱熹、王阳明等六个历史记载及当代真实故事的考索,指出"儿童虽小却已经发展出一种哲学的智慧情怀"。随后她更进一步通过细致阐释"什么是天生的哲学家"和"到底什么是哲学家",指出童年哲学有其不依附成人哲学的意义,儿童本身就可成为哲学研究所指向的目的。杭州师范大学高振宇教授则在孔子对话教学视野下,探讨儿童探究团体的重构与创新问题,从中国传统哲学的角度出发探索儿童哲学与传统的哲学智慧之间的关联性,从而为建立起具有中国特色的儿童哲学话语体系奠定坚实的基础。

香港中文大学郑宗义教授就传统的德福一致问题重新展开思考。立足于牟宗三对德福一致问题的处理,郑教授指出德福一致问题包含两重重要意义,即道德意义与人生哲学的悲剧意义。在《圆善论》中,牟氏强调义命问题尽管也关乎德福一致,但其所重乃是在实践工夫磨炼而未足以成就德福一致。该结论值得商榷,义命分立、以义安命、义命合一皆可实现德福一致。但牟氏"圆善必藉圆教"的思考,着眼于其理论整体,有其必然性。"圆教"说从"全幅人生"和"道德创造"的角度可以对德福一致问题加以回应。其道德意涵能使德不为追求福所蔽、义不为命限所戕之。

在小组会议"传统中国的历史意识和历史观"中,清华大学赵金刚副教授针对传统的"义利之辨"提出了"义利之际"的说法。尽管理论上,义利之间似可以细致区分,然而一旦进入具体的历史事件,二者的界限就会被模糊化,行动主体背后的"历史意识"将会从同一事件导向不同判断。从"义利之辨"到"义利之际"的论域转换,揭示了儒家原理与历史实践的复杂关系。中国社会科学院的林鹄老师,则从王夫之在《读通鉴论》、《宋论》中对岳飞之死近似苛责的论断入手,分析其背后原因,指出船山的历史观不同于追求对历史人物客观评判的一般做法,而是为了将人们引向更理想的社会。

武汉大学郭齐勇教授对中国哲学史的问题意识与主体性建构予以充分关注。郭教授认为我们对人的认知活动、人的生存提出的怀疑、追溯具有一种心理状态,此即问题意识。研究者既要了解自己的问题意识,也要力求理解研究对象的问题意识。中国哲学史的问题与时代挑战、历史文化传统、社会心理思潮、流派学说等诸多因素有着密切关系。哲学史就是问题史，一代又一代的哲学家们不断提出、辩论、解决问题构成了哲学的历史。天人关系、神人关系问题，宇宙生成论问题，社会伦理问题，天道性命和心性情才问题，言象意之辩、古今之辩问题等是中国哲学的基本问题。中国哲学富有特色的问题意味着不能随意按照西方哲学的框架拆卸和重组中国哲学。因此在中西的对话与比较中必须强调中国哲学的独特性与主体性。作为一种"生命的学问"，中国哲学有着存有的连续和生机的自然、整体的和谐与天人的合德、自强不息和创造个性、德性修养和内在超越、秩序建构和正义诉求、具体理性与象数思维、知行合一和意见精神等独特品格。

华东师范大学陈卫平教授从二十一世纪学术中国化转向和参与世界性百家争鸣的角度出发讨论中国哲学。陈教授主要考察了三项内容：新中国建立以来的三次学术浪潮，与哲学的世界性百家争鸣紧密相连；近代以来，中国哲学的发展就其实质而言已经参与到了这种世界性的争鸣中；就当代中国哲学的发展而言，张岱年、冯契和高清海三位先生的学术工作证明，必须参与到世界性的百家争鸣中。陈教授强调，通过中、西、马三种哲学资源的综合进一步推动当代中国哲学的发展，是中国哲学在参与世界性争鸣当中所具有的独特优势。

思考进路的多样化将中国哲学推上了更广阔的舞台。作为历史中的存在，中国哲学在其演化过程中具体展开为形式丰富的哲学系统。相应地，哲学研究便需兼顾历史的考察与逻辑的梳理。在回溯哲学史的过程中，近代以来中西哲学的互动就成了无法回避的思想背景。一方面，基于当下的理论视域，更多创造性的诠释与阐发得以涌现；另一方面，中国哲学作为一种独特的理论资源，其内涵也得到进一步挖掘。这一过程为世界哲学的建构提供了智慧之源，也使中国哲学之内涵得到了更为深沉的展现。

三、开放性的问题探索

进路问题的多样化更进一步导向探索方法的多元化。从整体上看，做中国哲学一方面要求多样的视域，另一方面也着眼于哲学方法的多元化。从哲学方法上看，会议涉及如今世界哲学研究的两大主流方法，即"分析哲学"与"现象学"，同时也深入研究了"文本学"、"诠释学"、"解经学"等方法。哲学与历史的交汇，也将学术范式在传统与现代间的摩荡氤氲推上了舞台，借助本次大会，经学与哲学再次实现了对话。

香港中文大学黄勇教授以比较哲学的方法对"做中国哲学"加以论述。在他看来，做中国哲学有三种方法：文本分析、历史考察和哲学建构。哲学建构建立在文本分析和历史考察的基础之上。具体到比较哲学，用哲学的方法从事中国哲学，可以从语词出发，寻找中西哲学相互对应的语词；也可以从概念出发，尽管没有直接对应的语词，但语词所表达的概念可能存在对应；还可以从问题出发，在中西哲学中发掘语词和概念背后相同的问题关切。上述做法，被黄教授归结为两个方面：从中国哲学看世界哲学，从世界哲学看中国哲学。

山西大学江怡教授关注了分析哲学对中国哲学建构的影响。他指出，二十世纪二十年代，罗素和杜威访华、洪谦的维也纳学派的实证主义思想，形成了分析哲学在中国传播的初步阶段。张岱年、冯友兰、金岳霖等由此采用的分析方法，使得中国哲学根据中国传统思想在西方哲学的照应下逐渐形成了自己的哲学形态。如今，如何运用分析方法于中国哲学史的研究和当代中国哲学的建构，已经成为当代中国哲学研究的核心问题。这些问题也有助于理解西方哲学之于中国哲学的价值和形成对西方哲学的价值判断，从而中国的分析哲学作为当代中国哲学研究的重要哲学形态，可能得以实现。

复旦大学孙向晨教授则从现象学出发，对汉语哲学加以思考。通过借助胡塞尔、海德格尔等思想资源，孙教授展开了对于汉语的分析。在他看来，汉语哲学是开放的，是指向未来的"去语境化"的理智工作。理性固然不断对自己的前提发起挑战，但哲学探索本身是有起点的。汉语言可以作为出发点展开哲学思索，但不能用一个限制词为"哲学"下一个定论，哲学本质上思索的是人类的总问题。从这个意义上说，汉语哲学是面向未来、面向这个世界的，具有包容性和开放性的工作。

景海峰教授以"从解经学走向诠释学——儒家经学现代转化的哲学诠释"为题进行报告。景海峰教授指出，经学虽然在中国历史有着主角的地位，但从现代学术来讲，经学有界域和自身的封闭性，在后经学时代，传统的解经立场和经学延续的方式已难以为继，故需要借鉴其他经典解释的方式，如诠释学，来现代转化经学。儒家经学在本质上是一种古典的解经学，以追求经典的"原意"和证合"圣人之志"为目标。晚清以还，经学解体，走向"后经学时代"的文献整理和经学史研究等,基本上瞩目于材料的历史性和叙事的实证性,而对于经学的哲学意义和诠释学特征则甚少顾及。经学系统的现代转化,除了历史文献的清理、古典意义的说明和研究方法的更新之外,更为重要的是,需要从哲学的角度对其根本特征、思想价值和未来发展做出新的理解与阐证。只有将传统的注经学改造成现代的诠释学、将文献学的视域和定位转变为新的哲学体系的创造,从本体论的建构来重新思考经学的现代转化问题,人们所期待的"新经学"的产生才是有可能的。

在小组会议"早期儒学的经典诠释"中,华东师范大学李欢友老师对《论语》中"子为父隐"条展开文本学分析,抓住其中的"直"字展开梳理。李老师指出,"直"可以区分为"直躬者""直者"和"直在其中"三个层次。"隐"与"见"对举,"隐"意味着一种不介入的实践智慧。在此,体现了儒家对美德及其境遇性的关注。

在小组会议"中国哲学的经学传统"中,上海师范大学高瑞杰老师围绕经学与理学的发展,在今文经学衰落的背景下,阐释了郑玄如何就六艺一体观展开论述,用美备"周礼"裁断诸经纬,借以勾勒完备的经典文明谱系与美备"周礼"体系,以为汉世"制礼作乐"所资取,重振世人对经学之信心。上海交通大学屠音鞘老师从"兼善天下"的治理理念出发,对中国古典外王之学的局限与转型展开论述,认为蕴含"天下"观的外王之学则有望转化为一种构建世界文明新秩序的中国方案。北京师范大学王楷老师从现代权利等概念出发,把儒家的概念运用于对现代的解释,对人权、主权、政权进行了详细的论述,阐明了儒家王道理想的道德基础及其现代困境。

同济大学张文江教授从以胡适、冯友兰为代表的"以西释中"派与以谢无量、钟泰为代表的"以中释中"派之差异分析引申出对中华学术可能形态的探讨。张教授指出,在文明的交流融合与竞争中,作为中华学术核心部分的中国哲学,应该结合世界局势的变动,中国和西方古史研究的进展以及科学技术的持续创新,来探索面向未来的可能性。在世界文明的范围内,与西方文明有同有异的中华学术,不仅要保存自身,还要在保持本身就具有的世界性以外,积极地参与人类文明的塑造,同时获得自身的更新。可能存在的"以中释西"并不是"以西释中"的简单镜像,中华学术作为人类学术的一部分,参与理解世界文明是未来时间条件后提出的要求,促进中西文明在更高程度上共同更新,中华文明也将在其中确定自己的位置。

方法的多元化表明了理论的丰富性。毫无疑问,哲学首先表现为一种理论论述。在"技"的层面,更多理论工具被运用于中国哲学的探索,在这一过程中,理论工具本身也得到了反思。诚如杨国荣教授所言,不能将自己限制在分析哲学或现象学的方法内部,不能仅仅因为关注语言和意识而遗忘了整体性的智慧。在此意义上,哲学不能囿于经验知识和理论思考,而要更进一步表现为对智慧的追求。经验与理论、知识与智慧的互动,在学人们以自身的知识与行动展开求索的具体过程中得到确证,克服自身差异,而达到并行不悖的状态。

正如杨国荣教授在闭幕词中提及的,尽管会议降下了帷幕,但学者之间的
交流、沟通并不会终结。回顾本次大会,一方面向世界集中展示了中国哲学的深厚底蕴和前沿内容,另一方面也标识出未来发展的方向。事实上,在开放交流中中外学人一道绘制着中国哲学理论体系在世界范围内的图景。大会各个环节,一方面聚焦于富有特色的中国哲学问题,同时也关注哲学中的普遍问题。大问题与小问题的交融折射出知识与智慧的有机互动:哲学研究固然指向事物的本源,与此同时,却也不是空洞的发问。哲学必须以现实为其前提,并从细致的审察与严格的考辨出发以走向其结论。忽视哲学的普遍问题,容易导致对智慧的放弃;脱离精微而具体的处境,则可能导致对智慧的理解流于抽象的玄想。

不同哲学背景的学者们广泛参与丰富多样的哲学议题的探讨,表现出国际中国哲学大会的世界性特征。从更广义的层面上说,通过世界性的百家争鸣,中国哲学与其他哲学传统展开积极的互动。以思想为纽带,使中国与世界被更为紧密地联系起来。在这一过程中,中国哲学将在更深刻的层面展现其世界意义,既是中国朝向世界,又是世界朝向中国。正是在这个意义上,世界性的百家争鸣不仅是中国哲学努力的方向,更为如何以更宏阔的目光理解"做哲学",提供宝贵的指南。

World and China: From the Perspective of Philosophy ——An Overview of the 22nd International Conference of the International Society for Chinese Philosophy

Cai Tianyang

Abstract: The study of contemporary Chinese philosophy reflects the encounter between the world and China, which, when critically examined, not only contributes to the theoretical resources for the construction and development of World philosophy but also helps clarify the fundamental perspectives of Chinese philosophy research. This article provides a retrospective overview of the results of the 22nd International Conference of the International Society for Chinese Philosophy, jointly organized by the International Society for Chinese Philosophy and East China Normal University. It summarizes the conference content from three aspects: conference themes, diverse approaches to contemplation, and exploration of questions. The conference themes are diverse and rich, reflecting the depth of philosophical theory and the intricacies of the research process. The diversity in contemplative approaches reflects the close connection between historical research and philosophical theory. The expansion of philosophical methods also mirrors various changes in academic paradigms.

Keywords: the 22nd International Conference of the International Society for Chinese Philosophy, Chinese philosophy, World philosophy, the debate on "the ancient v. the modern and the Chinese v. the Western"

经
验
与
现
象